Harry Zingel

Kosten- und Leistungsrechnung

D1674209

Harry Zingel ist Diplom-Sozialökonom und Programmierer. Er leitet Lehrgänge zum Bilanzbuchhalter an der IHK und prüft u. a. im Lehrgang »Bilanzbuchhalter International«. Darüber hinaus ist er Autor mehrerer Bücher zu den Themen Rechnungswesen und Controlling sowie Programmierer und Autor der BWL-CD-ROM.

Harry Zingel

Kosten- und Leistungsrechnung

WILEY-VCH Verlag GmbH & Co. KGaA

1. Auflage 2008

Bibliografische Information der Deutschen Nationalbibliothek
Die Deutsche Nationalbibliothek verzeichnet diese Publikation in der Deutschen Nationalbibliografie; detaillierte bibliografische Daten sind im Internet über http://dnb.d-nb.de abrufbar.

Alle Bücher von Wiley-VCH werden sorgfältig erarbeitet. Dennoch übernehmen Autoren, Herausgeber und Verlag in keinem Fall, einschließlich des vorliegenden Werkes, für die Richtigkeit von Angaben, Hinweisen und Ratschlägen sowie für eventuelle Druckfehler irgendeine Haftung

© 2008 WILEY-VCH Verlag GmbH & Co. KGaA, Weinheim

Alle Rechte, insbesondere die der Übersetzung in andere Sprachen, vorbehalten. Kein Teil dieses Buches darf ohne schriftliche Genehmigung des Verlages in irgendeiner Form – durch Photokopie, Mikroverfilmung oder irgendein anderes Verfahren – reproduziert oder in eine von Maschinen, insbesondere von Datenverarbeitungsmaschinen, verwendbare Sprache übertragen oder übersetzt werden. Die Wiedergabe von Warenbezeichnungen, Handelsnamen oder sonstigen Kennzeichen in diesem Buch berechtigt nicht zu der Annahme, dass diese von jedermann frei benutzt werden dürfen. Vielmehr kann es sich auch dann um eingetragene Warenzeichen oder sonstige gesetzlich geschützte Kennzeichen handeln, wenn sie nicht eigens als solche markiert sind.

Printed in the Federal Republic of Germany

Gedruckt auf säurefreiem Papier.

Druck Strauss Offsetdruck GmbH, Mörlenbach
Bindung Litges & Dopf Buchbinderei GmbH, Heppenheim

ISBN 978-3-527-50388-9

Inhaltsübersicht

1.	Einführung	9
2.	Kostenartentheorie	15
3.	Betriebsabrechnungsbogen	105
4.	Kalkulation	153
5.	Teilkostenrechnung	185
6.	Maschinenrechnung	231
7.	Plankostenrechnung	263
8.	Prozeßkostenrechnung	273
9.	Anhang	293

Inhaltsverzeichnis

1.	**Einführung**	**9**
1.1.	Über dieses Buch	9
1.2.	Über die Kosten- und Leistungsrechnung	10
1.3.	Gesamtwirtschaftliche Bedeutung der Kosten- und Leistungsrechnung	12
1.4.	Wie dieses Buch benutzt werden will	13
1.5.	Formale Hinweise	14
2.	**Theoretische Grundbegriffe**	**15**
2.1.	Grundlagen der Kostentheorie	15
2.1.1.	Auszahlungen	16
2.1.2.	Ausgaben	17
2.1.3.	Aufwendungen	20
2.1.3.1.	Falsche Bewertung von Aufwendungen	20
2.1.3.2.	Falsche Buchungsverfahren	21
2.1.3.3.	Die Verbrauchsfiktion	22
2.1.3.4.	Geringwertige Wirtschaftsgüter	23
2.1.3.5.	Verbrauch bei Just-in-Time-Verfahren	24
2.1.3.6.	Verbrauch bei nichtlagerfähigen Gütern	25
2.1.3.7.	Kalkulatorischer Aufwand	25
2.1.4.	Kosten	26
2.2.	Grundgedanken zum Kostenbegriff	29
2.3.	Einzelprobleme der Kostenartenrechnung	35
2.3.1.	Abgleich zwischen Buchführung und Kostenrechnung	35
2.3.2.	Kalkulatorische Abschreibung	38
2.3.2.1.	Überlegungen zur Nutzungsdauer	40
2.3.2.2.	Überlegungen zum Schrottwert	42
2.3.2.3.	Überlegungen zum Wiederbeschaffungswert	42
2.3.2.4.	Beispiele für die kalkulatorische Abschreibung	44
2.3.3.	Kalkulatorische Zinsrechnung	47
2.3.3.1.	Bestimmung des kalkulatorischen Zinsfußes	49
2.3.3.2.	Kalkulatorische Zinsrechnung bei Einzelanlagen	52
2.3.3.3.	Kalkulatorische Zinsrechnung der Rechnungsperiode	55
2.3.4.	Kalkulatorische Wagnisse	58
2.3.5.	Kalkulatorische Miete	62
2.3.6.	Kalkulatorischer Unternehmerlohn	63
2.4.	Die Buchung der kalkulatorischen Kostenarten	67
2.4.1.	Buchungen der kalkulatorischen Kosten im GKR	68

2.4.2.	Buchungen der kalkulatorischen Kosten im IKR	71
2.5.	Grundkategorien von Kostenarten und ihr Nutzen	75
2.5.1.	Einzelkosten und Gemeinkosten	76
2.5.2.	Fixe und variable Kosten	83
2.5.3.	Das Kostenportfolio als Leitgedanke	90
2.6.	Grundlagen der Leistungstheorie	94
2.6.1.	Einzahlungen	95
2.6.2.	Einnahmen	95
2.6.3.	Erträge	96
2.6.4.	Leistungen	97
2.6.4.1.	Neutrale Erträge	98
2.6.4.2.	Grundleistung oder Zweckertrag	99
2.6.4.3.	Kalkulatorische Leistungen	100
2.7.	Aufgaben zu Kapitel 2	101
2.7.1.	Aufgabe 1 – Kostentheorie I	101
2.7.2.	Aufgabe 2 – Kostentheorie II	102
2.7.3.	Aufgabe 3 – Kostenartentheorie	102
2.7.2.	Aufgabe 4 – Leistungsrechnung	104
3.	**Betriebsabrechnungsbogen**	**105**
3.1.	Grundmodell des Betriebsabrechnungsbogens	105
3.1.1.	Einfacher BAB im Produktionsbetrieb	107
3.1.2.	Verfahren der Gemeinkostenaufteilung im BAB	109
3.1.3.	Berücksichtigung der Bestandsveränderungen	112
3.2.	Anpassungen des Betriebsabrechnungsbogens	115
3.3.	BAB mit Maschinenrechnung	120
3.3.1.	Grundlegende Maschinenrechnung im BAB	121
3.3.2.	Weitere maschinenbezogene Auswertungen im BAB	124
3.4.	Allgemeine- und Hilfskostenstellen	126
3.4.1.	Verrechnung nach dem Stufenleiterverfahren	130
3.4.2.	Simultane Leistungsverrechnung	133
3.4.2.1.	Das Grundproblem	134
3.4.2.2.	Lösung durch Faktoreliminierung	135
3.4.2.3.	Lösung durch Matrizeninversion	140
3.5.	Exkurs: Herstell- und Selbstkostenrechnung direkt im BAB	145
3.6.	Aufgaben zu Kapitel 3	149
3.6.1.	Aufgabe 5 – Grundlagen des Betriebsabrechnungsbogens	149
3.6.2.	Aufgabe 6 – Leistungsverrechnung im Betriebsabrechnungsbogen	150
4.	**Kalkulation**	**153**
4.1.	Divisionskalkulation	154
4.2.	Äquivalenzziffernkalkulation	155
4.2.1.	Ein einfaches Beispiel	156
4.2.2.	Anwendungsfallstudie im Beherbergungsgewerbe	157
4.3.	Zuschlagskalkulation	161
4.3.1.	Grundgedanken	162
4.3.2.	Einfache Handelskalkulation	163
4.3.3.	Nachkalkulation im Handel	169
4.3.4.	Weitere Kalkulationsprobleme im Handel	170
4.3.5.	Grundlagen der Kalkulation bei Dienstleistern	173
4.3.6.	Kalkulation in Produktionsbetrieben	175
4.4.	Retrograde Konzepte (»Target costing«)	179
4.5.	Aufgaben zu Kapitel 4	182
4.5.1.	Aufgabe 7 – Grundlagen der Kalkulation	182
4.5.2.	Aufgabe 8 – Äquivalenzziffernkalkulation	183
4.5.3.	Aufgabe 9 – Zuschlagskalkulation	183

5.	**Teilkostenrechnung**	**185**
5.1.	Kostenverläufe der Teilkostenrechnung	185
5.2.	Strategisches Kostenmanagement	191
5.3.	Deckungsbeitragsrechnung	193
5.3.1.	Einfache Deckungsbeitragsrechnung	193
5.3.2.	Deckungsbeitrags-Umsatzverhältnis-Rechnung	201
5.3.3.	Mehrstufige Deckungsbeitragsrechnung	204
5.3.4.	Engpaßrechnung	210
5.3.4.1.	Einfaches Beispiel	212
5.3.4.2.	Komplexe Engpaßrechnung	214
5.4.	Voll- und Teilkostenrechnung	220
5.5.	Annahme von Zusatzaufträgen	223
5.6.	Aufgaben zu Kapitel 5	226
5.6.1.	Aufgabe 10 – Grundlagen der Teilkostenrechnung	226
5.6.2.	Aufgabe 11 – Break Even Grundlagen	227
5.6.3.	Aufgabe 12 – Break Even, etwas schwieriger	227
5.6.4.	Aufgabe 13 – Der Deckungsbeitrags-Umsatzfaktor	228
5.6.5.	Aufgabe 14 – Branchenbezogene Teilkostenrechnung	228
5.6.6.	Aufgabe 15 – Sortimentsplanung	229
6.	**Maschinenrechnung**	**231**
6.1.	Kostenartenrechnung der Maschinenrechnung	231
6.2.	Beispiel für eine einfache Maschinenrechnung	239
6.3.	Kosten- und Gewinnvergleichsrechnung	245
6.3.1.	Grundmodell des Kosten- und Gewinnvergleiches	246
6.3.2.	Bestimmung der kritischen Leistung	248
6.4.	Spezielle Kostenverläufe der variablen Kosten	250
6.5.	Sprungfixe Kostenpotentiale	254
6.6.	Aufgaben zu Kapitel 6	258
6.6.1.	Aufgabe 16 – Grundlagen der Maschinenrechnung	259
6.6.2.	Aufgabe 17 – Retrograde Maschinenrechnung	260
7.	**Plankostenrechnung**	**263**
7.1.	Starre Plankostenrechnung	263
7.2.	Flexible Plankostenrechnung	266
7.3.	Aufgaben zu Kapitel 7	270
7.3.1.	Aufgabe 18 – Plankosten- und Variatorrechnung	270
7.3.2.	Aufgabe 19 – Komplexe Plankostenrechnung	271
8.	**Prozeßkostenrechnung**	**273**
8.1.	Neues Konzept der Kostenverrechnung	273
8.2.	LMI und LMN: Neue Sicht auf variable Kosten	276
8.2.1.	Prozesse und Kostentreiber	277
8.2.2.	Prozeßkostenartenrechnung und BAB	279
8.2.3.	Grundlegendes Abrechnungsmodell	280
8.3.	Beispiel für ein Prozeßkostensystem	283
8.3.1.	Zusammenfassung zu Hauptprozessen	284
8.3.2.	Ermittlung der gesamten Prozeßkosten	286
8.3.3.	Prozeßkalkulation	287
8.4.	Risiken und Nebenwirkungen	287
8.4.1.	Komplexitätseffekt	288
8.4.2.	Fehlallokation in der Prozeßkostenrechnung	289
8.4.3.	Prozeßkostenrechnung und Planwirtschaft	289
8.4.4.	Keine Darstellung der Stückkostendegression	290
8.5.	Aufgaben zu Kapitel 8	290

8.5.1.	Aufgabe 20 – Grundlegendes Prozeßkostenmodell	291
8.5.2.	Aufgabe 21 – Komplexe Prozeßkostenfallstudie	291
9.	**Anhang**	**293**
9.1.	Lösungen zu den Aufgaben in diesem Buch	293
9.1.1.	Lösung 1 – Kostentheorie I	293
9.1.2.	Lösung 2 – Kostentheorie II	294
9.1.3.	Lösung 3 – Kostenartentheorie	294
9.1.4.	Lösung 4 – Leistungsrechnung	296
9.1.5.	Lösung 5 – Grundlagen des Betriebsabrechnungsbogens	296
9.1.6.	Lösung 6 – Leistungsverrechnung im Betriebsabrechnungsbogen	299
9.1.7.	Lösung 7 – Grundlagen der Kalkulation	301
9.1.8.	Lösung 8 – Äquivalenzziffernkalkulation	302
9.1.9.	Lösung 9 – Zuschlagskalkulation	302
9.1.10.	Lösung 10 – Grundlagen der Teilkostenrechnung	304
9.1.11.	Lösung 11 – Break Even Grundlagen	305
9.1.12.	Lösung 12 – Break Even, etwas schwieriger	307
9.1.13.	Lösung 13 – Der Deckungsbeitragsumsatzfaktor	308
9.1.14.	Lösung 14 – Branchenbezogene Teilkostenrechnung	309
9.1.15.	Lösung 15 – Sortimentsplanung	311
9.1.16.	Lösung 16 – Grundlagen der Maschinenrechnung	314
9.1.17.	Lösung 17 – Retrograde Maschinenrechnung	318
9.1.18.	Lösung 18 – Plankosten- und Variatorrechnung	321
9.1.19.	Lösung 19 – Komplexe Plankostenrechnung	322
9.1.20.	Lösung 20 – Grundlegendes Prozeßkostenmodell	324
9.1.21.	Lösung 21 – Komplexe Prozeßkostenfallstudie	325
9.2.	Kleines Glossar wichtiger Definitionen	327
9.3.	Übersicht über die Grundbegriffe	333
9.4.	Abkürzungen	336
9.4.1.	Verzeichnis der mathematischen Symbole	336
9.4.2.	Sonstige Abkürzungen	338
9.5.	Literatur	339
9.5.1.	Bücher und Zeitschriften	339
9.5.2.	Internet	340
9.6.	Index	343

1.
Einführung

1.1. Über dieses Buch

Dieses Lehrbuch richtet sich an Praktiker und Theoretiker.

Praktiker ist, wer etwas selber tun muß oder will. Praktiker der Kosten- und Leistungsrechnung sind daher i.d.R. die Mitarbeiter, Geschäftsführer oder Berater von Unternehmen der verschiedensten Art. Langjährige Erfahrung des Autoren ist, daß Praktiker, insbesondere solche, die keine betriebswirtschaftliche Ausbildung besitzen, oft mit der Kosten- und Leistungsrechnung überfordert sind. Ihnen wird dieses Lehrbuch daher zum Selbststudium empfohlen.

Theoretiker ist, wer über etwas Bescheid wissen will oder muß, ohne es aber auch selbst anzuwenden. Theoretiker ist zunächst jeder Lernende, manchmal aber auch der Lehrende. Auch für diese ist das Lehrbuch gedacht: als Unterrichtsmittel ebenso wie als Lernmittel.

Der Autor ist Praktiker und Theoretiker zugleich: Als Unternehmensberater hat er viele Kostenrechnungssysteme gesehen (und manche programmiert); als Dozent und Mitglied diverser Prüfungsausschüsse besitzt er eine langjährige Unterrichts- und Prüfungserfahrung. Beides ist in dieses Werk zum Nutzen der Leser und Nutzer des Buches eingeflossen.

Da nicht jeder gute Theoretiker auch ein guter Praktiker ist, sollten Sie stets versuchen, theoretisch erworbenes Wissen auch praktisch anzuwenden – und das heißt heute stets und immer, es in elektronischer Form anzuwenden. Kenntnisse und Fertigkeiten in Bereichen wie Excel®, SQL und VisualBASIC® sind also erforderlich, müssen also vorausgesetzt werden. Sie im Rahmen des vorliegenden Werkes zu vermitteln, ist leider unmöglich. Zugrundeliegende mathematische Methoden werden aber im einzelnen dargestellt und auf wichtige Probleme bei ihrer Anwendung wird eingegangen. Das betrifft (beispielsweise bei der simultanen Leistungsverrechnung) auch die Arten von Problemen, die in traditionellen Lehrbüchern ignoriert werden, die einem Programmierer aber das Leben schwer machen können.

Wird dieses Werk von einem Dozenten oder Lehrer eingesetzt, dann erwartet der Autor aber von diesem Anwender auch die Fähigkeit der Vermittlung der erforderlichen technischen Grundlagen der Programmierung und (ggf.) des Datenbankdesigns. Keine Kostenrechnung kommt heute ohne diese Grundlagen aus.

1.2. Über die Kosten- und Leistungsrechnung

Die Kosten- und Leistungsrechnung (KLR) hat traditionell die folgenden Ziele und Aufgaben:

- Zunächst dient die KLR der Ermittlung der Selbstkosten. Unter den Selbstkosten versteht man die Gesamtkosten, also die Kostensumme. Diese wird für die einzelne Rechnungsperiode und für eine einzelne hergestellte Leistungseinheit bestimmt. Dieser Wert ist auch als Stückkosten bekannt. Er dient der Bestimmung der langfristigen Verkaufspreisuntergrenze.
- In diesem Zusammenhang ist die KLR zugleich die Basis der Ermittlung der Ziel-, Listen- und Angebotspreise. Dies nennt man auch die Kalkulation.
- Die Kosten- und Leistungsrechnung dient weiterhin der Ermittlung der absoluten und relativen Deckungsbeiträge, wiederum der einzelnen Periode und des Einzelproduktes. Der Deckungsbeitrag ist die Differenz zwischen Verkaufspreis am Markt und den variablen Kosten. Dieser Wert dient der kurzfristigen Produktionsentscheidung und als kurzfristige Verkaufspreisuntergrenze.
- Schließlich dient die KLR der Kontrolle von Wirtschaftlichkeit und Rentabilität des Betriebes. Wirtschaftlich ist ein Betrieb, wenn er Geld verdient; rentabel ist er, wenn der Kapitalrückfluß des investierten Kapitals einen bestimmten Wert überschreitet, so daß die Investition für den Unternehmer lohnend ist.
- Schließlich leistet die KLR Dienste bei der Steuer- und handelsrechtlichen Bewertung von Vermögensteilen und Schulden in der Bilanz, d.h., sie unterstützt die Buchführung.
- Und nicht zuletzt liefert die Kosten- und Leistungsrechnung die numerische Grundlage für Managemententscheidungen.

Man nennt die Kosten- und Leistungsrechnung daher auch internes Rechnungswesen. Insofern ist sie das Gegenstück zur Buchhaltung, die viel mehr auf Rechnungslegung externer Interessenten wie Finanzbehörden, Kapitalanlegern oder auch Mitarbeitern gegenüber ausgerichtet ist und daher auch als externes Rechnungswesen bezeichnet wird. Dennoch ergänzen sich Buchhaltung und Kostenrechnung gegenseitig und das Eine besteht nicht ohne das Andere.

Die Kostenrechnung ist ferner stets eine betriebsbezogene Rechnung, d.h., ein zusammenhängendes Unternehmen hat in der Regel nur eine Buchhaltung, aber für jeden Betrieb eine mehr oder weniger eigenständige Kostenrechnung, die selbst wenn sie organisatorisch zusammengefaßt ist, doch für jede Betriebsstätte eigene Daten liefern muß.

Die Daten der Kostenrechnung decken sich daher nur teilweise mit der der Buchführung, denn während die Buchführung durch eine Vielzahl von Gesetzen und Verordnungen im Steuerrecht, durch das Handelsgesetzbuch sowie durch übernationale Rechtsquellen (den International Financial Reporting Standards) bis ins Detail geregelt ist, unterliegt die Kostenrechnung von ganz wenigen Ausnahmen (z.B. im Wohnungsgewerbe, im Gesundheits- und im Energieversorgungsbereich) abgesehen praktisch keiner gesetzlichen Reglementierung. Der Unternehmer ist zwar buchführungs-, aber nicht kostenrechnungspflichtig; und wenn er eine Kostenrechnung einrichtet, dann ist er in der Art und Weise ihrer Gestaltung völlig frei.

Während die Buchführung daher aufgrund gesetzlicher Vorschriften Rechenschaft ablegt, dient die Kostenrechnung viel eher der Anpassung an Marktgegebenheiten. Sie ist ein Optimierungsinstrument, d.h., sie soll die Leistung des Unternehmens am Markt verbessern.

Aus diesem Grund besitzt das Rechnungswesen eine wesentliche dienende Funktion. Sie bedient das Marketing mit Planungs- und Kontrolldaten. Sie dient der internen Unternehmenssteuerung durch die Unternehmensleitung, die mit Hilfe der Zahlenwerke der Kostenrechnung den Absatz und damit das Ergebnis der unternehmerischen Tätigkeit optimieren will. Aus diesem Grund hat ausschließlich das Marketing eine führende Funktion, nicht aber die Kostenrechnung oder irgendein anderer Bereich des Rechnungswesens.

Arbeiten internes und externes Rechnungswesen reibungslos im Dienste der internen Unternehmenssteuerung zusammen, so wird das Ergebnis oft auch als Controlling bezeichnet. Die Kostenrechnung ist die wichtigste Datenbasis des Controllings.

Unternehmen = gemeinsamer **Rechtsträger** z.B. GmbH, Aktiengesellschaft o.ä.		
Buchführungspflicht, ggf. Offenlegung, externes Rechnungswesen		
Betrieb 1 **Funktionsträger**	Betrieb 2 **Funktionsträger**	Betrieb 3 **Funktionsträger**
z.B. Werk, Niederlassung, Geschäftsstelle	z.B. Werk, Niederlassung, Geschäftsstelle	z.B. Werk, Niederlassung, Geschäftsstelle
Kostenrechnung 1	Kostenrechnung 2	Kostenrechnung 3

Die betriebliche Rolle der Kostenrechnung: Das Unternehmen hat eine einheitliche Buchführung, sollte aber für jeden Betrieb, also für jeden Funktionsträger eine eigene Kostenrechnung errichten, um die Besonderheiten der einzelnen Werke bzw. Niederlassungen optimal abzubilden. der Betrieb ist der Ort der Faktorkombination und damit der Wertschöpfungskette, die von der Natur zum Menschen reicht. Das externe Rechnungswesen vermag diesen Wertschöpfungsprozeß nicht abzubilden. Hierzu ist ein direkt an den Produktionsfaktoren orientiertes internes Rechnungswesen erforderlich.

Abbildung 1.1: Betrieb und Unternehmen, internes und externes Rechnungswesen

Ein Beispiel: Wer ein schlechtes Produkt besitzt, es aber geschickt zu verkaufen versteht, der erreicht, wofür ein Unternehmen gegründet wird, d.h., er macht aus Geld mehr Geld. Wer jedoch ein gutes Produkt nicht gut verkaufen kann, der verdient damit auch nichts und verfehlt damit das unternehmerische Primärziel, d.h., das Vermehren von Geld. Dieses Beispiel sollte verdeutlichen, daß nur und ausschließlich das Marketing die führende Rolle innehat, sich in Erfüllung seiner Aufgaben aber auf interne Planungsdaten der Kostenrechnung stützen muß, um etwa die optimalen, minimalen oder sonst durchsetzbaren Verkaufspreise zu kennen.

1.3. Gesamtwirtschaftliche Bedeutung der Kosten- und Leistungsrechnung

Der Betrieb ist der Ort der Faktorkombination. Durch Einsatz der Produktionsfaktoren Boden, Kapital, Arbeit und Information werden aus Gütern Produkte. Gut ist, was einen potentiellen Nutzen vermittelt und Produkt ist, was einen konkreten Nutzen stiftet. Die Natur bietet Güter, die meist erst durch betriebliche Tätigkeit zu Produkten gemacht werden müssen. Das ist die von der Natur zum Menschen reichende Wertschöpfungskette. Wirtschaft ist dabei der Austausch von Produkten, also der Austausch nützlicher Güter, die durch Boden, Kapital, Arbeit und Information der Natur abgerungen wurden.

Der Kostenbegriff stellt die Bewertung der Produktionsfaktoren dar. Er ist kein Zahlungs- und auch kein Aufwandsbegriff, denn Zahlungen haben etwas mit Geldmitteln und Aufwendungen was mit dem Verbrauch von Gütern (nicht aber von Produktionsfaktoren) zu tun. Durch diese Faktorbewertung wird also meßbar, in welchem Maße der Betrieb zur Wertschöpfung beiträgt, und das ist zugleich ein Maß für gesellschaftlichen Nutzen, denn Produkte sind gesellschaftlich nützlich. Schließlich können wir kein Rohöl konsumieren, sondern nur Benzin, Heizöl oder elektrischen Strom benutzen. Wirtschaft ist gerade der Austausch dieser nützlichen Produkte, und die Kostenrechnung bewertet sie in Faktoreinsatzbegriffen.

Das aber setzt Marktverhältnisse voraus, denn es gibt keinen objektiven Wertbegriff. Also entsteht ein Wertmaßstab nur aus Angebot, Nachfrage, Preis und Menge – auf dem freien, polypolistischen Markt. Preis- und Mengeneingriffe des Staates, die im Gesundheits- wie im Energiesektor so häufig aber eben keinesfalls »modern« sind, verzerren damit die Bewertung und machen die Kostenrechnung sinnlos.

Das ist, warum manche »Experten« unserer Zeit die Kosten- und Leistungsrechnung für überholt halten: sie macht keine Zahlungsaussagen, denn weder Kosten noch Leistungen sind ihrem Wesen nach Zahlungen. Immer öfter aber hört man, es käme weder auf Kosten noch auf

Leistungen, sondern nur auf Geldmehrung an. Das aber ist die Mentalität der Selbstbereicherung, der emissionshandelnden »Heuschrecken«. Diese schaffen keine Werte, keine Produkte und keinen gesellschaftlichen Nutzen, wenn sie die ihnen zugeteilten Energierationierungen auf Emissions»märkten« verkaufen und die Arbeitsplätze nach Indien oder China oder verlagern gleich das ganze Unternehmen. Sie schaden vielmehr der Gesellschaft, »verdienen« aber eine Menge Geld. Das hat in der Tat nichts mit der Kosten- und Leistungsrechnung zu tun. Es hat aber auch nichts mit diesem Buch zu tun. Es befaßt sich mit dem Gedanken, wie man durch Optimierung des Faktoreinsatzes mit weniger Produktionsfaktoren mehr (und bessere) Produkte herstellen kann. Es befaßt sich also mit dem gesellschaftlichem Nutzen, der durch die Wertkette entsteht, denn der Unternehmer dient zunächst getrieben von Eigeninteressen doch der Allgemeinheit.

1.4. Wie dieses Buch benutzt werden will

Diesem Buch liegen Definitionen zugrunde, die im 2. Kapitel ausführlich dargestellt werden. Diese Abgrenzungen mögen spitzfindig und schwierig erscheinen, aber *deren Wichtigkeit kann kaum überbewertet werden*. Wer beispielsweise meint, daß Kosten, die in jeder Rechnungsperiode gleich hoch sind, schon alleine daher Fixkosten seien, oder wer gar von »festen Kosten« spricht, begeht einen schweren Irrtum. Das mag der Praktiker verzeihen; der Prüfer hat da vermutlich weniger Nachsehen.

Aber nicht für die Schule lernen wir, so weiß der Lateiner, sondern für das Leben[1]. Wohl wahr: Man mag Prüfungsveranstaltungen für wenig erfreuliche Gesellschaftsspiele halten, sinnlos sind sie aber nicht. Wer immer die Weisheit in Umlauf gebracht hat, daß die Prüfung am Abend vorher schon ihren Zweck erfüllt habe, hat gewiß Recht: Wer nämlich die der Kosten- und Leistungsrechnung zugrundeliegenden Mechanismen kennt und anwendet, hat eine kleinere Insolvenz- und eine höhere Erfolgswahrscheinlichkeit. Und das ist letztlich ja der Zweck, zu dem man sich mit der Betriebswirtschaft herumschlägt, denn *ohne Moos nix los*, wie der hier erneut zitierte Volksmund zutreffenderweise weiß.

Schließlich werden wir, und das erhöht den praktischen Nutzen dieses Werkes, eine Vielzahl von konkreten Fragestrategien darstellen, also die wichtigsten Aufgabentypen, die ihnen zugrundeliegenden Konzepte und Theorien und die Lösungswege. Das Buch ist damit ein Prüfungskompendium ebenso wie ein Nachschlagewerk.

Andere Werke aus der »Klartext«-Reihe werden wir dann und wann voraussetzen, um nicht zu viele Überschneidungen entstehen zu lassen. Der vorliegende Band ist jedoch selbstverständlich für sich isoliert nutzbar.

1 »non scholae sed vitae discimus«, Seneca, Epistulae 106, 12.

1.5. Formale Hinweise

Alle verwendeten mathematischen und sonstigen Symbole finden Sie im Anhang. Auf Symbolerläuterungen unmittelbar an den Formeln wird daher verzichtet.

In allen Zahlenbeispielen, die die Umsatzsteuer voraussetzen, wird ein Umsatzsteuersatz von 19 % angewandt.

Alle Zahlenwerke wurden für dieses Buch per Computer berechnet und geprüft. Alle Ergebnisse sind stets mit 16 Stellen Genauigkeit berechnet und werden im Buch kaufmännisch gerundet dargestellt. Folgerechnungen basieren nie auf dem im Buch stehenden gerundeten, sondern stets auf dem exakten Wert. Dies kann Rundungsfehler im Bereich von 1 Cent bewirken. Diese Rundungsfehler sind keine Fehler, sondern der (zeitgemäßen) elektronischen Lösungsmethode geschuldet.

In Formeln, die die Prozentrechnung voraussetzen, wird 100 % als 1 dargestellt, weil dies auch in sämtlichen Tabellenkalkulationsprogrammen so gebräuchlich ist. Es ist sinnvoll, sich von Anfang an eine dem üblichen Arbeitswerkzeug angemessene Arbeitsweise anzueignen. Also: Auf eine Zahl 10 % aufzuschlagen, wird nicht als

$$\frac{X \times 110}{100}$$
F 1.1

dargestellt, sondern einfach als

$$X \times 1{,}1$$
F 1.2

Die 110 und die 100 werden also *gekürzt*. Soll der Prozentanteil einer Größe (A) von einer anderen Größe (B) berechnet werden, so wird die Berechnung ebenfalls ohne die »100« dargestellt, also nicht als

$$Anteil = \frac{A \times 100}{B}$$
F 1.3

sondern einfach als

$$Anteil = \frac{A}{B}$$
F 1.4

Dies entspricht ebenfalls der Eingabe in einem Tabellenkalkulationsprogramm, wo die Multiplikation mit »100« durch die Formatierung und nicht durch die Formel selbst erreicht wird.

2.
Theoretische Grundbegriffe

Vieles in der Kosten- und Leistungsrechnung baut aufeinander auf. Eines ist die Voraussetzung für das Andere. Dieses Kapitel enthält die absoluten Grundlagen. Es sollte daher der Anfang jeder einführenden Lehrveranstaltung sein. Sein Inhalt liegt allen folgenden Kapiteln zugrunde und wird durch das gesamte Werk hindurch vorausgesetzt. Sie sollten daher auch im Selbststudium dieses Kapitel gründlich lesen, wenn Sie nicht das Gefühl haben, mit den grundlegenden Begriffen wirklich vertraut zu sein – und dieses Gefühl trügt oft, wie der Autor jedenfalls aus seiner langjährigen Erfahrung weiß. Selbst wenn ein später dargestelltes Rechenverfahren nämlich richtig angewandt wird, bringt es doch keinen Nutzen, wenn die zugrundeliegenden Ausgangsdaten falsch sind. Und das sind sie, wenn Zahlungen nicht von Aufwendungen und diese nicht von Kosten abgegrenzt wurden.

Der Gesetzgeber macht es uns dabei nicht leichter: So ist beispielsweise in § 255 Abs. 1 HGB von »Anschaffungskosten« die Rede, aber selbstverständlich sind diese eben gerade keine Kosten – sondern Auszahlungen, bisweilen auch Ausgaben, und stets nachfolgend eine Kapitalbindung. Wer die nach der handelsrechtlichen Regel ermittelte Zahl also in die Kosten rechnet, hat schon falsche Ausgangsdaten. Das ist, was an diesem Kapitel so wichtig ist.

Da keine Legaldefinition der Grundbegriffe existiert, gibt es eine nachgerade unüberschaubare Vielzahl von Lehrmeinungen. Eine umfassende Darstellung aller möglicher Sichtweisen und Meinungen ist im gegebenen Rahmen unmöglich. Wir beschränken uns daher auf die Darstellung derjenigen Konzepte, die für die betriebliche Praxis von Bedeutung sind. Der Autor dieses Werkes unterrichtet seit über zwanzig Jahren und hat eine Vielzahl von Kostenrechnungssystemen programmiert. Die dabei gewonnene Erfahrung ist die Richtschnur dieses Kapitels.

2.1. Grundlagen der Kostentheorie

In diesem Kapital werden zunächst die grundlegenden Begriffe der Auszahlungen, Ausgaben, Aufwendungen und Kosten dargestellt. Diesen stehen die Einzahlungen, Einnahmen, Erträge und Leistungen gegenüber. Alle weiteren Kapitel dieses Buches bauen auf dem Verständnis dieser Grundbegriffe auf. Eine vereinfachende Übersicht könnte folgendermaßen aussehen:

Die Grundbegriffe der Kosten- und Leistungsrechnung

Bereich	Abfluß von Mitteln	Zufluß von Mitteln
Bargeld, Geldzeichen	Auszahlung	Einzahlung
Verpflichtungen (Bilanz)	Ausgabe	Einnahme
Verbrauch und Verwertung	Aufwand	Ertrag
Produktionsfaktornutzung	Kosten	Leistung

Abbildung 2.1: Übersicht über die vier wichtigsten Begriffspaare

Vgl. im Zusammenhang mit diesem Kapitel auch die Gesamtdarstellung im Anhang dieses Buches (Kapitel 9.3).

2.1.1. Auszahlungen

Auszahlungen sind Abflüsse liquider Mittel. Liquide Mittel sind im Sinne dieser Definition

- entweder Bargeld
- oder Buchgeld auf Sichtkonten.

Bargeld sind alle gesetzlichen Zahlungsmittel, nicht notwendigerweise im eigenen Land. Auch Geldmittel, die in einem anderen Land gesetzliche Zahlungsmittel sind, gelten als Bargeld. Bargeld erscheint heute in der Regel als Münzen und Scheine. Nur in seltenen Fällen (etwa in hyperinflationären Gesellschaften) nehmen andere Gegenstände die Tauschfunktion des Geldes wahr (Gold, Zigaretten).

Problematisch kann die Frage sein, ob eine nichtkonvertible Währung zu Auszahlungen führt. Hierüber wären theoretische Schattengefechte möglich, die im vorliegenden Werk aber aus Mangel an Praxisrelevanz unterlassen werden. Allgemein gesagt führen auch Abflüsse an nichtkonvertiblen Währungen oder Sachwerten, die Zahlungsmittelcharakter haben, zu Auszahlungen.

Unter Buchgeld versteht man alle Guthaben auf Konten. Für die hier vorliegenden Zwecke interessieren uns nur Sichtkonten, also all die Konten, deren Guthaben sofort, fristlos fällig sind. Ein gutes Beispiel für ein Sichtkonto ist ein Girokonto. Guthaben auf Terminkonten, d.h., auf Konten, die eine Kündigungsfrist haben, sind hier nicht relevant. Gleichwohl können sie abfließen, aber erst nach Ablauf einer Kündigungsfrist. Das Terminkonto wird damit nach Ablauf der Kündigungsfrist zu einem Sichtkonto. Ein Sparkonto ist teilweise ein Sichtkonto, d.h. ein Teil des Sparguthabens kann jederzeit abgehoben werden. Der Rest ist erst auf

Termin (oder gegen eine Vorfälligkeitsentschädigung) verfügbar. Er hat also Termineigenschaft.

2.1.2. Ausgaben

Ausgaben sind Mehrungen von Verbindlichkeiten (Regelfall) oder Minderungen von Forderungen (Ausnahmefall).

Zu einer Mehrung von Verbindlichkeiten kommt es, wenn eine Rechnung eingeht. Die Rechnung wurde aufgrund eines vergangenen Ereignisses (z.B. eines Kaufvertrages) gestellt und verkörpert einen künftig erforderlichen Abfluß liquider Mittel. Durch die Passivierung der Rechnung wird in der Buchhaltung die Schuld einer dritten Person gegenüber abgebildet, die in der Verpflichtung zu einer zukünftigen Auszahlung besteht. Dieser Vorgang wird schon als Ausgabe bezeichnet. Erst der spätere Abfluß liquider Mittel ist die Auszahlung. Die exakte Definition widerspricht also der umgangssprachlichen Verwendung der Begriffe: Wenn ich allgemeinsprachlich sage, ich hätte viel Geld ausgegeben, meine ich meist, daß ich viel Geld ausgezahlt habe. Nur wenn ich die diversen Karten in meiner Geldbörse benutzt habe, liegt wirklich eine Ausgabe im betriebswirtschaftlichen Sinne vor.

Diese scharfe und scheinbar spitzfindige Abgrenzung hat den Zweck, Liquiditätsplanungen aufzustellen. Diese enthalten den tatsächlichen Abfluß liquider Mittel, die also schon jetzt nicht mehr zur Verfügung stehen, und den künftigen Abfluß liquider Mittel, der aus der Summe der Verbindlichkeiten, also den Ausgaben, hinsichtlich Höhe und Zeitpunkt ersichtlich ist. Zieht man von der Summe der Ausgaben die bestehenden liquiden Mittel ab, so erhält man den Kapitalbedarf. Dieser kann aber durch den Ausgabebegriff hinsichtlich künftiger zeitlicher Verteilung in einer Finanzplanung differenziert dargestellt werden.

Eine Minderung von Forderungen liegt etwa der Indossierung eines Besitzwechsels vor. Durch das Indossament wird der Besitzwechsel an einen Dritten übertragen. Die in dem Besitzwechsel verkörperte Forderung wird also ausgebucht. Sie ist gemindert. Gleiches gilt für Schecks. Dieser Fall ist viel seltener aber der theoretische Grund, weshalb Transaktionen auf Terminkonten nicht zu den Auszahlungen gehören, denn der Abfluß einer Forderung entspricht der Minderung eines Terminguthabens. Wechsel und Schecks haben Termineigenschaft, d.h. sie führen erst in der Zukunft zu Einzahlungen.

Der Zufluß von Geld z.B. aus einer Kundeneinzahlung mindert ebenfalls eine Forderung, wird aber nicht als Ausgabe bezeichnet. Dies kann als Ausnahme oder als Grenze des Modells verstanden werden. Grund ist, daß die Kundeneinzahlung keinen künftigen Zahlungsmittelzufluß bedingt. Die Kundeneinzahlung wäre in der Finanzplanung also anders als beim Rechnungseingang darzustellen.

Ist eine Ausgabe zugleich eine Auszahlung, so spricht man von einer Auszahlungsausgabe. Das ist etwa der Fall bei einer Überweisung von einem überzogenen (also im »Minus« befindlichen) Bankkonto: Die dort stehende Schuld (Verbindlichkeit) steigt; gleichzeitig fließt Bargeld in der Form von Buchgeld ab. Um dies zu verstehen, ist es wichtig zu wissen, daß das Bankkonto nicht immer auf der Aktivseite der Bilanz steht, sondern auch ein Passivkonto sein, also eine Verbindlichkeit darstellen kann. Ein Beispiel illustriert das:

Soll		Bank	Haben
Eröffnungsbilanzkonto	**1.300**	Miete Geschäftsräume	1.020
Kunde Nr. 105478	3.600	Lastschrift eines Lieferers	4.410
Honorar	5.500	Barauszahlung Geldautomat	6.600
Dividende	12.500	Kfz-Werkstatt	4.700
Kunde Nr. 106885	1.200	Überweisung an Lieferant	8.270
Schlußbilanzkonto	**2.200**	Gebührenrechnung	1.300
	26.300		26.300

Abbildung 2.2: Warum das Bankkonto nicht immer ein Aktivkonto ist

Das Bankkonto eines Unternehmers sei am Eröffnungstag ein Aktivkonto gewesen, habe also ein Guthaben i.H.v. 1.300 Euro ausgewiesen. Es war also ein Vermögensgegenstand und daher zu aktivieren. Gemäß den bekannten Buchungsregeln wurden verschiedene Zahlungseingänge wie z.B. eine Einzahlung von zwei Kunden, Honorar und eine Dividendeneinzahlung im Soll gebucht. Sie haben den Saldo des Kontos gemehrt. Dem stehen aber Auszahlungen für Miete, eine Barabhebung, die Kfz-Werkstatt und zwei Zulieferer gegenüber. Die Auszahlungen übersteigen die Einzahlungen bei weitem. Es entsteht damit am Periodenende ein »Minus« i.H.v. 2.200 Euro, das dazu führt, daß das Sollsaldo gegen das Schlußbilanzkonto auszubuchen ist. Da dieser Saldo im Soll steht, muß das Schlußbilanzkonto aber im Haben gebucht werden. Der Schlußsaldo wird also passiviert, und mit ihm das Bankkonto. Dieses ist aus Sicht des Unternehmers am Periodenende ein Passivkonto. Es weist eine Verbindlichkeit (der Bank gegenüber) aus.

Wird im vorstehenden Beispiel ferner angenommen, daß die Kundeneinzahlung von Kunde Nr. 105478 sogleich nach Eröffnung eingegangen ist, dann betrug der Kontostand nach dieser Kundeneinzahlung 4.900 Euro. Wenn die Miete sogleich danach abgebucht worden ist, dann ist diese Buchung aus einem Guthaben erfolgt. Sie ist damit »nur« eine Auszahlung gewesen, weil liquide Mittel (d.h. Buchgeld) aus dem Sichtkonto »Bank« abgeflossen sind.

Wird aber angenommen, daß die Gebührenrechnung die letzte Buchung unmittelbar vor dem Kontenabschluß darstellt, so machte der Saldo des Girokontos vor der Buchung der Gebühr schon ein »Minus« i.H.v. 900 Euro aus. Durch die Abbuchung der Gebühr ist ein Endsaldo i.H.v. 2.200 Euro entstanden. Dieser Saldo ist, genau wie der Kontostand vor der Gebührenbuchung, eine Verbindlichkeit des Unternehmers der Bank gegenüber. Diese Verbindlichkeit hat sich durch die Gebührenbuchung erhöht. Die Gebührenbuchung ist also einerseits ein Abfluß liquider Buchgeldmittel, andererseits aber auch eine Erhöhung der Verbindlichkeiten. Sie ist damit Auszahlung und Ausgabe gleichermaßen – eine Auszahlungsausgabe.

	Auszahlungen *Abflüsse liquider Mittel*	
Ungleich Ausgabe Neutrale Auszahl.	*Auszahlung = Ausgabe*	
	Auszahlungsausgabe	*Ungleich Auszahl. Kalkulat. Ausgabe*
	Ausgaben *Mehrung der Verbindlichkeiten oder Minderung der Forderungen*	

Abbildung 2.3: Die Abgrenzung der Ausgaben und Auszahlungen

Eine Auszahlung, die nur eine Auszahlung, aber nicht zugleich eine Ausgabe ist, heißt neutrale Auszahlung. Bestes Beispiel ist die Barzahlung einer Schuld: Geld fließt ab, aber weder eine Verbindlichkeit steigt noch eine Forderung sinkt – vielmehr sinkt eine Verbindlichkeit, aber das ist ja nicht Gegenstand der Definition!

Eine Ausgabe, die nicht zugleich auch eine Auszahlung ist, nennt man kalkulatorische Ausgabe. Das Wechselindossament ist ebenso ein Beispiel wie die Buchung der Bruttolöhne in der Lohnbuchhaltung eines Unternehmens: Im Beispiel mit dem Wechsel sinkt die Forderung, im zweiten Fall steigt die Verbindlichkeit, aber in keinem der beiden Beispiele wird Bargeld bewegt. Wir haben es also »nur« mit einer Ausgabe zu tun. Diese wird von der Auszahlung abgegrenzt, weil sie eine Verpflichtung zu einer späteren Auszahlung (oder eine Minderung künftiger Einzahlungen) verkörpert: wird der Wechsel an einen Dritten weitergegeben, so erhalten wir daraus bei Fälligkeit kein Geld mehr. Die künftig zu erwartenden Einzahlungen werden gemindert. Gehen wir hingegen eine Verbindlichkeit ein, so müssen wir (im Beispiel an die Arbeitnehmer) in Zukunft eine Auszahlung leisten. Diese zeitliche Abgrenzung ist Gegenstand der Finanzplanung und Zweck der Abgrenzung.

Controlling kann man als »interne Unternehmenssteuerung« bezeichnen. Hierzu gehört auch die Steuerung von Ein- und Auszahlungen über die Zeit. Dies leistet das Controlling aufgrund der vorliegenden Abgrenzung. Das aber kann von großer Wichtigkeit sein, denn Mangel an Zahlungsfähigkeit führt zu einem Insolvenzverfahren.

Mit der Kostenrechnung hat das alles bisher aber noch nicht sehr viel zu tun. Das ändert sich in den nächsten Kapiteln.

2.1.3. Aufwendungen

Aufwendungen entstehen durch den Verbrauch von Gütern. Der Ausweis der Aufwendungen findet in der Gewinn- und Verlustrechnung statt und unterliegt steuer- wie handelsrechtlichen Regelungen.

Da Güter (oder Produkte) das Ergebnis zuvor in der Wertschöpfungskette eingesetzter Produktionsfaktoren sind, könnte man meinen, daß der Aufwendungsbegriff in der Kostenrechnung völlig ausreichend ist. In der Tat ist das in anderen Ländern oft der Fall, wo die spitzfindige und schwierige Abgrenzung zwischen Kosten und Aufwendungen weitgehend unterbleibt. Leider kann man im Rahmen der deutschen Rechtsvorschriften und gesellschaftlichen Vorgaben nicht so denken.

Um in der Kosten- und Leistungsrechnung zu einem vollständigen und richtigen Ausweis des Produktionsfaktoreinsatzes zu kommen, muß man die Faktoren dem Grunde und der Höhe nach richtig bewerten. Unter Bewertung dem Grunde nach versteht man, alle Faktoren, die im Betrieb vorkommen, zu identifizieren und überhaupt in die Rechnung einzubeziehen. Bewertung der Höhe nach meint den dabei jeweils zugewiesenen Geldbetrag. Beides ist im Aufwandsbegriff nicht immer gegeben. Das hat Gründe, die im Betrieb und außerhalb liegen.

2.1.3.1. Falsche Bewertung von Aufwendungen

Zunächst sind eine Vielzahl von Produktionsfaktoren im Rahmen des betrieblichen Leistungsprozesses erforderlich und vorhanden, für die gleichwohl keine Aufwendung besteht. Ein gutes Beispiel ist eigenes Know-how des Unternehmers. In Personengesellschaften wird hierfür in der Regel keine Aufwendung angesetzt, weil die Inhaber sich schon aus dem Grunde nicht bei sich selbst anstellen, um hohen Lohnsteuer- und Sozialversicherungszahlungen zu entgehen. Auch das Eigenkapital verursacht keine Zinsaufwendungen. Es kommt in der Gewinn- und Verlustrechnung nicht vor, repräsentiert gleichwohl aber einen Produktionsfaktor.

Weitere Aufwendungen sind offensichtlich der Höhe nach falsch bewertet. Das hat meist Gründe, die in staatlichen Maßnahmen und Planpreisen liegen. So ist in Zeiten hoher Arbeitslosigkeit der Faktor »Arbeit« meist unterbewertet. Manche Unternehmen können in großem Ausmaß mit Praktikanten oder staatlichen Lohnzuschüssen auskommen. Dies führt zu einem viel zu niedrigen Ausweis in der Gewinn- und Verlustrechnung. Umgekehrt ist Energie bei weitem überteuert. Das mag mit dem monopolistischen Markt der Energieversorgung zu tun haben, aber auch damit, daß teure Öko-Experimente den Preis in die Höhe treiben: Beispielsweise kann man Strom aus »erneuerbarer« Energie weit über dem Steckdosenpreis für elektrischen Strom an den Energieversorger zwangsverkaufen. Die Schwankungen der Photovoltaik und Windstromleistung bewirken, daß hohe Kraftwerksleistungen »blind« vorgehalten werden müssen, um Stromausfälle bei plötzlichem Rückgang der Leistung der »erneuerbaren« Systeme zu verhindern. Dies entspricht im Effekt aber einer Verschwendung nuklearer und konventioneller Brennstoffe. Dies alles sind planwirtschaftliche Verhältnisse, die die Staatsquote des Strompreises[1] in die Höhe treiben. Energie ist damit offensichtlich nicht marktnah bewertet. Eine objektive Bewertung außerhalb des Marktes gibt es aber nicht.

2.1.3.2. Falsche Buchungsverfahren

Weiterhin spielt der Umstand eine Rolle, daß eine Zahl von Unternehmen Buchungsmethoden anwenden, die eine korrekte Bewertung der Aufwendungen erschweren oder unmöglich machen. Die Buchungen des Warengeschäftes sind ein gutes Beispiel. Viele Unternehmen erfassen den Kauf von Waren als Aufwendung. Das ist *falsch*. Der Kauf führt zu einer Aktivierung der Kaufsache, also gerade zu keinem Aufwand, denn die gekaufte Ware wurde ja gerade nicht verbraucht (sondern liegt im Lager). Ein Verbrauch findet erst bei Entnahme z.B. wegen Verkaufes statt, also wenn der Kunde die Ware mitnimmt (oder sie ihm geschickt wird). Dann ist ein Warenentnahmeschein als Aufwandsbeleg zu buchen. Das wurde früher oft aus Gründen der Prozeßvereinfachung vermieden, ist heute aber in Zeiten der Scannerkasse und datenbankgestützten Buchführung kein Problem mehr. Gleiches gilt bei Roh-, Hilfs- und Betriebsstoffen: sie sind bei Einkauf zu aktivieren und erst bei Entnahme als Aufwendung zu erfassen. Wird dies falsch gemacht, werden oft Aufwendungen in der Gewinn- und Verlustrechnung ausgewiesen, die einer anderen Periode angehören.

Ein Beispiel demonstriert den Zusammenhang zwischen Auszahlungen, Ausgaben und Aufwendungen im Einkauf: Wir bestellen Rohstoffe. Hierdurch entsteht gar kein im Rechnungswesen relevanter Sachverhalt; gleichwohl wäre jedoch die Kopie der Bestellung ein im Rahmen der Buchführungspflicht aufbewahrungspflichtiger Beleg, denn ein »sachverständiger Dritter« (§ 238 HGB) könnte sich aus ihm einen Überblick über die Lage des Unternehmens verschaffen, etwa wenn die Bestellung

---

1 Folgende Zahlen zur Zusammensetzung des Strompreises liegen dem Autoren für 2007 vor: 59 % Beschaffung, Transport/Vertrieb, 1,5 % Kraft-Wärme-Kopplung, 4,8 % »Erneuerbare« Energien-Gesetz, 8,7 % Konzessionsabgabe, 10 % Stromsteuer und 16 % Umsatzsteuer. Man beachte, daß 19 % vom-Hundert 15,95 % im-Hundert entsprechen! Selbst die o.g. 59 % sind aber noch kein Marktpreis, denn sie enthalten den Emissionshandel. Vereinfachend kann man also von einer Staatsquote des deutschen Strompreises von ca. 50 % ausgehen – der zweithöchste Wert weltweit (nach Dänemark). Quelle: Zahlen des Verbandes der Elektrizitätsversorger.

zum Bilanzstichtag noch nicht ausgeführt worden ist. Liefert der Lieferant die Rohstoffe, und liegt der Lieferung die Rechnung bei, so nehmen die Verbindlichkeiten zu – es entsteht eine Ausgabe. Das umgangssprachliche Verständnis dieses Begriffes ist hier nicht relevant! Zahlen wir diese Ausgabe durch Barzahlung, so ist dies eine Auszahlung; überweisen wir den Betrag, so ist dies ebenfalls eine Auszahlung; ist das Bankkonto jedoch »überzogen«, also ein Passivkonto, so liegt eine neue Ausgabe vor.

Verbrauchen wir schließlich die Rohstoffe, so ist ein Materialentnahmeschein zu buchen. Hierdurch wird der Verbrauch belegt, und aus Sicht der Kostenrechnung (und der Buchführung) entsteht ein Aufwand.

Alle drei Vorgänge geschehen zu unterschiedlichen Zeitpunkten und u.U. auch in anderen Rechnungsperioden. Sie werden voneinander getrennt abgerechnet und im Rechnungswesen dargestellt!

Verbrauch kann allerdings auf zwei verschiedene Arten entstehen, und muß nach diesen zwei Arten für Zwecke der Produktionsfaktorbewertung differenziert werden:

- durch bestimmungsgemäße betriebsübliche Nutzung, d.h. in aller Regel durch den bestimmungsgemäßen Gebrauch der Sache, der einen Verbrauch oder eine verbrauchsgleiche Abnutzung bewirkt, und durch den in der Regel auch eine betriebliche Leistung (etwa ein Produkt) erstellt wird, oder
- durch ungeplanten Verlust, z.B. durch einen Schadensfall. Man spricht in diesem Zusammenhang auch vom »Schwund«. Dieser ist ein Faktorverbrauch, der gerade nicht der betrieblichen Leistungserstellung dient (sondern diese behindert). Er hat darum in der Kostenrechnung nichts zu suchen.

Beide Fälle werden von der Buchhaltung als Aufwand verbucht; nur der Fall des bestimmungsgemäßen Verbrauches ist jedoch für die Kostenrechnung relevant, weil der bestimmungsgemäße Verbrauch über die Kostenrechnung in die Kosten und damit in die Preise eingerechnet werden soll.

In diesem Zusammenhang lassen sich weiterhin mehrere gesetzlich normierte Ausnahmen, Grenz- und Sonderfälle unterscheiden:

2.1.3.3. Die Verbrauchsfiktion

Gegenstände, die im Einkauf (i.d.R. netto, also ohne USt.) unter 150 Euro wert sind, und die für den Eigenverbrauch angeschafft werden, also nicht als Roh-, Hilfs- oder Betriebsstoff weiterverarbeitet oder als Ware unverändert weitergegeben werden sollen, gelten gemäß § 6 Abs. 2 EStG als unmittelbar verbraucht, und zwar auch dann, wenn ein Verbrauch der Sache tatsächlich überhaupt nicht oder erst sehr viel später vorliegt. Man spricht von der sogenannten »Verbrauchsfiktion«, denn ein Aufwand ist auch zu buchen, wenn diese Kleingegenstände wie Locher oder Bürogerät tatsächlich gar nicht oder nur sehr langsam verbraucht werden. Dies ist eine Vereinfachungsregel, die die Verbrauchserfassung von Kleingeräten und Material sehr erleichtert. In diesem Fall fallen Anschaffung und Verbrauch zusammen. Leider verzerrt das den Ausweis der wirklichen Produktionsfaktornutzung. Mehrere Beispiele demonstrieren, weshalb:

Beispiel 1: Wir kaufen einen Taschenrechner für den Buchhalter, Wert brutto 39,99 Euro, gegen Barzahlung: Es entsteht eine Auszahlung in Höhe von 39,99 Euro und ein Aufwand in Höhe des Nettowertes, also 33,61 Euro – auch dann, wenn die tatsächliche Abnutzung des Gerätes Jahre dauert: Der »Verbrauch« ist also fiktiv, oder deutlicher gesagt, falsch bewertet.

Beispiel 2: Bei der Bestimmung der Verbrauchsfiktion ist der Nettowert maßgeblich. Kauf eines Gerätes im Bruttowert von 169,99 Euro führt also ebenfalls zu einem (fiktiven) Verbrauch, weil der Nettowert 142,85 Euro beträgt. In manchen Fällen werden Tausende von Euro für Kleinwerkzeuge und ähnliches Gerät ausgegeben. Deren wirklicher Verbrauch, d.h. deren Abnutzung, ist ggf. separat zu erfassen.

Beispiel 3: Es kommt immer auf die nutzbare Einheit an. Man spricht in diesem Zusammenhang von der sogenannten Verkehrsfähigkeit. Kaufen wir also 1.000 Kugelschreiber für die Mitarbeiter im Gesamtwert von 1.900 Euro, so entsteht immer noch ein (fiktiver) Sofortverbrauch, weil jeder einzelne für sich nutzbare Kugelschreiber unter 150 Euro wert ist.

Beispiel 4: Die Verbrauchsfiktion gilt ausschließlich bei Eigennutzungsabsicht. Sollen die in Beispiel 3 vorstehend genannten Kugelschreiber verkauft werden, d.h., sind wir ein Schreibwarengeschäft, so tritt die Verbrauchsfiktion nicht ein, weil keine Eigennutzungsabsicht vorliegt.

2.1.3.4. Geringwertige Wirtschaftsgüter

Geringwertige Wirtschaftsgüter sind solche, für die die Verbrauchsfiktion zwar nicht mehr greift, die also einen Nettowert von mindestens 150 Euro aufweisen, die aber unter derzeit 1.000 Euro wiederum i.d.R. netto wert sind: Diese Gegenstände müssen nach § 6 Abs. 2a EStG für fünf Jahre pauschal abgeschrieben werden. In diesem Fall fallen Verbrauch und Kauf zwar nicht mehr zusammen: Die Anschaffung führt, genau wie bci Roh , Hilfs- und Betriebsstoffen, Waren und Anlagegütern zu einer Ausgabe, die Abschreibung am Jahresende entspricht dann dem (bewerteten) Verbrauch. Die fünfjährige Pauschalabschreibung, die ein früheres Abschreibungswahlrecht ersetzt hat, entspricht aber i.d.R. in keiner Weise der wirklichen technischen und/oder betriebsüblichen Nutzungsdauer. Das wird u.a. auch daran deutlich, daß die Abschreibung ausdrücklich auch dann über fünf Jahre fortzusetzen ist, wenn der Gegenstand schon aus dem Vermögen ausgeschieden ist, ganz gleich aus welchem Grund (§ 6 Abs. 2a Satz 3 EStG). Dies betrifft etwa kleine Personal-Computer, die ansonsten nach der allgemeinen AfA-Tabelle eine Abschreibungzeit von drei Jahren hätten, aber auch Kleinwerkzeuge, die oft zehn Jahre und mehr technisch nutzbar sind. In beiden Fällen entsteht eine der Höhe nach offensichtlich falsche Bewertung des Aufwandes.

Beispiel: Wir kaufen ein Faxgerät mit Multifunktionsdrucker für das Büro im Bruttowert von 1.099 Euro inkl. 19 % USt. auf Rechnung. Auch hier kommt es auf den Nettowert an, d.h., da das Gerät netto nur 923,53 Euro wert ist, handelt es sich um ein geringwertiges Wirtschaftsgut. Es ist auf fünf Jahre pauschal abzuschreiben, auch wenn die »eigentliche« Nutzungszeit kürzer wäre. Im ersten Jahr entsteht ein Aufwand von 184,71 Euro. Dieser hat nichts mit der wirklichen Abnutzung des Gerätes zu tun. Die Abschreibung ist sogar fortzuführen, wenn das Gerät vor Ablauf der fünf Jahre aus dem Vermögen ausscheidet. Eine richtige Faktorbewertung ist also selbst dann nicht garantiert, wenn die Marktbewertung bei der Beschaffung »richtig« ist, d.h. der Markt polypolistisch funktioniert und frei von Staatseingriffen ist.

2.1.3.5. Verbrauch bei Just-in-Time-Verfahren

Das Just-in-Time-Verfahren besteht darin, daß Gegenstände in genau dem Moment angeliefert werden, in dem sie für die Produktion tatsächlich gebraucht werden. Das ist insbesondere in der Automobilindustrie häufig, oft aber auch eine Frage der Marktmacht: Großabnehmer verlagern die Lagerung faktisch auf ihre Zulieferer, die durch ein Qualitätszertifikat auch für die Qualitätskontrolle und Wareneingangsprüfung i.S.d. § 377 HGB faktisch verantwortlich gemacht werden. Es besteht also keine Eingangslagerung (auf Seiten des Abnehmers) mehr. Kommt die Rechnung zusammen mit dem Produkt, und wird das Produkt im Moment der Anlieferung (und Rechnungslegung) sofort in den Produktionsprozeß eingebracht, also verbraucht, dann fallen Verbrauch (Aufwand) und Zugang (mit Mehrung der Verbindlichkeiten, also Ausgabe) zeitlich zusammen. Obwohl es sich immer noch um zwei separate Vorgänge handelt, rücken sie doch in nicht mehr unterscheidbare Nähe.

Im Umkehrschluß kann man hieraus aber auch folgern, daß bei jedem Verfahren mit Eingangslagerung der Einkauf keinesfalls auf einem Aufwandskonto zu buchen ist; vielmehr müssen der Eingang auf einem Aktivkonto und der Verbrauch durch Materialentnahmeschein oder Inventur auf einem Aufwandskonto gebucht werden – auch bei Just-in-Time-Prozessen!

2.1.3.6. Verbrauch bei nichtlagerfähigen Gütern

Dieser Fall umfaßt Güter wie Fernwärme oder elektrischen Strom, die aus technisch-physikalischen Gründen nicht lagerfähig sind. Sie sind wie bei Just-in-Time in der Weise zu handhaben, daß Verbrauch und Auf-wand deckungsgleich entstehen.

Beispiel: Von den Stadtwerken erhalten wir eine Rechnung über Energieverbrauch im abgelaufenen Rechnungszeitraum (korrekt eigentlich: für *elektrische Arbeit*). Hierdurch entstehen ein Aufwand (bewerteter Verbrauch an elektrischer Arbeit) und eine Ausgabe (Zunahme der Verbindlichkeiten) zu gleicher Zeit.

Eine Ausnahme stellen verderbliche Güter dar, die am Tage der Beschaffung verbraucht oder weggeworfen werden müssen. Hackfleisch ist ein solcher Fall, aber auch manche hochverderbliche Chemikalien. Um den Aufwand für die Produktion, also den Waren- oder Materialeinsatz, vom Verderb abzugrenzen, sollte auch in diesem Fall der Zugang aktiviert werden. Die Entnahme durch die Produktion und die Entnahme durch den Verderb können dann separat als Aufwandsbuchungen erfaßt werden.

2.1.3.7. Kalkulatorischer Aufwand

Hierunter versteht man einen Aufwand, der nicht zugleich in einer Ausgabe (oder in einer Auszahlung) besteht. Das liegt i.d.R. vor, wenn Produkte aus einem Lager entnommen werden, also Eingangs- oder Zwischenlagerung betrieben wird. Die Anschaffung des Gegenstandes liegt in der Zeit zurück, d.h., die Ausgabe (und ggf. die Auszahlung) wurden bereits unabhängig vom Entnahmevorgang gebucht. Beleggrundlage ist der Materialentnahmeschein.

Der kalkulatorische Aufwand liegt in der Regel in der Summe mit der neutralen Ausgabe gleich, kann aber periodenungleich sein: Alle neutralen Ausgaben werden später zu kalkulatorischen Aufwendungen. Werden Produkte angeschafft, entsteht die neutrale Ausgabe; werden sie dann verbraucht, d.h., per Materialentnahmeschein aus dem Lager entnommen, dann entsteht die kalkulatorische Aufwendung. Der kalkulatorische Aufwand ist daher eine viel »bessere« Bewertung des Faktoreinsatzes, weil der in der Periode des Verbrauches (und nicht der Periode der Anschaffung) entsteht. Das ist um so wichtiger, je länger ein Artikel gelagert wird oder werden muß.

2.1.4. Kosten

Dieser Begriff ist der komplizierteste, aber auch der wichtigste Begriff der vorliegenden Darstellung. Kosten sind nach der scharfen betriebswirtschaftlichen Definition jeder

- in Geld bewertete,
- periodisierte
- Güter- oder Leistungsverzehr, der
- der betrieblichen Leistungserstellung dient oder
- der Leistungsbereitschaftserhaltung nützt.

Eine kürzere Definition, die eingangs genügen mag, ist, daß Kosten, im Gegensatz zu Auszahlungen, Ausgaben und Aufwendungen, den zur Leistungserstellung notwendigen Produktionsfaktoreinsatz abbilden sollen.

»In Geld bewertet« bedeutet, daß jede Kostengröße einer Bewertung dem Grunde und der Höhe nach zugänglich sein muß. Da die Aufwendungen, Auszahlungen und Ausgaben aber keine akkurate Darstellung des Produktionsfaktoreinsatzes ermöglichen, bedeutet dies, daß

- Größen Kosten sein können, die aus den Rechenwerken des externen Rechnungswesens gar nicht hervorgehen und
- die bestehenden Daten der Buchführung einer kritischen Betrachtung unterzogen werden müssen, ob sie »richtig«, d.h. faktoreinsatzgemäß bewerten.

Periodisierung ist die Betrachtung in Rechnungsperioden. Auch die Kostenrechnung denkt, wie das externe Rechnungswesen, in Geschäftsjahren. Nicht zu den Kosten eines Jahres gehört, was diesem Jahr nicht angehört. Die Daten der Rechnungsabgrenzung der Buchführung können hier bedeutsam sein, d.h. Aufwendungen eines Jahres, die andere Jahre betreffen, sind herauszurechnen, und Aufwendungen anderer Jahre, die das betrachtete Jahr betreffen, sind in die Kosten einzubeziehen.

Güter- und Leistungsverzehr bezieht sich auf den Produktionsfaktoreinsatz. Der Begriff »Verzehr« soll, auch wenn dies sprachlich schwierig ist, vom Begriff des Verbrauches differenzieren. Ein Faktoreinsatz kann in einem Verbrauch bestehen, wie etwa beim Faktor Arbeit. Er ist dann in Gestalt der Lohnkosten in den Aufwendungen abgerechnet[1] und aus der Gewinn- undVerlustrechnung ersichtlich. Andere Produktionsfaktoren werden eingesetzt, erscheinen gleichwohl nicht in der Gewinn-

---

1 Selbst das stimmt nicht immer: die dispositive Arbeit des Inhabers einer Personengesellschaft, die Arbeit eines Freiberuflers oder Einzelkaufmannes ist in aller Regel eben nicht als Lohnkostenart in der Gewinn- und Verlustrechnung ersichtlich, weil solche Führungskräfte sich nicht selbst anstellen, muß aber als notwendiger Produktionsfaktor gleichwohl in die Kostenrechnung einbezogen werden.

und Verlustrechnung. Das Know-How der Mitarbeiter (»Humankapital«) ist oft nur mangelhaft in Gestalt von Gehältern darstellbar und das eigene Kapital verursacht keine Zinsaufwendungen, ist gleichwohl aber notwendig, den Betrieb zu führen. Es verursacht damit Kosten aber keine Aufwendungen.

»Betriebliche Leistungserstellung« ist die Produktion des Gutes, für dessen Herstellung der Betrieb gegründet wurde oder geführt wird. Der Begriff bezieht sich auf die tatsächliche Hauptleistung des Unternehmmens. Nebengeschäfte können separate Segmente sein. Sie sollten dann in eigene Betriebe ausgelagert werden, damit die für sie erforderlichen Faktoreinsätze selbständig und damit zu Kosten werden. Ein Beispiel: ein Betrieb, der ein Produkt herstellt, benötigt Produktionsfaktoren. Sie stellen die Kostensumme dar. Vermietet der Betrieb zugleich eine leerstehende Lagerhalle, so ist dies eine Nebenleistung. Faktoren wie Boden und Kapital, die in dieser vermieteten Lagerhalle stecken, gehören nicht zu den Kosten, weil sie nicht der Produktion des eigentlichen Gutes dienen. Wird aber ein eigener Betrieb gegründet, der primär der Vermietung dient, dann wären Boden, Kapital usw., die die vermietete Immobilie betreffen, in diesem Betrieb auch Kosten. Die deutschen handelsrechtlichen Rechnungslegungsvorschriften kennen keinen klaren Ausweis der Haupt- und Nebenleistungen[1]. Eine Segmentberichterstattung im Sinne von IFRS 8 stellt jedoch gerade einen solchen Ausweis bereit.

»Leistungsbereitschaft« ist die Fähigkeit, durch Faktorkombination aus Gütern Produkte zu machen, also auf der von der Natur zum Menschen reichenden Wertkette tätig zu sein. Eine Fähigkeit ist schon das abstrakte Potential zur Leistungserstellung. Dies bedeutet im wesentlichen, das auch Instandhaltungsaufwendungen Kostencharakter haben. Die Abgrenzung unterlassener Instandhaltungen als Rückstellungen kann ein Anwendungsfall dieses Gedankens sein. Schwieriger ist die Frage, ob auch politische Lobbyarbeit, Bestechungsgelder und die Öffentlichkeitsarbeit zu den Kosten für den Erhalt der Leistungsbereitschaft zählen. Dies kann insbesondere problematisch sein, als daß etwa Schmiergelder rein rechtlich betrachtet i.d.R. illegal und daher nicht in der Buchführung ersichtlich sind; gleichwohl sind sie oft faktisch unverzichtbar und werden in vielen Ländern erwartet. Unter Lobbyarbeit versteht man den Einfluß auf politische Entscheidungsträger, im Sinne der Interessen der Unternehmung zu entscheiden. Das kann die Schaffung unternehmerfreundlicher Gesetze und Regulierungen oder die Vermeidung

---

1 In der Gliederung der Gewinn- und Verlustrechnung nach dem Gesamtkostenverfahren nach § 275 Abs. 2 HGB sind die Nebengeschäfte in Zeile 4 als »sonstige betriebliche Erträge« von den Umsatzerlösen in Zeile 1 abzutrennen. Dies bedeutet natürlich auch, daß die Zeile 1 die Leistungen und die Zeile 4 Nicht-Leistungen, also neutrale Erträge enthält. Schwierig kann indes die Zuordnung der Aufwendungen der weiteren Zeilen der Gewinn- und Verlustrechnung auf Haupt- und Nebengeschäfte sein. Die handelsrechtliche Vorschrift enthält, im Gegensatz zu IFRS 8, hierfür keine Richtlinien.

unternehmerunfreundlicher Vorschriften betreffen. Wenn beispielsweise die ungewählte EU-Kommission wieder einmal neue Klimaschutz-Einschränkungen plant, dann kann deren Vermeidung durch Einflußnahme auf die relevanten Entscheidungsträger in Brüssel die Existenz der Unternehmung sichern. Sie wäre damit als Kostenart zu klassifizieren, weil sie der Aufrechterhaltung der Leistungsbereitschaft in der Zukunft dient. Ist es aber nicht möglich, solcherart wirksam Einfluß zu nehmen, oder ist es nicht erwünscht, weil die Schließung des Unternehmens und der Verkauf der zuvor zugeteilten Emissionszertifikate attraktiver ist als harte Arbeit und der Verkauf erzeugter Produkte, dann kann auch die Verlagerung in klimaschwindelfreie Staaten ohne Emissionshandel und ohne politisch gewollte Einschränkung des Unternehmertums als Kosten der Erhaltung der Leistungsbereitschaft gesehen werden.

Die Abgrenzung der Kosten von den Aufwendungen ist eines der schwierigsten Probleme der Kostenrechnung. Eine saubere Abgrenzung ist aber die absolut unabdingbare Voraussetzung für brauchbare Ergebnisse der nachfolgenden Rechenverfahren. Die folgende Skizze kann dabei helfen:

	Aufwand *Verbrauch an Gütern und Leistungen*	
Ungleich Kosten *Neutraler Aufwand*	*Aufwand = Kosten: Zweckaufwand*	
	Kosten = Aufwand: Grundkosten	*Ungleich Aufwand* *Kalkulat. Kosten*
	Kosten *Bewerteter, periodisierter Güter- und Leistungsverzehr zur Leistungserstellung oder Bereitschaftserhaltung*	

Abbildung 2.4: Abgrenzung der Aufwendungen von den Kosten

Aufwendungen, die zugleich Kosten sind, bezeichnet man dabei als Zweckaufwendungen oder Grundkosten. Aufwendungen, denen keine Kosteneigenschaft zukommt, sind neutrale Aufwendungen und Kosten, die dem Grund und/oder der Höhe nach keine Aufwendungen sind, werden als kalkulatorische Kosten bezeichnet.

Diese Abgrenzung zu verstehen (und nicht nur auswendig zu lernen), gehört zu den wichtigsten, aber zugleich schwierigsten Problemen des ganzen Themas. Erschwerend kommt hinzu, daß umgangssprachlich Kosten meist unbewußt mit Zahlungen identifiziert werden. Wer sagt, etwas habe aber viel gekostet, meint in Wirklichkeit eben keine Kosten, sondern Auszahlungen. Auch die »Anschaffungskosten« aus der Sprache des Gesetzgebers (§ 255 Abs. 1 Satz 1 HGB) sind eben keine Kosten, auch in der Regel keine Aufwendungen, wie der Gesetzestext behauptet, sondern eben Auszahlungen. Das alles macht das Verständnis dieser grundlegenden Begriffe nicht gerade leichter.

Die Identifikation der Kosten mit Auszahlungen ist auch in der Betriebswirtschaft nicht unbekannt. Insbesondere ist in diesem Zusammenhang der auf Rieger zurückgehende sogenannte pagatorische Kostenbegriff relevant. Pagatorisch ist, was zahlungsgleich ist. Rieger wollte schon in der Zeit vor dem Zweiten Weltkrieg nicht als Kosten gelten lassen, was nicht gezahlt worden ist. Dies ist allerdings wenig zeitgemäß, denn es setzt funktionierende, polypolistische und staatsfreie Märkte voraus. Die heutigen Regierungen sind jedoch noch weniger marktneutral als es beispielsweise die DDR-Regierung war. Viel mehr wirtschaftliche Prozesse sind durch Ge- oder Verbote, Pflichtleistungen oder Leistungsverbote, Mindest- oder Höchstpreise oder nichttarifäre Ausführungsregeln eingeengt. Die Gesundheits- und die Energiewirtschaft sind längst Planwirtschaften reinsten Wassers. Daß Zahlungsgrößen daher nicht mehr als Kostenmaßstäbe taugen, haben wir oben verschiedentlich demonstriert.

2.2. Grundgedanken zum Kostenbegriff

Ein Verbrauch, der zur gleichen Zeit der betrieblichen Leistungserstellung oder Leistungsbereitschaftserhaltung dient, ist eine Kostenart, wenn er in der gleichen Rechnungsperiode abgerechnet wird. Man spricht dann von Grundkosten oder dem sogenannten Zweckaufwand.

Leistungserstellung ist dabei, was dem Erreichen des Betriebszweckes direkt oder indirekt dient. Das ist anschaulich und mit vielen Beispielen zu belegen: Die Entnahme von Roh-, Hilfs- oder Betriebsstoffen ist beispielsweise ein kalkulatorischer Aufwand, also zunächst ein Aufwand, weil ein Verbrauch vorliegt, aber nicht zugleich auch eine Ausgabe oder Auszahlung. Dieser dient aber auch der Leistungserstellung (Produktion): Es liegen also gleichzeitig Kosten vor. Ebenso wäre die Buchung der Bruttolöhne ein Aufwand und zugleich eine Kostenart. Dies ist insofern unproblematisch.

In Einzelfällen muß eine Grundkostenart durch Neu- oder Umbewertung aus dem Zweckaufwand abgeleitet werden, um eine faktorgerechte Bewertung zu erhalten. Grund hierfür sind stets Nichtmarktverhältnisse, die eine falsche Bewertung der jeweiligen Aufwandsart bewirken. Da beleggerecht gebucht wird, steht diese falsche Bewertung in der Gewinn- und Verlustrechnung. Der dort ersichtliche Wert bewertet dann nicht mehr die Höhe des tatsächlichen Faktoreinsatzes.

Wesentliches Beispiel hierfür sind die Lohnkosten. In Zeiten hoher Arbeitslosigkeit üben staatliche Stellen im Wege der Kürzung von Unterstützungsmitteln Druck auf Arbeitslose aus, zu niedrigeren Löhnen oder sogar unbezahlt zu arbeiten. Das bewirkt, daß viele Unternehmen faktisch unbezahlt oder weit unterbezahlt den Produktionsfaktor Arbeit in

Anspruch nehmen können. Praktikanten leisten oft Dienste, die auf einem Arbeitsmarkt, der auch ein Markt im eigentlichen Sinne (und keine Zwangsveranstaltung mit staatlicher Zuteilung von Lohnersatzleistungen) ist, hoch bezahlt werden müßten. Der Faktor Arbeit ist daher oft unterbewertet. Will man eine wirkliche Kostenbewertung erzielen, muß der Betrag aus der Gewinn- und Verlustrechnung u.U. nach oben korrigiert werden.

Aufwendungen, die

- in einer anderen Rechnungsperiode anfallen oder angefallen sind (seltener) oder die
- nicht der betrieblichen Leistungserstellung dienen (häufiger),

sind keine Kosten, weil sie nicht »periodisiert«, d.h. nicht auf das jeweilige Geschäftsjahr bezogen (erster Fall) oder »zweckfremd«, also nicht auf die betriebliche Leistungserstellung bezogen (zweiter Fall) sind. Man spricht dann von neutralem Aufwand.

Sogenannte periodenfremde Aufwendungen entstehen, wenn nachträglich ein Aufwand entsteht, der einer früheren Rechnungsperiode zuzurechnen ist. Das beste Beispiel sind nachträglich festgesetzte, zunächst nicht erwartete Gewerbe- oder ähnliche Steuerzahlungen. Hier entsteht ein Aufwand (Verbrauch der Staatsleistung!), aber nachträglich für eine frühere Rechnungsperiode, also periodenfremd.

Viel häufiger sind Fälle, in denen ein Verbrauch entsteht, der der betrieblichen Leistungserstellung nicht nützt (sondern zumeist eher schadet). Häufige Beispiele sind

- Verluste durch Schadensfälle,
- Verluste durch Unfälle oder ähnliche Ursachen,
- Forderungsverluste durch Insolvenzen von Schuldnern oder durch zahlungsunwillige Schuldner, von denen ein Inkasso nicht erfolgversprechend ist,
- Verderb gelagerter Bedarfsobjekte, die durch zu lange Lagerung nicht mehr verkauft werden können (»Vergammeln«) oder dürfen (Mindesthaltbarkeitsdatum abgelaufen) sowie
- »Schwund« durch Diebstahl und ähnliche Handlungen.

In all diesen Fällen entsteht kein Nutzen für den Betrieb (sondern ganz im Gegenteil ein sogenannter demeritorisches Gut, also ein Schaden). Es entstehen also keine Kosten, sondern nur neutrale Aufwendungen.

Beispiele: Verderb von Waren in einem Lebensmittelgeschäft, Diebstahl von Produkten aus einem Warenlager, natürliches Verdunsten von Treibstoffen aus einem Tanklager, der Verlust einer Maschine durch einen Brand, die Insolvenz eines Kunden mit anschließendem Verlust einer Forderung, die wir gegen ihn hatten, sind jeweils Aufwendungen, weil ein Wirtschaftsgut (Ware, Betriebsstoff, Forderung) verschwunden, also aus betrieblicher Sicht »verbraucht« worden ist; dennoch handelt es sich nicht um Kosten, weil das Verderben, das Bestohlenwerden, das

Verdunsten oder das durch Insolvenz Verlieren der betrieblichen Leistungserstellung nicht dienen, sondern schaden.

Kosten können aber auch entstehen, ohne daß, oder ohne daß gleichzeitig ein Aufwand entsteht. Man spricht dann von den sogenannten kalkulatorischen Kosten. Diese Fälle sind die abstraktesten und oft die schwierigsten. Da diese Kostenarten jedoch (zumeist) nicht aus der Buchführung ersichtlich sind, ist es besonders wichtig, sich mit diesem Problem vertraut zu machen.

In der Literatur wird oft zwischen Zusatz- und Anderskosten unterschieden. Zusatzkosten sind dabei solche Kosten, die gar nicht aus den Aufwendungen zu ersehen sind, die also hinzugefügt werden müssen. Anderskosten hingegen sind solche Kosten, die in der Buchführung bestehen, deren Wert aber verändert werden muß. Diese Unterscheidung ist nach Auffassung und eigener Beratungs- und Lehrerfahrung des Autoren überholt und überflüssig. Sie wird daher in diesem Werk unterlassen.

Überholt ist diese Unterscheidung weil sie impliziert, daß nur die Anderskosten neu der Höhe nach bewertet werden müßten. Das ist aber heute längst nicht mehr der Fall, wie vorstehend gezeigt worde. Schon Grundkosten müssen oft neubewertet werden. Das ist um so häufiger je marktferner die wirtschaftlichen Verhältnisse des Unternehmens sind. Es gibt also immer mehr »Anderskosten« außerhalb der kalkulatorischen Kosten. Überflüssig ist diese Unterscheidung, weil sie nichts zur Programmierung von Kostenrechnungssystemen beiträgt. Hier muß ohnehin eine Datenquelle zusätzlich zur Buchführung installiert werden. Ob diese sich auf Umbewertungen oder zusätzliche Kosten bezieht, ist sachlich unerheblich. Eine zusätzliche Unterscheidung der kalkulatorischen Kosten in Zusatz- und Anderskosten würde die technische Gestaltung des Kostenrechnungssystems also erschweren, ohne einen Nutzen zu vermitteln.

Kalkulatorische Kosten sind also allgemein einfach »nur« der Teil der Gesamtkosten, der art- und/oder betragsmäßig nicht den Aufwendungen der Periode gleich ist. Dies sind vor allem die Kosten, die nie zu Ausgaben oder Aufwendungen führen, aber auch Kosten, die zu verwandten aber dennoch nicht deckungsgleichen Aufwendungen führen, wie z.B. die Wagnisse, die dem Schwund entsprechen.

Man unterscheidet traditionell folgende fünf Arten von kalkulatorischen Kosten:

- kalkulatorische Abschreibung,
- kalkulatorische Zinsen,
- kalkulatorische Miete,
- kalkulatorische Wagnisse,
- kalkulatorischer Unternehmerlohn.

Ziel der kalkulatorischen Kostenrechnung ist ein vollständiger und richtiger Ausweis der Kosten, also eine Bewertung der eingesetzten

Grundgedanken
zum Kostenbegriff

Produktionsfaktoren, die der Marktwirklichkeit (und nicht marktfernen administrativen Vorschriften) entspricht. Die kalkulatorischen Kosten stehen hierbei für Größen, die als neutrale Aufwendungen nicht der Kostenrechnung angehören, vom Sachbezug her jedoch in die Kostenrechnung aufgenommen werden müssen:

Ungleich Kosten Neutraler Aufwand	Aufwand	
	Aufwand = Kosten: Zweckaufwand	
	Kosten = Aufwand: Grundkosten	*Ungleich Aufwand Kalkulat. Kosten*
	Kosten	

- *Schuldzinsen*
- *Steuerliche AfA*
- *Verluste/Schäden*

  - *An Vermieter gezahlte Mieten*
  - *An Führungskräfte gezahlte Entgelte*

- *Kalk. Zinsen*
- *Kalk. Abschreib.*
- *Kalk. Wagnisse*
- *Kalk. Miete*
- *Kalk. Unt.-Lohn*

Abbildung 2.5: Die fünf kalkulatorischen Kostenarten und die zugehörigen Aufwandsarten

Die kalkulatorische Abschreibung bewertet die Abnutzung von Anlagen bezogen auf den Wiederbeschaffungswert, um die Refinanzierung zum zukünftigen Ersatzzeitpunkt zu ermöglichen. Sie entspricht daher nicht der steuerrechtlichen Abschreibung.

Die kalkulatorischen Zinsen bewerten die Kosten für den Produktionsfaktor Kapital. Während die als neutrale Aufwendungen gebuchten pagatorischen, d.h. zahlungsgleichen Fremdkapitalzinsen in der Kostenrechnung nichts zu suchen haben, ermöglicht dieser auf die Gesamtkapitalsumme gerechnete Posten, die Kosten für das gesamte, indirekt vom Kunden genutzte Kapital dem Kunden auch in den Preis einzukalkulieren.

Die kalkulatorischen Wagnisse bewerten alle speziellen Risiken, die nicht schon als Versicherungsprämien in der Kostenrechnung erscheinen. Die kalkulatorischen Wagnisse stehen damit den tatsächlichen Verlusten gegenüber. Sie sind eine Kostenart. Die häufig gehörte Identifikation »Wagnis und Gewinn« ist *falsch*. Wagnisse haben nichts mit Gewinnen zu tun.

Die kalkulatorische Miete bewertet bei Nutzung eigener Immobilien den Wert, der als Miete am Markt zu erzielen wäre, aber nicht eingenommen wird, wenn die Immobilie selbst genutzt wird. Sie fällt nicht bei gemieteten Immobilien an. Sinn ist es, dem Kunden den Mietwert in den Preis zu rechnen, denn er nutzt die Immobilie durch Kauf des in ihr hergestellten Produktes indirekt, ist also Kostenverursacher.

Der kalkulatorische Unternehmerlohn tritt i.d.R. nur bei Personengesellschaftern bei den Vollhaftern auf und bewertet den Wert der von diesen geleisteten dispositiven Arbeit, den sie sich nicht auch zugleich in Geld auszahlen. Der Kunde soll so den wahren Wert der geleisteten

Führungsarbeit bezahlen, und nicht nur den an den Geschäftsführer tatsächlich ausgezahlten (zumeist wesentlich niedrigeren) Geldbetrag.

Zur Ermittlung der kalkulatorischen Kosten sind in der Regel außerbuchhalterische Datenquellen erforderlich. Da diese Kostenarten in den Zahlenwerken der Buchhaltung fast immer fehlen, und in den Rechnungslegungsvorschriften des Steuerrechts verboten sind. Die Kostenrechnung versucht jedoch eine marktrealistische Faktorbewertung und unterliegt keinen solchen Einschränkungen durch Rechtsvorschriften[1].

Die vorstehend dargestellten fünf kalkulatorischen Kostenarten sind die einzigen praktisch berechneten kalkulatorischen Kostenarten, aber es gibt weitere Fälle. Die sind nur oft nicht sehr gut oder überhaupt nicht in Zahlen zu fassen, aber dennoch identifizierbar. Ein Beispiel demonstriert das:

Im Qualitätsmanagement gibt es Modelle der Kundenzufriedenheit, die meist von den persönlichen Bedürfnissen und Erwartungen des Kunden und der direkt und indirekt wahrgenommenen Unternehmenskommunikation ausgehen. Hieraus wird die Kundenzufriedenheit abgeleitet, was Vorhersagen über mögliche künftige Verhaltensweisen des Kunden zuläßt. Naheliegend ist dabei, daß zufriedene Kunden sich loyal verhalten und wiederkommen, denn Qualität ist schließlich, wenn der Kunde zurückkommmt, und nicht das Produkt. Klar ist aber auch, daß Unzufriedene entweder zu einem Konkurrenzanbieter abwandern oder beschweren oder negative Mundpropaganda betreiben, und das Letztere ist der Knackpunkt. Sich zu beschweren setzt nämlich Bindungswille oder Zwangsbindung voraus. Liegt beides nicht vor, wird oft nur Dritten gegenüber negativ über das Unternehmen gesprochen. Kommen beispielsweise auf einen Beschwerdeführer zehn weitere Unzufriedene, dann muß damit gerechnet werden, daß zehnmal mehr negative Mundpropaganda wie Beschwerden geäußert werden. Aber mehr noch, negative Mundpropaganda kann sich fortpflanzen, also indirekt geäußert werden (»ich habe gehört, daß...«). Die Schlagkraft negativer Mundpropaganda ist damit ungleich größer als die positiver Kommunikation, denn

---

1 Das trifft nicht auf das Gesundheitswesen und die Energiewirtschaft zu. Dort ist mindestens die Kalkulation inzwischen auf dem Verordnungsweg geregelt worden. Die entsprechenden Verordnungen beschränken die Ansatzfähigkeit von Kosten. Ziel ist es, die Preise, die der Unternehmer verlangen kann, zu reduzieren. Man hat aber nicht den Weg einer Höchstpreisvorschrift gewählt, sondern statt dessen die Kostenrechnung im Detail reglementiert. Dies dokumentiert den planwirtschaftlichen Charakter dieser Wirtschaftsbereiche, in denen längst kein Markt mehr besteht, sondern staatliche Rationierung und Zuteilung. Es beweist aber auch das Versagen der Planwirtschaft. Da wir das aus den früheren sozialistischen Experimenten in diesem Land nicht gelernt haben, sind wir offenbar dazu verurteilt, die Geschichte zu wiederholen. Eine detaillierte Diskussion dieser Detailreglementierungen ist im gegeben Rahmen nicht möglich. Die hier dargestellten Grundprinzipien treffen aber aus theoretischen Gründen auch auf den Gesundheits- und den Energiebereich zu. Sie bilden auch dort ein Maß des Faktoreinsatzes; lediglich ihre Verwendung zur Preisbildung ist durch Rechtsvorschrift untersagt.

die meisten Zufriedenen nehmen ihr zufriedenstellendes Erlebnis als selbstverständlich hin, und reden nur selten oder gar nicht darüber. Ein guter Ruf ist damit schneller verloren als gewonnen.

Wäre es möglich, die Anzahl der Empfänger negativer Mundpropaganda zu bestimmen, also festzustellen, wieviel Leute pro jeweils tatsächlich eingehende Beschwerde Ziel negativer Äußerungen frustrierter Kunden werden, und kennt man den durchschnittlichen Lebenszeitwert eines Kunden, dann kann man die kalkulatorischen Qualitätskosten berechnen. Hierzu müßte es nach Meinung des Autors ausreichen, den durchschnittlichen Lebenszeitwert des Kunden mit der Kaufwahrscheinlichkeit und der Zahl der negativen Kommunikationsprozesse auszumultiplizieren. Ein Beispiel demonstriert dies:

Auf einen Beschwerdeführer kämen zehn negative Äußerungen Dritten gegenüber. Der Lebenszeitwert eines Kunden ist sein durchschnittlicher jährlicher Umsatz mal Zahl der Jahre durchschnittlicher Kundenbindung. Kauft ein Kunde pro Jahr Produkte im Deckungsbeitragswert von 100 Euro, und bleibt er durchschnittlich zehn Jahre Kunde bei uns, so beträgt sein Lebenszeitwert 1.000 Euro. Würde ein Kunde, der die negative Kommunikation über uns von einem Unzufriedenen empfangen hat, mit 80 % Wahrscheinlichkeit nicht mehr bei uns Kunde werden, so betrügen die Kosten der negativen Mundpropaganda 8.000 Euro für die zehn Adressaten negativer Kommunikation. Es wird postuliert, daß diese Größe eine zusätzliche kalkulatorische Kostenart ist. Diese hat jedoch den Nachteil, daß die Daten der Marktforschung zu unbestimmt sind, so daß es meist praktisch unmöglich ist, diese Kostenart der kalkulatorischen Qualitätskosten im Detail zu berechnen. Sie fehlen daher in traditionellen Kostenkonzepten.

Selbst wenn man die kalkulatorischen Qualitätskosten aber nicht formal berechnen kann, sollte ihr Vorhandensein die Verantwortlichen doch sensibilisieren, daß eine Beschwerde viel mehr kostet als ihre reine Bearbeitung. Es ist damit höchst bedeutsam, Frustration bei den Kunden zu erkennen und abzubauen. Der Verdienstausfall durch frustrierte Kunden ist damit der möglicherweise höchste Einzelwert der Qualitätskosten, auch wenn er sich schlecht oder gar nicht berechnen läßt. Das wird daher leicht übersehen, ganz so wie kaum ein Autofahrer seine Zinskosten und kalkulatorischen Abschreibungen berechnet. Doch wer heute den Kopf in den Sand steckt, knirscht morgen mit den Zähnen: Und dies gilt um so mehr, je polypolistischer der Markt und je weniger substituierbar das jeweilige Gut ist, d.h. je leichter negative Mundpropaganda zu Abwanderung oder gänzlicher Kaufverweigerung führen kann. Es wundert daher nicht, daß sich solche Überlegungen noch nicht zu Stadtwerken, Finanzämtern, der Post oder der Telekom durchgesprochen haben, denn diese führen keine Kostenrechnung; viele Restaurants, Handelsbetriebe oder Dienstleister haben das aber schon verstanden und handeln entsprechend, denn sie hängen vom Kunden ab.

2.3. Einzelprobleme der Kostenartenrechnung

In vielen Fällen zeigen sich bei der zahlenmäßigen Bestimmung der einzelnen Kostenarten theoretische oder praktische Probleme. Dieser Abschnitt geht auf die wichtigsten Schwierigkeiten ein und zeigt Lösungsverfahren auf.

2.3.1. Abgleich zwischen Buchführung und Kostenrechnung

Das interne Rechnungswesen ist die wesentliche Basis für die Kosten- und Leistungsrechnung, die jedoch zusätzliche Informationsquellen benötigt. Die Übersicht im Anhang illustriert grundsätzlich, auf welche Weise die Kostenartenrechnung mit der gesetzlich normierten Rechnungslegung der Buchführung zusammenhängt:

*   Die Buchführung liefert Daten über Auszahlungen, Ausgaben und Aufwendungen; nur für diese Phänomene gilt die Buchführungspflicht. Über Kosten ist nur insoweit Buch zu führen, als es sich um Zweckaufwendungen (Grundkosten) handelt. Kalkulatorische Kosten unterliegen nicht der Buchführungspflicht (jedoch können sie verbucht werden, dürfen aber auf das Ergebnis der Gewinn- und Verlustrechnung keine Wirkung haben);
*   die Kostenrechnung hingegen benötigt nur einen Teil der Daten der Buchführung, muß aber um zusätzliche Informationen aus außerbuchhalterischen Datenquellen ergänzt werden. Diese Datenquellen dienen insbesondere der wertmäßigen Bestimmung der kalkulatorischen Kosten.

Anders als die Buchhaltung bedient sich die Kostenrechnung zunächst nicht des Mittels des Buchungssatzes. Obwohl es möglich ist, die Kostenrechnung komplett in der Form von Buchungssätzen abzubilden, wird dies heute oft nicht mehr gemacht, weil es wesentlich umständlicher und schwerfälliger ist. Zudem erhöht dies die Abhängigkeit von der verwendeten Software.

Die nachstehende Übersicht (Abbildung 2.6) zeigt, wie die Abgrenzung zwischen Buchführung und Kostenrechnung visualisiert werden kann. Nur die ersten drei Zeilen des Schemas der Gewinn- und Verlustrechnung nach dem Gesamtkostenverfahren repräsentieren hierbei Leistungen im eigentlichen Sinne. Die sonstigen betrieblichen Erträge sind neutrale Erträge und daher aus der Rechnung zu entfernen. Die Erhöhungen des Bestandes an fertigen und unfertigen Erzeugnissen (Zeile 2) sind Leistungen, während Verminderungen dieser Posten Kosten sind. Sie sind aber in jedem Fall in die Rechnung einzubeziehen.

Gewinn- und Verlustrechnung und Kostenrechnung

Schema der Gewinn- und Verlustrechnung	Kommentar
1. Umsatzerlöse	Leistung
2. Erhöhung oder Verminderung des Bestandes an fertigen und unfertigen Erzeugnissen	Leistung oder Kosten
3. andere aktivierte Eigenleistungen	Leistung
4. sonstige betriebliche Erträge	Neutraler Ertrag
5. Materialaufwand:	Kosten
a) Aufwendungen für Roh-, Hilfs- und Betriebsstoffe und für bezogene Waren	(*ggf. Neubewertung*)
b) Aufwendungen für bezogene Leistungen	
6. Personalaufwand:	Kosten
a) Löhne und Gehälter	(*ggf. Neubewertung*)
b) soziale Abgaben und Aufwendungen für Altersversorgung und für Unterstützung,	(*ggf. Neubewertung*)
davon für Altersversorgung	(*irrelevant*)
7. Abschreibungen:	Neutraler Aufwand
a) auf immaterielle Vermögensgegenstände des Anlagevermögens und Sachanlagen sowie auf aktivierte Aufwendungen für die Ingangsetzung und Erweiterung des Geschäftsbetriebes	
b) auf Vermögensgegenstände des Umlaufvermögens, soweit diese die in der Kapitalgesellschaft üblichen Abschreibungen überschreiten	
8. sonstige betriebliche Aufwendungen	Meistens Kosten
9. Erträge aus Beteiligungen	Neutraler Ertrag
davon aus verbundenen Unternehmen	
10. Erträge aus anderen Wertpapieren und Ausleihungen des Finanzanlagevermögens,	Neutraler Ertrag
davon aus verbundenen Unternehmen	
11. sonstige Zinsen und ähnliche Erträge,	Neutraler Ertrag
davon aus verbundenen Unternehmen	
12. Abschreibungen auf Finanzanlagen und auf Wertpapiere des Umlaufvermögens	Neutraler Aufwand
13. Zinsen und ähnliche Aufwendungen,	Neutraler Aufwand
davon an verbundene Unternehmen	
14. Ergebnis der gewöhnlichen Geschäftstätigkeit	
15. außerordentliche Erträge	Die außerordentliche Rechnung gehört gar nicht in die KLR
16. außerordentliche Aufwendungen	
17. außerordentliches Ergebnis	
18. Steuern vom Einkommen und vom Ertrag	Kein Aufwand
19. sonstige Steuern	u.U. Kostensteuer
20. Jahresüberschuß/Jahresfehlbetrag	

Abbildung 2.6: Beziehung zwischen Gewinn- und Verlustrechnung und Kostenrechnung

Material- und Personalaufwendungen sind in der Regel Kosten, aber bisweilen umzubewerten.

Die Abschreibungen (Zeile 7) sind stets steuerlich motiviert und haben daher nichts mit der Kostenrechnung zu tun. Sie sind durch die kalkulatorischen Abschreibungen zu ersetzen. Gleiches gilt für die Zinsaufwendungen u.a. in Zeile 13. Die graue Darstellung bedeutet, daß diese Größen aus der Rechnung zu entfernen sind. Ebenso sind Zinserträge und Erträge aus Beteiligungen keine Leistungen. Sie gehören damit ebenfalls nicht in die Kostenrechnung. Es ist damit auch ein fundamentaler Fehler, das Ergebnis der gewöhnlichen Geschäftstätigkeit mit einem Ergebnis des Faktoreinsatzes zu verwechseln: Es mag im Handelsrecht relevant sein, es ist in der Kostenrechnung aber weder bedeutsam noch ein zutreffendes Maß.

Ebenfalls gehört die außerordentliche Rechnung der Zeilen 15 bis 17 komplett nicht in die Kostenrechnung. Unter den Posten »außerordentliche Erträge« und »außerordentliche Aufwendungen« sind Erträge und Aufwendungen auszuweisen, die außerhalb der gewöhnlichen Geschäftstätigkeit der Kapitalgesellschaft anfallen (§ 277 Abs. 4 Satz 1 HGB). Im Bereich der IFRS sind sie grundsätzlich verboten (IAS 1.95). Sie sind niemals Kosten und Leistungen; ihnen können jedoch kalkulatorische Wagnisse entgegenstehen.

Dieser Abgleich der Daten der Kostenrechnung mit der buchhalterischen Datenquelle gilt auch für die Gewinn- und Verlustrechnung nach dem Umsatzkostenverfahren (§ 275 Abs. 3 HGB). Dort sind viele der nebenstehend ausgewiesenen Größen aber in Zeile 2 »Herstellungskosten der zur Erzielung der Umsatzerlöse erbrachten Leistungen« verborgen. Das macht es wesentlich schwieriger, die kostengleichen Posten von den neutralen Aufwendungen und die Leistungen von den neutralen Erträgen zu trennen. Der Begriff »Herstellungskosten« impliziert nicht, daß die darunter auszuweisenden Posten auch Kostencharakter haben. Sie sind vielmehr in jedem Fall »nur« Aufwendungen. Auch wenn der Handelsgesetzgeber von Kosten spricht, meint er doch stets nur Aufwendungen.

Neben den aus der Gewinn- und Verlustrechnung auszuscheidenden neutralen Aufwendungen sind in der Regel eine Vielzahl weiterer Daten erforderlich, um die kalkulatorischen Kosten zu berechnen. Diese Daten stammen oft aus außerbuchhalterischen Datenquellen bzw. können aus Nebenbuchhaltungen gewonnen werden. Beispielsweise benötigt man die Anlagebuchhaltung, um Daten zur kalkulatorischen Abschreibung und zur kalkulatorischen Verzinsung zu finden. Die Anlagebuchhaltung muß aber in der Regel um Daten erweitert werden, weil die kalkulatorische Abschreibung sich auf den Wiederbeschaffungswert richtet (und in der Regel nicht auf den Neuwert). Zudem können steuerlich unzulässige Abschreibungsmethoden genutzt werden. Die kalkulatorischen Wagnisse setzen oft Daten aus dem Qualitäts- und/oder dem Risikomanagement voraus.

2.3.2. Kalkulatorische Abschreibung

Die Abschreibung ist eines der bekanntesten Phänomene des Rechnungswesens; und doch sind Zweck und Methode der kalkulatorischen Abschreibung weitgehend unbekannt. Bei keinem anderen Thema machen die Aufgabenautoren der Industrie- und Handelskammern in ihren Prüfungsfragen so viele sachliche Fehler. Kaum ein Bereich des Rechnungswesens ist so umstritten – und so wichtig.

Steuerliche und kalkulatorische Abschreibung

	Steuerliche Abschreibung	Kalkulatorische Abschreibung
Zweck	Steuerersparnis, Steuervermeidung, insbes. bei außerordentlicher und Sonder-AfA	Refinanzierung der Ersatzinvestition durch Abwälzung des Wertes der Ersatzanlage im Wege der Kalkulation auf den Kunden
Klassifizierung	Neutraler Aufwand (gehört **nur** in die GuV)	Kalkulatorische Kosten (gehört **nie** in die GuV)
Adressat	Externe wie interne Abschlußleser, insbes. Finanzbehörden	Kostenrechner und Controller, indirekt (über den Preis) der Kunde
Regelungsquelle	EStG, KStG, HGB, zahlreiche Spezialgesetze	Keine (jedoch: planwirtschaftliche Regelungen u.a. in der Energiewirtschaft, die faktisch Höchstpreisvorschriften sind)
Ausgangswert	Handels- und/oder steuerrechtliche Anschaffungskosten (die natürlich keine Kosten sind, obwohl sie so heißen)	Geschätzter Wiederbeschaffungswert einer Ersatzinvestition bei künftiger Außerdienststellung der bestehenden Anlage minus Rest- oder Schrottwert der Altanlage
Endwert	In der Regel Null oder tatsächlicher Wiederveräußerungserlös	Wiederveräußerungs- oder Schrottpreis der Altanlage; kann auch negativ sein (bei Beseitigungskosten)
Methode	In der Regel degressiv (Altfälle!) oder linear oder nach Gesetzesvorgabe (§§ 7 ff. EStG)	Keine vorgeschriebene Methode; häufig: linear. Möglich: degressiv, progressiv, digital usw.
Dauer	Nach AfA-Tabellen (fiktive Nutzungsdauer)	Nach wirklicher (technischer oder betriebsüblicher) Nutzungsdauer
Strategie	So hoch wie möglich und zulässig, um Steuern zu vermeiden	So realistisch wie möglich, um die wirkliche Nutzung der Anlagegüter abzubilden

Abbildung 2.7: Gegenüberstellung der steuerlichen und kalkulatorischen Abschreibung

Anders als die steuerliche Abschreibung, die aufgrund einer fiktiv durch steuerrechtliche Vorschriften vorgegebenen Nutzungsdauer, die nichts mit der wirklichen Lebenszeit eines Anlagegutes zu tun hat, einen Wertverlauf vorgibt, soll die kalkulatorische Abschreibung die Wiederbeschaffung finanzieren. Sie sollte daher auch nicht als »AfA«, also »Absetzung für Abnutzung« bezeichnet werden, denn genau das ist sie nicht. Die steuerliche AfA soll durch den Absetzungseffekt steuerliche Einspareffekte bewirkt. Sie ist ein Instrument der Steuervermeidung. Deshalb sie auch immer wieder Gegenstand vieler Regulierungen und einander teilweise widersprechender Steuerreformen gewesen. Die kalkulatorische Abschreibung soll im Gegensatz dazu den Wert eines Ersatzgutes finanzieren, der nach Ende der Nutzungszeit des bestehenden Anlagegutes vorhanden sein muß. Sie muß sich deshalb auf den geschätzten Wiederbeschaffungswert des neuen Anlagegutes (und keinesfalls den Anschaffungswert des vorhandenen Vermögensgegenstandes) beziehen.

Grundlegend ist zunächst, den fundamentalen Charakter dieser beiden Abschreibungsarten zu erkennen:

- Die steuerliche AfA hat Aufwands- aber nicht Kostencharakter, denn sie dient der Steuervermeidung. Das ist kein Betriebszweck. Sie ist also leistungsfremd und daher eine neutrale Aufwendung. Sie ist keine Kostenart und hat in der Kostenrechnung nichts zu suchen.
- Die kalkulatorische Abschreibung dagegen ist ein Instrument der Refinanzierung. Sie soll den Wert der in Zukunft benötigten Ersatzanlage bereitstellen, indem die Kosten in die Preise eingerechnet werden. Sie dient darum der Erhaltung der Leistungsbereitschaft und ist eine typische Kostenart. Da die Ersatzanlage aber nur zum Wiederbeschaffungswert gerechnet wird, also kein Verbrauch durch Abnutzung besteht, denn der Ersatzzeitpunkt liegt ja in der Zukunft, ist die kalkulatorische Abschreibung eine kalkulatorische Kostenart.

Beide Abschreibungsmethoden sind voneinander vollkommen unabhängig. Jeder Anlagevermögensgegenstand muß daher zwei Mal abgeschrieben werden: zum einen vor seiner Anschaffung kalkulatorisch und zum anderen Mal ab dem Tag seiner Anschaffung steuerrechtlich. Diese beiden Verfahrensweisen haben außer dem Namen wenig gemein.

Fast alle Berechnungsverfahren beruhen auf der Methode, die Differenz zwischen Wiederbeschaffungswert (WBW) und dem Schrottwert (SW) über die technische oder betriebsübliche (nicht aber die steuerliche) Nutzungsdauer n_{techn} zu verteilen:

$$Kalk.\ Abschreibung = \frac{WBW - SW}{n_{techn}}$$

F 2.1

Einzelprobleme
der Kostenarten-
rechnung

2.3.2.1. Überlegungen zur Nutzungsdauer

Die Nutzungsdauer n_{techn} ist im Bereich der Kosten- und Leistungsrechnung nicht die steuerlich in den AfA-Tabellen vorgeschriebene Nutzungsdauer, sondern die

- technische Lebenszeit des Anlagegutes oder
- dessen betriebsübliche Nutzungsdauer.

Unter der technischen Lebenszeit versteht man die Zeit, über welche der Anlagegegenstand im Sinne der international üblichen Vermögensdefinition[1] nutzbringend ist. Der Wert hängt von einer Vielzahl von technischen Parametern ab. Meist machen die Hersteller Aussagen über die technische Lebenszeit ihres Produktes, die aber bei gebrauchten Gegenständen wesentlich vom tatsächlichen Zustand und Abnutzungsgrad, früheren Wartungsintervallen und Instandhaltungsaufwendungen und anderen Größen beeinflußt werden. In manchen Fällen unterliegt die technische Nutzungsdauer administrativen Einschränkungen. Das ist meist dann der Fall, wenn der Gegenstand regelmäßigen oder sonstigen Prüfungen durch eine Aufsichtsbehörde unterliegt, die den Anlagegegenstand stillegen kann. Die TÜV-Prüfung für Autos ist nur das bekannteste Beispiel.

Manche Industriemaschinen werden oft durch administrativen und politischen Zwang vor Ende ihrer tatsächlichen technischen Lebensdauer stillgelegt. Die Beschlüsse zur vorzeitigen Stillegung kerntechnischer Anlagen in Deutschland sind ein gutes Beispiel hierfür. Sie sind aber kein gutes Beispiel für die kalkulatorische Abschreibung, denn sie sollen, jedenfalls nach derzeitigem Stand der politischen Debatte, nicht ersetzt werden. Sie haben daher theoretisch keinen Wiederbeschaffungswert und keine kalkulatorische Abschreibung. Das senkt die Kosten, wovon der Stromverbraucher gleichwohl nichts bemerkt. Da aber die Kernenergie weltweit Renaissance feiert, wird Deutschland seine grüne Sonderrolle aller Voraussicht nach nicht mehr lange durchhalten und bald den Ersatz bestehender Kernrkaftwerke zulassen, so daß doch eine Wiederbeschaffung berechnet werden kann.

---

1 Im deutschen Recht fehlt eine Legaldefinition des Vermögensgegenstandes. Vorschriften wie §§ 90 ff BGB oder § 39 AO sind wenig hilfreich. Man kann sich aber mit der Regelung aus F 49 des Rahmenkonzeptes der International Financial Reporting Standards (IFRS) behelfen: Ein Asset ist dort definiert als »*a resource controlled by the enterprise as a result of past events and from which future economic benefits are expected to flow to the enterprise*« (eine von der Unternehmung als Ergebnis vergangener Ereignisse beherrschte Ressource, von der künftiger wirtschaftlicher Nutzenzufluß erwartet wird). Dies paßt gut in den Bereich der Kosten- und Leistungsrechnung, denn auch Gegenstände, die nach deutschem Recht nicht oder nur zu zu geringem Wert bilanzierungsfähig sind, können als Vermögensgegenstände verstanden werden und unterliegen dann der kalkulatorischen Abschreibung.

Da die Nutzungsdauer ja im voraus nur geschätzt werden kann, kommt es in der Regel zu einem Schätzfehler. Die wirkliche Nutzungsdauer unterscheidet sich fast immer von dem anfänglich geschätzten Wert. Hierauf gibt es zwei mögliche kostenrechnerische Antworten:

- Ist vorher bekannt, daß es zu einem Schätzfehler kommen wird, offenbart sich die Ungenauigkeit der Schätzung also vor dem tatsächlichen Nutzungsende, so kann eine Korrektur der zukünftigen kalkulatorischen Abschreibung für die restliche Nutzungsdauer erfolgen.
- Werden viele Einzelanlagen kalkulatorisch abgeschrieben, so kann auch vereinfachend angenommen werden, daß die einzelnen Schätzfehler nichtsystematisch sind, also mal positive und mal negative Abweichungen der geschätzten von der tatsächlichen Nutzungsdauer der einzenen Anlagen entstehen. In diesen Fällen kann das Problem einfach ignoriert werden, wenn man annehmen kann, daß die Schätzfehler der einzelnen Anlagen sich gegeneinander aufheben. Schließlich ist der Zweck der kalkulatorischen Abschreibung ja Refinanzierung, d.h., der Anschaffungswert der Neuanlagen minus deren noch verbleibender Restwert soll durch die Abschreibungsbeträge über die Preise realisiert werden. Da der so zurückfließende Geldbetrag jedoch i.d.R. nicht in der Form von Bargeld angelegt wird, können Einzelfehler vernachlässigt werden, solange sie sich wenigstens ungefähr gegenseitig zu Null aufheben.

Wird ein Schätzfehler erst am Ende der Nutzungsdauer entdeckt, und ist er nicht mehr korrigierbar, so bedeutet dies, daß insgesamt die Refinanzierung der Anlage unzureichend oder überdeckt ist.

Die technische Lebensdauer ist irrelevant, wenn die betriebsübliche Nutzungsdauer kürzer ist. Dies ist kein technisches, sondern ein strategisches Problem. Anlagen vor dem Ende ihrer technischen Nutzungszeit wieder zu veräußern artikuliert die grundsätzliche Haltung der Geschäftsführung, nur besonders neue Maschinen benutzen zu wollen. Das kann insbesondere im Bereich des Fuhrparkes sinnvoll und ein Werbeargument sein. Bei Fluggesellschaften ist das durchschnittliche Alter der Flotte ein Qualitätsmerkmal. Flugzeuge lange vor dem Ende ihrer technischen Brauchbarkeit wieder zu veräußern kann also ein Marketing-Argument sein.

Die betriebsübliche Lebensdauer kann auch länger als die technische Lebenszeit sein. Ein Unternehmen kann sich darauf spezialisieren, nur alte Maschinen zu benutzen, um möglichst kostengünstig zu sein. Es kann sich u.U. auch neue Maschinen nicht leisten. Viele Kraftfahrzeuge, und viele Flugzeuge in Ländern der sogenannten »dritten Welt«, sind ein Beispiel hierfür. Die Nutzungsdauer ist dann die tatsächlich erwartete Restnutzungsdauer, aber es entsteht ein Risiko des vorzeitigen Verlustes der Anlage durch plötzliches irreparables Totalversagen.

2.3.2.2. Überlegungen zum Schrottwert

Am Ende der Nutzungsdauer steht der Schrottwert (SW). Dieser kann positiv sein, wenn in der alten, nicht mehr nutzbaren Anlage noch ein Materialwert gebunden ist, zu dem die Maschine veräußert werden kann. Rein kostenrechnerisch ist dies mit einem Wiederveräußerungswert einer Altanlage identisch. Ein Wiederveräußerungswert entsteht, wenn eine technisch noch funktionsfähige Anlage verkauft wird, weil die kürzere betriebsübliche Nutzungsdauer abgelaufen ist. Alte Fahrzeuge, Lastkraftwagen oder Industriemaschinen werden auf diese Weise oft auf einem Zweitmarkt angeboten. Der Schrottwert kann negativ sein, wenn Geld gezahlt werden muß, um eine Altanlage zu beseitigen. Dies kann auch erst während der Nutzungszeit bekannt werden: viele Gebäude hatten jahrelang einen hohen Wiederveräußerungswert. Erst als Asbest entdeckt worden ist, entstand statt des Wiederveräußerungswertes ein negativer Schrottwert. Dies kann eine Änderung der Abschreibungshöhe auch während der Nutzungszeit bedingen.

2.3.2.3. Überlegungen zum Wiederbeschaffungswert

Der Wiederbeschaffungswert (WBW) ist der Wert, der am Ende der Nutzungsdauer des bestehenden Vermögensgegenstandes für einen anderen Vermögensgegenstand gleicher Art bereitgestellt werden muß.

Gleichartigkeit bedeutet, daß ein Ersatzwirtschaftsgut gleicher Art und Funktion bereitgestellt werden muß. Dies kann ein identisches Objekt sein, aber auch ein ganz andersartiges – etwa wenn der technische Fortschritt z.B. bei Computern so schnell abläuft, daß ein technisch gleichartiger am Ende der Nutzungszeit des bestehenden Gerätes für die dann übliche Software nicht mehr nützlich wäre. Ein Beispiel illustriert, was das bedeutet: Der erste Computer des Autors dieses Buches war ein Commodore CBM 8032 mit CBM 8050 Doppel-Diskettenlaufwerk, zusammen für ca. 10.000 DM oder ca. 5.000 Euro. Das Gerät, das damals (1981) ein absolutes Spitzensystem war, findet man heute im Museum. HighEnd-Rechner unserer Zeit kosten aber leicht ebenfalls 5.000 Euro. Die Preise für ein bestimmtes Gerät verfallen also, nicht aber der Wiederbeschaffungswert, der unter Berücksichtigung des Standes der Technik anzusetzen ist.

Der Ersatz kann unternehmerische Strategien artikulieren. Beispielsweise kann ein Unternehmen grundsätzlich nur gebrauchte, alte Fahrzeuge benutzen. Dann wäre auch der Wiederbeschaffungswert der, eines am Ersatzzeitpunkt bereits alten Fahrzeuges, also entsprechend niedrig. Der Ersatz kann aber auch den Aufstieg (oder Abstieg) eines Unternehmens dokumentieren, wenn beispielsweise derzeit noch ausschließlich alte Gebrauchtfahrzeuge eingesetzt werden, aber an deren Ersatzzeitpunkt Neufahrzeuge beschafft werden sollen.

Der Wiederbeschaffungswert muß neben dem technischen Fortschritt (größere Computer, mehr Speicher, schnellere Prozessoren in Zukunft) auch administrativ erzwungene technische Änderungen berücksichtigen (künftige Mauterfassung für alle Fahrzeuge). Auch politisch-ideologisch motivierte Verknappungen und Verteuerungen sollten einbezogen werden, etwa mögliche Verbote bestehender und bewährter Technologien. Der Wiederbeschaffungswert manifestiert dann aber keinen Wertfortschritt, sondern einfach den Preis eines Ersatzgutes. Preise stellen bei Staatseingriffen in den Markt aber keinen Wert mehr dar.

Das einfachste Verfahren der Schätzung des Wiederbeschaffungswertes ist die Inflationsschätzung durch Zinseszinsrechnung. In der grundlegenden Zinseszinsformel

$$C_n = C_0 \times (1 + i)^n \qquad\qquad \text{F 2.2}$$

kann die Verzinsung i mit der erwarteten Inflation gleichgesetzt werden. C_0 ist dann der Neuwert des bestehenden Anlagegutes, und der Endwert C_n entspricht dem Wiederbeschaffungswert. Man kann also auch sagen:

$$WBW = AK \times (1 + Inflation)^n \qquad\qquad \text{F 2.3}$$

»AK« entspricht hier den handelsrechtlichen Anschaffungskosten i.S.d. § 255 Abs. 1 HGB, die am Ersatzzeitpunkt erneut ausgezahlt werden müssen.

Ein Beispiel: Ein Anlagegegenstand im Neuwert von 10.000 Euro hat eine Nutzungszeit von fünf Jahren. Bei 3 % Inflation pro Jahr beträgt sein Wiederbeschaffungswert, der in die kalkulatorische Abschreibung einzubringen ist, 11.592,74 Euro:

$$WBW = 10.000 \times (1 + 0{,}03)^5 = 11.592{,}74 \; Euro \qquad\qquad \text{F 2.4}$$

Die hier angenommene Inflationszahl kann man vom statistischen Bundesamt beziehen[1]. Hierbei ist jedoch zu beachten, daß die amtliche gesamtwirtschaftliche Statistik meist auf einem Verbraucherpreisindex beruht, der für Zwecke der Schätzung von Wiederbeschaffungswerten industrieller Vermögensgegenstände ungeeignet ist. Die Verbraucherpreise steigen, weil Energie und Lebensmittel verteuert werden. Industriegüter und Anlagegegenstände werden oft im gleichen Zeitraum billiger, u.a. auch weil sie importiert werden.

Die Inflationsschätzung ist nur sinnvoll, wenn die Märkte ungestört und stabil sind. Leider ist das nur in wenigen Fällen wirklich gegeben. In weniger stabilen oder sich schnell entwickelnden Märkten kann man meist nur »strategisch schätzen«. Hierzu überlegt man, welche Änderungen während der erwarteten Nutzungszeit des bestehenden Anlage-

1 Internet-Adresse: http://www.destatis.de

gutes wohl zu berücksichtigen sind und wie sie sich auf den Wert auswirken. Solche Schätzungen sind naturgemäß immer ungenau, aber etwas ungenau zu sein ist besser als von Anfang an falsch oder gar nicht zu rechnen.

Viele Bearbeiter machen hier den Versuch, so exakt wie möglich sein zu wollen. Besonders bei Technikern ist dieser Fehler häufig. Die Wirtschaft ist aber kein naturwissenschaftliches Phänomen, sondern eines der Gesellschaft. Dort gibt es in der Regel keine »genauen« Abläufe. Fehlerhafte Schätzungen können aber in Zukunft bei Offenbarwerden grundlegender Änderungen korrigiert werden.

In vier Fällen kann der Wiederbeschaffungswert Null sein:

- die Betriebstätigkeit soll eingestellt werden, d.h. ein Ersatz ist nicht nötig;
- die Betriebstätigkeit muß eingestellt werden, etwa aufgrund behördlicher Vorschrift, d.h. ein Ersatz ist ebenfalls nicht nötig;
- ein Anlagegut dieser Art wird nicht mehr benötigt, etwa weil ein Produktbereich (nicht aber die ganze Betriebstätigkeit) eingestellt werden soll;
- die zur Entsorgung des alten Anlagegutes erforderlichen Kosten sind so hoch, daß sie den Schrottwert aufheben, was insbesondere bei administrativem Zwang zur aufwendigen Entsorgung etwa bei kerntechnischen Systemen vorkommen kann.

In diesen Fällen gibt es gar keine kalkulatorische Abschreibung. Aus der Rechenmethode in F 2.1 entsteht dann der Wert null. Das mindert allerdings nicht notwendigerweise auch die Kosten, denn die kalkulatorische Verzinsung steigt u.U. an.

2.3.2.4. Beispiele für die kalkulatorische Abschreibung

Während die bei der steuerrechtlichen (bilanziellen) Abschreibung zu verwendenden Methoden im Detail durch die §§ 7 ff. EStG vorgeschrieben sind, besteht von den bereits skizzierten Ausnahmen insbesondere in der Energiewirtschaft bei der kalkulatorischen Abschreibung keine Rechtsvorschrift. Es ist also möglich, jede beliebige Methode zu verwenden. Da mit der kalkulatorischen Abschreibung keine steuerrechtlichen Motive verbunden sind, wird sie auch nicht, wie die steuerrechtliche Abschreibung, von Fremdintentionen wie Steuervermeidung verzerrt. In den meisten Fällen ist es daher angemessen und ausreichend, die kalkulatorische Abschreibung linear durchzuführen.

Degressive oder progressive Verfahren sind selten, denn es soll ja der Wiederbeschaffungswert finanziert werden. Hierfür sind Methoden mit planmäßiger Veränderung des Abschreibungsbetrages meist unnötig. Bisweilen wird jedoch eingewandt, daß eine planmäßige degressive Abschreibung den anfangs schnelleren Wertverfall beispielsweise bei Computern besser abbilde. Das scheint nur einleuchtend, ist aber aus zwei Gründen falsch: Zunächst geht es bei der kalkulatorischen Abschreibung eben gerade nicht um einen Wertverfall, denn der Wiederbeschaffungswert verfällt nicht – nur der Anschaffungskostenwert im handels- und steuerrechtlichen Sinne tut das. Dieser unterliegt aber gerade nicht der kalkulatorischen Abschreibung. Das Argument mag daher für die bilanzielle AfA zutreffen; für die kalkulatorische Abschreibung ist es falsch. Zudem muß ein Gerät, das über eine bestimmte Zeit eine Leistung dem Betrieb erbringt, auch in jeder Periode gleich abgeschrieben werden, wenn die Leistung gleich ist. Daß ein Kassencomputer nach fünf Jahren veraltet, gleich wohl aber funktionsfähig ist, ist an sich noch kein Grund, seine Leistung geringer zu schätzen.

Allerdings kann es sinnvoll sein, nach Leistungseinheiten abzuschreiben, wenn die tatsächlich erbrachte Leistung schwankt und meßbar ist. man spricht dann von der Leistungsabschreibung.

Betrachten wir ein Beispiel: Ein Fahrzeug habe eine betriebsübliche oder technische Nutzungsdauer von fünf Jahren. Der Neuwert habe 22.000 Euro betragen, aber das ist für die kalkulatorische Abschreibung ja unwichtig. Bedeutsam ist vielmehr, daß der Wiederbeschaffungswert eines Ersatzgerätes in fünf Jahren auf 25.000 Euro geschätzt werde. Das Altfahrzeug habe dann noch einen Wiederveräußerungswert i.H.v. 1.000 Euro.

Allgemein ist aufgrund dieser Daten die kalkulatorische Abschreibung aufgrund der Rechenmethode aus F 2.1:

$$Kalk.\ Abschreibung = \frac{25.000 - 1.000}{5} = 4.800\ Euro \qquad \text{F 2.5}$$

Nehmen wir an, daß statt des Restwertes i.H.v. 1.000 Euro am Ende der Nutzungszeit jedoch 2.000 Euro zu zahlen sind, um das Altgerät loszuwerden, würde das die kalkulatorische Abschreibung erhöhen:

$$Kalk.\ Abschreibung = \frac{25.000 - (-2.000)}{5} = 5.400\ Euro \qquad \text{F 2.6}$$

Man beachte, daß jetzt der Schrottwert negativ wird. Subtrahiert man eine negative Zahl, so entspricht dies einer Addition. Es müssen also nicht »nur« 24.000 Euro über fünf Jahre finanziert werden, sondern 27.000 Euro.

Bleibt man im ursprünglichen Beispiel (Restwert i.H.v. 1.000 Euro), so kann auch die leistungsabhängige Abschreibung gut demonstriert werden. Hierzu ist erforderlich, daß das gesamte Leistungspotential der Anlage bekannt ist und die Leistung pro Jahr gemessen werden kann. Nehmen wir an, daß das Fahrzeug über seine fünfjährige Lebensdauer vor-

Einzelprobleme
der Kostenarten-
rechnung

aussichtlich 250.000 km fährt, so kann man aufgrund der Kilometer-stände der einzelnen Jahre folgende Leistungsabschreibung ermitteln:

Leistungsabhängige kalkulatorische Abschreibung

Jahr	Fahrleistung	Anteil	Abschreibung des Jahres
1	50.000 km	20 %	4.800,00 Euro
2	60.000 km	24 %	5.760,00 Euro
3	30.000 km	12 %	2.880,00 Euro
4	80.000 km	32 %	7.680,00 Euro
5	30.000 km	12 %	2.880,00 Euro
Σ	250.000 km	100 %	24.000,00 Euro

Abbildung 2.8: Zahlenbeispiel für die leistungsabhängige kalkulatorische Abschreibung

Von der Differenz zwischen Wiederbeschaffungswert i.H.v. 25.000 Euro und Restwert i.H.v. 1.000 Euro werden jedes Jahr so viel Prozent abgeschrieben wie die Fahrleistung des jeweiligen Jahres in Prozent der Gesamtleistung darstellt.

Auch hier kann die ursprüngliche Annahme wiederum verändert werden. Wird wiederum angenommen, daß statt des Restwertes i.H.v. 1.000 Euro Entsorgungskosten in Höhe von 2.000 Euro anfallen, so müssen statt der 24.000 Euro nunmehr 27.000 Euro finanziert werden:

Leistungsabhängige kalkulatorische Abschreibung

Jahr	Fahrleistung	Anteil	Abschreibung des Jahres
1	50.000 km	20 %	5.400,00 Euro
2	60.000 km	24 %	6.480,00 Euro
3	30.000 km	12 %	3.240,00 Euro
4	80.000 km	32 %	8.640,00 Euro
5	30.000 km	12 %	3.240,00 Euro
Σ	250.000 km	100 %	27.000,00 Euro

Abbildung 2.9: Modifiziertes Zahlenbeispiel für die leistungsabhängige kalk. Abschreibung

Die allgemeine Rechenmethode besteht hier darin, die Differenz aus Wiederbeschaffungs- und Schrottwert durch die Maximalleistung X_{max} zu teilen und mit der Leistung X des Jahres t zu multiplizieren:

$$Kalk.\ Abschreibung_t = \frac{WBW - SW}{X_{max}} \times X_t \qquad \text{F 2.7}$$

Die leistungsabhängige kalkulatorische Abschreibung hat den Vorteil, einen exakteren Ausweis der Kosten zu bieten, denn die Beanspruchung der Anlage für Zwecke der betrieblichen Leistungserstellung, also z.B. die Fahrstrecke des Auslieferungsfahrzeuges, ist ein besseres Maß für die Kosten als eine Gleichverteilung. Nachteil dieser Methode ist aber, daß die Schätzung der Gesamtleistung in der Regel sehr ungenau ist. Selbst wenn das Fahrzeug nach Herstellerangaben mit einem Motor in der Regel 250.000 km leistet, ist doch ungewiß, ob wir diese Strecke wirklich in der Nutzungszeit zurücklegen. Ohne Kenntnis der Gesamtleistung ist aber die Berechnung des Anteiles der einzelnen Jahre unmöglich oder durch Schätzung sehr ungenau. In der Praxis bewähren sich solche Methoden also nur, wenn über die gesamte Nutzungsdauer schon von Anfang an zuverlässige Schätzungen der erwarteten Ausbringungsmenge möglich sind, was aber fast nie der Fall sein dürfte. Meistens bleibt man daher doch bei der einfachen linearen kalkulatorischen Abschreibung.

2.3.3. Kalkulatorische Zinsrechnung

So wie die kalkulatorische Abschreibung als Kostenart von der steuerlichen AfA als neutrale Aufwendung völlig unabhängig ist, kennt die Kostenrechnung auch mit den kalkulatorischen Zinsen eine Kostenart, die mit den Schuldzinsen nichts zu tun hat. Allgemein gesagt

*   stellen Schuldzinsen den Verbrauch der Leistungen der Bank oder eines anderen Kreditors dar, aber
*   kalkulatorische Zinsen repräsentieren den Faktor »Kapital«.

Nur die kalkulatorischen Zinsen sind daher eine Kostenart. Schuldzinsen aller Art haben in der Kostenrechnung nichts verloren. Diesbezügliche Fehler, d.h. die Einbeziehung von Schuldzinsen in die Kosten, gehören zu den häufigsten Fehlern in der Kostenrechnung überhaupt.

Um das zu verstehen, ist es sinnvoll, sich zunächst das Grundschema der Bilanz zu verdeutlichen:

Aktiva	Grundschema der Bilanz	*Passiva*
Ausweis der **Mittelverwendung** (Investition, Vermögen, Wirtschaftsgüter)		Ausweis der **Mittelherkunft** (Finanzierung, Kapital)
Anlagevermögen (langfristige Nutzungsabsicht, regelmäßig über mehr als ein Jahr, § 247 Abs. 2 HGB)		**Eigenkapital** (Ausweis der Eigentümerrechte; Kapitalkonten der Inhaber oder Gez. Kapital und Rücklagen)
Umlaufvermögen (kurzfristige Nutzungsabsicht)		**Fremdkapital** (Ausweis der Gläubigerrechte; Verbindlichkeiten = künftige Verpflichtungen)

Abbildung 2.10: Grundschema der Bilanz

Einzelprobleme
der Kostenarten-
rechnung

Schuldzinsen sind alle Zinsen, die an Gläubiger wie Banken oder den Fiskus gezahlt werden. Sie müssen aufgrund des Belegprinzipes in der Gewinn- und Verlustrechnung erfaßt werden, gehören aber nicht in die Kostenrechnung. Sie bewerten nur die Inanspruchnahme (den Verbrauch) einer Leistung (der Kreditgewährung), aber nicht den Produktionsfaktor »Kapital«, denn sie werden nur auf einen Teil des Kapitals fällig. Zur Leistungserstellung wird aber in der Regel das gesamte Kapital benötigt. Dritten gezahlte Schuldzinsen sind darum keine Kosten, sondern neutrale Aufwendungen. Den Schuldzinsen stehen sinngemäß aber betragsungleich die kalkulatorischen Zinsen gegenüber. Sie müssen niemandem gezahlt werden und sind nicht in der Gewinn- und Verlustrechnung[1] zu finden, aber sie bewerten den wirklich eingesetzten Faktor »Kapital«. Sie sind deshalb Kosten.

Aus dem gleichen Grund ist es prinzipiell falsch, »kalkulatorische Eigenkapitalzinsen« anzusetzen. Hierin steckt der Gedanke, daß neben den sogenannten »kalkulatorischen Eigenkapitalzinsen« die Schuld- oder Bankzinsen als Kostenart anzusetzen seien. Dies aber ist grundfalsch, denn die Schuldzinsen ergeben gerade keine angemessene Bewertung des Produktionsfaktors Kapital, schon alleine deshalb nicht, weil viele Verbindlichkeiten unverzinslich sind, andere dagegen sehr hoch verzinslich[2]. Aus diesem Grund darf auch das Eigenkapital nicht verzinst werden. Nur und absolut ausschließlich ohne eine einzige Ausnahme sind nur die Vermögensgegenstände Grundlage der kalkulatorischen Zinsrechnung, denn die Vermögensgegenstände repräsentieren gemäß dem vorstehenden Bilanzschema (Abbildung 2.10) den Einsatz des Faktors Kapital.

Allgemein kann man zusammenfassend visualisieren:

Aktiva	Grundschema der Bilanz	Passiva
Ausweis der **Mittelverwendung** (Investition, Vermögen, Wirtschaftsgüter)		Ausweis der **Mittelherkunft** (Finanzierung, Kapital)
Basis für kalkulatorischen Zins (Vermögensverzinsung)		Basis für Fremdkapitalzins (Schuldzins)

Abbildung 2.11: Die beiden Zinsarten im Grundschema der Bilanz

1 Manche Kontenpläne erlauben die Buchung der kalkulatorischen Zinsen (und anderen kalkulatorischen Kosten). Dies ist sehr sinnvoll, weil diese Größen dann bereits buchhalterisch erfaßt werden. Der Buchungsmechanismus ist aber stets so, daß die kalkulatorischen Kosten nicht in der Gewinn- und Verlustrechnung erscheinen, und nur das ist hier bedeutsam. Es soll in diesem Zusammenhang nicht auf die buchhalterischen Details eingegangen werden, nur die Grundbegriffe müssen unterschieden werden.
2 In der Zahlungsbedingung »7 Tage 3 % Skonto, sonst 21 Tage netto Kasse« in einer Rechnung stecken für die zwei Wochen zwischen den beiden Zahlungszielen 3 % Skontozins, was 1,5 % Skontozins pro Woche oder bei 52 Wochen pro Jahr ca. 78 % Zins pro Jahr entspricht.

2.3.3.1. Bestimmung des kalkulatorischen Zinsfußes

Während bei Schuldzinsen der Zinssatz aus einem Beleg (Kreditvertrag) oder bisweilen (wie z.B. bei Steuerschulden) auch aus einem Gesetz ersehen werden kann, muß bei den kalkulatorischen Zinsen erst der Zinssatz bestimmt werden. Dieser sogenannte »Kalkulationszinsfuß« ist der Zins, zu dem sich Vermögensgegenstände für Zwecke der Kostenrechnung verzinsen sollen. Er ist der Zins, der den in Vermögensgegenständen verkörperten (»kristallisierten«) Faktor Kapital darstellt. Hierbei sind zwei Grundgedanken bedeutsam:

- Zunächst müssen sich die in Vermögensgegenständen gebundenen Kapitalbeträge mit einem Guthabenzins verzinsen, der den Ersatz des entgangenen Kapitalmarktzinses darstellt;
- zudem muß aber ein allgemeines Risiko als zusätzlicher Zins berechnet werden.

Der allgemeine Guthabenzins ist ein sogenannter Opportunitätszins. Er repräsentiert den Zins, der dem Unternehmer dafür entgeht, daß er sich nicht am Kapitalmarkt engagiert (sondern ein Unternehmen unter Einsatz seines Kapitals führt). Hierfür verwendet man den niedrigsten volkswirtschaftlichen Guthabenzins. Die Hauptrefinanzierungsverzinsung der Europäischen Zentralbank[1] bietet sich hierfür an. Die sogenannte Deposit Rate der EZB ist kein Kapitalmarktzins und daher nicht bedeutsam[2]. Die Hauptrefinanzierungsverzinsung ist nicht nur die niedrigste volkswirtschaftliche Guthabenverzinsung, sondern auch die risikoärmste Verzinsung[3]. Sie kann zudem als »Realguthabenzins« des Wirtschaftsraumes betrachtet werden[4], weil den Guthabenzinsen der verschiedenen Kapitalmarkttransaktionen entsprechend höhere Risiken gegenüberstehen.

---

1 Zur Hauptrefinanzierungsverzinsung können sich Geschäftsbanken im Rahmen von Tenderverfahren bei der EZB refinanzieren. Sie ist niedriger als die von Tenderverfahren unabhängige Spitzenrefinanzierung und auch niedriger als der Zins, der zwischen den Banken verlangt wird, dem EURIBOR (European Interbank Offered Rate).
2 Die Deposit Rate ist der Zins, zu dem Banken nicht benötigte Geldsummen bei der EZB kurzfristig anlegen können. Er ist noch niedriger als der Hauptrefinanzierungszins, steht aber dem allgemeinen Kapitalmarkt nicht zur Verfügung und ist daher in dieser Betrachtung nicht relevant.
3 Das Risiko der EZB ist das *Sovereign Ceiling Risk*, also das Risiko des jeweiligen (hier europäischen) Wirtschaftsraumes. Die EZB fällt nur aus, wenn Europa ausfällt. Das Risiko einer einzelnen Bank ist stets höher, weil zum Sovereign Ceiling Risk u.a. das Titelrisiko (des jeweiligen Schuldtitels) und das Emittentenrisiko (der jeweiligen Bank) hinzutreten.
4 Es gibt Theorien die besagen, daß die saldierten Zinsen aller Kapitalmarkttransaktionen, also unter Berücksichtigung aller Verluste und Börsenabstürze, stets nur dem Zentralbankzins entsprechen. Ein »höherer« Kapitalmarktzins ignoriert also stets ein höheres Risiko, das mit einer nominellen Zinsprämie belohnt wird.

Nehmen wir den risikoärmsten Guthabenzins als Grundlage der kal-kulatorischen Zinsrechnung, dann müssen wir ein allgemeines Unter-nehmensrisiko addieren. Das in Gestalt von Wirtschaftsgütern einge-setzte Kapital ist diesem allgemeinen Risiko ausgesetzt. Dieses Risiko ist am besten meßbar als Insolvenzrisiko. Das Insolvenzrisiko ist das einzi-ge Risiko, dem alle Unternehmer gleichermaßen ausgesetzt sind. Wäh-rend Risiken wie Unfall, Brand, Diebstahl, Explosion oder Krankheit stets von bestimmten Sachverhalten oder Gegebenheiten wie beschäftigten Mitarbeitern, brandgefährlichen Substanzen im Lager usw. abhängen, kann jedes Unternehmen pleite gehen. Das Insolvenzrisiko ist damit das einzige generelle (allgemeine) Risiko. Ein weiterer Vorteil dieser Zahl ist, daß sie aus einschlägigen Statistiken z.B. von den Industrie- und Han-delskammern bekannt ist.

Zur Höhe der Insolvenzquote sollte man also folgende quantitative Überlegung anschließen:

- Die Insolvenzquote ist in bestimmten Branchen (»Krisenbran-chen«) hoch, wie etwa zeitweise dem Baugewerbe und generell in Kleinunternehmen, weil niemand diese unterstützen wird, wenn sie in Insolvenz zu gehen drohen;
- Die Insolvenzquote ist in bestimmten anderen Branchen (sog. »Boom-Branchen«) klein, wie etwa zu bestimmten Zeiten dem Finanzgewerbe, und generell in Großunternehmen, weil diese von der Politik in maximaler Weise unterstützt werden, wenn sie in finanzielle Schwierigkeiten geraten. Die »Rettung« von Holzmann durch den damaligen Bundeskanzler Schröder persönlich im Jah-re 2005 oder eine ähnliche Unterstützungsaktion der Regierung Anfang 2002 beim Waggonbau Ammendorf, der von seinem kana-dischen Mutterkonzern Bombardier geschlossen werden sollte, sind gute Beispiele für diese Tatsache.

Dies begründet allgemein einen Wettbewerbsvorteil für Großunter-nehmen, weil diese aus systemischen Gründen mit einem kleineren Kalkulationszinsfuß rechnen können. Man spricht in diesem Zusammen-hang auch von einem *Economy of Scale* Effekt. Markttheoretisch begründet dieser Wettbewerbsvorteil für Großunternehmen die schon lange u.a. von Karl Marx konstatierte Tendenz zur Monopolisierung von Märkten, weil tendenziell die Kleinunternehmen eher aus dem Markt ausschei-den.

Gegen die Anrechnung allgemeiner Risiken in der kalkulatorischen Verzinsung wird vielfach vorgebracht, daß dieses Risiko nicht berück-sichtigt werden könne, weil dem die Chance des Unternehmers auf Ge-winn entgegenstehe. Dieser in der Literatur manchmal vertretenen Mei-nung schließe ich mich hier nicht an, und zwar aus zwei Gründen:

- Die Chance auf Gewinn ist kein unternehmerisches, sondern ein allgemeinwirtschaftliches Phänomen. Auch der Arbeitnehmer oder sogar das Kind, das sein Taschengeld in ein Geschäft einsetzt, haben eine Chance auf Gewinn;

- Die Chance auf etwas ändert grundsätzlich die Kosten nicht, wohl aber das Risiko. Der Zinssatz einer jeden Investition steigt, wenn das Risiko steigt, während er nicht steigt, wenn die Chancen steigen. Die Risiken müssen also in die Verzinsung des Kapitals einbezogen werden.

Es wird also die folgende Berechnung des Kalkulationszinsfußes für die kalkulatorische Verzinsung vorgeschlagen:

	Allgemeiner risikoärmster Guthabenzins (i.d.R. die Hauptrefinanzierung der EZB)
+	Allgemeines Risiko (i.d.R. die Insolvenzquote der jeweiligen Branche und der jeweiligen Unternehmensgröße)
=	Mindestrentabilität (R_{min}), d.h. allgemeiner Kalkulationszins in der Kostenrechnung sowie in der Investitionsrechnung

Abbildung 2.12: Berechnung des Kalkulationszinses der kalkulatorischen Zinsrechnung

Beträgt beispielsweise der Hauptrefinanzierungszins der EZB 4 % p.a., so kann die Insolvenzquote bei Großunternehmen und/oder bei Branchen, die sich staatlicher Förderung erfreuen, gegen null gehen. Die kalkulatorische Vermögensverzinsung liegt dann auch nur bei 4 % oder knapp darüber. Ein kleiner Handwerker beispielsweise des Baugewerbes kann aber bei wirtschaftlichen Schwierigkeiten nicht mit Unterstützung rechnen. Im Gegenteil ist sogar bekannt, daß öffentliche Auftraggeber bisweilen mit den Zahlungen möglichst lange warten und ganz offenbar auch hoffen, die Gläubiger würden pünktlich pleite gehen, so daß faktisch niemandem mehr eine erhaltene Leistung bezahlt werden muß. Beträgt also die Insolvenzquote solcher handwerklicher Kleinbetriebe 12 % pro Jahr, so liegt der Kalkulationszins für Betriebe dieser Branche und dieser Größenklasse bei 16 % p.a. Mit diesem Zins müßte der Handwerksbetrieb seine Vermögensgegenstände verzinsen, um einen realistischen Kostenansatz zu erhalten.

Vielfach wird eingewandt, daß dies zu hoch sei und zu teure Preise bewirke, denn die Kosten sollen ja in die Preise eingehen und auf diesem Wege vom Kunden ersetzt werden. Diese Ansicht ist falsch. Ziel der Kostenrechnung ist nicht, niedrige Preise zu produzieren, sondern realistische. Wenn mit einer solchen Rechnung festgestellt wird, daß die Preise, die man verlangen muß, um die Kosten vom Absatzmarkt ersetzt zu bekommen, viel zu hoch sind, dann hat man gerade keinen Rechenfehler gemacht, sondern festgestellt, daß das Unternehmen nicht rentabel arbeitet. Dann muß man nicht die Preise erhöhen, und dann darf man auch nicht klagen und lamentieren. Dann muß man was am Markt ändern, oder den Markt zugunsten einer anderen Tätigkeit verlassen.

Einzelprobleme
der Kostenarten-
rechnung

2.3.3.2. Kalkulatorische Zinsrechnung bei Einzelanlagen

Eine Einzelanlage ist ein einzelner Vermögensgegenstand. Die Einzelanlage verursacht Zinskosten, wenn sie betrieblich genutzt wird. Das hat mit der jeweiligen Finanzierung nichts zu tun. Die Einzelanlage verursacht Zinskosten, wenn sie kreditfinanziert oder mit Bargeld gekauft wurde. Sie verursacht sogar dann Zinskosten, wenn sie unentgeltlich erworben wurde, etwa durch Schenkung (selten) oder durch Erbschaft (nicht so selten).

Grundlage für die Zinsberechnung ist das in der Anlage gebundene Kapital. Es ist als Vermögen »kristallisiert« und damit Grundlage der Zinskosten.

Das gebundene Kapital ist allgemein

- bei einer neu angeschafften Anlage der Wert der Anschaffungskosten (AK) und
- am Ende der Nutzungsdauer der Schrottwert (SW) bzw. der diesem entsprechende Wiederveräußerungswert.

Theoretisch müßte sich der Zins also im Laufe der Nutzungszeit vom Zins der Anschaffungskosten auf den Zins des Schrottwertes vermindern. Dies widerspricht aber dem Grundsatz, daß eine Anlage, die die gleiche Leistung erbringt, auch gleiche Kosten verursachen sollte. Man berechnet daher in der Regel den kalkulatorischen Zins auf die mittlere Kapitalbindung.

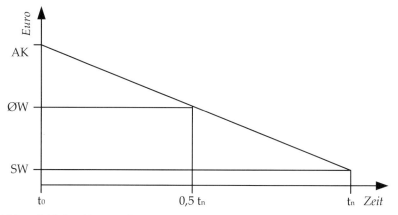

Abbildung 2.13: Das Konzept der mittleren Kapitalbindung

Die durchschnittliche Kapitalbindung ØW ist der Durchschnitt aus den Anschaffungskosten und dem Schrottwert:

$$Durchschnittliche\ Kapitalbindung = \frac{AK + SW}{2}$$ F 2.8

Bisweilen findet man im Zähler dieser Formel eine Subtraktion. Es wird die Meinung geäußert, der Schrottwert dürfe sich nicht verzinsen. Das ist ein häufiger Fehler, aber dennoch ein Fehler[1].

Auch Anlagen ohne Anschaffungskostenwert im handels- und steuerrechtlichen Sinne müssen sich verzinsen, denn sie leisten für den Betrieb und verursachen damit Kosten. Auch wenn das in einer Anlage gebundene Kapital etwa bei einem geerbten Vermögensgegenstand nicht bezahlt werden mußte, ist es doch Grundlage für die Zinskostenrechnung. In diesem Fall ist der Anschaffungskostenwert durch Vergleich mit dem Marktpreis einer entsprechenden Anlage als beizulegender Zeitwert zum Zeitpunkt des Zuganges des Vermögensgegenstandes zum Betriebsvermögen zu ermitteln. Diese Bewertung muß möglichst realistisch erfolgen, um eine realistische Ermittlung der Zinskosten zu gewährleisten.

Anlagen, die durch Leasingvertrag zum Unternehmen gekommen sind, müssen nach dem jeweiligen Leasingvertrag bewertet werden. Man unterscheidet das Operate Leasing und das Finance Leasing. Ein Operate Leasing entspricht einem Mietvertrag. In diesem Fall muß der Leasinggeber die Anlage bilanzieren. Sie verursacht daher auch nur auf Seiten des Leasinggebers Zinskosten, denn der Leasinggeber weist die Leasingsache bilanziell aus. Bei einem Finanzierungsleasing entspricht der Leasingvertrag einem finanzierten Kaufvertrag. Das führt dazu, daß der Leasingnehmer die Leasingsache als wirtschaftliches Eigentum im Sinne des § 39 Abs. 2 Nr. 1 AO bilanzieren muß. Die Leasingsache verursacht dann auch nur auf Seiten des Leasingnehmers Zinskosten.

Die Zinskosten können aus dem Wert der mittleren Kapitalbindung ermittelt werden:

$$Kalkulatorischer\ Zins = \frac{AK + SW}{2} \times R_{min} \qquad \text{F 2.9}$$

Oben haben wir beispielhaft ein Fahrzeug mit einem Anschaffungskostenwert i.H.v. 22.000 Euro und einen Schrottwert von 1.000 Euro angenommen. Bei einem Mindestrentabilitätszins i.H.v. 16 % p.a. betragen die Zinskosten pro Jahr:

$$Kalkulat.\ Zins = \frac{22.000 + 1.000}{2} \times 0{,}16 = 1.840\ Euro \qquad \text{F 2.10}$$

Die kalkulatorischen Abschreibungen i.H.v. 4.800 Euro (vgl. F 2.5) und die kalkulatorischen Zinsen i.H.v. 1.840 Euro sind in der Summe die sogenannten Vorhaltekosten. Kosten in Höhe von 6.640 Euro fallen nur für die Bereithaltung (das »Vorhalten«) der Anlage an. Für diese Kostensumme ist man noch keinen Meter gefahren.

---

1 Selbst die Industrie- und Handelskammer hat das leider bisweilen falsch gemacht, etwa in der Prüfung »Geprüfter Technischer Betriebswirt« vom 06.10.2005 in Aufgabe 3, Seite 4, Lösungsvorschlag S. 29.

Die Summe der kalkulatorischen Abschreibungen und Zinsen ist die Mindestsumme dieser Kostenart. Bei einem Fahrzeug kämen noch die Kfz-Steuer und die Kfz-Versicherung hinzu. Diese sind jedoch in den meisten Fällen zusammen billiger als die kalkulatorischen Kosten. Den meisten Autofahrern ist dies jedoch kaum bewußt.

Oben wurde weiterhin angenommen, daß der Schrottwert von 1.000 Euro auf –2.000 Euro fällt, weil beispielsweise der Betreiber der Anlage das Altgerät am Ende der Nutzungsdauer nicht zu einem Restwert verkaufen kann, sondern eine aufwendige Entsorgung bezahlen muß. Dies hat die Abschreibungskosten von 4.800 Euro auf 5.400 Euro erhöht. Auch auf die kalkulatorische Verzinsung hat das einen Einfluß. Diese beträgt jetzt nämlich:

$$Kalkulat.\ Zins = \frac{22.000 + (-2.000)}{2} \times 0{,}16 = 1.600\ Euro \qquad \text{F 2.11}$$

Die Vorhaltekosten machen damit nur die Summe aus 1.600 Euro Zinskosten plus 5.400 Euro Abschreibungskosten = 7.000 Euro aus. Sie sind von 6.640 Euro um 360 Euro auf 7.000 Euro angestiegen. Dies ist die Kostenänderung pro Jahr, oder 1.800 Euro über die ganze Nutzungszeit von fünf Jahren.

Theoretisch wäre es denkbar, daß die (zumeist vom Staat erzwungene) Entsorgung eines Anlagegegenstandes genau so teuer wie die Anschaffung dieses Gegenstandes wird. Das führt dazu, daß die kalkulatorischen Zinsen gegen null gehen, die kalkulatorische Abschreibung aber ansteigt. Dieser Fall ist nicht rein theoretisch, sondern beim jahrzehntelangen Abriß politisch unerwünschter kerntechnischer Anlagen möglicherweise Realität. Deren Leistung wird damit künstlich verteuert, um sie unattraktiv zu machen. Solche modernen Exorzismen kann man daher auch als indirekte Subventionen für »erneuerbare« Energien sehen.

Von dem hier dargestellten Rechenverfahren gibt es Ausnahmen. In diesen Ausnahmefällen kann der Anschaffungswert direkt mit dem kalk. Zinssatz multipliziert werden:

$$Kalkulatorischer\ Zins = AK \times R_{min} \qquad \text{F 2.12}$$

Grundsätzlich ist dies nur richtig, wenn der Gegenstand keinem Wertverfall unterliegt. Das ist der Fall bei

- Grundstücken,
- manchen immateriellen Vermögensgegenständen wie z.B. Markenrechten,
- Material, das durch Lagerung an Wert gewinnt, etwa alter Wein,
- Kunstwerken anerkannter Künstler.

Ein »anerkannter« Künstler ist dabei einer, dessen Werke einen Marktpreis haben. Dieser steigt in den meisten Fällen mit den Jahren. Beispielsweise nimmt der Wert der Werke von alten Meistern aber auch vielen modernen Künstlern stetig zu. Diese Werke haben damit keinen »Schrottwert« im Sinne der vorstehenden Darstellung. Sie stellen statt dessen eine Wertanlage dar. Gleiches gilt beispielsweise für Grundstücke, die zeitlich unbegrenzt nutzbar sind. Auch diese haben keinen »Schrottwert«. Sie können dann direkt zum Anschaffungswert verzinst werden, weil der Schrottwert mindestens gleich dem Anschaffungswert ist. Die Vorwegnahme einer – möglicherweise realen – Wertsteigerung ist jedoch schon durch die kaufmännische Vorsicht verboten (§ 252 Abs. 1 Nr. 4 HGB) und zudem nicht Gegenstand der Kostenrechnung.

2.3.3.3. Kalkulatorische Zinsrechnung der Rechnungsperiode

Der Grundgedanke der kalkulatorischen Verzinsung nicht abnutzbarer Vermögensgegenstände leitet über zur Rechenmethode bei der Ermittlung der kalkulatorischen Verzinsung einer ganzen Rechnungsperiode. In diesem Fall ist das betriebsnotwendige Kapital mit der Mindestrentabilität zu multiplizieren:

$$Kalkulatorischer\ Zins = Betriebsnotw.\ Kapitel \times R_{min} \qquad \text{F 2.13}$$

Betriebsnotwendig ist jedes Kapital, das in Vermögensgegenständen gebunden ist, die der betrieblichen Leistungserstellung dienen. Das betriebsnotwendige Kapital ist daher mit der Bilanzsumme identisch, wenn sämtliche Vermögensgegenstände, die der Unternehmer besitzt, auch zur Leistungserstellung erforderlich sind. Dann kann die vorstehende Formel F 2.13 auch dargestellt werden als

$$Kalkulatorischer\ Zins = Bilanzsumme \times R_{min} \qquad \text{F 2.14}$$

Das betriebsnotwendige Kapital ist geringer als die Bilanzsumme, wenn zur Leistungserstellung nicht erforderliche Vermögensgegenstände vorhanden sind. Nicht betriebsnotwendig sind etwa leerstehende Gebäude, brachliegende Grundstücke oder nicht genutzte Maschinen; betriebsnotwendig hingegen ist alles, was zur Erstellung der angebotenen Leistung mittelbar oder unmittelbar erforderlich ist, auch dann, wenn es zu einem Betrachtungszeitraum nicht tatsächlich genutzt wird, aber genutzt werden könnte, also leistungsbereit ist.

Daß nicht betriebsnotwendige Vermögensgegenstände vorhanden sind, ist auch oft daran zu erkennen, daß Vermögensgegenstände vermietet werden, obwohl Vermietung nicht der Hauptgeschäftszweig des Unternehmens ist. In der Gewinn- und Verlustrechnung sind dann sonstige betriebliche Erträge ausgewiesen. Eine Segmentberichterstattung nach IFRS 8 eignet sich jedoch wesentlich besser, verschiedene Geschäfts-

Einzelprobleme
der Kostenarten-
rechnung

zweige abzugrenzen und ihnen die betriebsnotwendigen Vermögensgegenstände zuzuordnen.

Dies bedeutet zugleich, daß aus strategischer Sicht eine Betrachtung der Betriebsaufgabe bzw. der Unternehmensziele erforderlich ist, um das betriebsnotwendige Vermögen und damit das betriebsnotwendige Kapital zu ermitteln: liegen nämlich relativ viele Vermögensgegenstände brach bzw. werden erhebliche Teile des Vermögens (z.B. aufgrund zu geringer Nachfrage) nicht verwendet, so gehören sie eigentlich nicht mehr zum betriebsnotwendigen Kapital, wenn das ein Dauerzustand ist; werden sie dann jedoch vermietet, so entsteht ein Nebengeschäft, das den Oberzielen des Unternehmens dienlich ist und damit eine neue Betriebsnotwendigkeit aber in einer separaten Rechnung begründet. Verallgemeinernd kann man sagen, daß das Entstehen von Nebengeschäften zu neuen Betrieben und damit wieder zu neuem betriebsnotwendigem Kapital führt.

Hier liegt das Problem der Abgrenzung von Betrieb und Unternehmen zugrunde, das in der internen Rechnungslegung bedeutsam ist, vom externen Rechnungswesen jedoch jedenfalls im handelsrechtlichen Rahmen ignoriert wird bzw. werden kann: was betriebsnotwendig ist, kann nur auf betrieblicher Ebene entschieden werden, nicht auf der Ebene der Buchführung; dort liegt aber die Datengrundlage in Form etwa der Anlagebuchführung oder der Daten über die Lagerung.

Die Berechnung des betriebsnotwendigen Kapitals geschieht aufgrund des betriebsnotwendigen Vermögens. In der Literatur wird gemäß herrschender Meinung in der Regel folgendes Schema vorgeschlagen:

```
    Betriebsnotwendiges Anlagevermögen
+   Betriebsnotwendiges Umlaufvermögen
=   Betriebsnotwendiges Vermögen
-   Abzugskapital
=   Betriebsnotwendiges Kapital
```

Betriebsnotwendiges Anlage- und Umlaufvermögen sind diejenigen Vermögensgegenstände, die zur Erstellung der betrieblichen Leistung erforderlich sind. Grundgedanke ist zunächst, daß aus dem bilanziellen Anlage- und Umlaufvermögen die nicht betriebsnotwendigen Komponenten ausgeschieden werden müssen. Stillstehende Maschinen, leerstehende Gebäude und brachliegende Grundstücke gehören nicht in die kalkulatorische Zinskostenrechnung, weil das in ihnen gebundene Kapital nicht zur Erstellung der betrieblichen Leistung beiträgt. Sie sind daher herauszurechnen (Abzugskapital). Die Sache ist aber insofern problematisch als daß stille Reserven i.d.R. vernachlässigt werden. Sie sind jedoch sehr wohl Vermögensgegenstände. Dies gilt auch mit Blick auf die viel breitere Definition des Asset-Begriffes in den IFRS. Es kann also im Einzelfall problematisch sein, den Umfang der betriebsnotwendigen Vermögensgegenstände zu bestimmen. Eine Neubewertung bilanzieller sowie eine Einbeziehung außerbilanzieller Vermögensgegenstände kann also notwendig sein.

Nicht in die Bewertung einbezogen werden Gegenstände, die der Unternehmer besitzt, ohne daß sie ihm gehören. Beispiele hierfür sind Konsignationswaren, Kommissionswaren oder Objekte im Kundeneigentum, die z.B. als Teil von Werkverträgen im Lager vorhanden sind. Diese Abgrenzung ist i.d.R. unproblematisch, weil solche Gegenstände ja auch nicht bilanziert werden.

Ob Leasingsachen einzubeziehen sind, richtet sich nach der Bewertung des Leasingvertrages. Bei Finanzierungsleasing muß der Leasingnehmer den Gegenstand bilanzieren. Er ist damit auch Teil des betriebsnotwendigen Kapitals. Bei Operate Leasing bilanziert der Leasinggeber und der Leasingnehmer bucht die Leasingraten lediglich als Aufwendungen. Die Leasingsache ist dann natürlich auch nicht Teil des betriebsnotwendigen Vermögens.

Das Abzugskapital besteht aus Kapitalposten, die dem Unternehmen zinslos zur Verfügung gestellt werden. Die herrschende Meinung nennt hier

- Kundenanzahlungen,
- Lieferantenverbindlichkeiten und sogar
- Rückstellungen.

Diese sind nach herrschender Meinung nicht im eigentlichen Sinne betriebsnotwendig und daher zu subtrahieren. Das aber wird an dieser Stelle vehement bestritten. Weshalb, kann auf zwei Arten demonstriert werden – formal und sachlogisch.

Die sachlogische Argumentation begründet sich darauf, daß die kalkulatorische Verzinsung ja ein Vermögenszins (und kein Schuldzins) ist. Das Vermögen, soweit betriebsnotwendig, ist aber aus den betrieblichen Prozessen heraus definiert, die leistungsnotwendig sind. Das ist ja gerade der Grund, weshalb außerbilanzielle Vermögensgegenstände, die in den stillen Reserven verborgen liegen, einbezogen werden sollen. Wenn Vorzahlungen von Kunden, Lieferantenschulden und Rückstellungen Teil des Geschäfts sind, dann gibt es also keinen Grund, die damit zusammenhängende Vermögenssumme nicht auch zu verzinsen. Lieferantenverbindlichkeiten, Rückstellungen und der Rest entstehen im »normalen« Geschäftsbetrieb. Sie sind marktgetrieben und daher betriebsnotwendig. Das muß daher auch für die ihnen gegenüberstehenden Vermögensgegenstände gelten.

Die formale Argumentation gegen die Lehre vom Abzugskapital kann man sich am besten verdeutlichen, indem man übertreibt. Dann tritt der Unsinn der Lehre vom zinslosen nicht-betriebsnotwendigen Kapital deutlich zu Tage und fällt auch denen auf, die auswendig lernen aber nicht durchdenken: nehmen wir an, zwei Betriebe täten genau dasselbe. Gleichartige Anlagen erzeugen aus derselben Art von Material dieselben Produkte. Einer der Unternehmer finanziert im wesentlichen mit Fremdkapital, denn er besitzt kein Geld. Der andere hat am Ende seines Studiums von seiner Oma eine Millionen geschenkt bekommen und braucht kein Fremdkapital. Er zahlt alle Lieferantenrechnungen direkt in bar und hat kein Bankkonto. Beide Beispielunternehmer setzen dieselbe Kapitalsumme ein, denn sie haben das gleiche Vermögen, also die gleiche Bilanzsumme. Daß diese aus unterschiedlichen Quellen stammt, begründet unterschiedliche Aufwendungen, denn einer muß Leistungen der Bank – Kredite! – in Anspruch nehmen, der andere nicht. Da der Faktor Kapital aber derselbe ist, sollten beide trotz unterschiedlicher Zinsaufwendungen dieselben Zinskosten ausweisen. Es ist also offensichtlich Unsinn, dem »armen« Unternehmer die (ja auch nur möglicherweise zinsfreien) Lieferantenverbindlichkeiten als Abzugskapital aus der kalkulatorischen Zinsrechnung zu streichen, denn hierdurch wäre der Produktionsfaktor »Kapital« ungleich- und in einem Falle unterbewertet.

Es ist also offensichtlich unsinnig, ein »Abzugskapital« aus der Berechnung des betriebsnotwendigen Kapitals herauszurechnen. Ich schlage daher das folgende neue Rechenschema vor:

	Betriebsnotwendiges Anlagevermögen ± Umbewertung
+	Betriebsnotwendiges Umlaufvermögen ± Umbewertung
=	Betriebsnotwendiges bilanzielles Vermögen
+	Außerbilanzielle Vermögensgegenstände
=	Betriebsnotwendiges Vermögen
=	Betriebsnotwendiges Kapital

Dieses Rechenschema weist die stillen Reserven, die hinzuzurechnen sind, getrennt aus. Es ist damit nachvollziehbarer, woher diese Werte kommen. Anlage- und Umlaufvermögen können neubewertet werden. Die Subtraktion von »Abzugskapital« unterbleibt. Das betriebsnotwendige Vermögen ist damit zugleich auch das betriebsnotwendige Kapital, denn die Bilanz muß ja ausgewogen sein.

2.3.4. Kalkulatorische Wagnisse

Während allgemeine Unternehmensrisiken in den kalkulatorischen Zinsen abgerechnet werden, müssen spezielle Risiken jeweils als eigene Kostenart betrachtet werden. Sie sind dann als »Wagnisse« bekannt. Wagnisse haben mit dem Gewinn nichts zu tun, denn Wagnisse, also unternehmerische Risiken, sind eine Kostenart, der Gewinn aber entsteht erst, wenn die Kosten insgesamt von den Leistungen subtrahiert werden. Die oft in einem Atemzug genannten Posten »Wagnis und Gewinn« gehören also eigentlich nicht zusammen, auch wenn dies oft falsch gemacht wird.

Der Wagnisbegriff kann daher hier als synonym mit dem Risikobegriff betrachtet werden. Unter einem Risiko versteht man ein ungewisses zukünftiges Ereignis, für dessen Eintreten eine Wahrscheinlichkeitsfunktion besteht. Man unterscheidet

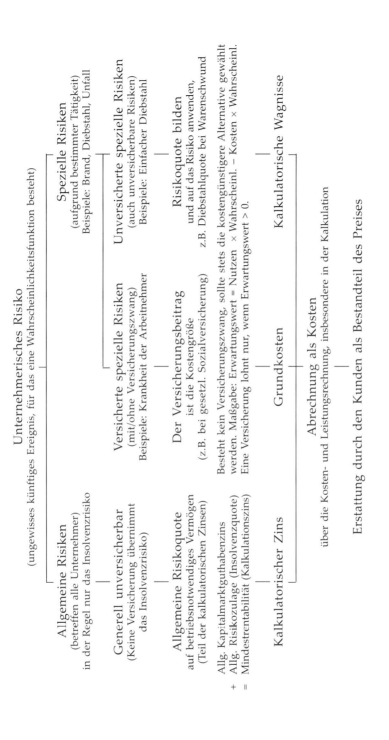

Abbildung 2.14: Allgemeine Übersicht über die verschiedenen kalkulatorischen Wagnisse in der Kostenrechnung

- *allgemeine Risiken*, die alle Unternehmer schon aufgrund ihrer wirtschaftlichen Tätigkeit als solche treffen und
- *spezielle Risiken*, die erst durch eine bestimmte Tätigkeit entstehen, und nur den treffen, der gerade diese Tätigkeit ausübt.

Das einzige allgemeine Unternehmensrisiko ist die Insolvenz, die jeden Unternehmer ereilen kann. Wir haben oben bereits gesehen, daß das allgemeine Unternehmensrisiko schon über den kalkulatorischen Zins abgerechnet wird. Es ist also kein spezielles kalkulatorisches Wagnis mehr.

Ein spezielles Risiko ist eines, das nicht alle Unternehmer gleichermaßen betrifft, also jedes außerhalb des Insolvenzrisikos. Das Explosionsrisiko beispielsweise hat nur, wer mit bestimmten gefährlichen Stoffen hantiert. Es ist damit ein spezielles Wagnis. Gleiches gilt für Dinge wie Diebstahl, Raubüberfall, Brand, Hochwasser, technisches Versagen (»Maschinenbruch«) und eine Vielzahl anderer Sachverhalte.

Kritiker haben eingewandt, daß das Risiko, Fehler zu machen, ebenfalls alle betreffe. Als Fehler definiert man ein Produkt oder eine Leistung, die für den normalen, beabsichtigten Gebrauch nicht tauglich ist. Dieser Einwand trifft zweifellos zu, aber in sehr ungleichmäßigem Maße, weshalb dieses Risiko nicht als allgemeines Risiko definiert wird. Ein Spaßvogel (den der Autor gut kennt) hat darauf einmal geantwortet, daß Ärzte ihre Fehler beerdigen, Architekten Efeu drumherum pflanzen, aber die Fehler von Programmierern vollkommen unversteckbar seien – was uns natürlich sagt, daß Schwere und Entdeckungswahrscheinlichkeit von Fehlleistungen (und ihren Folgen) branchenabhängig sehr unterschiedlich und gerade daher kein generelles Phänomen ist.

Während die Behandlung der allgemeinen Risiken schon dargestellt wurde, können die speziellen Risiken auf zwei verschiedene Arten behandelt werden:

- Sie können (manchmal) versichert werden, und gehen dann als Versicherungsprämie in die Rechnung ein, oder
- sie bleiben unversichert, was aber nicht die Kosten, sondern nur die Auszahlungen senkt, denn auch unversicherte Risiken bedingen Kosten – kalkulatorische Kosten.

In letzterem Fall sollte nämlich eine allgemeine Risikoquote berechnet werden, die die Kostenhöhe bestimmt. Ein gutes Beispiel sind die Diebstähle, die, wenn sie als Ladendiebstähle auftreten, einfache Diebstähle und als solche unversicherbar sind. Die Risikoquote wäre hier:

$$Verlustquote = \frac{Schwund}{Wareneinsatz} \qquad \text{F 2.15}$$

Die Wagniskosten aus »Schwund« (wie immer dieser auch bedingt sein mag) kann man nun aus der Verlustquote berechnen, indem man den zugrundeliegenden Kostenwert mit der Verlustquote multipliziert. Im vorliegenden Beispiel ist der Wareneinsatz maßgeblich, also der Wert der an Kunden abgegeben (keinesfalls der eingekauften!) Waren. Auf diesen berechnet man das kalkulatorische Wagnis:

$$Kalk.\,Wagnis = Verlustquote \times Wareneinsatz \qquad \text{F 2.16}$$

Auf diese Art sollten alle Risiken abgedeckt sein. Während die tatsächlichen Schäden z.B. durch Diebstahl während des Geschäftsjahres auftreten, wird diese Quote aufgrund von Erfahrungswerten bereits im voraus berechnet. Die Kostenart geht damit bereits vor Beginn des Geschäftsjahres in die Kostensumme und (hoffentlich) in die Preise ein. Sie wird damit vom Kunden ersetzt. Das ist eine verursachergerechte Kostenzurechnung, denn der Kunde verursacht letztlich die mit der Unternehmenstätigkeit verbundenen Risiken. Natürlich zahlt dabei der »gute Kunde« für die »faulen Eier« mit. Wer zahlt, erstattet auch die Schäden, die Diebe verursachen. Das aber entspricht dem Grundgedanken der Versicherung, wo gute Risiken auch die schlechten Risiken mittragen. Im Grunde ist das nichts anderes als eine Art von Solidarprinzip.

Wichtige Wagnisarten sind beispielsweise:

- Anlagenwagnisse (z.B. Beschädigung oder Zerstörung von Anlagen durch Feuer- oder Wasserschäden oder auch durch Vandalismus),
- Entwicklungswagnisse (fehlgeschlagene Forschungs- und Entwicklungsprojekte),
- Beständewagnisse (Verluste an Vorräten z.B. durch Schwund, Diebstahl, technisches Veralten),
- Fertigungswagnisse (Verluste z.B. infolge außergewöhnlicher Ausschußquoten),
- Gewährleistungswagnis (Kosten für z.B. Nachbesserung, Schadensersatz oder Preisnachlässe infolge von berechtigten Mängelrügen des Kunden),
- Vertriebswagnisse (Kosten für z.B. Ausfälle, Währungsverluste).

Die grundsätzliche Erkenntnis ist, daß das Bestehen einer Versicherung ein Risiko den pagatorischen Risiken zuordnet, und es daher von den kalkulatorischen Wagnissen ausschließt. Während die Schadensfälle stets eintreten, sind die Risikokosten entweder Versicherungskosten, also Grundkosten, oder kalkulatorische Wagnisse, wenn das Risiko nicht versichert wird.

Aufgrund der Zahlen der Kostenrechnung kann man auch entscheiden, welche Verhaltensweisen dieser beiden günstiger, d.h. kostenminimal ist. Hierzu muß man den Erwartungswert berechnen. Allgemein gilt für den Erwartungswert E die folgende Definition:

$$E = Nutzen \times P_{Nutzen} - Kosten \times P_{Kosten} \qquad \text{F 2.17}$$

Es liegt auf der Hand, daß für alle Versicherungen der Erwartungswert E immer negativ ist, d.h., man zahlt im statistischen Mittel mehr ein, als man herausbekommt. Die Entscheidungstheorie fordert vom Entscheidungsträger aber, stets nur Entscheidungen zu treffen, die einen positiven Erwartungswert vermitteln. Solche Entscheidungen nennt man rational. Der Abschluß eines Versicherungsvertrages ist also stets irrational.

Am Beispiel der Kraftfahrzeughaftpflicht»versicherung« kann das gut erläutert werden. Die Kfz-Haftpflicht kennt nämlich neben einer Zwangsmitgliedschaft aller Fahrzeughalter auch schadensorientierte Beitragsklassen. Dies bedeutet, daß wer einen Unfall verursacht, diesen zwar von seiner »Versicherung« erstattet bekommen kann, hierfür aber später in eine höhere Beitragsklasse eingestuft wird: Die Versicherung ist also gerade keine Solidargemeinschaft, wie ihre Vertreter immer vorgeben, sondern legt nur Geld aus. Sie ist eine Art Kreditgemeinschaft. Der Versicherungsvertrag ist damit in Wirklichkeit nur eine Zusage künftiger Kredite auf die Bedingung des Eintrittes eines bestimmten Ereignisses (Unfallschaden). Ähnlich ist es bei anderen Haftpflichtversicherungen auch, die bei Eintritt eines Schadens entweder mit der (angeblichen) Fahrlässigkeit des Versicherungsnehmers argumentieren (und die Zahlung verweigern) oder gerade mit dem Fehlen von Fahrlässigkeit (und auch dann nicht zahlen müssen, denn für das Fehlen von Fahrlässigkeit haftet niemand).

2.3.5. Kalkulatorische Miete

Hierunter versteht man die Kostenposition, die für die Nutzung eigener Gebäude und Grundstücke als fiktiver Mietwert dem Kunden in Rechnung gestellt wird. Grundgedanke ist hierbei, daß eigentlich der Kunde letztlich die Gebäude nutzt, indem er die in ihnen hergestellten Produkte und Leistungen kauft. Er muß also neben etwa Material und Löhnen auch anteilig für die Miete aufkommen.

Die kalkulatorische Miete tritt nur bei Nutzung eigener Immobilien auf. Ist der Unternehmer Mieter in einem fremden Gebäude, so erscheint bereits die tatsächlich gezahlte Miete als Kostenposition in der Kostenrechnung, so daß es einer kalkulatorischen Miete nicht mehr bedarf. Der kalkulatorischen Miete entspricht also nicht, wie bei den kalkulatorischen Abschreibungen, Zinsen und Wagnissen, eine neutrale Aufwandsposition, sondern eine Grundkostenart. Kalkulatorische und pagatorische (gezahlte) Mieten schließen einander aus. Während die kalkulatorische Verzinsung und Abschreibung die Schuldverzinsung und die steuerliche Abschreibung ergänzen, kommt es bei Bestehen einer an einen Vermieter gezahlten Miete nicht mehr zu einer kalkulatorischen Miete. Diese entsteht nur, wenn niemand von uns eine Mietzahlung verlangt.

Der Betrag der kalkulatorischen Miete entspricht dem am Markt zu erzielenden Mietpreis für die genutzten Räumlichkeiten. Nur tatsächlich genutzte Immobilien dürfen in die kalkulatorische Miete eingerechnet werden, nicht aber leerstehende oder für spekulative Zwecke verwendete Grundstücke und Gebäude.

Nur in sehr seltenen Fällen, etwa bei Überlassung von Gebäuden unter Marktwert z.B. innerhalb von Familienunternehmen, kann eine kalkulatorische Miete auch neben einer pagatorischen Miete angesetzt werden; normalerweise schließen diese beiden Positionen einander aus.

Beispiel: Ein Unternehmen kauft ein Grundstück und ein Bürogebäude, um die bisher gezahlte Miete zu sparen. Hierdurch werden allerdings keine Kosten, sondern nur Aufwendungen und Auszahlungen gespart, weil für das eigene Gebäude der marktübliche Mietzins als kalkulatorische Kostenart angesetzt werden müßte. Ist das gekaufte Gebäude also nach Lage und Qualität dem bisherigen gemieteten Objekt gleichrangig, dann ändern sich die Kosten überhaupt nicht.

2.3.6. Kalkulatorischer Unternehmerlohn

Hierunter versteht man traditionell die Kosten der dispositiven (leidenden) Arbeit, die bei Personengesellschaften oft gar nicht oder unter Marktwert vergütet wird. Geschäftsführende unbeschränkt haftende Personengesellschafter entnehmen oft weniger Geld, als sie als angestellte Manager etwa einer GmbH bekämen. Das hängt meist auch damit zusammen, daß nicht genug Geld zur Verfügung steht. Hierdurch sinken aber nicht die Kosten, sondern nur die Auszahlungen der Gesellschaft. Daß Kosten und Zahlungen miteinander nichts zu tun haben, wird hier also erneut deutlich.

Die Entnahmen von Zahlungsmitteln sollten bei Vollhaftern über das Privatkonto abgerechnet werden. Sie mindern auf diese Art direkt das Eigenkapitalkonto des jeweiligen Vollhafters und gehen nicht in die Gewinn- und Verlustrechnung ein. Sie sind damit aber auch keine Aufwandsart (und erst recht keine Kostenart). Sie »fehlen« damit in der Kosten- und Leistungsrechnung. Parallel wird aber ein kalkulatorischer Unternehmerlohn als Kostenart gerechnet. Hierdurch wird der Wert der dispositiven Arbeit des jeweiligen Vollhafters in der Gesellschaft bewertet. Grundlage ist hierfür stets das bis zu einem gewissen Grad zu schätzende Gehaltsniveau in dem jeweiligen Wirtschaftsraum und bezüglich der jeweiligen Branche und Unternehmensgröße.

Nicht selbst mitarbeitenden Vollhaftern wird kein kalkulatorischer Unternehmerlohn zugerechnet, auch dann nicht, wenn sie tatsächlich Geld entnehmen und/oder sie einen Anteil am Gewinn der Gesellschaft erhalten. In diesen Fällen liegt keine Arbeit vor, so daß keine Kostenart entsteht. Stille Gesellschafter können typisch oder atypisch sein. Der typische stille Gesellschafter arbeitet in der Regel nicht mit. Für ihn wird daher auch kein kalkulatorischer Unternehmerlohn berechnet. Ist ein atypischer stiller Gesellschafter an der Unternehmensführung tatsächlich beteiligt, was durch §§ 230 ff. HGB nicht ausgeschlossen wird, so ist in der Regel auch ein kalkulatorischer Unternehmerlohn zu rechnen.

Ist ein Geschäftsführer oder leitender Mitarbeiter im Anstellungsverhältnis tätig, dann entstehen Zahlungs- und Kostenbestandteile wie bei Arbeitnehmern. Hier ist bedeutsam, daß die Kosten zwar monatlich entstehen, die Zahlungen aber zu anderen Zeitpunkten und in anderer Zusammensetzung, aber insgesamt in gleicher Höhe:

Gesamter Personalaufwand = Arbeitskosten	
Summe der Aufwendungen und Kosten durch den Produktionsfaktor Arbeit	
Aufwendungen und Kosten	Auszahlungen
Berufsgenossenschaftsbeitrag (bis ca. 5 % der Bruttolohnsumme, nach Gefahrenklasse)	Beitragszahlung (10. des Folgemonats)
Arbeitgeber-Sozialversicherungsbeitrag (Arbeitgeber-RV, KV, PV, ALV jeweils 50 % des Beitragssatzes bis maximal zur Beitragsbemessungsgrenze) sowie eventuell weitere (freiwillige) Leistungen des Arbeitgebers, z.B. VWL	Beitragszahlung (Früher am 10. des Folgemonats, seit 2006 aber bis drittletzter Banktag des aktuellen Monats)
Bruttoentgelt (Arbeitsvertrag, Tarifvertrag) / Arbeitnehmer-SV (Arbeitnehmer-RV, KV, PV, ALV jeweils 50 % des Beitragssatzes bis maximal zur Beitragsbemessungsgrenze und zusätzlich KV-Sonderbeitrag)	Inkasso und Weiterleitung der Gesamtbeiträge durch die zuständigen Krankenkassen. Zuständig sind die im Betrieb vertretenen Krankenkassen. Vertreten ist eine Krankenkasse, wenn ein Arbeitnehmer in ihr versichert ist.
Steuerabzug (LSt., SZ, KiSt)	Steuerabführung (10. des Folgemonats)
Sonstige Abzüge (z.B. Pfändung)	Abführung an Gläubiger
Nettoentgelt	Auszahlung an den Arbeitnehmer

Abbildung 2.15: Der Zusammenhang zwischen Zahlungen und Kosten im Lohnbereich

Das Beispiel zeigt wiederum, daß Kosten und Zahlungen nicht dasselbe sind, selbst dann nicht, wenn sie in gleicher Höhe anfallen.

Während der kalkulatorische Unternehmerlohn ausschließlich ein Phänomen des internen Rechnungswesens ist, unterliegen die Lohnzahlungen im arbeitsrechtlichen Sinne zahlreichen Detailvorschriften, die im vorliegenden Rahmen aber nicht im einzelnen betrachtet werden können.

Durch die Rechtsentwicklung und durch Veränderungen insbesondere auf dem Arbeitsmarkt ist die vorstehend dargestellte »Lehrmeinung«

inzwischen teilweise überholt. Das betrifft Geschäftsführer und andere Führungskräfte ebenso wie Niedriglohnempfänger, Ein-Euro-Jobber und generell den Billiglohnsektor.

Suchten beispielsweise Führungskräfte bisher oft Anstellungsverhältnisse abzuschließen, um sich in den Schutz der Sozialversicherung zu begeben, so flüchten diese heute meistens eher aus dem Arbeitsvertrag, um nicht dem konfiskatorischen Zugriff eben dieser Zwangsversicherung zu unterliegen. Anlaß hierfür waren Urteile im Zusammenhang mit der Rentenversicherungspflicht von Führungskräften, die existenzbedrohende Nachzahlungen zur Folge haben können. Eine daraus gezogene Konsequenz war, insbesondere bei kleineren GmbH's möglichst nicht mehr im Angestelltenverhältnis tätig zu sein, wenn das sich vermeiden ließe. Werden solche Fälle als Beraterverträge ausgestaltet, entstehen immerhin pagatorische Kosten, die »normal« abgerechnet werden können. Geschäftsführer-Gesellschafter insbesondere kleiner GmbHs verhalten sich aber längst auch wie OHG-Gesellschafter und KG-Komplementäre, d.h. entnehmen kein Geld mehr, weil sie einfach keines haben, sind gleichwohl bei ihrer eigenen Gesellschaft auch nicht angestellt. Auch für sie müssen kalkulatorische Unternehmerlöhne gerechnet werden. Das widerspricht der (noch) herrschenden Meinung, kalkulatorische Unternehmerlöhne könne es nur bei Personengesellschaften geben. Es ist aber eine Anpassung an die Marktverhältnisse.

Anders als bei den Vollhaftern von Personengesellschaften, die in diesem Zusammenhang ihre Entnahmen über das Privatkonto abrechnen, wäre bei einer Kapitalgesellschaft, die ja kein Privatkonto hat, eine Behandlung (unterbezahlter) Geschäftsführer als neutraler Aufwand angemessen. Die kalkulatorische Kostenart steht diesem neutralen Aufwand gegenüber. Das ähnelt der Methode bei der Abrechnung kalkulatorischer Zinskosten, die den Schuldzinsen ebenfalls gegenüberstehen.

In diesem Zusammenhang entstehen übrigens »faktische« stille Reserven in der Gewinn- und Verlustrechnung – wo sie nach der gängigen Lehrbuchtheorie eigentlich gar nichts zu suchen haben: Die tatsächlichen Aufwendungen (und Auszahlungen) im Zusammenhang mit dem Produktionsfaktor Arbeit unterbewerten den wirklichen Faktoreinsatz. Sie verzerren damit das im Rechnungswesen vermittelte Bild. Sie müssen durch eine kalkulatorische Rechnung korrigiert werden.

Das ist sogar bei den eigentlichen Arbeitsverhältnissen unselbständig beschäftigter Arbeitnehmer im arbeitsrechtlichen Sinne inzwischen ähnlich. So unterliegt das Arbeitsverhältnis einem stetigen Verfall. Der drückt sich nicht nur in einem Rückgang der Arbeitnehmerrechte aus, sondern auch in einem Preisverfall am Arbeitsmarkt. Über die Ursachen zu spekulieren würde den hier gegebenen Rahmen sprengen: Wichtig ist aber zu erkennen, daß in Zeiten hoher Arbeitslosigkeit, also zu Zeiten eines Überangebotes auf dem Arbeitsmarkt, ebenso wie zu Zeiten betonierter Sozialvorschriften und hoher Abgabenlast die Bruttolöhne sinken. Besonders deutlich wird das, wenn Unternehmen trotz hoher Gewinne noch immer Arbeitnehmer entlassen und ganze Werke ins Aus-

Einzelprobleme
der Kostenarten-
rechnung

land verlagern: Stellen werden offensichtlich um jeden Preis abgebaut, mindestens aber dem Zugriff der deutschen Behörden entzogen. Das aber ist auch ein schleichendes kostenrechnerisches Problem: Da es keine objektive Bewertung gibt, ist der Markt der einzige Ort der wenigstens nahezu objektiven Bewertung. Wird aber der ganze Arbeitsmarkt faktisch auf staatlichen Planwirtschaft umgestellt, fehlt genau diese Bewertung der Höhe nach.

Die Kostenrechnung bewertet ja gerade die betrieblich eingesetzten Produktionsfaktoren, und nicht die Nichtmarkteingriffe des Staates. Dieser belastet einerseits den Faktor Arbeit so, daß ein Arbeitsverhältnis zu führen sich für den Arbeitnehmer nicht lohnt und für den Unternehmer ein Risiko darstellt, subventioniert andererseits Umschüler, Praktikanten und Arbeitslose, die durch hohe Transferzahlungen und Sozialleistungen dem Unternehmen oft nahezu kostenlos zur Verfügung stehen. Kombilohnmodelle oder die Kooperation mit Bildungsfirmen erbringen auch in Deutschland längst Arbeitslöhne, die mit den Verhältnissen in Südosteuropa oder anderswo konkurrenzfähig sind. Diese Billiglöhne sind aber auch keine Marktpreise, denn sie entstehen nicht im Rahmen freier Verhandlungen aus Angebot und Nachfrage, sondern faktisch eine neuerliche stille Reserve in der Gewinn- und Verlustrechnung. Auch für sie müßte der Kostenrechner eigentlich längst kalkulatorische Unternehmerlöhne rechnen, die gleichwohl besser »kalkulatorische Lohnkosten« heißen sollten, denn sie betreffen eben längst nicht mehr nur die Unternehmer: Die »Generation Praktikum« ist im Grunde längst eine Veranstaltung von Opportunitätslöhnen: Von Luft und Liebe kann der Mensch nicht leben, von Arbeit aber auch nicht mehr.

Ein ganz ähnlicher Ansatz ist übrigens auch im Gesundheitswesen und bei bestimmten beratenden Berufen möglich: Auch sie erhalten keine Marktentlohnung, sondern nur ein Entgelt gemäß einer Gebührentabelle. Mag man diese noch für marktnah halten, werden Ärzte bisweilen bei Budgetüberschreitung gar nicht mehr bezahlt, obwohl sie arbeiten.

Es wäre daher möglicherweise eine »modernere« Unterteilung, von pagatorischen, d.h. zahlungsgleichen, und noch nichtpagatorischen, d.h. kalkulatorischen Lohnkosten zu sprechen. Der schon lange auf die Vollhafter von Personengesellschaften angewandte Begriff des kalkulatorischen Unternehmerlohnes hat sich damit faktisch sogar schon auf Arbeitsverhältnisse ausgeweitet.

Der kleine Exkurs in die kalkulatorische Lohnkostenrechnung demonstriert, daß Ausmaß und Höhe der kalkulatorischen Kostenarten in Beziehung zu staatlichen Lenkungseingriffen stehen. Es wundert daher nicht, daß im Zusammenhang mit dem internationalen Rechnungswesen der Begriff der kalkulatorischen Kosten weitgehend unbekannt ist: Faktisch planwirtschaftliche Staatseingriffe sind dort meist ebenso unbekannt – und ebenso gibt es praktisch keine kalkulatorischen Kostenarten.

Während man neben den hier skizzierten fünf kalkulatorischen Kostenarten auch noch die kalkulatorischen Qualitätskosten identifizieren kann, beschränkt sich eine kalkulatorische Kostenrechnung in aller Regel doch auf die fünf vorstehenden Kostenarten. Deren Zusammenhang mit den entsprechenden Aufwandsarten kann folgendermaßen visualisiert werden:

	Aufwand	
Ungleich Kosten *Neutraler Aufwand*	*Aufwand = Kosten: Zweckaufwand*	
	Kosten = Aufwand: Grundkosten	*Ungleich Aufwand* *Kalkulat. Kosten*
	Kosten	

- *Schuldzinsen*
- *Steuerliche AfA*
- *Schäden*   • *Gezahlte Versicherungsprämien*
                 • *An Vermieter gezahlte Mieten*
                 • *An Führungskräfte gezahlte Entgelte*

- *Kalk. Zinsen*
- *Kalk. Abschreib.*
- *Kalk. Wagnisse*
- *Kalk. Miete*
- *Kalk. Unt.-Lohn*

Abbildung 2.16: Die fünf kalkulatorischen Kostenarten und zugehörige Aufwandsarten

Schuldzinsen und kalkulatorische Zinsen sowie steuerliche AfA und kalkulatorische Abschreibung sind einander parallel. Neutrale Aufwendungen und kalkulatorische Kosten ergänzen einander.

Kalkulatorische Wagnisse und Versicherungsprämien schließen einander aus, weil jedem Risiko nur eine Kostenart zugeordnet werden soll. Die tatsächlichen Verluste liegen parallel hierzu als neutrale Aufwendungen. Typisch ist, daß sowohl Versicherungsprämien als auch kalkulatorische Wagnisse stets im voraus gerechnet werden, die tatsächlichen Schäden und Verluste jedoch erst im Laufe der Periode nach und nach eintreten.

Kalkulatorische und gezahlte Mieten schließen einander aus. Wer ein eigenes Gebäude nutzt, hat dafür keine gezahlten Mieten. Wer Mieter ist, hat keine kalkulatorischen Mieten.

Kalkulatorische Unternehmerlöhne gibt es nur für Führungskräfte ohne Anstellungsvertrag. Das ist i.d.R. bei Personengesellschaften der Fall, aber auch immer mehr GmbH-Geschäftsführer verzichten auf eine Anstellung, um prohibitiv hohen Zwangsversicherungsbeiträgen zu entgehen. Für sie sind kalkulatorische Wagnisse zu rechnen, die sich gleichwohl mit gezahlten Entgelten ausschließen.

2.4. Die Buchung der kalkulatorischen Kostenarten

Da die kalkulatorischen Kosten im Gegensatz zu den Grundkosten keiner gesetzlichen Regelung unterliegen, ist ihre Buchung weder vorgeschrieben noch obligatorisch. Dennoch sollten Buchungen vorgenommen werden, um die Buchhaltung aussagekräftiger und vollständiger zu gestalten. Hierbei dürfen aber keine Veränderungen der (steuer- wie handelsrechtlich reglementierten) sogenannten Anschaffungskosten oder der den kalkulatorischen Kosten gegenüberstehenden neutralen Aufwendungen und Grundkosten entstehen. Durch die Buchung der kalkulatorischen Abschreibung etwa darf die steuerrechtliche Abschreibung in keiner Weise verändert werden. Insgesamt müssen die kalkulatorischen Buchungen von denen der Aufwendungen vollkommen entkoppelt stattfinden. Das erfordert ein vergleichsweise kompliziertes Buchungsverfahren.

Eine »echte« Buchungsmethodik aufgrund von Konten hat sich nur im Pflichtkontenrahmen von 1937 entwickelt, der nach dem Zweiten Weltkrieg als Gemeinschaftskontenrahmen der Industrie 1951 allgemein empfohlen wurde. Das dem GKR zugrundeliegende Prozeßgliederungsschema erlaubt explizit die kalkulatorischen Buchungen. Auch wenn der ursprüngliche GKR kaum noch in Gebrauch ist, beruhen doch eine Vielzahl »moderner« Kontenpläne auf dem Prozeßgliederungsschema. Sie haben dieselben Kontenklassen wie sie 1937 vorgeschrieben wurden. In all diesen Fällen sind Buchungen der kalkulatorischen Kosten möglich.

Im Gegensatz dazu ist der Industriekontenrahmen (IKR) nach dem Bilanzgliederungsschema aufgebaut. Er hat Kontenklassen für Aktiva, Passiva, Aufwendungen und Erträge. Das schließt eine Buchung der kalkulatorischen Kosten weitgehend aus. Allerdings findet meist eine tabellarische Abrechnung statt. Man spricht vom sogenannten Zweikreissystem. Auch der IKR ist heute selten, aber eine Vielzahl neuerer Kontenpläne bauen auf seinem grundlegenden Prinzip auf. Beide Verfahren sind daher relevant.

2.4.1. Buchungen der kalkulatorischen Kosten im GKR

Die direkte buchhalterische Erfassung der kalkulatorischen Kosten gelingt nur in Kontenrahmen, die nach dem sogenannten Prozeßgliederungsschema strukturiert sind. Hier ist eine solche Buchung möglich, weil den Kosten eine Kontenklasse für neutrale Aufwendungen und Erträge gegenübersteht, in der die kalkulatorischen Kostenbuchungen ausgebucht werden können, also im Betriebsergebnis erscheinen, in der GuV-Rechnung jedoch »unsichtbar« sind. Kontenrahmen, die nach dem Bilanzgliederungsschema aufgebaut sind, eignen sich hierfür nicht.

Folgendermaßen funktioniert die Buchungstechnik:

- Zunächst sind die kalkulatorischen Kosten in der Höhe, wie sie in der Kostenrechnung ermittelt worden sind, in Kontenklasse 4 (Kosten) einzubuchen. Gegenkonto ist jeweils ein neutraler Ertrag in Kontenklasse 2 (neutrale Aufwendungen und Erträge).

- In Kontenklasse 4 entsteht auf diese Weise die Gesamtkostensumme im »echten« kostenrechnerischen Sinne.
- Kontenklasse 4 ist zusammen mit Kontenklasse 8 (Leistungen) in das Betriebsergebniskonto abzurechnen, Kontenklasse 2 hingegen in das neutrale Ergebniskonto.
- Dort saldieren sich die kalkulatorischen Kosten und die als neutrale Erträge gebuchten verrechneten kalkulatorischen Kosten. Sie sind im Saldo null. Übrig bleiben nur die Aufwendungen, die im Rahmen der Buchführungspflicht ausweispflichtig sind. Der Saldo des neutralen Ergebniskontos und des Betriebsergebniskontos wird in die Gewinn- und Verlustrechnung abgerechnet. Dort bleiben nur die handels- und steuerrechtlichen Buchungen und Salden übrig. Den Anforderungen des internen wie des externen Rechnungswesens wird damit gleichermaßen genügt.

Ein Beispiel illustriert diese zugegebenermaßen komplexe Buchungstechnik. Die kalkulatorischen Zinsen einer Rechnungsperiode seien mit 30.000 Euro festgestellt worden. Sie werden zunächst gebucht. Das Schema der Gewinn- und Verlustrechnung in der Skizze deutet dabei an, daß die kalkulatorischen Kosten in der Gewinn- und Verlustrechnung den Aufwendungen gleichstehen, aber als neutrale Erträge im Haben der als Konto dargestellten Gewinn- und Verlustrechnung gegengebucht werden:

Soll		Gewinn- und Verlustrechnung				Haben
S	Kalk. Zinsen		H	S	Verrechnete kalk. Zinsen	H
VerrKK	30.000				KKosten	30.000
	30.000		...		...	30.000

Abbildung 2.17: Buchung der kalkulatorischen Zinsen im Prozeßgliederungsschema

Zur gleichen Zeit werden Zinsaufwendungen aus Schuldzinsen in Höhe von 10.000 Euro abgerechnet. Das Gegenkonto ist das Konto »Bank« (hier nicht dargestellt). Die Zinsaufwandsbuchung gehört natürlich auch in das Soll der Gewinn- und Verlustrechnung:

Soll		Gewinn- und Verlustrechnung		Haben
S	Zinsaufwand		H	
Bank	10.000			
	10.000		...	

Abbildung 2.18: Buchung der kalkulatorischen Zinsen

Das Abschlußverfahren wird deutlich wenn man vereinfachend annimmt, es gebe keine anderen Vorgänge. Nur die kalkulatorischen und die pagatorischen Zinsen werden abgerechnet. Im Handels- und im Steuerrecht dürfen die kalkulatorischen Zinsen dabei schlußendlich nicht erscheinen, denn das externe Rechnungswesen kennt dieses Phänomen nicht; im internen Rechnungswesen sind sie freilich für Preisbildung und die vielen anderen Zwecke der Kostenrechnung unerläßlich.

Und so sehen das Betriebsergebniskonto (BEK) und das Neutrale Ergebniskonto (NEK) aus:

Soll	Gewinn- und Verlustrechnung		Haben

S	Kalk. Zinsen		H	S	Verrechnete kalk. Zinsen		H
VerrKK	30.000	BEK	30.000	NEK	30.000	KKosten	30.000
	30.000		30.000		30.000		30.000

S	Zinsaufwand		H
Bank	10.000	NEK	10.000
	10.000		10.000

S	Neutrales Ergebnis		H	S	Betriebsergebnis		H
Zinsaufw	10.000	Verr.K.K.	30.000	K.Zins	30.000	GuV	30.000
GuV	20.000				30.000		30.000
	30.000		30.000				

Soll	Gewinn- und Verlustrechnung		Haben
Betriebsergebnis	30.000	Neutrales Ergebnis	20.000

Abbildung 2.19: Alle Buchungen und Gesamtabrechnung

Der Zinsaufwand als neutraler Aufwand und die verrechneten kalkulatorischen Kosten als neutrale Erträge werden beide in das Neutrale Ergebniskonto (NEK) angerechnet. Sie bilden dort einen Sollsaldo i.H.v. 20.000 Euro, der im Haben (also bei den Erträgen) in der Gewinn- und Verlustrechnung erscheint. Dieser Betrag repräsentiert zugleich den Überschuß der kalkulatorischen Zinskosten über die pagatorischen Zinsaufwendungen.

Die kalkulatorischen Zinsen haben, wie alle Kosten- und Aufwandskonten, ein Saldo im Haben. Dieses wird in das Betriebsergebniskonto (BEK) abgerechnet. Im Betriebsergebniskonto sind die Kosten im Sinne des internen Rechnungswesens zu sehen, im Beispiel vereinfachend nur die kalkulatorischen Zinsen.

Rechnet man das Betriebsergebniskonto ebenfalls in das Gewinn- und Verlustkonto ab, so erscheint es im Soll, da ja auch das Betriebsergebniskonto einen Haben-Saldo auswies. Im Gewinn- und Verlustkonto finden sich also der neutrale Saldo i.H.v. 20.000 Euro und die Kostensumme i.H.v. 30.000 Euro. Verrechnet man beide, so erhält man einen Gesamtsaldo i.H.v. genau 10.000 Euro. Das entspricht genau dem Betrag der gezahlten Zinsen, der im steuer- wie im handelsrechtlichen Sinne ausweispflichtig ist.

Das funktioniert genauso gut, wenn noch andere buchhalterische Phänomene abgerechnet werden, ist dann aber nur nicht mehr sehr gut zu erkennen. Im Beispiel wurden andere Kosten- und Aufwandsarten sowie die Erträge ignoriert. Diese würden aber in der Wirklichkeit natürlich ebenfalls in der Gewinn- und Verlustrechnung erscheinen. Dennoch verrechnen sich die als Kosten in Kontenklasse 4 gebuchten kalkulatorischen Kosten stets mit den als neutrale Erträge in Kontenklasse 2 verrechneten kalkulatorischen Kosten, so daß sie in der Gewinn- und Verlustrechnung nicht mehr ersichtlich sind, wohl aber in der Betriebsergebnisrechnung. Aussagekraft und Nutzen der Buchhaltung werden auf diese Weise erhöht.

2.4.2. Buchungen der kalkulatorischen Kosten im IKR

Der Industriekontenrahmen legt im Gegensatz zum GKR das sogenannte Zweikreissystem zugrunde. Dieses trennt die Buchführung und die Kostenrechnung in zwei voneinander abgegrenzte, aber in sich geschlossene Rechnungskreise. Der erste Rechnungskreis enthält die eigentliche Buchführung. Er betrachtet lediglich die Aufwendungen (und Erträge) und schließt mit dem GuV-Konto ab. Der zweite Rechnungskreis enthält die Kosten im eigentlichen Sinne, und endet im Betriebsergebnis-

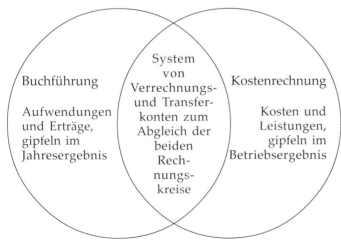

Abbildung 2.20: Das Zweikreismodell der bilanzgegliederten Kontenrahmen

Die Buchung der kalkulatorischen Kostenarten

konto. Man gelangt vom ersten zum zweiten Rechnungskreis durch Korrekturen, die zumeist nicht mehr als Buchungssätze, sondern tabellarisch vorgenommen werden. Dies ist kein Verstoß gegen die Grundsätze der ordnungsgemäßen Buchführung, weil die Buchung der kalkulatorischen Kosten ohnehin in keiner Weise vorgeschrieben ist. Es ist weitaus einfacher als die vorstehende Buchungsmethodik und kann praktisch auch in Tabellenkalkulationsprogrammen durchgeführt werden. Dies ist auch ein Kostenvorteil, weil in den meisten Buchführungsprogrammen individuelle Anpassungen durch digitale Schutzmaßnahmen gesperrt sind und nur gegen Entgelt freigegeben werden. Anpassungen, die eine Erweiterung der standardmäßig vorgesehenen Buchungsmethode enthalten, müssen also teuer bezahlt werden – so daß ein Ausweichen auf Lösungen per Tabellenkalkulation nicht nur technisch einfacher, sondern auch weitaus kostengünstiger sein kann.

Grundlage für das Abrechnungsverfahren im Bereich des Bilanzgliederungsschemas des Industriekontenrahmens ist nur die Summen- und Saldenliste, die jedes Buchführungsprogramm bietet. Zusätzliche Kosten für die Anpassung bestehender Software sind daher nicht zu erwarten. Folgendermaßen könnte eine einfache Saldenliste aussehen:

Die Ausgangszahlen für das Zweikreis-Beispiel

Konto	Aufwendungen	Erträge
Umsatzerlöse		1.500.000,00 €
Mieterträge		60.000,00 €
Periodenfremde Erträge		100.000,00 €
Aufwendungen Material	480.000,00 €	
Fremdinstandhaltung	60.000,00 €	
Löhne und Gehälter	550.000,00 €	
Sonstige Personalaufwendungen	220.000,00 €	
Abschreibung auf Sachanlagen	150.000,00 €	
Sonstige betriebliche Aufwendungen	50.000,00 €	
Verluste aus Schadensfällen	20.000,00 €	
Betriebliche Steuern	40.000,00 €	
Zinsen	20.000,00 €	
Zwischensummen	1.590.000,00 €	1.660.000,00 €
Jahresüberschuß	70.000,00 €	
Summen	1.660.000,00 €	1.660.000,00 €

Abbildung 2.21: Die Ausgangszahlen für das Zweikreis-Beispiel

Diese grundlegenden Angaben aus der Buchführung müssen nunmehr in die beiden Rechnungskreise aufgeteilt werden, um die Kosten von den Aufwendungen zu trennen. Hierzu sind die folgenden zusätzlichen Informationen zu beachten, die jeweils auf ihre Aussage hinsichtlich Kosten und Aufwendungen abzuklopfen sind:

- Erträge, die aus Nebengeschäften stammen oder außerordentlich sind, müssen als neutrale Erträge behandelt werden. Nur die eigentliche betriebliche Leistung gehört in den Rechnungskreis II.
- Die Fremdinstandhaltungen aus dem Beispiel enthalten eine Reparatur der Heizungsanlage im Wohnhaus des Geschäftsführers i.H.v. 5.000 Euro.
- Die Löhne und Gehälter enthalten 400 Euro pro Monat für einen Minijobber, der im Wohnhaus des Geschäftsführers als Hausmeister und Gärtner tätig ist.
- Hierauf wurden weiterhin 100 Euro pro Monat Arbeitgeberversicherungsanteil fällig.
- Den bilanziellen (steuerlichen) Abschreibungen i.H.v. 150.000 Euro stehen kalkulatorische Abschreibungen in Höhe von 200.000 Euro gegenüber.
- Die betrieblichen Steuern i.H.v. 40.000 Euro sind die Gewerbesteuer des Berichtsjahres.
- Den Schuldzinsen i.H.v. nur 20.000 Euro stehen kalkulatorische Zinsen i.H.v. 250.000 Euro gegenüber.
- Schließlich sind kalkulatorische Wagnisse in Höhe von 30.000 Euro für unversicherte betriebliche Risiken und ein kalkulatorischer Unternehmerlohn von 48.000 Euro/Jahr zu erfassen.

Die Vorgehensweise bei der Berechnung ist nun folgende:

- Alle Erträge, die keine Umsatzerlöse im eigentlichen Sinne sind, müssen als neutrale Erträge behandelt werden. Dies geschieht in der Spalte »Abgrenzung« im Haben (»Erträge«).
- Alle Aufwendungen, die keine Kosten sind, müssen auf gleiche Art und Weise als neutrale Aufwendungen behandelt werden. Im Beispiel betrifft das die Verluste aus Wertpapierverkäufen und die Spenden.
- In der Spalte »kostenrechnerische Korrekturen« werden diejenigen Wertkorrekturen vorgenommen, die zwischen den Aufwendungen, die kostengleich sind, und den Kosten im eigentlichen Sinne den Wertausgleich erzielen.
- Hierzu werden im Beispiel insbesondere die Abschreibungen ähnlich wie im vorstehenden Kapitel aufgeteilt. Den buchhalterischen Abschreibungen in Höhe von 150.000 Euro stehen kalkulatorische Abschreibungen von 200.000 Euro gegenüber. Diese werden als Kosten behandelt und als neutrale Erträge gegengebucht, was der Buchungstechnik im vorstehenden Kapitel entspricht.
- Weitere kalkulatorische Kosten (Zinsen, Wagnisse, Unternehmerlohn), die oben in den Annahmen des Modells eingeführt worden sind, werden ebenso als Kosten gebucht und als »verrechnete Kosten« ausgewiesen. Sie erscheinen ebenfalls im Rechnungskreis II. Diese Größe hat selbstverständlich in der Finanzbuchhaltung nichts verloren, so daß sie auch nicht im Rechnungskreis I zu sehen ist.

Abrechnung der Aufwendungen und Kosten nach dem Zweikreissystem

Posten	Rechnungskreis I		Neutrale Ergebnisrechnung				Rechnungskreis II	
			Abgrenzung		Kostenrech. Korrektur			
	Aufwand	Ertrag	Aufwand	Ertrag	Aufwand lt.FIBU	verrechn. Kosten	Kosten	Leistung
Umsatzerlöse		1.500.000						1.500.000
Mieterträge		60.000		60.000				
Periodenfremde Erträge		100.000		100.000				
Aufwendungen Material	480.000						480.000	
Freminstandhaltung	60.000		5.000				55.000	
Löhne und Gehälter	550.000		4.800				545.200	
Sonstige Personalaufwendungen	220.000		1.200				218.800	
Abschreibungen auf Sachanlagen	150.000		150.000			200.000	200.000	
Sonstige betriebl. Aufwendungen	50.000						50.000	
Verluste aus Schadensfällen	20.000		20.000					
Betriebliche Steuern	40.000						40.000	
Zinsen	20.000		20.000			250.000	250.000	
Kalkulatorische Wagnisse						30.000	30.000	
Kalkulatorischer Unternehmerlohn						48.000	48.000	
Zwischensummen	1.590.000	1.660.000	201.000	160.000	0	528.000	1.917.000	1.500.000
Gewinn / Verlust	70.000			41.000	528.000			417.000
Summen	1.660.000	1.660.000	201.000	201.000	528.000	528.000	1.917.000	1.917.000

Abbildung 2.22: Das Zweikreismodell der bilanzgegliederten Kontenrahmen

Es ergibt sich nunmehr zwar in der Finanzbuchhaltung ein Gewinn von 70.000 Euro; durch entsprechende Abgrenzung in der neutralen Ergebnisrechnung ergibt sich hieraus jedoch in der Kosten- und Leistungsrechnung ein Verlust von 417.000 Euro. Dieser entsteht, weil einige der Erträge keine Leistungen sind, also im Rechnungskreis II nicht erscheinen. Umgekehrt sind die kalkulatorischen Kosten höher als die Aufwendungen aus Rechnungskreis I (Finanzbuchhaltung).

Umgekehrt wäre auch die gegenteilige Situation denkbar gewesen: das Jahresergebnis der Finanzbuchhaltung in Rechnungskreis I könnte kleiner sein als das Betriebsergebnis im Rechnungskreis II. Diese Situation ist im Prinzip häufiger und kommt zustande, wenn Aufwendungen künstlich durch Inanspruchnahme steuerlicher, handelsrechtlicher oder tatsächlicher Gestaltungsspielräume in die Höhe gerechnet werden, um Steuern zu vermeiden.

Die Finanzbuchhaltung zielt auf die steuerliche Taktik, versucht also, Gewinnsteuern zu vermeiden. Sie zielt daher auf eine Erhöhung der Aufwendungen, insbesondere der nicht-zahlungsgleichen Aufwendungen wie der Abschreibungen. Die Kosten- und Leistungsrechnung hingegen versucht einen möglichst »wahren« Ausweis, und enthält daher nur die Kosten im eigentlichen Sinne.

2.5. Grundkategorien von Kostenarten und ihr Nutzen

In den vorstehenden Kapiteln wurde darüber nachgedacht, was genau Kosten sind, also was zu den Kosten gehört und was nicht. Es ist dabei sehr grundlegend,

- Kosten nicht mit Zahlungen zu verwechseln und
- Kosten von Aufwendungen abzugrenzen.

Besonders schwer ist es in diesem Zusammenhang, umgangssprachliche und alltagsbezogene Gewohnheiten hinter sich zu lassen. Daß es »etwas kostet« heißt noch lange nicht, daß dadurch auch Kosten entstehen. Schuldzinsen und steuerliche Abschreibungen haben in der Kostenrechnung nichts zu suchen, und auch ein ererbter oder in Bargeld erworbener Vermögensgegenstand verursacht Zinskosten. Ja, das ist schwierig. Aber wozu ist es eigentlich gut?

Die bisher erlittenen kostenrechnerischen Spitzfindigkeiten sind nicht nur dazu ausgedacht worden, Lehrgangsteilnehmer und Klausurkandidaten zu quälen, obwohl sie sich gleichwohl ausgezeichnet dazu eignen. Was natürlich die Aufgabenautoren der jeweiligen prüfenden Körperschaften genau wissen, so daß eine intensive Prüfungsvorbereitung in diesem Bereich unerläßlich ist. Nein, sie haben einen erheblichen Praxisnutzen. Der wird in diesem Kapitel dargestellt.

Grundgedanke ist, die als Kosten identifizierten Phänomene in Kategorien einzuteilen. Dadurch wird der Kostenbegriff nutzbar. Aus den zugrundeliegenden Definitionen lassen sich dann praxisrelevante und betrieblichen Nutzen stiftende Rechenverfahren ableiten. Diese werden grundlegend in diesem Kapitel eingeführt und im Rest des vorliegenden Buches vertieft dargestellt.

Die Summe solcher Rechenverfahren wird, wenn die Teile wechselseitig aufeinander bezüglich sind und zusammenwirken, übrigens als Kostenrechnungssystem bezeichnet. Solche Systeme sind Instrumente der internen Unternehmenssteuerung, also Methoden des Controllings. Das zeigt, daß das Controlling wesentlich auf Kenntnis und richtiger Anwendung elementarer Definitionen aufbaut. Leider hat sich das in vielen Betrieben noch nicht herumgesprochen, so daß die Unternehmensführung praktisch nicht auf Autopilot geschaltet hat, sondern im Blindflug vorwärts stürmt. Das endet nicht selten vor dem Insolvenzrichter.

2.5.1. Einzelkosten und Gemeinkosten

Die Differenzierung der Kosten in Einzel- und Gemeinkosten richtet sich nach dem Grad der Zurechenbarkeit auf die Kostenträger (Produkte, Leistungen), die das Unternehmen erzeugt. Alle Rechenverfahren, die hierauf aufbauen, heißen Vollkostenrechnung.

> **Definition**: *Einzelkosten* sind Kosten, die einem einzelnen Produkt oder einer einzelnen Leistungseinheit direkt und ohne Schlüsselung zugerechnet werden können. *Gemeinkosten* sind alle Kosten, bei denen das nicht möglich ist.

Was Einzelkosten sind, hängt stark von der jeweils betrachteten Branche ab. Es ist also wichtig, für jede einzelne Kostenart zu prüfen, ob sie direkt auf die Produkte zugerechnet werden kann. Produktbezogen zurechenbar ist, was direkt vom Produkt verursacht wird. In jeder Branche sind andere Phänomene Einzelkosten; manchmal gibt es auch gar keine Einzelkosten. Alle anderen Kosten sind stets und immer Gemeinkosten. Einige Beispiele illustrieren das:

- **Produktionsgewerbe**: Einzelkosten sind i.d.R. Rohstoffe, Produktivlöhne und Verkaufsprovisionen. Löhne, die nicht in direktem Zusammenhang mit dem Produkt geleistet werden (wie z.B. im Lager), sind Gemeinkosten. Außerdem können Ausgangsfrachten Einzelkosten sein, wenn sie einem Einzelprodukt zurechenbar sind, was aber nur der Fall ist, wenn ein einzelnes Produkt verschickt wird (etwa per Post oder per LKW); werden mehrere Produkte in der gleichen Ladung verschickt, so entstehen nur Gemeinkosten.

Stoffe, die nur in unwesentlicher Menge in das Produkt eingehen (Hilfsstoffe), und solche, die zur Produktion erforderlich sind, in das Produkt aber gar nicht eingehen (Betriebsstoffe), sind keine Einzelkosten, weil die Zuordnung zum Produkt zu schwierig oder technisch unmöglich ist.

- **Bauhandwerk**: Einzelkosten sind i.d.R. Rohstoffe, Hilfsstoffe, die meisten Betriebsstoffe, Produktivlöhe und ggf. Verkaufsprovisionen. Hilfsstoffe und Betriebsstoffe sind Einzelkosten, wenn die Materialarten auf die Baustelle gebracht und dort gelagert und nur dort eingesetzt werden, also der jeweiligen Baustelle genau zurechenbar sind. Löhne auf der Baustelle sind Einzelkosten aber Löhne im Betrieb sind Gemeinkosten, wenn sie nicht einer Baustelle zuzurechnen sind.

- **Handel**: Nur der Wareneinsatz hat zunächst Einzelkostencharakter; alle Lohnkosten sind Gemeinkosten. Es gibt also keine Produktivlöhe. Die Zeit, die ein Verkäufer mit einem Kunden verbringt, wäre theoretisch eine Einzelkostenlohnzeit, wird aber nicht erfaßt. Erhält der Verkäufer aber eine Provision, so kann diese auf das verkaufte Produkt zugerechnet werden und ist ebenfalls eine Einzelkostenart.

- **Gaststätte**: Nur die Kosten für eingesetzte (d.h. für den Gast verbrauchte!) Lebensmittel und Getränke sind Einzelkosten; wie im Handel sind auch hier die Löhne in voller Höhe Gemeinkosten. Umsatzbeteiligungen und Verkaufsprovisionen, die an das Personal geleistet werden, sind jedoch Einzelkosten. Trinkgelder, die direkt ohne Rechtspflicht vom Gast gezahlt werden, sind keine Lohnart (und werden in der Praxis meist ohnehin nicht erfaßt). Die Kollektivabrechnung von Trinkgeldern (der sogenannte Tronc) wäre eine Gemeinkostenart.

- **Hotelgewerbe**: Es gibt überhaupt keine Einzelkosten, weil keine Kostenart der Leistung, d.h., der einzelnen Übernachtung einwandfrei zuzuordnen wäre. Kosten, die *dem Zimmer* zugerechnet werden können (Reinigung, Zimmerservice, Strom, Minibar), sind keine Einzelkosten, weil das Hotel nicht Zimmer, sondern Übernachtungen produziert.

- **Softwaregewerbe, Standardsoftware**: Lohnkosten und Honorare für Programmierer haben keinen direkten Bezug zu der einzelnen verkauften Einheit und sind daher Gemeinkosten. Material- und ähnliche Kosten für Vervielfältigungsstücke (Datenträger, Handbücher) sind Einzelkosten, aber oft minimal (die Handbücher von Microsoft verdienen diese Bezeichnung kaum). Beim Softwaredownload aus dem Internet als Vertriebsmodell entfallen Vervielfältigungsstücke gänzlich. Vertriebsprovisionen, die der Hersteller für den Handel zahlt, sind jedoch Einzelkosten.

- **Softwaregewerbe, Individuallösungen**: Die Entgelte für die Programmierer sind jetzt dem einzelnen Projekt zurechenbar und damit Einzelkosten; ansonsten gilt, was im vorstehenden Punkt gesagt wurde.

- **Mediengewerbe**: Wie im Softwarebereich gibt es keine Einzelkosten (oder nur Provisionen als Einzelkosten), wenn für eine vorher unbekannte Audienz Inhalte produziert werden (Film, Musik, Konzerte, Orchester).
- **Telekommunikation**: Der Netzbetrieb hat keinerlei Einzelkosten, weil die Kosten für den Betrieb des Netzes sich nicht wesentlich mit dessen Auslastung ändern. Die vorzuhaltenden Anlagen (Leitungen, Verstärker, Funkstationen usw.) sind stets dieselben, ganz gleich, wieviele Nutzer sie zu einem Zeitpunkt tatsächlich benutzen. Es gibt also keine auf die produzierte Einheit (Netzminute) zurechenbaren Kosten. Der Dienstbetrieb hingegen, der auf den Ankauf von Netzminuten (»Airtime«) bei einem Netzbetreiber angewiesen ist, hat Einzelkosten in Höhe der erworbenen Netzminuten, weil der Dienstbetreiber die beim Netzbetreiber gekaufte Zeit seinerseits seinen Kunden einzeln zurechnen kann.

Gemeinkosten sind alle Kostenarten, die nicht direkt einem einzelnen Produkt zurechenbar sind. In der Praxis ist dies die weit überwiegende Mehrzahl der Kostenarten. Gemeinkosten müssen mit Hilfe eines Schlüsselverfahrens indirekt dem Kostenträger (Produkt) zugerechnet werden. In allen Gewerben gibt es meist nur eine sehr kleine Anzahl von Einzelkosten und der ganze Rest des Kostenapparates besteht aus Gemeinkosten. Im Einzelfall kann es problematisch sein, das abzugrenzen.

Kosten, die einem einzelnen Produkt zwar eigentlich zugerechnet werden könnten, aber tatsächlich nicht zugerechnet werden, weil die Zurechnung zu aufwendig wäre, heißen unechte Gemeinkosten. Sie sind eigentlich Einzelkosten, werden aber wie Gemeinkosten behandelt.

Beispiel: Die in einem materiellen Produkt verwendeten Nieten und Bolzen sind Halbfabrikate. Sie werden von einem Zulieferer bezogen. Sie verursachen unechte Gemeinkosten, weil die Anzahl der Nieten, die in einem Produkt verbraucht wird, schwankt, und deren genaue Anzahl nicht erhoben wird. Würde man die Nieten pro Produkt zählen, könnte man sie als Einzelkosten dem Produkt direkt zurechnen; man tut dies jedoch nicht, weil eine Zurechnung zu umständlich wäre.

Kosten, die einem Produkt aus sachlichen oder technischen Gründen unzurechenbar sind, sind echte Gemeinkosten.

Beispiel: Die Anzahl der Telefonminuten, die die Sekretärin des Geschäftsführers in Gesprächen mit dem Finanzamt verbringt, kann aus tatsächlichen Gründen nicht dem hergestellten Produkt zugerechnet werden. Sie sind echte Gemeinkosten.

Einprodukt-Unternehmen, die nur dazu errichtet werden, ein einziges Produkt zu fertigen oder eine einzige Leistung zu erbringen, und anschließend wieder liquidiert werden, haben (zumindest theoretisch) nur Einzelkosten: Messe-Servicegesellschaften, die nach der Messe geschlossen werden, wären ein gutes Beispiel. Der Fall ist jedoch sehr selten.

Personalkosten sind sehr häufig gleichermaßen Einzel- und Gemein-kosten. Die Trennung erfolgt nur durch die Untersuchung, inwieweit eine bestimmte Lohnart auf ein einzelnes Produkt zurechenbar ist. Die Unterteilung erfolgt nach Lohnarten und in Zweifelsfällen stundenweise durch Aufschreibung.

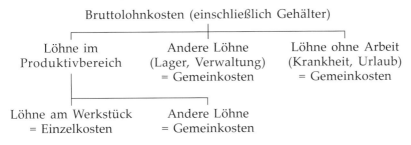

Abbildung 2.23: Differenzierung der Lohnkosten in Einzel- und in Gemeinkosten

Alle kostenrechnerischen Verfahren, die auf der Unterteilung in Ein-zel- und in Gemeinkosten beruhen, heißen insgesamt Vollkostenrechnung. Ein Zahlenbeispiel demonstriert, was die Vollkostenrechnung leistet. Das Beispiel stammt aus dem Bereich des Handels, denn dort sind die Ver-hältnisse einfacher und damit die Beispiele übersichtlicher. Aus diesem Betrieb seien die folgenden Größen bekannt:

Lager-Anfangsbestand: .... 1.000 Euro
Summe aller Zugänge im Lager: .... 7.000 Euro
Lager-Endbestand: .... 1.500 Euro
Summe aller sonstigen Kosten: .... 1.300 Euro

Zugleich bestanden Warenverkäufe im Verkaufswert von netto 10.000 Euro. Weitere Informationen sind nicht vorhanden. Die Umsatzsteuer wird aus Vereinfachungsgründen vernachlässigt.

Die Kontendarstellungen (Abbildung 2.24 auf der Folgeseite) illustrie-ren zunächst das Beispiel.

Das Wareneinkaufskonto ist bekanntlich ein aktives Bilanzkonto. Auf den verbreiteten Fehler, Wareneinkäufe mit Warenaufwendungen zu ver-wechseln, wurde oben schon hingewiesen. Die Zugänge durch Käufe (die Ausgaben und/oder Auszahlungen waren) sind eben noch keine Auf-wendungen oder Kosten, weil eingekaufte Waren im Moment des Ein-kaufes ja noch nicht verkauft (sondern aktiviert) wurden. Sie sind daher im Soll des Wareneinkaufskontos ausgewiesen. Erst die Differenz aus der Summe der Buchungen im Soll und dem Schlußbestand im Haben ergibt den Wareneinsatz und damit eine Kostengröße. Diese Kostengröße er-scheint auf dem Konto »Warenverkauf«. Aus Vereinfachungsgründen wird hier unterstellt, es habe nur einen einzigen Warenverkauf im Ein-kaufswert i.H.v. 6.500 Euro für einen Verkaufspreis von 10.000 Euro gege-ben. Der Verkauf erscheint natürlich im Warenverkaufskonto, das ein Ertragskonto ist.

Soll	Wareneinkauf			Haben
Anfangsbestand	1.000	Warenverbrauch		6.500
Käufe (Zugänge)	7.000	Schlußbestand		1.500
	8.000			8.000

Soll	Warenverbrauch (Warenaufwand)			Haben
Wareneinkauf	6.500	Gewinn und Verlust		6.500
	6.500			6.500

Soll	Warenverkauf			Haben
GuV (Abschluß)	10.000	Summe Verkäufe		10.000
	10.000			10.000

Soll	Gewinn- und Verlustrechnung			Haben
Warenverbrauch (Einzelkosten)	6.500	Warenverkauf		10.000
Sonstige Kosten (Gemeinkosten)	1.300			
Gewinn	2.200			
	10.000			10.000

Soll	Schlußbilanzkonto			Haben
Anlagevermögen	(...)	Eigenkapital		(...)
Warenbestand	1.500	Gewinn		2.200
(...)	(...)	Fremdkapital		(...)

Abbildung 2.24: Kontendarstellung der Einzel- und Gemeinkosten im Warenhandel

Sonstige Kosten wie Personal, Zinskosten, Abschreibungen, Versicherungen usw. werden hier pauschal mit 1.300 Euro angenommen. Im Konto »Gewinn und Verlust« erscheinen jetzt auf der Soll-Seite der Warenverbrauch und die sonstigen Kosten. Auf der Haben-Seite steht der Warenverkauf. Auf diese Weise entsteht ein Gewinn i.H.v. 2.200 Euro.

Einzelkosten sind Kosten, die einem einzelnen Produkt direkt zurechenbar sind. Jedes Mal, wenn ein Produkt entnommen und dem Kunden übergeben wird, entsteht also eine Kostenart, die diesem entnommenen Produkt einzeln zurechenbar sind. Im Konto »Warenverbrauch« stehen daher Einzelkosten.

Alle übrigen Kosten im Handel lassen sich nicht dem einzelnen Produkt zurechnen. Sie sind daher Gemeinkosten und im obigen Beispiel pauschalisiert dargestellt. Die Frage einer Verkäuferprovision, die ebenfalls eine Einzelkostenart wäre, wird im Beispiel aus Vereinfachungsgründen ignoriert.

Der Händler fragt sich, zu wieviel er ein Produkt beliebigen Einkaufswertes verkaufen muß, um kostendeckend zu arbeiten. Die Antwort auf diese Frage leistet die Vollkostenrechnung. Sie wird daher auch als Kalkulation bezeichnet. Die Vollkostenrechnung hat insgesamt drei Schritte:

- die *Kostenartenrechnung* ermittelt die Kosten in ihrer wertmäßigen Höhe und unterteilt sie in Einzel- und in Gemeinkosten;
- die *Kostenstellenrechnung* ermittelt innerbetriebliche Kostenverhältnisse zwischen Einzel- und Gemeinkosten, die sogenannten Zuschlagssätze;
- die *Kostenträgerrechnung* ordnet die Einzelkosten den Produkten (Kostenträgern) direkt und die Gemeinkosten den Kostenträgern indirekt (durch Schlüsselung) zu.

Die Kostenartenrechnung besteht im Beispiel darin, die 1.300 Euro »sonstige« Kosten als Gemeinkosten und den Wareneinsatz i.H.v. 6.500 Euro als Einzelkosten zu identitifzieren.

Die Kostenstellenrechnung besteht darin, für jeden Bereich des Betriebes ein Kostenverhältnis zu bestimmen. Im Beispiel gibt es nur einen Bereich (nämlich den einzelnen Betrieb), was die Sache einfach macht. Allgemein sollen Kosten verursachergerecht verteilt werden. Das kann man erreichen, indem man die zuzuschlagende Größe durch die Kostenverursachergröße teilt:

$$Zuschlagsatz = \frac{Zuzuschlagende\ Gr\ddot{o}\beta e}{Kostenverursachergr\ddot{o}\beta e} \qquad \text{F 2.18}$$

Die Formel gibt an, wieviel Prozent der Verursachergröße zuzuschlagen ist. Aus der Definition der Gemeinkosten geht aber hervor, daß diese Kosten gerade nicht direkt zurechenbar sind. Sie müssen also indirekt per Schlüsselung zugeschlagen werden. Diese Schlüsselung ist der Prozentsatz. Die Einzelkosten sind die Kostenverursachergröße, weil es ohne Einzelkosten keine Gemeinkosten gibt: Nur weil der Kunde kauft, müssen Zinskosten, Raumkosten, Versicherungen und der ganze Rest berechnet werden. Die vorstehende Formel kann also auch geschrieben werden als

$$Zuschlagsatz = \frac{Gemeinkosten}{Einzelkosten} \qquad \text{F 2.19}$$

Im vorstehenden Beispiel bedeutet dies aber:

$$Zuschlagsatz = \frac{1.300\ Euro}{6.500\ Euro} = 20\% \qquad \text{F 2.20}$$

Auf jeden Euro Einzelkosten müssen also weitere 20 Cent oder 20 % Gemeinkosten hinzugerechnet werden. Die Einzelkosten, die die Gemeinkosten verursachen, tragen diese mit einem Verhältnis i.H.v. 20 %. Dies

Grundkategorien von Kostenarten und ihr Nutzen

ist ein Kostenverhältnis oder der Zuschlagssatz. Werden 20 % auf die gesamten Einzelkosten i.H.v. 6.500 Euro aufgeschlagen, dann beträgt dieser Aufschlag 1.300 Euro und die Summe macht 7.800 Euro. Das aber entspricht genau der Kostensumme im vorstehenden Beispiel, die ja 6.500 Euro Einzelkosten + 1.300 Euro Gemeinkosten = 7.800 Euro Gesamtkosten ausmacht. Man spricht in diesem Zusammenhang auch von den Selbstkosten.

Die Kostenträgerrechnung besteht in der Anwendung des Zuschlagssatzes. Werden 20 % auf den Einzelkostenwert eines beliebigen Produktes aufgeschlagen, so erhält man den kostendeckenden Verkaufspreis, d.h. den Selbstkostenwert:

	Einkaufspreis, entsprechend Wareneinsatz		10 Euro
+	Gemeinkosten	20%	2 Euro
=	Selbstkosten		12 Euro

Abbildung 2.25: Grundlegende Kalkulationsmethode im vorstehenden Zahlenbeispiel

Dies kann mit jedem beliebigen Einkaufspreis durchgeführt werden. Im Beispiel beträgt der kostendeckende Verkaufspreis eines Produktes, das einen Einkaufspreis und damit Einzelkosten i.H.v. 10 Euro verursacht, diesen Wert plus 20 %, also 12 Euro. Wäre der Einzelkostenwert (Wareneinsatz) eines Produktes beispielsweise 147,99 Euro, so müßte dieses Produkt ebenfalls mit einem Aufschlag von 20 % oder 29,60 Euro verkauft werden:

	Einkaufspreis, entsprechend Wareneinsatz		147,99 Euro
+	Gemeinkosten	20%	29,60 Euro
=	Selbstkosten		177,59 Euro

Abbildung 2.26: Beispiel für die Kalkulation eines anderen Produktes

Einzige Voraussetzung ist, daß das Produkt für 10 Euro Wareneinsatz und das für 147,99 Euro Wareneinsatz stets Teil der 6.500 Euro Gesamtwareneinsatz der betrachteten Periode ist und im betrachteten Betrieb verkauft wird. Ein anderer Betrieb müßte eine eigene Kostenrechnung machen. Er hätte ein anderes Kostenverhältnis. Ein Beispiel:

Soll	Gewinn- und Verlustrechnung		Haben
Warenverbrauch (Einzelkosten)	80.000	Warenverkauf	125.000
Sonstige Kosten (Gemeinkosten)	40.000		
Gewinn	5.000		
	125.000		125.000

Abbildung 2.27: Das Gewinn- und Verlustkonto eines anderen Betriebes

In diesem ganz anderen Betrieb stehen Einzelkosten i.H.v. 80.000 Euro Gemeinkosten von 40.000 Euro gegenüber. Das Kostenverhältnis, der Zuschlagssatz, beträgt also nicht 20 %, wie im ersten Beispiel, sondern ganze 50 %. Das bedeutet für das erste Produkt, daß es nicht für 12 Euro, sondern zu 15 Euro verkauft werden müßte:

	Einkaufspreis, entsprechend Wareneinsatz		10 Euro
+	Gemeinkosten	50%	5 Euro
=	Selbstkosten		15 Euro

Abbildung 2.28: Höherer Zuschlagssatz, weniger Konkurrenzfähigkeit!

Nimmt man aber an, daß der Marktpreis für diese Art von Produkten bei 14 Euro liegt, dann hat das für die beiden betrachteten Betriebe eine Konsequenz:

- der erste Betrieb verkauft zu 14 Euro, hat aber nur 12 Euro Selbstkosten. Er macht mit diesem Produkt zwei Euro Gewinn.
- Der zweite Händler muß auch zu 14 Euro/Stück verkaufen, weil das ja der Marktpreis ist. Er hat aber 15 Euro/Stück Selbstkosten, oder einen Euro pro Stück Verlust.

Das muß noch nicht bedeuten, daß der zweite Händler insgesamt einen Verlust erwirtschaftet. Seine Gewinn- und Verlustrechnung in Abbildung 2.27 weist ja noch einen Gewinn aus. Es besagt aber, daß mit *diesem* Produkt kein Gewinn mehr zu erzielen ist. Es bietet damit eine Aussage, die nicht offensichtlich ersichtlich ist und für die interne Unternehmensteuerung nützlich sein kann.

Kapitel 3 des vorliegenden Buches befaßt sich mit Kostenstellenrechnung und Kapitel 4 mit Kostenträgerrechnung. Diese beiden Kapitel sind direkte Fortsetzungen dieses Abschnittes. Sie setzen die Kostenartenrechnung und die Grundgedanken dieses Kapitels voraus.

2.5.2. Fixe und variable Kosten

Die Unterscheidung in fixe und in variable Kosten ist von der in Einzel- und Gemeinkosten unabhängig. Sie will ebenso durchdacht und auf die in ihr verborgenen Anwendungsmöglichkeiten abgeklopft werden.

Definition: *Variable Kosten* sind Kosten, die in ihrer Höhe direkt von der Ausbringung abhängig sind. *Fixkosten* sind Kosten, deren Höhe nicht direkt von der Ausbringung abhängt. Fixkosten können gleichwohl veränderlich sein – nur eben nicht von der Leistung abhängig!

Ähnlich wie bei der Frage nach den Einzel- und Gemeinkosten muß auch bei den Differenzierung in fixe und variable Kosten genau betrachtet werden, was für Kosten fix und welche variabel sind.

Allgemein gilt aber:

- Einzelkosten sind stets variable Kosten. Fixe Einzelkosten gibt es schon aufgrund der elementaren Definitionen nicht.
- Gemeinkosten können fix oder variabel sein.

Eine große praktische Hürde ist dabei der häufige umgangssprachliche Irrtum von den sogenannten »festen Kosten«. Diese gibt es nicht. Im Leben ist nichts fest und unveränderlich, schon gar keine Kostenart. Auch Kosten, die sich von einer Rechnungsperiode auf eine andere in der Höhe ändern, können Fixkosten sein. Sie sind veränderlich, aber nicht variabel. Für die Eigenschaft der Variabilität im kostenrechnerischen Sinne ist einzig und alleine der Leistungsmengenbezug ausschlaggebend. Die Telefonkosten eines Industriebetriebes beispielsweise ändern sich von einer Periode zur nächsten. Sie sind veränderlich, aber nicht variabel, denn die Anzahl der geleisteten Einheiten, also der hergestellten Produkte, hat nichts mit der Anzahl der Telefonminuten zu tun. Die Telefonkosten eines Callcenters sind ebenfalls veränderlich, aber zudem auch variabel: das Callcenter ruft Kunden an. Diese Anrufe sind die erbrachte Leistung. Mehr Leistung, mehr Kosten – eine variable Kostenart.

Dies kann wiederum für verschiedene Branchen betrachtet werden:

- **Produktionsgewerbe**: Einzelkosten sind i.d.R. Rohstoffe, Produktivlöhne und Verkaufsprovisionen, aber variable Kosten sind Rohstoffe, Hilfs- und Betriebsstoffe, Energie, soweit im Produktivbereich eingesetzt, und Verkaufsprovisionen. Alle anderen Kosten sind Fixkosten.
- **Bauhandwerk**: Wie Produktionsgewerbe.
- **Handel**: Nur Wareneinsatz und Verkäuferprovisionen sind Einzelkosten und variable Kosten. Alle anderen Kosten sind Fixkosten.
- **Gaststätte**: Die Kosten für eingesetzte Lebensmittel und Getränke sowie ggf. für Umsatzbeteiligungen an die Mitarbeiter sind Einzelkosten und variable Kosten, der Rest ist i.d.R. fix.
- **Hotelgewerbe**: Alle Kosten sind Fixkosten (aber nicht unveränderlich), weil es keinen direkten Bezug zwischen Kostenhöhe und Anzahl der verkauften Nächte gibt, auch nicht bei Kostenarten wie Elektrizität oder Heizung.
- **Softwaregewerbe, Standardsoftware**: Alle Kosten außer ggf. den Verkäuferprovisionen und den Kosten für Vervielfältigungsstücke (Datenträger, Handbücher) sind Fixkosten.
- **Softwaregewerbe, Individuallösungen**: Die Entgelte für die Programmierer sind Einzelkosten und variable Kosten, ansonsten wie vorstehend.
- **Mediengewerbe**: Alle Kosten sind Fixkosten.
- **Telekommunikation**: Im Netzbetrieb sind alle Kosten Fixkosten, im Dienstbetrieb sind nur die Kosten für vom Netzbetreiber erworbene Netzminuten (für »Airtime«) Einzelkosten und zugleich variable Kosten. Der Rest sind Fixkosten.

Hinsichtlich der Klassifizierung von Kosten als variabel entstehen häufig Irrtümer. Um Fehler bei späteren Rechenverfahren zu vermeiden, ist es wichtig, diese Fehler von Anfang an zu korrigieren.

Grundlegend ist wichtig zu erkennen, daß variable Kosten in ihrer Höhe direkt von der betrieblichen Ausbringung abhängen. Das, und nur das, ist das Kriterium. Alle anderen Kostenbeziehungen mögen Grund zur Veränderung von Kostenbeträgen sein, aber veränderliche Kosten sind noch lange keine variablen Kosten. Die diesbezügliche Verwechslung ist anscheinend geradezu unausrottbar. Einige Beispiele für häufige Fehler aus der Lehr- und Beratungspraxis des Autoren:

Viele Kostenarten insbesondere in der Maschinenkostenrechnung sind für einen bestimmten Kapazitätsbereich unveränderlich. Erfordert der Markt, daß eine zusätzliche Anlage zur Ausweitung der Leistung bereitgestellt wird, so ändern sich die Kosten schlagartig auf ein neues, höheres Niveau. Man spricht von den sogenannten »sprungfixen« Kosten. Die aber sind, wie schon die Bezeichnung zeigt, immer noch Fixkosten: Obwohl die Kosten bei Ausweitung der Ausbringung steigen, sind sie doch nicht direkt davon abhängig. Sie steigen nicht mit jeder einzelnen Ausbringungseinheit, z.B. jedem einzelnen hergestellten Produkt, sondern erst bei Überschreiten einer Kapazitätsgrenze. Das macht noch keine variablen (sondern nur veränderliche) Kosten aus.

In vielen Produktionsprozessen sind Rüstkosten erforderlich. Diese haben etwas damit zu tun, daß Maschinen eingerichtet und Produktionsprozesse vorbereitet werden müssen. Rüstkosten sind meist einem Auftrag zuzuordnen, denn sie entstehen, wenn der Betrieb beginnt, den Auftrag eines bestimmten Kunden abzuarbeiten und hierfür z.B. Werkzeuge in Maschinen installiert, Software auf Produktionsanlagen lädt und Roboter einrichtet. Solche Rüstkosten gestatten dann eine bestimmte Zahl von Produktionsprozessen. Sie fallen erneut an, wenn z.B. ein neuer Auftrag vorbereitet oder eine neue Kalibrierung durchgeführt werden muß. Solche Kosten heißen intervallfix, d.h. sie entstehen in bestimmten Intervallen immer wieder neu. Auch das macht sie aber noch nicht zu variablen Kosten, denn sie hängen wiederum nicht von der Ausbringungsstückzahl direkt ab. Sie sind daher veränderliche Fixkosten.

Gleiches gilt im Einkauf. Hier haben wir es gleich mit zwei Irrtümern zu tun. Daß eingekaufte Waren keine Kosteneigenschaft haben, wurde oben schon dargestellt. Sie werden aktiviert, also erst bei Entnahme durch den Kunden zu einer Kostenart – und das kann viel später passieren, z.B. in einer anderen Rechnungsperiode. Im Zusammenhang mit dem Einkauf von Produkten müssen aber Mitarbeiter Lieferanten besuchen, Qualitätsprüfungen durchgeführt werden, Angebote verglichen, Rechnungen gebucht und andere administrative Leistungen erledigt werden. Diese verursachen Kosten, aber natürlich ebenfalls Fixkosten, denn sie hängen nicht oder kaum von der Stückzahl ab. Die Rechnung, die zu buchen ist, und der Besuch des Einkäufers auf der Messe, haben hinsichtlich der damit verbundenen Kostenhöhe nichts mit der Anzahl der eingekauften

Einheiten zu tun. Allerdings sind die Qualitätsprüfungen im Wareneingang, die nach § 377 Abs. 1 HGB unverzüglich stattzufinden haben, von der Anzahl der zu prüfenden Produkte abhängig: Je mehr Produkte zu prüfen sind, desto höher sind die Kosten. Selbst das ist aber noch keine variable Kostenart, weil der Wareneingang keine Ausbringungsgröße darstellt (sondern die Eingangsseite der Unternehmung). Zudem ist es üblich, bei größeren Chargen nur noch Stichproben zu nehmen. Auch das ist ein Grund, daß die Prüf- und ähnlichen Wareneingangskosten keine variablen Kosten sind, denn sie hängen gerade wegen der Stichprobennahme nicht direkt und klar von der Menge ab, nichteinmal von der Einbringungsmenge.

Weiterhin ist der Irrtum beliebt, Lagerkosten seien variabel, weil sie mit der Zahl der Produkte zunehmen. Das genau ist aber falsch, denn Lagerkosten sind, wie aus der Diskussion der kalkulatorischen Kosten oben hervorgeht, im wesentlichen Zinskosten. Gelagerte Bedarfsgegenstände verursachen Zinskosten unabhängig von der Finanzierung, weil die Zinskosten von den Zinsaufwendungen zu trennen sind. Zinskosten entstehen also auch, wenn der Lagerbestand in bar oder aus dem Bankguthaben bezahlt wurde. Die Lagerkosten nehmen deshalb auch nicht mit der Zahl der gelagerten Bedarfsgegenstände zu, sondern mit deren Wert, weil die kalkulatorischen Zinsen sich auf die Kapitalbindung (also den Produktionsfaktor Kapital) und nicht die Anzahl der Gegenstände beziehen.

Schließlich wurde eingewandt, Kosten seien variabel, weil sie pro Exemplar sinken. Man spricht hier von der Stückkostendegression: Dividiert man die Gesamtsumme der Kosten durch die Anzahl der hergestellten Einheiten, so ist das Ergebnis um so kleiner je höher die Produktionsstückzahl ist. Auch das macht noch keine variablen Kosten: Variabilität ist nur in der absoluten Höhe der Kosten und nicht in einem Kostenverhältnis gemessen. Es kommt bei der Abgrenzung der variablen Kosten von den Fixkosten nie darauf an, wie hoch die Kosten pro Stunde, Stück oder Einheit sind, sondern nur und ausschließlich darauf, wie hoch die Kosten pro Rechnungsperiode sind.

Grundsätzlich soll in Zweifelsfällen der Begriff der variablen Kosten stets eng ausgelegt werden. Ist unklar, ob eine Größe variabel oder einfach nur veränderlich (und damit eine Fixkostenart) ist, so sollte sie stets als Fixkostenart klassifiziert werden. Das hat den Grund, daß viele Rechenmethoden nur eine einzige variable Kostenart zugrundelegen. Sie anzuwenden ist schwierig, wenn es mehrere anscheinend oder wirklich variable Größen gibt. Allerdings wird es zu einem späteren Zeitpunkt auch Abstufungen von Fixkosten geben. Das ist der richtige Ort für die Zweifels- und Grenzfälle, denn man kann unterschiedliche Arten von »fix« unterscheiden.

Eine weitere Verfeinerung der hier dargestellten Definition findet der Leser übrigens unten im Kapitel zur Prozeßkostenrechnung. Dort können die LMN- und LMI-Kosten als spezialisierte Sonderfälle variabler Kosten gesehen werden. Dies spielt hier aber noch keine Rolle.

Grundlegend unterscheidet man verschiedene Typen von variablen Kosten. Das hängt mit dem Gesetz des abnehmenden Grenznutzens zusammen. Unter dem Grenznutzen versteht man den durch die jeweils nächste Einheit einer Aktivität vermittelten Nutzen. Beispielsweise arbeitet ein Mitarbeiter, um einen bestimmten Nutzen zu erzielen. Jede Stunde, die er leistet, vermittelt einen bestimmten Nutzen. Der Nutzen jeder Stunde tendiert dazu, kleiner zu sein als der Nutzen, der durch die vorhergegangene Stunde vermittelt wurde. Das kann folgendermaßen skizziert werden:

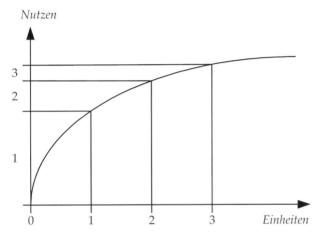

Abbildung 2.29: Grundmodell des abnehmenden Grenznutzens

Das ist ein sehr häufiges Problem: Der Mitarbeiter im Verkauf ruft beispielsweise im Direktmarketing Kunden an, um ein Produkt zu verkaufen. Anfangs ist das Produkt neu und eine Vielzahl von Kunden wollen es erwerben. Je länger der Mitarbeiter telefoniert, und je mehr Kunden er schon angerufen hat, desto mehr Kunden haben schon gekauft. Sie werden nicht sofort erneut kaufen. Es bleiben also nur noch diejenigen Kunden, die das Produkt nicht mehr brauchen, weil sie es schon haben, oder die, die es grundsätzlich nicht wollen. Der Anteil der Nichtkäufer an den insgesamt noch anzurufenden Kunden steigt also, denn die Gesamtzahl der Kunden ist begrenzt. Hinzu kommt, daß der Verkäufer für seine Arbeit eine Provision erhält (die eine typische variable Kostenart ist). Er wird also die Kunden zuerst anrufen, von denen er erwarten kann, daß sie am meisten kaufen. Je länger die Telefonmarketinganstrengungen fortschreiten, um so weniger »erfolgversprechende« Kunden gibt es. Der Erfolg, der pro Stunde (oder im statistischen Mittel pro Anruf) erzielt wird, sinkt also mit der Zeit. Das bedeutet, daß auch die variablen Kosten, die pro Stunde (oder pro Anruf) in Gestalt von Provisionen entstehen, mit der Zeit (oder der Zahl der Anrufe) sinkt. Jede Einheit vermittelt damit etwas weniger Nutzen als die jeweils vorhergehende Einheit. Hieraus lassen sich drei typische Verläufe der variablen Kosten ableiten:

Grundkategorien
von Kostenarten
und ihr Nutzen

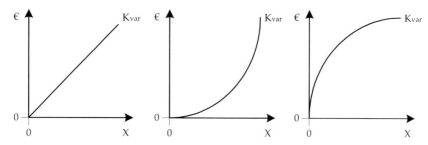

Abbildung 2.30: Drei verschiedene Arten von variablen Kosten

Der lineare Verlauf (links) wird in den meisten Lehrwerken als der Normalfall dargestellt. Mit dem Anstieg der Leistung X steigen auch die Kosten in Euro porportional an. Die erste Ableitung dieser Funktion ist null. Das stimmt aber nur, wenn der Grenznutzen konstant bleibt, was freilich oft nicht der Fall ist.

Progressive variable Kosten (Mitte) sind eine direkte Folge des Gesetzes vom abnehmenden Grenznutzen. Die 1. Ableitung der Kostenfunktion ist größer als null. Wird mit jeder einzelnen geleisteten Einheit versucht, denselben absoluten Effekt zu erzielen, nimmt der Grenznutzen der eingesetzten Produktionsfaktoren aber ab, so muß der Faktoreinsatz mit der Zeit immer mehr erhöht werden: Es entsteht ein progressiver Kostenverlauf.

Im Prinzip ist das ein häufiges Phänomen – und ein Alltagsproblem: Jeder Autofahrer weiß, daß es unwirtschaftlich ist, bis zum Anschlag Gas zu geben. Der Benzinverbrauch pro Kilometer steigt dann drastisch an. Wird die gleiche Strecke aber mit mittlerer Motordrehzahl durchfahren, sind die Benzinkosten viel kleiner. Die meisten Maschinen, die einen Treibstoff verbrauchen, haben eine mindestens im oberen Leistungsbereich progressive Kurve. Bei großen Industriemaschinen, oder beispielsweise Flug- und Schiffsmotoren, ist der durch eine Optimierung der Verbrauchsfunktion erreichbare Spareffekt erheblich.

Degressive variable Kosten schließlich (rechts) entstehen oft im Zusammenhang mit Marktsättigungsprozessen. Werden beispielsweise Werbegeschenke und kostenlose Zugaben als Verkaufsförderungsmaßnahme angeboten, dann werden die Kosten hierfür mit der Zeit sinken, denn je mehr solche Angebote gemacht werden, desto weiter sind sie schon verbreitet und um so weniger neue Kunden werden darauf eingehen. Ein anderes gutes Beispiel ist die Lernkurve eines Mitarbeiters. Dieser wird im Laufe der Zeit durch Übung im Erledigen einer bestimmten Aufgabe immer produktiver. Die Zeit, die er bis zu einem angestrebten Arbeitserfolg braucht, oder auch der Ausschuß und Materialverbrauch, nehmen ab. Damit sinken auch die variablen Kosten pro Produkt.

Insgesamt sind solche Kostenverläufe eher ein spezielles Problem für die Maschinenrechnung oder im Rahmen von Arbeitsstudien. Grundlegende Betrachtungen legen meist nur den linearen Verlauf zugrunde.

Theoretische
Grundbegriffe

Alle Verfahren, die auf der begrifflichen Unterscheidung in fixe und variable Kosten beruhen, gehören zur Teilkostenrechnung.

Um den grundlegenden Nutzen der Teilkostenrechnung zu demonstrieren, kann wiederum das vorstehende Zahlenbeispiel aus Abbildung 2.24 verwendet werden. Es ist besonders einfach, weil in diesem Fall die Einzelkosten zugleich auch die gesamten variablen Kosten darstellen. Die Gemeinkosten sind vollumfänglich Fixkosten. Das ist in anderen Betrieben anders.

Wird ein Produkt zu zehn Euro eingekauft, so verursacht es im Moment seiner Entnahme durch den kaufenden Kunden variable Kosten i.H.v. 10 Euro. Die Vollkostenrechnung hat gezeigt, warum dieses Produkt für mindestens 12 Euro/Stück verkauft werden muß, um selbstkostendeckend zu sein. Das ist aber hier nicht wichtig. Die Teilkostenrechnung kennt keinen Zuschlagsatz. Sie kann aber die variablen Kosten K_{var} vom Verkaufspreis P_{vk} subtrahieren. Das erbringt den Deckungsbeitrag (DB):

$$DB = P_{vk} - K_{var} \qquad\qquad \text{F 2.21}$$

Im Beispiel bedeutet dies bei einem Verkaufspreis i.H.v. 14 Euro pro Stück:

$$DB = P_{vk} - K_{var} = 14 - 10 = 4\ Euro \qquad\qquad \text{F 2.22}$$

Diese vier Euro pro Stück bleiben bei jedem Verkauf unmittelbar »übrig«. Sie müssen daher den Gewinn des Unternehmers finanzieren, aber zuvor die Fixkosten decken. Das ist ja, warum man den Betrag als Deckungsbeitrag bezeichnet: er deckt die Fixkosten.

Interessant ist herauszufinden, bei welcher Stückzahl er das tut:

$$X_{min} = \frac{K_{fix}}{DB} = \frac{K_{fix}}{P_{vk} - K_{var}} \qquad\qquad \text{F 2.23}$$

Im Beispiel muß der Unternehmer also 325 Stück pro Jahr verkaufen, um die 1.300 Fixkosten, die oben identifiziert wurden, zu decken:

$$X_{min} = \frac{K_{fix}}{DB} = \frac{K_{fix}}{P_{vk} - K_{var}} = \frac{1.300\ Euro}{4\ Euro/St} = 325\ Stück \qquad\qquad \text{F 2.24}$$

Ab dem 326. Stück würde der Unternehmer also Gewinn machen. Die Stückzahl von 325 Exemplaren ist die Gewinnschwelle oder der sogenannte Break Even Punkt.

Damit kann man aber noch mehr machen: Der Marktpreis i.H.v. 14 Euro pro Stück sei keine gottgewollte Tatsache. Er kann sich ändern – zum Beispiel durch einen Konkurrenzkampf, den man über den Preis

Grundkategorien
von Kostenarten
und ihr Nutzen

austrägt. Wird billiger verkauft, muß aber mehr verkauft werden, um in die Gewinnzone zu gelangen, weil der DB sinkt. In welchem Maße, das zeigt die folgende Tabelle:

Deckungsbeitrag und Break Even bei fallendem Preis

Ist-Verkaufspreis	var. Kosten	Deckungsbeitrag	Break Even
14,00 Euro/St	10,00 Euro/St	4,00 Euro/St	325,00 St/Jahr
13,00 Euro/St	10,00 Euro/St	3,00 Euro/St	433,33 St/Jahr
12,00 Euro/St	10,00 Euro/St	2,00 Euro/St	650,00 St/Jahr
11,00 Euro/St	10,00 Euro/St	1,00 Euro/St	1.300,00 St/Jahr
10,50 Euro/St	10,00 Euro/St	0,50 Euro/St	2.600,00 St/Jahr
10,10 Euro/St	10,00 Euro/St	0,10 Euro/St	13.000,00 St/Jahr
10,00 Euro/St	10,00 Euro/St	0,00 Euro/St	*(undefiniert)*

Abbildung 2.31: Anstieg des Break Even Punktes bei Rückgang des Ist-Verkaufspreises

Hierin steckt bereits eine tiefgreifende Erkenntnis: Auch wenn das Produkt nicht mehr zum Selbstkostenpreis i.H.v. 12 Euro pro Stück verkauft werden kann, muß es noch nicht notwendig eingestellt werden. Die Menge, die abgesetzt wird, kann erhöht werden. Nicht unter 12 Euro pro Stück, sondern erst bei 10 Euro pro Stück, also wenn das Produkt keinen Deckungsbeitrag mehr vermittelt, ist es aus dem Sortiment zu eliminieren.

Kapitel 5 bis 7 des vorliegenden Buches befassen sich mit verschiedenen Anwendungen der Teilkostenrechnung. Sie sind daher direkte Fortsetzungen dieses Abschnittes. Sie setzen die Grundgedanken dieses Kapitels voraus.

2.5.3. Das Kostenportfolio als Leitgedanke

Die beiden Differenzierungen in Einzel- und Gemeinkosten sowie in fixe und variable Kosten betreffen denselben Grundsachverhalt, nämlich die Abgrenzung der Kosten von den Aufwendungen, Ausgaben und Auszahlungen. Um die bisher dargestellten Zusammenhänge zu visualisieren, und den Nutzen in den nachfolgend zu demonstrierenden Rechenverfahren zu verdeutlichen, kann man die Gesamtzusammenhänge in einem Schaubild visualisieren. Dieses Schaubild ist eine Art Landkarte kostenrechnerischer Zusammenhänge, das sogenannte Kostenportfolio (Abbildung 2.32).

Aus der Unterteilung in Einzel- und in Gemeinkosten leiten wir die Vollkostenrechnung ab, die primär aus der Kalkulation besteht. Der Betriebsabrechnungsbogen ist das Mittel, Zuschlagssätze zu bestimmen. Aus der zweiten Differenzierung in fixe und variable Kosten leiten wir die Teilkostenrechnung ab, die zunächst aus Deckungsbeitrags- und Break

Das Kostenportfolio als Leitgedanke des vorliegenden Buches

	Einzelkosten	Gemeinkosten	
Auszahlungen / Ausgaben / Aufwand / Kosten	Auf das einzelne Produkt direkt zurechenbare Kosten	Auf das einzelne Produkt nicht direkt zurechenbare Kosten	
variable Kosten Der Höhe nach ausbringungsmengenabhängige Kosten	Produktivlöhne, Rohstoffeinsatz, Wareneinsatz, Verkäuferprovision, Ausgangsfrachten bei Einzelversand	Hilfsstoffe, Betriebsstoffe (soweit nicht zurechenbar), Energie im Produktivbereich	Teilkostenrechnung
Fixkosten Der Höhe nach nicht ausbringungsmengenabhängige Kosten		Alle anderen Kosten, z.B. Verwaltung, Kommunikation, Büro, kalkulat. Kosten usw.	
	Vollkostenrechnung		

Methoden:
Deckungsbeitragsrechnung

Break Even Rechnung

Sortimentsplanung

Maschinenrechnung

Wegerechnung

Transportoptimierung

Methoden:
Zuschlagsrechnung (im Betriebsabrechnungsbogen) und Kalkulation.

Abbildung 2.32: Das Kostenportfolio als Leitgedanke des vorliegenden Buches

Even Rechnung besteht, der aber viele weitere Verfahren und Methoden folgen. Die Teilkostenrechnung ist bei weitem komplexer, aber auch vielseitiger. Während man aufgrund der Vollkostenrechnung »nur« Betriebsabrechnungsbögen und Kalkulationen erstellen kann, lassen sich aus der anscheinend so übersichtlichen Einteilung in fixe und variable Kosten Transport- und Wegeoptimierungen, Maschineneinsatzplanungen und eine Vielzahl weiterer Verfahren und Methoden herleiten. Einige davon werden im vorliegenden Buch dargestellt.

Die Wahl der richtigen Methode ist von grundlegender Bedeutung. Wird versucht, die falschen Werkzeuge zu verwenden, kann offenbar nichts brauchbares dabei herauskommen. Was im Handwerk offensichtlich ist, gilt auch für die Anwendung mathematisch-numerischer Werkzeuge. Ein Beispiel wird das verdeutlichen.

In einem Industriebetrieb werden drei Produkte gefertigt, die hier nur »A«, »B« und »C« heißen (Abbildung 2.33 umseitig). Man kann sich auch vorstellen, daß dies drei Baustellen eines Baubetriebes oder drei Projekte sind; die zu zeigende Rechnung funktioniert in jedem Fall. Das Rechenschema am linken Rand ist eines der Vollkostenrechnung. Es basiert auf der Unterscheidung in Einzel- und in Gemeinkosten. Insbesondere werden zwei Einzelkostenarten identifiziert, nämlich die Rohstoffe (»Fertigungsmaterial«) und die Produktivlöhne (»Fertigungslöhne«). Auf beide Einzelkostenarten werden Gemeinkosten zugeschlagen. Die Zuschlagssätze i.H.v. 10 % beim Material und 150 % bei den Löhnen sind schon vorgegeben.

Die Summe aus Material- und Lohnkosten heißt auch Herstellkosten. Hierauf wird die Verwaltung zugeschlagen. Auch hier ist der Prozentsatz i.H.v. 20 % bereits bekannt. Die dann entstehende Summe ist die Selbstkostensumme.

Subtrahiert man vom Verkaufspreis die Selbstkosten, so erhält man das Betriebsergebnis. Dabei zeigt sich ein überraschendes Bild:

Voll- und Teilkostenrechnung am Beispiel dreier Produkte

Rechenschema	Produkt A	Produkt B	Produkt C	Σ A+B+C
Fertigungsmaterial	50.000	80.000	60.000	190.000
+ Gemeinkosten 10 %	5.000	8.000	6.000	19.000
= Materialkosten	55.000	88.000	66.000	209.000
Fertigungslöhne	90.000	40.000	50.000	180.000
+ Gemeinkosten 150 %	135.000	60.000	75.000	270.000
= Fertigungskosten	225.000	100.000	125.000	450.000
Σ Herstellkosten	280.000	188.000	191.000	659.000
+ Verwaltung 20 %	56.000	37.600	38.200	131.800
= Selbstkosten	336.000	225.600	229.200	790.800
./. Verkaufsertrag	356.000	260.000	219.200	835.200
= Betriebsergebnis	+20.000	+34.400	−10.000	+44.400

Abbildung 2.33: Voll- und Teilkostenrechnung am Beispiel dreier Produkte

Ganz offensichtlich ist Produkt C defizitär. Es verursacht einen Verlust i.H.v. 10.000 Euro, was schmerzhaft ist. Erst die Berechnung der drei Produkte hat dies offenbart, denn das Gesamtergebnis ist mit 44.400 Euro Gewinn durchaus akzeptabel.

Viele Bearbeiter würden nun überlegen, ob nicht das Produkt C aus dem Sortiment entfernt werden sollte. Dabei ist wichtig, die Ausgangsdaten der Kostenartenrechnung zu berücksichtigen. Die Einzelkosten, das zeigt das Kostenportfolio, sind stets variabel. Die Gemeinkosten aber können Fixkosten oder variable Kosten sein. Im vorliegenden Beispiel wird angenommen, daß die Gemeinkosten zu 90 % Fixkosten und zu 10 % variabel sind. Gemeinkosten sind hier die Fertigungsgemeinkosten, die Lohngemeinkosten und die Verwaltungsgemeinkosten. Mit diesen Informationen betrachten wir das Bild nach Streichung von C:

Überraschung beim Streichen eines defizitären Produktes

Rechenschema		Σ A+B
Fertigungsmaterial		130.000
+ Gemeinkosten	14,15 %	18.400
= Materialkosten		148.400
Fertigungslöhne		130.000
+ Gemeinkosten	201,92 %	262.500
= Fertigungskosten		392.500
Σ Herstellkosten		540.900
+ Verwaltung	23,66 %	127.980
= Selbstkosten		668.880
./. Verkaufsertrag		616.000
= Betriebsergebnis		−52.880

Abbildung 2.34: Überraschung beim Streichen eines defizitären Produktes

Man muß vermutlich zwei mal hingucken, um den Schreck zu überwinden: Aus einem Unternehmen mit 44.400 Euro Gewinn wird durch die *Streichung eines defizitären Produktes* (!) plötzlich ein krankes Unternehmen mit einem Verlust von 52.880 Euro. Die *Streichung des Verlustes* (!) hat das ganze Unternehmen »reingerissen«. Wie kann das sein?

Betrachten wir das Material: Die Einzelkosten haben sich von 190.000 Euro auf 130.000 Euro reduziert. Was fehlt, ist der Materialeinsatz von Produkt C.

Die Gemeinkosten sind aber zu 90 % Fixkosten. Das gilt auch für Produkt C. Die Materialgemeinkosten des Produktes C i.H.v. 6.000 Euro bleiben also zu 90 % oder 5.400 Euro erhalten. Fixkosten sind zwar veränderlich, aber nicht ausbringungsmengenbezogen. Streicht man ein Produkt, fallen deshalb die Fixkosten nicht. Nur die variablen Gemeinkosten werden abgebaut, im Beispiel also 10 % von 6.000 Euro Materialgemeinkosten C oder ganze 600 Euro. Aus den gesamten Gemeinkosten des Produktes C i.H.v. zuvor 19.000 Euro sind also 18.400 Euro geworden.

Der Zuschlagssatz war zunächst 10 %. Jetzt ist er aber

$$Zuschlag = \frac{GK}{EK} = \frac{18.400}{130.000} = 14,15\%$$

F 2.25

Oben wurde gezeigt, daß der Zuschlagssatz ein Maß für die Wettbewerbsfähigkeit darstellt. Je höher der Zuschlagssatz desto geringer der am Markt realisierbare Gewinn. Genau das ist hier wieder der Fall. Der Zuschlagssatz steigt bei geringerer Auslastung des Betriebes. Das aber senkt die Wettbewerbsfähigkeit.

Eine ähnliche Rechnung gilt für den Lohnbereich und die Verwaltungsgemeinkosten.

Grundkategorien
von Kostenarten
und ihr Nutzen

Das Rätsel löst sich auf, wenn der Deckungsbeitrag des Produktes C errechnet wird. Der Deckungsbeitrag entsteht, wenn man vom Verkaufspreis, der bei Produkt C ja 219.200 Euro beträgt, die variablen Kosten subtrahiert. Das ergibt folgendes Bild:

Der Deckungsbeitrag des eliminierten Produktes

Rechenschema	Produkt C
Fertigungsmaterial	60.000
+ variable Gemeinkosten	600
= variable Materialkosten	60.600
Fertigungslöhne	50.000
+ variable Gemeinkosten	7.500
= variable Fertigungskosten	57.500
Σ Herstellkosten	118.100
+ variable Verwaltungsgemeinkosten	3.820
= Gesamte variable Kosten	121.920
./. Verkaufsertrag	219.000
= Deckungsbeitrag	+97.080

Abbildung 2.35: Der Deckungsbeitrag des eliminierten Produktes

Es wundert nicht, daß Produkt C einen Deckungsbeitrag i.H.v. +97.080 Euro besitzt. Subtrahiert man diese 97.080 Euro nämlich vom anfänglichen Gewinn i.H.v. 44.400 Euro, so gelangt man genau zu dem Verlust von 52.880 Euro, der nach Eliminierung des Produktes C entstanden ist. Das ist kein zahlenmäßiger Zufall, sondern eine verborgene Gesetzmäßigkeit:

> Es gibt keine Produkte mit Gewinnen (oder Verlusten). Es gibt nur Produkte mit Deckungsbeiträgen!

Das Beispiel zeigt, daß aus den anscheinend so spitzfindigen Definitionen und Abgrenzungen konkreter praktischer Nutzen gewonnen werden kann. Dies wird in den folgenden Kapiteln vertieft werden.

2.6. Grundlagen der Leistungstheorie

Die Begriffe der Auszahlungen, Ausgaben, Aufwendungen und Kosten stehen die komplementären Begriffe der Einzahlungen, Einnahmen, Erträge und Leistungen gegenüber (vgl. oben, Abbildung 2.1). Sie sind weniger wichtig, weil es in der praktischen Anwendung der Kostenrechnung meistens um Kosten und seltener um Leistungen geht, aber sie sollten dennoch nicht ignoriert werden.

2.6.1. Einzahlungen

Einzahlungen sind Zuflüsse liquider Mittel. Der Begriff ist das Gegenteil zur Definition der Auszahlungen. Liquide Mittel sind im Sinne dieser Definition ebenso wie im Zusammenhang mit den Auszahlungen

- entweder Bargeld
- oder Buchgeld auf Sichtkonten.

Bargeld sind alle gesetzlichen Zahlungsmittel in Gestalt von Geldzeichen (Münzen, Scheine) und Buchgeld ist Geld auf Sichtkonten.

Einzahlungen *Zuflüsse liquider Mittel*		
Ungleich Ausgabe Neutrale Einzahl.	*Einzahlung = Einnahme*	
	Einzahlungseinnahme	*Ungleich Einzahl. Kalkulat. Einnhme*
	Einnahmen *Mehrung der Forderungen oder Minderung der Verbindlichkeiten*	

Abbildung 2.36: Die Abgrenzung der Einnahmen und Einzahlungen

Umgekehrt wie bei den Auszahlungen führt die Einzahlung zu einer Vermögensmehrung des Geldvermögens. Ihr kann jedoch eine Minderung von Forderungen gegenüberstehen.

2.6.2. Einnahmen

Einnahmen sind Mehrungen von Forderungen (Regelfall) oder Minderungen von Verbindlichkeiten (Ausnahmefall).

Zu einer Mehrung von Forderungen kommt es, wenn eine Rechnung geschrieben wird. Die Rechnung wurde aufgrund eines vergangenen Ereignisses (z.B. eines Kaufvertrages) gestellt und verkörpert einen künftig aufgrund eines Rechtsgrundes (Vertragserfüllung) erwarteten Zufluß liquider Mittel. Dies widerspricht dem umgangssprachlichen Gebrauch des Begriffes, der die Einnahme mit einem Geldfluß verbindet.

Die auch hier scharfe und scheinbar spitzfindige Abgrenzung hat den Zweck, Liquiditätsplanungen aufzustellen. Diese enthalten den tatsächlichen Zufluß liquider Mittel, die also schon jetzt zur Verfügung stehen, und den künftig erwarteten Zufluß liquider Mittel, der aus der Summe der Forderungen, also den Einnahmen, hinsichtlich Höhe und Zeitpunkt ersichtlich ist. Der kumulierte Saldo aus beiden Werten ist die künftige Kapitalfreisetzung.

Eine Minderung von Verbindlichkeiten liegt etwa beim Erlaß von Schulden durch einen Gläubiger vor. Der Fall ist selten und hat kaum praktische Bedeutung.

Einzahlungen, die zugleich Einnahmen sind, heißen Einzahlungseinnahmen. Bestes Beispiel ist der Zufluß von Geld durch Überweisung von einem Kunden (Einzahlung) auf einem Bankkonto im Guthaben. Es steigt also zugleich die Forderung gegenüber der Bank (Einnahme).

Eine Einzahlung, die nicht zugleich auch eine Einnahme ist, heißt neutrale Einzahlung. Werden bereits bestehende Rechnungen von Kunden bezahlt, so nehmen die Forderungen ab (es kommt also nicht zu einer Forderungsmehrung, sondern zu einer Forderungsminderung). Zugleich fließt Bar- oder Buchgeld zu. Es entsteht eine neutrale Einzahlung. Gleiches trifft auf die Gewährung von Darlehen durch einen Kreditgeber auf Seiten des Kreditnehmers zu, denn diesem fließen Geldmittel zu, aber es kommt zu einer Mehrung (nicht Minderung!) der Verbindlichkeiten.

Eine Einnahme, die keine Einzahlung ist, wird als kalkulatorische Einnahme bezeichnet. Ein gutes Beispiel sind wiederum Ausgangsrechnungen an Kunden, durch die Forderungen steigen. Zugleich kann eine Kreditzusage durch einen Kreditnehmer als kalkulatorische Einnahme gesehen werden; allerdings wäre diese i.d.R. als reine Zusage noch nicht buchungsfähig.

2.6.3. Erträge

Erträge entstehen durch die Verwertung (Entstehung) von Gütern. Der Ausweis der Erträge findet in der Gewinn- und Verlustrechnung statt und unterliegt steuer- wie handelsrechtlichen Regelungen. Insbesondere bedeutsam ist das Realisationsprinzip. Dieses besagt, daß ein Ertrag erst gebucht (und damit im Rechnungswesen dargestellt) werden darf, wenn er durch eine Rechtsgrundlage abgesichert Dritten gegenüber abgerechnet wird. Buchungsbeleg ist i.d.R. eine Ausgangsrechnung. Häufigster Fall ist der Verkauf von Gütern oder Leistungen an Kunden. Durch sie entsteht regelmäßig ein Ertrag. Ein Ertrag kann aber auch im Verkauf nicht mehr benötigter Altanlagen bestehen. Auch hier wird ein Gut einem Dritten gegenüber abgerechnet.

Erträge, die keinem Dritten gegenüber abgerechnet werden, sind beispielsweise Bestandsmehrungen an Fertig- und Unfertigerzeugnissen oder aktivierte Eigenleistungen. Sie sind jedoch in der Gewinn- und Verlustrechnung ersichtlich.

Problematisch sind Verwertungen (Entstehungen) von Gütern, die einem Aktivierungsverbot unterliegen. Sie dürfen nicht gebucht werden, aber es liegt im Sinne des internen Rechnungswesens gleichwohl ein Ertrag vor. Dieser ist nicht aus der Buchführung ersichtlich, gleichwohl aber existent. Prominentestes Beispiel ist das ehemalige Aktivierungsverbot selbsterstellter immaterieller Anlagevermögensgegenstände im früheren § 248 Abs. 2 HGB. Diese Regelung untersagte beispielsweise eigene Urheber- oder andere Schutzrechtezu aktivieren. Sie bildeten daher eine stille Reserve. Auch wenn diese Regelung durch das Bilanzrechtsmodernisierungsgesetz (BilMoG) abgeschafft wurde, so wirkt sie doch noch nach. Die International Financial Reporting Standards (IFRS) kennen kein solches Verbot. Unabhängig davon darf aber ein originärer Geschäfts- oder Firmenwert nach wie vor nicht bilanziert werden, auch nicht im Rahmen der IFRS. Seine Entstehung entspricht gleichwohl einem Ertrag. Ähnliches gilt für das Humankapital, das in den Fähigkeiten, Kenntnissen, Erfahrungen und der Motivation einzelner Mitarbeiter liegen kann (individuelles Humankapital), das aus der reibungslos funktionierenden Ablauforganisation des Betriebes bestehen kann (dynamisches Humankapital) und das in gutfunktionierenden Kommunikationswegen und Hierarchien zu finden sein kann (strukturelles Humankapital). Auch dieses bildet eigentlich ein Gut – ebenso wie ein treuer und zahlungskräftiger Kundenstamm. All diese Größen können als Erträge betrachtet werden, ohne daß ihnen ein Bilanzposten entgegensteht. Sie sind damit stille Reserven. Sie zu bewerten kann problematisch sein.

2.6.4. Leistungen

Dieser Begriff ist der Komplementärbegriff zum Kostenbegriff. Leistungen sind die

- in Geld bewertete,
- periodisierte
- Güter- oder Leistungsentstehung
- aus der betrieblichen Tätigkeit.

Leistungen sind damit das Ergebnis der Produktionsfaktorkombination. Sie repräsentieren das Wertschöpfungsergebnis der betrieblichen Tätigkeit und sind von Erträgen abzugrenzen.

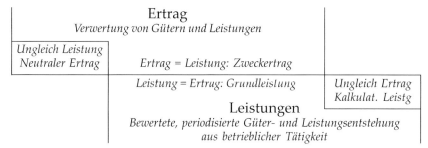

Abbildung 2.37: Abgrenzung der Erträge von den Leistungen

»In Geld bewertet« bedeutet, daß jede Leistungsgröße einer Bewertung dem Grunde und der Höhe nach zugänglich sein muß. Da die Erträge, Einzahlungen und Einnahmen aber keine akkurate Darstellung des Produktionsfaktoreinsatzergebnisses ermöglichen, bedeutet dies, daß

- Dinge Leistungen sein können, die aus den Rechenwerken des externen Rechnungswesens gar nicht hervorgehen, und
- die bestehenden Daten der Buchführung einer kritischen Betrachtung unterzogen werden müssen, ob sie »richtig«, d.h. faktoreinsatzgemäß bewerten.

»Periodisiert« bedeutet, daß die Leistungen, wie zuvor schon die Kosten, einem Geschäftsjahr zugeordnet werden können müssen.

»Leistungsentstehung« ist das Ergebnis der betrieblichen Faktorkombination.

2.6.4.1. Neutrale Erträge

Neutrale Erträge liegen vor, wenn Erträge

- nicht aus der betrieblichen Tätigkeit entstehen oder
- periodenfremd sind.

Nicht aus betrieblicher Tätigkeit entstehen Erträge aus Geschäften, die außerordentlichen Charakter haben. Ein gutes Beispiel ist der Verkauf einer nicht mehr benötigten Altanlage. Hierdurch entsteht zunächst eine Einnahme (und, wenn der Käufer zahlt, eine Einzahlung); übersteigt der Verkaufswert den Buchwert, so entsteht auch ein Ertrag.

Leider ist der Begriff der Außerordentlichkeit nach § 277 Abs. 4 Satz 1 HGB problematisch. In IAS 1.87 sind außerordentliche Posten ganz untersagt; sie erscheinen dann zweckmäßiger und aussagekräftiger als Nebengeschäfte. Das hat den Zweck, den Informationsnutzen des IFRS-Abschlusses zu erhöhen. Selbst Abschreibungen infolge von Naturkatastrophen sind dann als solche offenzulegen und können nicht in der »außerordentlichen« Sammelposition untergehen. Der Altanlagenverkauf kann in diesem Sinne als Nebengeschäft gesehen werden. Er ist dann ein neutraler Ertrag, weil der Verkauf der eigenen Altanlagen nicht das eigentliche Geschäft der Unternehmung ist. Im gleichen Sinne sind aber auch anderweitige regelmäßige Geschäfte als neutral zu klassifizieren, die nicht mit dem eigentlichen Hauptgeschäft der Unternehmung in Verbindung stehen: Beispielsweise werden Immobilien oder Fahrzeuge, die vorübergehend oder längere Zeit nicht gebraucht werden, vermietet. Sie sind zwar bilanziert, weil sie gemäß § 39 Abs. 1 AO dem Eigentümer bilanziell zuzuordnen sind, aber ihre Verwertung ist keine Leistung, weil der Betriebszweck nicht in der Vermietung solcher Objekte (sondern in etwas anderem) besteht. Solche Nebengeschäfte sind als »sonstige betriebliche Erträge« in der Gewinn- und Verlustrechnung ausgewiesen.

Oben wurde dargelegt, weshalb Zinsaufwendungen nicht zu den Kosten gehören. Gleiches gilt im umgekehrten Sinne auch für die Zinserträge. Sie gehören nicht zu den Leistungen, wenn sie ein Nebengeschäft sind. Hierbei ist jedoch zu untersuchen, was das Hauptgeschäft einer Unternehmung ist. Die Zinserträge einer Bank sind selbstverständlich Grundleistungen (oder Zweckerträge), d.h. Erträge und Leistungen gleichermaßen, weil das Verleihen von Geld (und damit das Erzielen von Zinserträgen) zum Hauptgeschäft des Bankgewerbes gehört. Problematisch können in diesem Zusammenhang unternehmerische Zinserträge sein, die im Zusammenhang mit anderen Geschäften stehen. Sie sind Leistungen, wenn sie wirtschaftlich zu einer Leistung im Sinne der Leistungsdefinition gehören, und neutrale Erträge, wenn dies nicht der Fall ist. Eine gute Richtschnur hierfür bietet R 29 UStR »Einheitlichkeit der Leistung«. Nach Abs. 5 dieser Vorschrift teilen Nebenleistungen das umsatzsteuerrechtliche Schicksal der Hauptleistung. Wechselzinsen sind daher beispielsweise umsatzsteuerpflichtig, wenn der Wechsel ein Handelsgeschäft absichert, denn dann sind sie Nebenleistungen zu diesem Handelsgeschäft. Dies kann man analog auf andere Zinsen anwenden. Im Bereich der Leistungsrechnung würden Wechselzinsen im Zusammenhang mit Handelsgeschäften daher auch Leistungen sein. Zinsen hingegen, die aus einer Darlehensausreichung einer Nichtbank an einen Darlehensschuldner entstehen, sind keine Leistungen (sondern neutrale Erträge), wenn die Darlehensgewährung nicht zum Hauptgeschäft der Unternehmung gehört.

Periodenfremd schließlich sind Erträge, die anderen Rechnungsperioden angehören. Das ist vergleichsweise selten. Ein gutes Beispiel ist jedoch ein unerwarteter, und daher buchhalterisch auch nicht vorweggenommener Gewerbesteuerbescheid, durch den die Unternehmung für frühere Jahre eine Erstattung erhält. Die Gewerbesteuer ist zunächst ja eine Kostensteuer. Ihre Erstattung im gleichen Jahr wie ihre Belastung kann als Stornierung der ursprünglichen Buchung erfaßt werden. Wird aber für ein früheres Jahr eine Gewerbesteuerrückzahlung per Steuerbescheid festgesetzt, so kann die ursprüngliche Buchung nicht mehr storniert werden, weil das entsprechende Geschäftsjahr, für das die Rückerstattung festgesetzt wird, ja schon abgeschlossen ist. Also muß ein neutraler Ertrag erfaßt werden.

2.6.4.2. Grundleistung oder Zweckertrag

Ein Ertrag, der zugleich eine Leistung darstellt, ist ein Zweckertrag. Aus Leistungssicht spricht man auch von einer Grundleistung. Umsatzerlöse, Erhöhungen des Bestandes an fertigen und unfertigen Erzeugnissen und aktivierte Eigenleistungen sind gleichermaßen Beispiele für Grundleistungen oder Zweckerträge. Sie sind in den ersten Zeilen der Gewinn- und Verlustrechnung auszuweisen.

2.6.4.3. Kalkulatorische Leistungen

Parallel zu den kalkulatorischen Kosten bestehen auch kalkulatorische Leistungen; allerdings sind diese schwieriger von den eigentlichen Leistungen abzugrenzen und es gibt weniger Beispiele. Insgesamt ist die Bedeutung dieses Begriffes daher eher nachrangig.

Zunächst betrifft dies Erträge, die einem Bilanzierungsverbot unterliegen. Sie werden nicht abgerechnet, stellen gleichwohl aber ein Ergebnis der betrieblichen Tätigkeit dar. Aus Sicht der Kosten- und Leistungsrechnung können auch die Entstehungen von originären Geschäfts- oder Firmenwerten oder Humankapital als Leistungen betrachtet werden. Da die Anzahl der diesbezüglichen stillen Reserven jedoch abgenommen hat, gibt es in der Praxis immer weniger Anwendungsbeispiele für diese Unterscheidung.

Gemäß § 252 Abs. 1 Nr. 5 HGB sind Aufwendungen und Erträge unabhängig vom Zeitpunkt der Zahlung in der Periode zu berücksichtigen, der sie wirtschaftlich angehören (Grundsatz der Periodenabgrenzung). Das gleiche Prinzip besteht also auch in den IFRS. Es kann daher nur zu kalkulatorischen Leistungen kommen, wenn tatsächlich erbrachte Leistungen aus irgendwelchen Gründen noch nicht abgerechnet werden konnten. Es ist dann ein Ergebnis der betrieblichen Tärigkeit gegeben, das gleichwohl noch nicht abgerechnet werden darf, also nicht zu einem Ertrag wird. Das ist bei langfristiger Auftragsfertigung häufig.

Da das Handelsrecht aufgrund des Vorsichtsprinzips gemäß § 252 Abs. 1 Nr. 4 HGB erst bei »Realisation«, also bei Fertigstellung und Abrechnung einer Leistung gegenüber dem Kunden eine Buchung zuläßt, spricht man von der sogenannten Completed-Contract-Method. Dies besagt, daß nur abgeschlossene Arbeiten abgerechnet werden dürfen und also nicht fertiggestellte Produkte am Jahresende nicht berechnet werden dürfen. Das bedeutet, daß Leistungen vorliegen, die in der Buchhaltung nicht bewertet sind, aber von der Kostenrechnung als kalkulatorische Leistungen erfaßt werden müssen.

In den International Financial Reporting Standards (IFRS) gibt es in IAS 11 die als »Percentage-of-Completion-Method« bekannte Möglichkeit der Bewertung nach Baufortschritt (z.B. in IAS 11.22). Dies würde die Entstehung von kalkulatorischen Leistungen ausschließen. Leider ist das Vorsichtsprinzip im deutschen Recht noch so vorrangig, daß ein solcher Ausweis nur kostenrechnerisch nachgeholt werden kann, nicht aber genuin buchhalterisch zulässig ist.

Durch Zwischenabrechnungen können unfertige Leistungen gleichwohl auch im Handelsrecht realisiert werden. Auf diese Weise ist im Rahmen des Handelsrechts eine IAS 11 entsprechende Bewertung möglich. Auf diese Weise werden alle Leistungen auch zu Erträgen.

2.7. Aufgaben zu Kapitel 2

Die Lösungen zu den folgenden Aufgaben befinden sich in Kapitel 9 im Anhang dieses Buches.

2.7.1. Aufgabe 1 – Kostentheorie I

Der betriebswirtschaftliche Kostenbegriff unterscheidet sich sehr stark vom umgangssprachlichen Gebrauch dieses Begriffes. Eine exakte Begriffsdefinition ist jedoch unerläßlich, weil vom Kunden die Kosten, die er durch das Produkt verursacht, zurückgeholt werden sollen. Diese Übung vertieft die Begriffe.

Finden Sie zu jedem einzelnen Sachverhalt heraus, ob Auszahlungen, Ausgaben, Aufwendungen oder Kosten vorliegen. Ordnen Sie die Fälle den Grundbegriffen zu.

Es gibt jeweils nur eine einzige richtige Lösung, die aber auch aus mehreren Antworten bestehen kann.

1. Kauf einer Produktionsmaschine, die 12.650 Euro zzgl. gesetzlicher Umsatzsteuer kostet, Lieferung auf Rechnung.
2. Kauf eines Faxgerätes gegen Barzahlung 1.099 Euro inkl. gesetzlicher Umsatzsteuer.
3. Kauf eines Lochers 39,90 Euro inkl. USt gegen Barzahlung.
4. Kauf von Bleistiften für's Büro mit Kreditkarte.
5. Die Sekretärin verbraucht an einem Tag 1.580 Blatt Kopierpapier.
6. Buchung des Bruttolohnes für alle Arbeitnehmer 35.640 Euro (laut Lohnjournal).
7. Überweisung zuvor gebuchter und abgerechneter Lohnsteuer an Finanzamt.
8. Buchung des SV-Beitrag Arbeitgeber (sog. »Arbeitgeber-Anteil«).
9. Zahlung des zuvor gebuchten SV-Gesamtbeitrages an die zuständigen Krankenkassen.
10. Kauf von Rohstoffen im Wert von 18.678,60 Euro »auf Ziel« (d.h. auf Rechnung).
11. Entnahme der Rohstoffe aus vorstehender Aufgabe aus dem Lager für Zwecke der Produktion.
12. Die Inventur stellt einen Minderbestand im Warenverkaufslager von 78.563,60 Euro fest, der durch Entnahme verkaufter Produkte entstanden ist.
13. Ein Diebstahl wird im Fertigproduktlager entdeckt.
14. Diebstahlquote für das neue Geschäftsjahr wird auf 2,5 % geschätzt.
15. Die Insolvenzquote eines Kunden beträgt nach Auskunft des Insolvenzverwalters noch 10 % (d.h., von dem Geld, das er uns schuldet, bekommen wir im Insolvenzverfahren voraussichtlich nur noch 10 %).

16. Es wird geschätzt, daß im kommenden Jahr 4,5 % aller Forderungen von Kunden nicht gezahlt werden.
17. Die Bank bucht vertragsgemäß die Darlehenszinsen von unserem Bankkonto ab: ... Euro.
18. Die Bilanzsumme eines Unternehmens beträgt 1,86 Millionen Euro.
19. Der Komplementär (d.h. Vollhafter) einer Kommanditgesellschaft (KG) entnimmt weniger Geld, wie er als angestellter Manager bekäme.
20. Ein selbstgenutztes, eigenes Gebäude könnte auch für ... Euro vermietet werden.
21. Bilanzielle Abschreibung auf den Anschaffungswert einer Anlage gemäß § 7 Einkommensteuergesetz.
22. Buchung einer steuerrechtlich zulässigen Sonderabschreibung, die betragsmäßig über der normalen Abschreibung liegt.
23. Lineare Abschreibung auf den geschätzten Wiederbeschaffungswert einer maschinellen Anlage.

2.7.2. Aufgabe 2 – Kostentheorie II

Bitte stellen Sie fest, wie sich in den folgenden Fällen die Kosten verändern:

1. Der Solidaritätszuschlag auf die Lohnsteuer wird endlich abgeschafft.
2. Die Umsatzsteuer wird wieder mal um einen Prozentpunkt angehoben.
3. Die Schuldzinsen unserer Hausbank auf Darlehen, Girokonten und andere Verbindlichkeiten steigen.
4. Die Guthabenzinsen unserer Hausbank auf Kapitalanlagen steigen (was uns nicht viel bringt, denn wir haben keine Kapitaleinlagen bei der Bank).
5. Steuerrechtlich zugelassene Sonderabschreibungen, die Sie bislang genutzt haben, werden infolge einer großen Teuerreform abgeschafft.

2.7.3. Aufgabe 3 – Kostenartentheorie

1. Sie ersehen die Aufwendungen für Darlehenszinsen einer Rechnungsperiode aus der Buchhaltung. Welche weiteren Daten benötigen Sie, um die Zinskosten im Betrieb zu ermitteln?
2. Eine maschinelle Anlage, deren Neuwert 1.650.000 Euro beträgt, hat eine technische Nutzungsdauer von acht Jahren und eine

steuerrechtliche Abschreibungszeit von zehn Jahren. Die Mindestrentabilität betrage 18 % (Kleinbetrieb). Die Inflationsrate liegt bei 3 % pro Jahr. Am Ende der technischen Lebenszeit kann die Anlage für einen Restwert von 40.000 Euro in ein Entwicklungsland verkauft werden. Wie hoch sind die Vorhaltekosten?

3. Im vorliegenden Fall verbietet eine ökologistische Bundesregierung den Verkauf solcher Anlagen in die »Dritte Welt«, sondern erzwingt eine kostenpflichtige Entsorgung in Deutschland. Dies verursacht Kosten in Höhe von 70.000 Euro, die an Stelle des ursprünglichen Verkaufswertes treten. Alle anderen Daten bleiben unverändert. Wie hoch sind die Vorhaltekosten jetzt?

4. Unter welcher Bedingung ist die für einen Anlagevermögensgegenstand auszuweisende kalkulatorische Abschreibung gleich null?

5. In welchem Fall kann der kalkulatorische Zinssatz ermittelt werden, indem man den Neuwert direkt mit der Mindestrentabilität multipliziert?

6. Sind die Zinskosten einer Anlage, die mit Bargeld bezahlt wurde, gleich null? Bitte begründen Sie Ihre Ansicht!

7. Sind die Zinskosten einer Anlage, die dem Unternehmen geschenkt wird, und die das Unternehmen für Produktionszwecke nutzt, gleich null? Bitte begründen Sie Ihre Ansicht!

8. Gibt es eine theoretische Situation, in der die Zinskosten stets null sind? Bitte begründen Sie Ihre Ansicht!

9. Wie wird sich der Zuschlagssatz eines Unternehmens verändern, wenn die Auftragslage besser bzw. schlechter wird?

10. Aus welchem Grund ist die kalkulatorische Mindestrentabilität eines Großunternehmens tendenziell geringer als die eines Kleinbetriebes?

11. Welcher Wert ist, generell gesagt, die langfristige Verkaufspreisuntergrenze, und mit welchem Verfahren ist er zu ermitteln?

12. Welcher Wert ist, generell gesagt, die kurzfristige Verkaufspreisuntergrenze, und mit welchem Verfahren ist er zu ermitteln?

13. Nennen Sie vier Arten von Wagnissen!

14. Aufgrund welchen Wertes entscheiden Sie, ob Sie sich gegen ein Risiko versichern oder dieses Risiko als kalkulatorisches Risiko in die Kostenartenrechnung aufnehmen, d.h., es nicht versichern?

15. Oft wird behauptet, Kostenersparnis sei ein grundlegendes Ziel des Kostencontrollings. Ist das immer der Fall? Bitte begründen Sie Ihre Ansicht!

16. Kostensenkungen bedeuten oft Sparsamkeit. Beurteilen Sie aus kostenrechnerischer Sicht, ob Sparsamkeit oberzielkonform ist, oder ob Sparsamkeit auch im Widerspruch zu den übergeordneten Unternehmenszielen stehen kann!

2.7.2. Aufgabe 4 – Leistungsrechnung

Finden Sie zu jedem einzelnen Sachverhalt heraus, ob Einzahlungen, Einnahmen, Erträge oder Leistungen vorliegen. Ordnen Sie die Fälle den Grundbegriffen zu.

Es gibt jeweils nur eine einzige richtige Lösung, die aber auch aus mehreren Antworten bestehen kann.

1. Die Bank sagt uns ein Darlehen zu.
2. Das in der vorstehenden Aufgabe zugesagte Darlehen wird von der Bank tatsächlich auf unser Girokonto ausgezahlt.
3. Wir verkaufen einem Kunden eine Ware »auf Ziel«, d.h. Buchungsbeleg ist eine Rechnung.
4. Der Kunde aus der vorstehenden Aufgabe zahlt einen Teil seiner Rechnung in bar.
5. Der Kunde aus beiden vorstehenden Aufgaben zahlt den Rest der Rechnung durch Banküberweisung auf unser Bankkonto.
6. Eine Softwarefirma stellt am Ende des Jahres für eine unabgeschlossene Arbeit eine vereinbarungsgemäße Zwischenrechnung.
7. Ein Lehrbuchautor kann ein am Jahresende halbfertiges Lehrbuch der Kosten- und Leistungsrechnung seinem Verlag gegenüber noch nicht abrechnen.
8. Der Lehrbuchautor aus der vorstehenden Aufgabe verkauft einen nicht mehr benötigten gebrauchten PC über Buchwert an einen Studenten, der sogleich in bar zahlt.
9. Der Lehrbuchautor aus der vorstehenden Aufgabe verkauft einen nicht mehr benötigten gebrauchten PC unter Buchwert an einen Studenten, der sogleich in bar zahlt.
10. Ein Unternehmen verkauft ein altes Auto an einen Studenten. Der Verkaufspreis entspricht genau dem Buchwert zuzüglich Umsatzsteuer. Der Student zahlt nächsten Monat, erhält also eine Rechnung.
11. Wir erhalten unerwartet im Vorjahr zuviel gezahlte Kraftfahrzeugsteuern zurückerstattet. Hierüber stellt das Finanzamt einen Steuerbescheid aus; Zahlung innerhalb von 30 Tagen.
12. Wir vermieten eine vorübergehend nicht benötigte Werkshalle an einen kleinen Kfz-Betrieb.
13. Wie vermieten Wohnungen an Werksangehörige.
14. Wir gründen eine eigene Immobilien-Verwaltungs-GmbH zum Betrieb der Werkswohnungen aus der vorstehenden Aufgabe.

3.
Betriebsabrechnungsbogen

Der Betriebsabrechnungsbogen (BAB) ist der Ort der Berechnung von Zuschlagssätzen. Ein Zuschlagssatz ist das Verhältnis zwischen Kosten und Kostenverursachergrößen, also in der Regel zwischen Gemein- und Einzelkosten. Der Betriebsabrechnungsbogen ist damit ein Verfahren der Vollkostenrechnung. Um die Zuschlagssätze zu ermitteln, werden die Kosten der Kostenartenrechnung auf Kostenstellen verteilt. Kostenstellen sind die Orte, an denen die Kosten entstanden sind. Nur in ganz kleinen Betrieben genügt eine einzige Kostenstelle. Fast immer muß der Betrieb in mehrere, oft in sehr viele Kostenstellen aufgeteilt werden. Hierzu muß eine Prozeßanalyse durchgeführt werden, denn die Kostenstellengliederung muß die betrieblichen Arbeitsabläufe abbilden. Die in den Kostenstellen berechneten Zuschlagssätze sind die Grundlage für die Kalkulation.

3.1. Grundmodell des Betriebsabrechnungsbogens

Jede tabellarische Darstellung, die Kostenarten auf betriebliche Abteilungen verteilt, kann prinzipiell als Betriebsabrechnungsbogen bezeichnet werden. Der Begriff steht also eigentlich für eine Vielzahl von konkreten Verfahren und Methoden. Das macht die Sache schwierig, denn es gibt kaum allgemein anerkannte und überall gültige Regeln. Die Betriebsabrechnungsbögen verschiedener Branchen, verschiedener Betriebstypen und verschiedener Betriebsgrößen sehen oft sehr unterschiedlich aus. Allen Methoden liegen jedoch stets zwei Voraussetzungen zugrunde:

- Jeder Betriebsabrechnungsbogen (BAB) enthält eine Aufstellung aller in einem Abrechnungszeitraum entstandenen Kostenarten sowie der zugehörigen Kostensummen und
- er enthält eine Gliederung des Betriebes in Abteilungen, in denen die Kosten entstanden sind.

Allgemeiner Zweck des BAB ist es, die rechnerische Grundlage für die Zuordnung von Kosten auf Produkte (»Kostenträger«) zu liefern. Dabei reicht in einigen wenigen Fällen schon der Betriebsabrechnungsbogen selbst; normalerweise ist dieser jedoch nur die Grundlage für eine nachgeschaltete Kalkulation. Jede Branche hat dabei ihre eigenen Strukturen und Abrechnungsverfahren. Die angewandten Methoden müssen zu den betrieblichen Abläufen und Verfahren passen, d.h., es gibt kein einziges richtiges Schema, sondern nur eine Vielzahl von Werkzeugen, die in der jeweiligen Situation richtig angewandt werden wollen. Allen BABs ist aber die folgende grundlegende Struktur gemein:

Einfachstes Grundmodell des Betriebsabrechnungsbogens

Kostenstellen Kostenarten	Kostenstellengliederung = Prozeßgliederung
Kostensummen der Kostenartenrechng.	Kostenverteilung (Verursacherprinzip)
Gesamtsummen	Kostenstellensummen
	Zuschlagssätze

Abbildung 3.1: Einfachstes Grundmodell des Betriebsabrechnungsbogens

Die Kostenarten werden nach Einzel- und Gemeinkosten gegliedert. Die Reihenfolge dabei ist unerheblich; in diesem Buch werden stets die Einzelkosten zuerst aufgeführt, aber es kann genausogut mit den Gemeinkosten begonnen werden.

Die Einzelkosten können direkt auf Kostenstellen verteilt werden, weil sie immer in bestimmten Kostenstellen entstehen: In einem Fertigungsbetrieb beispielsweise entstehen die Materialeinzelkosten stets im Lagerbereich. Das bedeutet zugleich auch, daß es eine Kostenstelle »Lager« geben muß. Die Lohneinzelkosten entstehen stets im Produktionsbereich. Daher muß in einem Fertigungsbetrieb eine Kostenstelle »Produktion« oder »Fertigung« bestehen. Dies zeigt schon, daß der betriebliche Ablauf (»Geschäftsprozeß« in der Terminologie der Qualitätsmanager) die Kostenstellengliederung bestimmt: Wird erst gekauft und eingelagert und dann nach Entnahme aus dem Lager produziert, so muß es die Kostenstellen »Lager« und »Fertigung« geben. Zudem ist für Industriebetriebe typisch, daß nicht auf Bestellung einzeln gefertigt wird, sondern ein Ausgangslager besteht. Es muß also auch eine Kostenstelle »Vertrieb« geben, die das Marketing und den Verkauf umfaßt. Schließlich ist die Geschäftsführung in der Regel in einer Kostenstelle »Verwaltung« dargestellt.

Die Summen der Kostenstellen werden addiert. Das bietet zugleich einen Überblick über den Kostenapparat, Analyse- und Vergleichsmöglichkeiten.

Schließlich werden die Zuschlagssätze gebildet, indem die Gemeinkosten durch die Einzelkosten oder eine andere Zuschlagsgrundlage dividiert werden.

In diesem Kapitel werden zunächst einige einfache BAB-Modelle aus verschiedenen Branchen vorgeführt. Im weiteren Verlauf der Darstellung werden speziellere und komplexere Abrechnungsverfahren demonstriert.

3.1.1. Einfacher BAB im Produktionsbetrieb

Meist ist es am besten, mit einem Beispiel zu beginnen. Dies ist der BAB eines kleinen produzierenden Betriebes:

Einfacher BAB eines Fertigungsbetriebes

Kostenarten	Summe	Lager	Fertigung	Verwaltg.	Vertrieb
Fertigungsmaterial	100.000,00	100.000,00			
Produktivlohn	80.000,00		80.000,00		
Lohn-GK	75.000,00	10.000,00	40.000,00	10.000,00	15.000,00
Sonstige GK	124.000,00	5.000,00	60.000,00	26.000,00	33.000,00
Kalkulatorische GK	83.600,00	15.000,00	50.000,00	3.600,00	15.000,00
Summe GK	282.600,00	30.000,00	150.000,00	39.600,00	63.000,00
Selbstkosten	462.600,00	130.000,00	230.000,00	39.600,00	63.000,00
Zuschläge		30,000 %	187,500 %	11,000 %	17,500 %

Abbildung 3.2: Einfacher BAB eines Fertigungsbetriebes

Die Existenz einer Lagerkostenstelle zeigt, daß auch hier Eingangslagerung betrieben wird. Das ist auch schon mit Blick auf die Rügepflicht des § 377 HGB sinnvoll: Offene Mängel müssen sofort angezeigt werden.

Die Kostenarten sind in Einzel- und Gemeinkosten aufgeteilt. Einzelkosten sind der Rohstoffverbrauch (»Fertigungsmaterial«) und Produktivlohn. Sie sind direkt den jeweiligen Kostenstellen zuzurechnen, d.h. der Rohstoffverbrauch kann nur im Lager und der Produktivlohn nur im Fertigungsbereich entstehen.

Um das Beispiel überschaubar und ohne Computer nachvollziehbar zu halten, sind die Gemeinkosten in nur drei Kostenarten eingeteilt. Lohn-Gemeinkosten sind zunächst Löhne außerhalb des Produktivbereiches (Lagerlohn, Verwaltungsgehälter), Löhne ohne Arbeit (Entgeltfortzahlung bei Krankheit, an Feiertagen und im Urlaub) sowie Sozialversicherungen. Kalkulatorische Gemeinkosten sind kalkulatorische Zinsen, Abschreibungen, Wagnisse usw. Alle anderen Gemeinkosten sind hier als »Sonstige GK« zusammengefaßt.

Die Gemeinkosten der Summenspalte werden auf die Kostenstellen aufgeteilt. Dies geschieht nach verschiedenen Schlüsselungsmethoden und wird in diesem einleitenden Beispiel noch nicht näher betrachtet.

In der Zeile »Summe GK« ist nun die Summe der Gemeinkosten ersichtlich, darunter die Summe der Selbstkosten.

Wesentlicher Zweck des Betriebsabrechnungsbogens ist aber die Ermittlung von Kostenverhältnissen zwischen Gemein- und Einzelkosten, also den Zuschlagssätzen. Die Zuschlagssätze sind nicht nur für die Kalkulation bedeutsam; sie geben auch ein Maß für die Konkurrenzfähigkeit des Betriebes, denn je niedriger der Zuschlagssatz desto günstiger ist die Produktion und desto höher ist das Gewinnpotential. In diesem Beispiel gibt es vier Zuschlagssätze.

Im Bereich des Lagers entsteht der Zuschlagssatz, indem man die Gemeinkosten im Lager durch die Summe des Fertigungsmaterials dividiert:

$$Zuschlag_{Lager} = \frac{GK_{Lager}}{Fertigungsmaterial} = \frac{30.000}{100.000} = 30\%$$ F 3.1

Das Ergebnis besagt, daß auf jeden Euro Fertigungsmaterialeinsatz, also Rohstoffverbrauch, 30 Cent Gemeinkosten zuzuschlagen sind, um im Bereich der Lagerwirtschaft kostendeckend zu werden. Der Rohstoffeinsatz i.H.v. 100.000 Euro ist eine Kostenverursachergröße. Er verursacht die Gemeinkosten i.H.v. 30.000 Euro. Die Gemeinkosten werden daher dem Kostenverursacher zugeschlagen.

In wirklichen Industriebetrieben wären 30 % Zuschlag im Lagerbereich bei weitem zu hoch. Solch extreme Lagerzuschlagssätze gibt es in der Realität nur bei energieintensiver und daher teurer Kühllagerung oder bei bewachten Lagern für Risikoprodukte wie gefährliche chemische oder nukleare Materialien.

Im Produktionsbereich funktioniert die Zuschlagsrechnung genauso. Die Gemeinkosten i.H.v. 150.000 Euro werden von den Produktivlöhnen in Höhe von 80.000 Euro verursacht und ihnen also zugeschlagen:

$$Zuschlag_{Fertigung} = \frac{GK_{Fertigung}}{Fertigungslöhne} = \frac{150.000}{80.000} = 187,50\%$$ F 3.2

Diese Zahl besagt, daß jedem Euro Bruttolohn, der für Arbeit direkt am Werkstück ausgegeben wird, weitere 1,875 Euro oder 187,5 % Gemeinkosten zu finanzieren sind. Das ist angesichts der hohen Sozialversicherungsbeiträge und sonstigen Kosten im Produktionsbereich in deutschen Standorten durchaus eine unauffällige Zahl.

In den Kostenstellen »Verwaltung« und »Vertrieb« ist die Sache aber schwieriger. Auch hier bestehen Gemeinkosten. Es muß also ein Zuschlagssatz berechnet werden. Leider fehlt aber eine Einzelkostenart. Die vorstehende Rechenmethode versagt also.

Eine Lösung findet aber, wer grundsätzlich denkt. Die Division der Gemeinkosten durch die Einzelkosten repräsentiert ja die Berechnung des Anteiles der Gemeinkosten an einer Kostenverursachergröße. Da es im Verwaltungs- und im Vertriebsbereich keine Einzelkosten gibt, muß man sich einfach eine andere Kostenverursachergröße suchen und durch diese dividieren. Hierzu ist es bedeutsam darüber nachzudenken, was die Gemeinkosten im Verwaltungs- und im Vertriebsbereich verursacht. Die Verwaltung verwaltet die Betriebstätigkeit. Diese wird durch die Gesamtsumme der Kosten im Lager- und im Fertigungsbereich abgebildet. Die Summe dieser Kosten ist, womit sich die Verwaltung befaßt. Sie ist also eine geeignete Kostenverursachergröße für die Verwaltungskostenstelle.

Gleiches gilt im Prinzip auch für den Vertrieb, denn der verkauft die Produkte, die in Lager und Fertigung hergestellt worden sind. Auch hier ist die Summe der dortigen Kosten eine Kostenverursachergröße. Dieser Betrag ist auch als »Herstellkosten der Produktion« bekannt:

Herstellkostenrechnung für das vorstehende Beispiel

Rechenschema	Summe
Fertigungsmaterial	100.000,00 Euro
+ Materialgemeinkosten	30.000,00 Euro
+ Fertigungslöhne	80.000,00 Euro
+ Fertigungsgemeinkosten	150.000,00 Euro
= Herstellkosten der Produktion (HKP)	360.000,00 Euro

Abbildung 3.3: Herstellkostenrechnung für das vorstehende Beispiel

Die Summe von 360.000 Euro ist also die Kostenverursachergröße für die Verwaltungs- und Vertriebsgemeinkosten. Die Zuschläge können daher folgendermaßen berechnet werden:

$$Zuschlag_{Verwaltung} = \frac{GK_{Verwaltung}}{HKP} = \frac{39.600}{360.000} = 11\%$$
F 3.3

Für jeden Euro Selbstkosten im Lager- und Produktionsbereich entstehen daher noch zusätzlich 11 Cent Verwaltungsgemeinkosten.

Die gleiche Gesetzmäßigkeit gilt in der Vertriebskostenstelle:

$$Zuschlag_{Vertrieb} = \frac{GK_{Vertrieb}}{HKP} = \frac{63.000}{360.000} = 17,5\%$$
F 3.4

Dieses Beispiel ist insofern typisch, als daß der Vertriebsgemeinkostenzuschlag höher als der Verwaltungsgemeinkostenzuschlag ist. Industriebetriebe produzieren typischerweise nicht in Einzelfertigung auf Bestellung, wie es im Handwerk üblich ist, sondern im voraus auf Ausgangslagerung. Das Marketing ist daher meist eine kostspielige Veranstaltung.

3.1.2. Verfahren der Gemeinkostenaufteilung im BAB

Im Beispiel in Abbildung 3.2 wurde die Aufteilung der Kosten auf die Kostenstellen nicht weiter untersucht. Das muß jetzt nachgeholt werden. Während nämlich die Einzelkosten stets nur in den jeweiligen Kostenstellen entstehen und damit eindeutig zurechenbar sind, ist das für die Gemeinkosten nicht so einfach. Die Lohneinzelkosten i.H.v. 80.000 Euro beispielsweise können nur im Fertigungsbereich entstehen, weil nur dort

Grundmodell des
Betriebsab-
rechnungsbogens

direkt am Produkt gearbeitet wird. Wie aber kommt man dazu, die Gemeinkosten auf die Kostenstellen zu verteilen? Ein einfaches neues Beispiel demonstriert das:

Einfaches Beispiel für die Kostenverteilung im BAB

Kostenarten	Summe	Schlüssel%				Kostenstellen			
		L	F	V	V	Lager	Fertigg.	Verwalt.	Vertrieb
Fertigungsmaterial	200.000,00					200.000,00			
Produktivlohn	150.000,00						150.000,00		
Lohn-GK	80.000,00					8.000,00	40.000,00	16.000,00	16.000,00
Sonstige GK	120.000,00	5	60	5	30	6.000,00	72.000,00	6.000,00	36.000,00
Kalulatorische GK	90.000,00	30	40	10	20	27.000,00	36.000,00	9.000,00	18.000,00
Summe GK	290.000,00					41.000,00	148.000,00	31.000,00	70.000,00
Selbstkosten	640.000,00					241.000,00	298.000,00	31.000,00	70.000,00
Zuschläge						20,500 %	98,667 %	5,751 %	12,987 %

Abbildung 3.4: Einfaches Beispiel für die Kostenverteilung im BAB

Dieser Betriebsabrechnungsbogen entspricht in seiner Struktur dem bereits bekannten Muster aus Abbildung 3.2. Die Rohstoffkosten i.H.v. 200.000 Euro und die Produktivlöhne von 150.000 Euro sind eindeutig den Kostenstellen zurechenbar.

Die Lohn-Gemeinkosten bestehen aus Kosten für Löhne außerhalb des Produktionsbereiches (Lagerlohn, Verwaltungsgehälter), Löhne ohne Arbeit (Entgeltfortzahlung bei Krankheit, an Feiertagen und im Urlaub) sowie Sozialversicherungen. Sie entstehen in der Buchhaltung, indem Mitarbeitern Lohnarten zugewiesen werden. Beispielsweise werden die Arbeitsstunden eines gewerblichen Arbeitnehmers aufgeschrieben. Dabei ist aber immer genau bekannt, wie lange er direkt am Werkstück gearbeitet hat (Einzelkosten) und wie lange er im Lager oder bei der Produktionsvorbereitung tätig, krank oder im Urlaub war (Gemeinkosten). Da alle Arbeitnehmer einer Kostenstelle zugeordnet werden können, was meist schon im Personalstammdatensatz geschieht und arbeitsvertraglich mehr oder weniger starr festgelegt ist, sind solche Gemeinkosten zwar nicht dem jeweiligen Produkt, sehr wohl aber der jeweiligen Kostenstelle zurechenbar. Sie heißen daher Kostenstellengemeinkosten.

Bei den »sonstigen Gemeinkosten« im vorstehenden stark vereinfachenden Beispiel liegen die Dinge komplizierter. Der Posten besteht in der Realität aus einer Vielzahl von einzelnen Kostenposten. Manchmal sind es hunderte einzelner Zeilen, jede mit einer eigenen Kostenart. Ein gutes Beispiel sind die Kosten für die Grundsteuer. Diese ist eine Gemeinkostenart, weil sie dem Produkt (also dem Kostenträger) nicht zugerechnet werden kann. Sie ist aber auch keiner Kostenstelle direkt zurechenbar. Sie muß also mit einem Schlüsselungsverfahren auf die Kostenstellen verteilt werden. Gemeinkosten, die den Kostenstellen nicht direkt zugerechnet werden können, sondern geschlüsselt werden müssen, heißen Kostenstellengemeinkosten.

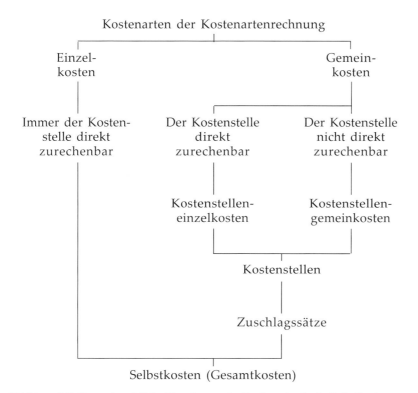

Abbildung 3.5: Gesamtmodell der Abrechnung der Kostenarten in die Selbstkosten

Für die sämtliche Kostenstellengemeinkosten muß der Kostenrechner Verteilungsschlüssel finden. Einige Beispiele wären:

Schlüssel für die Zurechnung von GK auf Kostenstellen

Kostenart	Vorgeschlagener Schlüssel
Elektrische Arbeit	Kilowattstunden (Zähler)
Fuhrpark (Benzin usw.)	Kilometer
Grundsteuer	m² der Kostenstellen
Telefonkosten	Telefonminuten
Reinigungsdienst	m² der Kostenstellen
Wache, Hausmeister, Pforte	m² der Kostenstellen
Kantine, Raucherzimmer usw.	Anzahl der Mitarbeiter
Kalkulatorische Abschreibung	Wiederbeschaffungswerte
Kalkulatorischer Zins	Kapitalbindung der Kostenstelle
Kalkulatorische Wagnisse	Risikofaktoren
Versicherungskosten	Risikofaktoren

Abbildung 3.6: Schlüssel für die Zurechnung von Gemeinkosten auf Kostenstellen

Die Bildung solcher Schlüssel ist eine Wissenschaft für sich und kaum objektiv darzustellen. Was in einem Betrieb richtig ist, stimmt anderswo nicht. Einzige Richtschnur ist, daß Kosten stets möglichst verursachergerecht auf die Kostenstellen zuzurechnen sind. Das gelingt in der Praxis meist nur näherungsweise.

Beispielsweise macht es Sinn, die Kosten des Fuhrparkes, die Kosten für Fahrpersonal, Treibstoffe, Instandhaltung, Ersatzteile, TÜV-Prüfungen, Kfz-Steuern und viele weitere Posten enthalten, nach gefahreren Kilometern auf die Kostenstellen zu verteilen. Die Kilometer sind meist gut in den Kostenstellen zu messen: Etwa ist stets bekannt, wie viele Kilometer der Gabelstapler zurückgelegt hat. Dieser fährt aber nur im Lagerbereich. Die Kilometer des Gabelstaplers sind also klar dem Lager zurechenbar und die Kilometer der Limousine des Geschäftsführers ebenso klar der Verwaltung. Allerdings sind Kilometer nur ein gutes Maß bei gleichartigen, also vergleichbaren Fahrzeugen. Wenn ein schwerer LKW des Auslieferungsbereiches mit dem Kleinwagen der Verwaltungsmitarbeiter für die vielen Wege zu Behörden nur im Wege der Kilometerzahl verglichen wird, entstehen offensichtlich Ungenauigkeiten. Solche Fehler werden nie ganz vermeidbar sein. Die vorstehende Liste in Abbildung 3.6 ist daher nur als Aufstellung von Vorschlägen zu verstehen, nicht aber als definitive Regel. Da Wirtschaft ein Phänomen der Gesellschaft ist, und Kosten ein Problem der Wirtschaft sind, wird es nie exakte Kostenverrechnungen, sondern stets nur Näherungen und mehr oder weniger gute Schätzungen geben. Das gilt auch für den Betriebsabrechnungsbogen. Es wird daher auch dringend davon abgeraten, Listen wie die in Abbildung 3.6 auswendig zu lernen und pauschal anzuwenden. Man kann eine Kostenrechnung nicht nach dem Schablonenprinzip aufbauen. Es ist stets erforderlich, auf die jeweiligen individuellen betrieblichen Gegebenheiten angemessen zu reagieren.

3.1.3. Berücksichtigung der Bestandsveränderungen

Dem Betriebsabrechnungsbogen in Abbildung 3.4 liegt die folgende Herstellkostenrechnung zugrunde:

Herstellkostenrechnung für das Beispiel in Abbildung 3.4

Rechenschema	Summe
Fertigungsmaterial	200.000,00 Euro
+ Materialgemeinkosten	41.000,00 Euro
+ Fertigungslöhne	150.000,00 Euro
+ Fertigungsgemeinkosten	148.000,00 Euro
= Herstellkosten der Produktion (HKP)	539.000,00 Euro

Abbildung 3.7: Herstellkostenrechnung für das Beispiel in Abbildung 3.4

Der Zuschlagssatz im Verwaltungsbereich berechnet sich daher folgendermaßen:

$$Zuschlag_{Verwaltung} = \frac{GK_{Verwaltung}}{HKP} = \frac{31.000}{539.000} = 5,751\% \qquad \text{F 3.5}$$

Entsprechend berechnet sich der Zuschlagssatz im Vertriebsbereich, indem die Gemeinkosten i.H.v. 70.000 Euro durch die HKP-Größe dividiert werden.

Im Beispiel handele es sich aber um einen produzierenden Betrieb. In diesem Kontext ist diese Rechnung meist unzureichend. Es sind nämlich noch die folgenden beiden Konten nicht betrachtet worden:

S	unfertige Erzeugnisse		H	S	Fertigerzeugnisse		H
Anfang	20.000	Schluß	25.000	Anfang	60.000	Schluß	40.000

Abbildung 3.8: Buchungen der Fertig- und der unfertigen Erzeugnisse

Die meisten industriellen Produktionsprozesse sind mehrstufig. Zwischen den einzelnen Arbeitsschritten bestehen Zwischenlager, weil der gesamte Produktionsprozeß nicht lückenlos vertaktet werden kann. Minderungen des Bestandes in diesen Zwischenlagern sind Aufwendungen und Kosten, denn es entsteht ein Verbrauch (an Halbfabrikaten), wenn der Bestand sich mindert. Dieser Verbrauch dient der Produktion, weil er vom nachgelagerten Produktionsprozeß verursacht wurde. Entsteht aber eine Mehrung in einem Zwischenlager, dann ist dies ein Ertrag (und eine Leistung), denn es wurden ja Güter verwertet. Diese Kosten- bzw. Ertragsart wurde noch nicht betrachtet.

Gleiches gilt für das Ausgangslager. Dort stehen Fertigerzeugnisse, die an den Kunden abgegeben werden. Mindert sich der Bestand im Ausgangslager, dann liegt das daran, daß mehr vom Kunden entnommen als von der Produktion bereitgestellt wurde. Diese »Mehrentnahme« ist aber gerade ein Aufwand, denn es wurden ja Fertigerzeugnisse verbraucht. Es ist zugleich eine Kostenart, denn die Bestandsminderung dient ja (durch Abgabe an den Kunden) gerade der betrieblichen Leistungserstellung. Entsteht eine Bestandsmehrung im Ausgangslager, dann entspricht dies einem Ertrag (und einer Leistung), weil ja Güter und Leistungen durch den Produktionsprozeß verwertet worden sind.

Beide Phänomene wurden oben noch nicht dargestellt. Sie müssen aber in die Rechnung einbezogen werden, denn der Betriebsabrechnungsbogen ist ein Verfahren der Vollkostenrechnung. Er soll die vollständigen Kosten abrechnen. Das bedeutet, daß auch Kosten für Bestandsminderungen zu berücksichtigen sind. Die Bestandsminderungen gehören dabei in die Verursachergrundlage für den Zuschlagssatz der Verwaltung und des Vertriebes. Sie sind daher zu den Herstellkosten der Produktion (HKP) zu addieren. Das Gegenteil gilt hinsichtlich der

Bestandsmehrungen. Sie sind Erträge. Der BAB ist aber ein Verfahren der Kostenrechnung. Er enthält keine Erträge und auch keine Leistungen. Dennoch müssen die Bestandsmehrungen in Fertig- und Unfertigerzeugnisbeständen berücksichtigt werden. Das kann man tun, wenn man versteht, daß Leistungen das Gegenteil von Kosten sind. In einer Leistungsrechnung wäre eine Leistung also als positive Zahl auszudrücken, in einer Kostenrechnung dagegen als negativer Wert. Die Bestandsmehrungen der Fertig- und der unfertigen Erzeugnisse sind also von den Herstellkosten der Produktion (HKP) zu subtrahieren, weil sie gleichsam »negative Kosten« darstellen.

Berücksichtigt man also die Sachverhalte aus den Konten in Abbildung 3.8, so muß die Berechnung der Herstellkosten der Produktion aus Abbildung 3.7 um zwei Posten erweitert werden. Aus den Herstellkosten der Produktion (HKP) werden dadurch die Herstellkosten des Umsatzes (HKU):

Herstellkostenrechnung des Umsatzes zu Abbildung 3.4

Rechenschema	Summe
Fertigungsmaterial	200.000,00 Euro
+ Materialgemeinkosten	41.000,00 Euro
+ Fertigungslöhne	150.000,00 Euro
+ Fertigungsgemeinkosten	148.000,00 Euro
= Herstellkosten der Produktion (HKP)	539.000,00 Euro
+ Bestandsminderungen (FE)	20.000,00 Euro
– Bestandsmehrungen (UFE)	5.000,00 Euro
= Herstellkosten des Umsatzes (HKU)	554.000,00 Euro

Abbildung 3.9: Herstellkostenrechnung des Umsatzes zu Abbildung 3.4

Das verändert natürlich auch die Zuschlagsatzrechnung im Verwaltungsbereich und in der Vertriebskostenstelle. In der Verwaltung wäre jetzt zu rechnen:

$$Zuschlag_{Verwaltung} = \frac{GK_{Verwaltung}}{HKP} = \frac{31.000}{554.000} = 5,596\,\% \qquad \text{F 3.6}$$

Die Zuschlagsrechnung im Vertriebsbereich wäre:

$$Zuschlag_{Vertrieb} = \frac{GK_{Vertrieb}}{HKP} = \frac{70.000}{554.000} = 12,635\,\% \qquad \text{F 3.7}$$

Die Rechnung bildet nunmehr nicht (nur) die Produktion von Gütern und Leistungen, sondern auch deren wirklichen Absatz ab. Verwaltung und Vertrieb befassen sich nicht »nur« mit Produktion, sondern auch mit Marketing. Das aber ist das Wichtigste, denn Marketing ist nicht alles, aber ohne Marketing ist alles nichts. Die Zuschlagsrechnung muß also auch den Absatz von Produkten einbeziehen, der sich in der Bestandsänderung manifestiert.

3.2. Anpassungen des Betriebsabrechnungsbogens

Der grundlegende Betriebsabrechnungsbogen kann auf vielfältige Art an den jeweiligen Betrieb abgepaßt werden. Dies ist erforderlich, um den BAB in der jeweiligen Situation zu nutzen. Eine schablonenhafte Lösung ist fast immer unbrauchbar.

Die wichtigste Aufgabe ist zunächst, einen Kostenstellenplan zu erstellen. Die Aufteilung in »Lager«, »Fertigung«, »Verwaltung« und »Vertrieb«, die in den vorstehenden Beispielen zugrundegelegt wurde, ist zwar in vielen Lehrbüchern zu finden, hat in der Praxis aber nur Beispielcharakter. Bei der Feststellung des wirklichen Kostenstellenplanes sind

- der betriebliche Leistungsprozeß und
- äußere Gegebenheiten wie z.B. die jeweilige Branche

zu berücksichtigen. So sollte ein Industriebetrieb beispielsweise seinen wirklichen Produktionsprozeß auch dem BAB zugrundelegen. Das bedeutet, daß für jede Fertigungsabteilung und für jedes Lager eine Kostenstelle zu schaffen ist. Meist genügt zwar eine Verwaltungskostenstelle, aber es werden in mehreren Hallen an unterschiedlichen Maschinen ganz verschiedene Produktionsprozesse abgewickelt. Zudem gibt es verschiedene Lager z.B. für verschiedene Arten von Bedarfsgegenständen. Diese müssen jeweils eigene Kostenstellen bekommen.

Dienstleistungsbetriebe betrachten ebenfalls den ihnen zugrundeliegenden Leistungsprozeß. Eine Spedition kann beispielsweise als Kostenstellenplan zugrundelegen:

- Nahverkehr
- Fernverkehr
- International
- Verwaltung

Steht aber das jeweilige Verkehrsmittel im Vordergrund der tatsächlichen Leistungserstellung, so könnte es besser sein, dies zugrundezulegen:

- Straßengüterverkehr
- Binnenschiffahrt
- Luftfracht
- Verwaltung

Ein Handelsbetrieb sollte offensichtlicherweise nach Standorten gliedern. Die Verwaltung ist eine zentrale Kostenstelle, wie in den vorstehenden Beispielen, und jeder einzelne Laden ist eine separate Kostenstelle. Das erlaubt Vergleiche, Verkäuferbeurteilungen und vieles mehr.

Betriebsabrechnungsbogen eines Produktionsbetriebes mit mehrstufiger Fertigung

Nr	Kostenart	Summe	Maß	Schlüsselverfahren					Lager	Kostenstellen			
				L	F1	F2	Vw	Vt		Fertigg 1	Fertigg 2	Verwalt	Vertrieb
1	Fertigungsmaterial	320.000,00							320.000,00				
2	Produktivlohn	250.000,00								100.000,00	150.000,00		
3	Unproduktivlohn	192.000,00	direkt						12.000,00	30.000,00	50.000,00	40.000,00	60.000,00
4	Gesetzl. Sozialversich.	221.000,00	direkt						6.000,00	65.000,00	100.000,00	20.000,00	30.000,00
5	Freiwill. Sozialleistungen	58.000,00	direkt						3.000,00	15.000,00	10.000,00	10.000,00	20.000,00
6	Fuhrpark	121.000,00	km	3000	1000	1500	24500	80000	3.300,00	12.000,00	1.650,00	26.950,00	88.000,00
7	Hilfsstoffe	30.000,00	Wert	2	20	27	0	1	1.200,00	12.000,00	16.200,00	0,00	600,00
8	Energie	73.500,00	mwh	0,2	2,6	1,8	0,1	0,2	3.000,00	39.000,00	27.000,00	1.500,00	3.000,00
9	Versicherungen	30.000,00	%	40	15	25	5	15	12.000,00	4.500,00	7.500,00	1.500,00	4.500,00
10	Sonstige Gemeinkosten	40.000,00	%	10	20	20	30	20	4.000,00	8.000,00	8.000,00	12.000,00	8.000,00
11	Kalkulatorischer Zins	41.000,00	KapBnd	11	15	10	2	3	11.000,00	15.000,00	10.000,00	2.000,00	3.000,00
12	Kalkulatorische Abschr.	76.000,00	direkt						5.000,00	35.000,00	25.000,00	8.000,00	3.000,00
13	Kalkulatorische Wagnisse	20.000,00	%	40	15	25	5	15	8.000,00	3.000,00	5.000,00	1.000,00	3.000,00
14	Ist-Gemeinkosten	902.500,00							68.500,00	227.600,00	260.350,00	122.950,00	223.100,00
15	Ist-Selbstkosten	1.472.500,00							388.500,00	327.600,00	410.350,00	122.950,00	223.100,00
16	Ist-Zuschläge								21,4063 %	227,6000 %	173,5667 %	11,0621 %	20,0729 %
17	Norm-Zuschläge								19,5000 %	240,0000 %	165,0000 %	10,0000 %	18,0000 %
18	Norm-Gemeinkosten	861.106,00							62.400,00	240.000,00	247.500,00	111.145,00	200.061,00
19	Über- oder Unterdeckung	-41.394,00							-6.100,00	+12.400,00	-12.850,00	-11.805,00	-23.039,00

Abbildung 3.10: Betriebsabrechnungsbogen eines Produktionsbetriebes mit mehrstufiger Fertigung

Weiterhin kann es sinnvoll sein, das Rechenschema des BAB um zusätzliche Funktionen zu erweitern. Das erhöht die Aussagekraft und bietet Informationen, die für die innerbetriebliche Steuerung durch die Geschäftsführung relevant sind. Das nebenstehende Beispiel illustriert das.

Ein produzierender Betrieb habe einen zweistufigen Produktionsprozeß. Es gibt daher zwei Fertigungskostenstellen. Während die Rohstoffeinzelkosten in Zeile 1 direkt auf die Lagerkostenstelle zugerechnet werden, entstehen in den beiden Fertigungskosten jeweils Lohneinzelkosten für Produktivlöhne. In der Summe sind das die 250.000 Euro aus der Zeile 2 der Summenspalte.

In Zeilen 3 bis 13 werden verschiedene Gemeinkostenarten verteilt. Das Beispiel ist immer noch stark vereinfachend. Gemeinkostenarten mit der Angabe »direkt« in der Spalte »Maß« sind Kostenstelleneinzelkosten. Sie brauchen keine Schlüsselung. In den anderen Gemeinkostenarten (Zeilen 6 bis 11 und 13) ist nach jeweils unterschiedlichen Schlüsseln verteilt worden. Dabei können Prozentzahlen (Zeilen 9 und 10 sowie Zeile 13) oder Realdaten (Zeilen 6 bis 8 und 11) verwendet werden. Bei einer Schlüsselung nach Realdaten ist im Wege der Dreisatzrechnung zu verteilen. Ein Beispiel für die Verteilung der kalkulatorischen Zinsen nach Kapitalbindung in Tausend Euro (Zeile 11) auf Kostenstelle »Lager«:

$$Kalk.Zins_{Lager} = \frac{\sum Kalk.Zins}{\sum Kapitalbindung} \times Kapitalbindung_{Lager} \qquad \text{F 3.8}$$

Im nebenstehenden Zahlenbeispiel also:

$$Kalk.Zins_{Lager} = \frac{41.000}{11+15+10+2+3} \times 11 = 11.000 \; Euro \qquad \text{F 3.9}$$

Die hier angewandten Schlüssel sind jedoch stets nur als Beispiele zu verstehen und müssen in einem anderen Betrieb nicht notwendigerweise richtig sein. Bei der praktischen Anwendung solcher Verrechnungsmethoden muß jeder Schlüssel stets darauf geprüft werden, ob er im gegebenen Fall angemessen ist. Es gibt keine Pauschalverfahren.

Durch Addition der jeweiligen Spalten entstehen in Zeile 14 die Gemeinkostensummen und in Zeile 15 die Gesamtkostensummen (Selbstkosten).

Die Zuschlagssätze im Lager sowie in den beiden Fertigungsbereichen werden gebildet, indem die Summe der Gemeinkosten durch die Einzelkosten dividiert werden. Die so berechneten Zuschlagssätze betreffen auch die jeweils abgerechnete Rechnungsperiode. Der BAB sollte monatlich erstellt werden, um Aussagen über die Änderungen der Zuschlagssätze während des Geschäftsjahres zu erhalten. Die Zuschlagssätze in Zeile 16, die die jeweils aktuelle Rechnungsperiode betreffen, heißen auch Ist-Zuschläge.

Zusätzlich sind in der Rechnungsperiode Bestandsmehrungen bei den unfertigen Erzeugnissen und Bestandsminderungen bei den Fertigerzeugnissen entstanden:

S	unfertige Erzeugnisse		H	S	Fertigerzeugnisse		H
Anfang	8.000	Schluß	28.000	Anfang	10.000	Schluß	5.000

Abbildung 3.11: Buchungen der Fertig- und der unfertigen Erzeugnisse

Das führt zu der folgenden Berechnung der Herstellkosten der Produktion (HKP) und der Herstellkosten des Umsatzes (HKU), die die Gegebenheiten des Einzelfalles berücksichtigt, indem für die beiden Fertigungskostenstellen jeweils die Einzel- und die Gemeinkosten einbezogen werden:

Herstellkostenrechnung des Umsatzes zu Abbildung 3.10

Rechenschema	Summe
Fertigungsmaterial	320.000,00 Euro
+ Materialgemeinkosten	68.500,00 Euro
+ Fertigungslöhne 1	100.000,00 Euro
+ Fertigungsgemeinkosten 1	227.600,00 Euro
+ Fertigungslöhne 2	150.000,00 Euro
+ Fertigungsgemeinkosten 2	260.350,00 Euro
= Herstellkosten der Produktion (HKP)	1.126.450,00 Euro
+ Bestandsminderungen (FE)	5.000,00 Euro
– Bestandsmehrungen (UFE)	20.000,00 Euro
= Herstellkosten des Umsatzes (HKU)	1.111.450,00 Euro
+ Verwaltungsgemeinkosten	122.950,00 Euro
+ Vertriebsgemeinkosten	223.100,00 Euro
= Selbstkosten des Umsatzes	1.457.500,00 Euro

Abbildung 3.12: Herstellkostenrechnung des Umsatzes zu Abbildung 3.10

Die Rechnung ist im Vergleich zu den früheren Beispielen um drei Zeilen nach unten erweitert. Addiert man zu den Herstellkosten des Umsatzes die Verwaltungs- und die Vertriebsgemeinkosten, so erhält man die Selbstkosten des Umsatzes. Der Wert von 1.457.500 Euro liegt um genau 15.000 Euro unter den Ist-Selbstkosten des Betriebes aus dem BAB (Zeile 15). Dieser Unterschied entspricht gerade dem Saldo der Zwischen- und Ausgangslagerung, der im Beispiel insgesamt einem Ertrag i.H.v. 15.000 Euro entspricht, denn einer Bestandsmehrung der unfertigen Erzeugnisse i.H.v. 20.000 Euro steht eine Bestandsminderung der Fertigerzeugnisse i.H.v. 5.000 Euro gegenüber.

Der Betriebsabrechnungsbogen kann aber auch nach unten um weitere Zeilen mit zusätzlichen Auswertungen erweitert werden. Das erhöht die Aussagekraft und Nutzbarkeit des Verfahrens.

Im Beispiel wurden die Zuschläge der jeweiligen Periode berechnet. Sie heißen Ist-Zuschläge und basieren auf Ist-Kosten. Zuschläge steigen aber mit sinkender Auslastung des Betriebes und sinken mit steigender Auslastung des Betriebes. Es kann also wichtig sein herauszufinden, wie man im Verhältnis zum Normalzustand steht.

Aus diesem Grund sind im Beispiel in Abbildung 3.10 zusätzlich die Norm-Zuschlagssätze in Zeile 17 angegeben. Diese bilden die durchschnittlichen Verhältnisse des Betriebes ab und sind aus dem Durchschnitt eines mehrperiodischen Vergleichszeitraumes berechnet worden. Beispielsweise beträgt der Zuschlagssatz im Lager in der betrachteten Periode 21,4063 %, aber im Mittel beispielsweise mehrerer Vergleichsmonate des Vorjahres hätte der Wert bei 19,5 % zu liegen. Der Zuschlagssatz der betrachteten Periode ist also etwas zu hoch. Die Gemeinkosten sind damit auch zu hoch. Die Gemeinkosten, die hätten entstehen dürfen, kann man berechnen, indem man die Einzelkosten mit dem Normzuschlagssatz multipliziert:

$$NormGK_{Lager} = EK \times NormZS \qquad \text{F 3.10}$$

Im Beispiel hätten die Lager-Gemeinkosten also nicht bei 68.500 Euro, sondern nur bei

$$NormGK_{Lager} = 320.000 \times 0,195 = 62.400 \; Euro \qquad \text{F 3.11}$$

liegen dürfen. Sie sind damit um 6.100 Euro zu hoch. Dieser Wert ist eine Unterdeckung, denn wenn die Kalkulation mit dem Normzuschlagssatz rechnet, dann erzielt sie nur eine Kostendeckung in Höhe der Normal-Gemeinkosten. Der darüber hinausgehende Anteil i.H.v. 6.100 wird zu Normalselbstkosten nicht gedeckt. Der Vergleich mit den Normalgemeinkosten sagt also der Geschäftsleitung, wie effizient das Unternehmen arbeitet. Eine Erhöhung der Auslastung, die i.d.R. durch mehr und/oder besseres Marketing erzielt werden kann, führt in aller Regel zu geringeren Ist-Gemeinkosten und damit zu einer Deckung der Ist-Gemeinkosten mit den Norm-Gemeinkosten. Im vorstehenden Beispiel ist das nur in der Kostenstelle »Fertigung 1« gegeben, wo die Ist-Gemeinkosten die Normgemeinkosten schon jetzt um 12.400 Euro überdecken.

Die Vergleichsrechnung mit Normgemeinkosten ist nur bei laufenden Betrieben möglich. Ein neu gegründeter Betrieb hat keine Vorperioden und daher auch keine Normzuschlagssätze. Er kann diese aber schätzen oder auf Standarddaten zurückgreifen, die z.B. aus Verbandspublikationen zu entnehmen sind. Solche Daten sind aber mit Vorsicht zu genießen, denn viele Verbandsmitarbeiter haben keinen klaren Kostenbegriff. Sie rechnen daher die kalkulatorischen Kosten nicht mit ein, beziehen dafür aber steuerliche Abschreibungen oder Schuldzinsen in die Kostenrechnung mit ein. Es wundert daher nicht, daß die so erreichten Ergebnisse wenig zuverlässig sind. Es ist daher oft besser, den eigenen Betrieb vorauszuschätzen.

3.3. BAB mit Maschinenrechnung

In den bisher dargestellten Beispielen wurde der Zuschlagssatz im Fertigungsbereich berechnet, indem die Gemeinkosten der Kostenstelle durch die Einzelkosten dividiert wurden. Die Einzelkosten des Fertigungsbereiches sind die Produktivlöhne, also der Teil des Bruttolohnes, der vom Arbeitnehmer direkt an einem Werkstück geleistet wird. Die Rechenmethode drückt das Verursacherprinzip aus, denn die produktiven Löhne verursachen die übrigen Kosten der Kostenstelle, also die Gemeinkosten. Daher müssen sie sie tragen. Leider ist diese Methode nur selten richtig. Sie ist auf Baustellen bisweilen angemessen, denn im Zusammenhang mit handwerklicher Fertigung z.B. der Maurer oder der meisten Baunebengewerbe, ist es tatsächlich so, daß die Lohnkosten der auf der Baustelle beschäftigten Arbeitnehmer die übrigen Kosten wie Energie, Hilfsstoffe, Betriebsstoffe, Benzinverbrauch, Versicherungen und vieles andere mehr verursachen.

In einem Industriebetrieb ist diese Denkweise aber grundlegend falsch. Dort sitzen einige Mitarbeiter in einem klimatisierten Leitstand und bewegen millionenteure Maschinen per Mausklick. Die Arbeit ist nicht mehr im wesentlichen Handarbeit, sondern weitgehend automatisiert. Das hat zwei Folgen:

- Die vom Betrag her mit Abstand höchsten Gemeinkosten entstehen nicht mehr im Zusammenhang mit dem Arbeitsverhältnis, sondern im Zusammenhang mit der Maschine. Dividiert man aber die vergleichsweise sehr hohen Gemeinkosten der millionenteuren Maschine durch die im Vergleich geringen Produktivlöhne, so entsteht ein Zuschlagssatz im Bereich von Tausenden oder Zehntausenden Prozent. Damit ist eine sinnvolle Kalkulation nicht mehr möglich. Im Extremfall (bei computerintegrierter Fertigung) kann es sogar sein, daß gar keine Lohneinzelkosten mehr bestehen. Dann ist die dividierende Zuschlagsrechnung auch mathematisch unmöglich.

- Zudem liegt der dividierenden Zuschlagsrechnung der Kostenverursachergedanke zugrunde. Der Arbeitnehmer im Leitstand verursacht aber nicht die Maschinenkosten, auch dann nicht, wenn er die Maschine steuert. Die Maschinenkosten sind nämlich im wesentlichen kalkulatorische Zinsen und kalkulatorische Abschreibungen. In Kapitel 2 wurde im Zusammenhang mit der Kostenartentheorie demonstriert, daß die aus Zinsen und Abschreibungen bestehenden Vorhaltekosten eine vergleichsweise hohe Summe ausmachen. Diese verursacht der Arbeitnehmer nicht. Diese Kosten entstehen auch, wenn die Anlage stillsteht (aber leistungsbereit ist). Sie sind also nicht mehr von den Produktivlohnkosten verursacht.

Ein ganz anderes Abrechnungsverfahren ist also erforderlich.

3.3.1. Grundlegende Maschinenrechnung im BAB

Um eine präzise Abrechnung zu ermöglichen, sollten die Kostenstellen in der Realität möglichst klein gewählt werden. Es ist nur in Lehrbüchern sinnvoll, eine Kostenstelle »Fertigung« einzurichten, denn Lehrbeispiele sollen übersichtlich und nachvollziehbar sein. In wirklichen Betrieben sollte für jede unterscheidbare Leistungseinheit eine eigene Kostenstelle errichtet werden. Das vergrößert zwar den Betriebsabrechnungsbogen, so er ausgedruckt oft mehrere Quadratmeter bedeckt, aber im Zeitalter der Datenbanken und Tabellenkalkulationsprogrammen sollte das keine Hürde darstellen.

Grundsätzlich gilt:

- Kostenstellen, denen eine Einzelkostenart als erkennbare Zuschlagsgrundlage zugrundeliegt, werden auf diese zugeschlagen. Das betrifft nahezu immer das Lager und meistens handwerkliche Produktionsbereiche.
- Kostenstellen, die maschinenintensiv sind, werden als Maschinenkostenstellen geplant. Sie werden nicht mehr auf die Einzelkosten zugeschlagen, weil es diese oft gar nicht mehr gibt, sondern auf die Maschinenlaufzeit. Dies ist die in solchen Fällen richtige Verursachergröße.
- »Verwaltung« und »Vertrieb« werden in der Regel auf die HKU per Prozentsatz zugeschlagen.

In der industriellen Praxis, aber auch bei Logistikern, Telekommunikationsdienstleistern und einer Vielzahl anderer Unternehmen mit hoher Technizität kann das bedeuten, daß es gar keine auf Produktivlohnkosten zugeschlagene Kostenstellen mehr gibt, weil es keine Produktivlöhne mehr gibt. Vielfach werden sämtliche Kostenstellen im Produktionsbereich nur noch als Maschinenkostenstellen strukturiert.

Arbeitet eine Bedienmannschaft erkennbar an einer bestimmten Maschine, etwa ein Fahrer auf einem Fahrzeug oder eine bestimmte, organisatorisch begrenzbare Bedienmannschaft an einer Industrieanlage, so können Gemeinkosten, die dieser Bedienmannschaft zugeordnet werden können, neben der Maschine als »traditioneller« Zuschlagssatz auf die Produktivlohnkosten abgerechnet werden. Man spricht dann von den sogenannten Restgemeinkosten. Automatisch arbeitende Maschinen, die nur eine Überwachung brauchen, wie beispielsweise Kraftwerke oder viele Großanlagen, haben keine Restgemeinkosten mehr. Dann sind sämtliche personalbezogenen Kosten stets Gemeinkosten der Maschine.

Der Betriebsabrechnungsbogen ist ein Verfahren der Vollkostenrechnung. Das bedeutet, daß er grundsätzlich nach Einzel- und Gemeinkosten strukturiert. Im Zusammenhang mit der Maschinenrechnung ist das nicht sinnvoll, denn Maschinenkosten sind fast immer Gemeinkosten – aber sie können fix oder variabel sein. Diese Unterscheidung wird dann mindestens im Bereich der Maschinenrechnung auch im Betriebs-

Betriebsabrechnungsbogen eines Produktionsbetriebes mit Maschinenrechnung

Nr	Kostenart	Summe	Lager	Vormontg.	Kostenstellen Montagestraße		Rest	Verwalt.	Vertrieb
					fix	var			
1	Fertigungsmaterial	600.000,00	600.000,00						
2	Produktivlohn			80.000,00			50.000,00		
3	Unproduktivlohn	88.000,00	10.000,00	12.000,00	0,00	0,00	16.000,00	20.000,00	30.000,00
4	Gesetzliche Sozialversicherung	109.000,00	5.000,00	46.000,00	0,00	0,00	33.000,00	10.000,00	15.000,00
5	Freiwillige Sozialleistungen	30.000,00	2.000,00	5.000,00	0,00	0,00	5.000,00	8.000,00	10.000,00
6	Fuhrpark	130.000,00	40.000,00	20.000,00	0,00	0,00	0,00	30.000,00	40.000,00
7	Hilfsstoffe	9.000,00	0,00	2.000,00	0,00	7.000,00	0,00	0,00	0,00
8	Energie	35.000,00	3.000,00	5.000,00	0,00	18.000,00	1.000,00	5.000,00	3.000,00
9	Instandhaltung	16.000,00	1.000,00	4.000,00	2.000,00	6.000,00	500,00	1.500,00	1.000,00
10	Versicherungen	40.000,00	30.000,00	2.000,00	4.000,00	0,00	0,00	1.000,00	3.000,00
11	Sonstige Gemeinkosten	21.000,00	8.000,00	6.000,00	3.000,00	0,00	1.000,00	2.500,00	500,00
12	Kalkulatorischer Zins	31.500,00	15.000,00	5.000,00	8.000,00	0,00	1.000,00	1.000,00	1.500,00
13	Kalkulatorische Abschreibung	19.500,00	1.000,00	3.000,00	10.000,00	0,00	500,00	2.000,00	3.000,00
14	Kalkulatorische Wagnisse	10.000,00	2.000,00	1.000,00	5.000,00	0,00	1.000,00	0,00	1.000,00
15	Kalkulatorische Miete	17.000,00	8.000,00	1.500,00	4.000,00	0,00	1.000,00	2.000,00	500,00
16	Ist-Gemeinkosten	556.000,00	125.000,00	112.500,00	36.000,00	31.000,00	60.000,00	83.000,00	108.500,00
17	Ist-Selbstkosten	1.286.000,00	725.000,00	192.500,00	36.000,00	31.000,00	110.000,00	83.000,00	108.500,00
18	Ist-Leistung				160,00 Std.				
19	Ist-Zuschläge		20,833 %	140,625 %	418,75 Euro/Std.		120,000 %	7,653 %	10,005 %
20	Norm-Leistung		18,000 %	150,000 %		150,00 Std.	110,000 %	8,000 %	12,000 %
21	Norm-Zuschläge					440,00 Euro/Std.			
22	Norm-Gemeinkosten		108.000,00	120.000,00		66.000,00 Euro	55.000,00	86.760,00	130.140,00
23	Über- oder Unterdeckung		−17.000,00	+7.500,00		−1.000,00 Euro	−5.000,00	+3.760,00	+21.640,00

Abbildung 3.13: Betriebsabrechnungsbogen eines Produktionsbetriebes mit Maschinenrechnung

abrechnungsbogen zugrundegelegt, denn sie erlaubt weitergehende maschinenbezogene Auswertungen wie Deckungsbeitragsrechnungen, Break Even Analysen und vieles andere mehr.

Das nebenstehende Beispiel illustriert die grundsätzliche Methode. Um die Sache überschaubar zu halten, wurde die Kostenverteilung der Kostenarten auf die Kostenstellen ausgeblendet. Das Beispiel betrifft einen fertigenden Betrieb. Dieser hat in seinem Arbeitsprozeß eine weitgehend manuell ablaufende Vormontagekostenstelle. Hier fallen Maschinenkosten höchstens in Gestalt von Kleinwerkzeugen an (Akkuschrauber, Schraubenschlüssel, Trennschleifer usw). Lohnkosten produktiv arbeitender gewerblicher Arbeitnehmer sind also als Einzelkosten die Zuschlagsgrundlage. Das Abrechnungsverfahren gleicht also der oben dargestellten »traditionellen« Methode, d.h. die Gemeinkosten von 112.500 Euro sind 140,625 % der zugrundeliegenden Produktivlöhne von 80.000 Euro.

Es gibt aber auch einen Maschinenbereich, in dem weitgehend, aber nicht gänzlich maschinell gefertigt wird. Die Lohnkosten der gewerblichen Arbeitnehmer lassen sich einzelnen Aufträgen zurechnen, weil bekannt ist, wer wann und wie lange für welchen Kunden gearbeitet hat, aber sie sind nicht mehr vollumfänglich für die Maschinenkosten ursächlich. Es gibt also eine in Fixkosten und in variable Kosten geteilte Maschinenkostenstelle, die die eigentlichen Maschinenkosten aufnimmt. Die personalbezogenen Gemeinkosten erscheinen als Restgemeinkosten und werden auf den Fertigungslohn der Maschinenlöhne zugerechnet.

Betrachtet man die Kostenverrechnung der Gemeinkosten in den Zeilen 3 bis 13, dann fällt auf, daß die Sozialkosten, Unproduktivlöhne, aber auch eine Vielzahl anderer Kostenarten den Arbeitnehmern an der Maschine zugerechnet werden. Die kalkulatorischen Abschreibungen und Zinsen, die in den Zeilen 12 und 13 der Restgemeinkosten-Spalte zugerechnet werden (jeweils 1.000 Euro) sind beispielsweise Kosten für Kleinmaschinen wie Handwerkzeuge oder Schleifmaschinen.

Der eigentlichen Maschine, d.h. der Montagestraße, werden im wesentlichen kalkulatorische Kosten zugerechnet. Diese sind die Vorhaltekosten der Maschine, die hier aus Abschreibung, Zins, Miete und Wagnissen bestehen (Zeilen 12 bis 15). Hinzu kommen u.a. die Versicherungsprämien für die Absicherung der Maschinenarbeit (z.B. maschinenbezogene Unfall- oder Haftpflichtversicherung). Dies sind alles Fixkosten. Kosten für Hilfsstoffe (Zeile 7) und Energie (Zeile 8) sind leistungsabhängig, d.h. der Betrag erhöht sich, wenn die Ausbringung der Maschine steigt. Sie sind also variable Kosten.

Die Instandhaltung (Zeile 9) gehört in beide Kategorien:

- Verschleißreparaturen sind Teil der variablen Kosten (im Beispiel 6.000 Euro), aber
- administrativ erzwungene, nicht aber technisch notwendige Instandhaltungskosten beispielsweise für TÜV-Abnahmen oder Prüfungen durch die Berufsgenossenschaften sind Fixkosten.

Der Zuschlagssatz der Maschinenkostenstelle legt wie jeder andere Zuschlagssatz die Verursachergröße zugrunde. Das sind im Beispiel aber nicht mehr die Lohnkosten, die nur noch einen »Rest« darstellen, sondern es ist die Laufzeit, die die Maschine genutzt wurde.

$$Maschinenzuschlag = \frac{K_{fix} + X \cdot K_{var_{Einh}}}{X}$$

F 3.12

Im Beispiel entstehen in der Periode 31.000 Euro variable Kosten in 160 Betriebsstunden. Leistungseinheit ist also die Betriebsstunde. Die variablen Kosten pro Leistungseinheit sind damit 193,75 Euro. Dies repräsentiert die pro Stunde entstehenden Kosten für Energie, Hilfs- und Betriebsstoffe und anteilige Verschleißreparaturen der Maschine. Der Maschinenzuschlag ist damit:

$$Maschinenzuschlag = \frac{36.000 + 160 \times 193,75}{160} = 418,75 \ Euro/Std.$$

F 3.13

Dieser Wert ist ein Maschinenstundensatz. Ist die Leistung in Stück bemessen, spricht man auch von einem Maschinenstückkostensatz.

3.3.2. Weitere maschinenbezogene Auswertungen im BAB

Diese Rechnung leistet Dinge, die der »normale« Betriebsabrechnungsbogen nicht kann. Kritiker werfen seit jeher ein, daß der Betriebsabrechnungsbogen keine Aussagen über den Zuschlagssatz machen kann, wenn sich die Auslastung ändert. Das liegt daran, daß die Gemeinkosten fix und variabel sein können, die Vollkostenrechnung dies aber nicht trennt. In der Maschinenkostenstelle wird aber nach fixen und variablen Kosten unterschieden – gerade, um solche Aussagen über den Maschinenstundensatz (oder Maschinenstückkostensatz) bei anderer Auslastung der Produktionsmittel zu erlauben. Die Gesamtkosten der Maschinenkostenstelle bestimmen sich dann allgemein nach

$$K_{ges} = K_{fix} + X \cdot K_{var_{Einh}}$$

F 3.14

Die Stückkosten können wie oben in F 3.12 demonstriert berechnet werden.

Ein Beispiel illustriert dies: Im Beispiel wurde ja mit 160 Stunden pro Periode gerechnet. Bei dieser Auslastung, die in etwa acht Stunden pro Arbeitstag entspricht, kommt man auf Maschinenkosten i.H.v. 67.000 Euro pro Periode. Interessant wäre zu erfahren, wie die Maschinenkosten sich entwickeln, wenn Überstunden gefahren werden. Nimmt man an, daß die Auslastung auf 240 Stunden pro Periode steigt, dann kann die Gesamtkostensumme folgendermaßen berechnet werden:

$$K_{ges} = 36.000 + 240 \times 193,75 = 82.500 \ Euro \qquad \text{F 3.15}$$

Die Gesamtkosten der Maschinenkostenstelle sind also von 67.000 Euro im vorstehenden Betriebsabrechnungsbogen auf 82.500 Euro angestiegen. Dabei sind natürlich die Fixkosten bei den schon bekannten 36.000 Euro geblieben, aber die variablen Kosten von 31.000 Euro auf 46.500 Euro angestiegen. Das ist noch nicht so sehr interessant. Spannend wird es aber, wenn man die Kosten pro Stunde berechnet:

$$Maschinenzuschlag = \frac{36.000 + 240 \times 193,75}{240} = 343,75 \ Euro/Std.$$

$$\text{F 3.16}$$

Interessant ist hier, daß die Kosten pro Stunde sinken wenn die Auslastung steigt. Da aber die Marktpreise, zu denen die Produkte der Maschine verkauft werden, nicht deshalb automatisch sinken, steigt das Gewinnpotential. Die meisten Unternehmen, jedenfalls die, die keine Monopolanbieter sind, müssen ja faktisch zum Marktpreis verkaufen. Kostensenkungen übersetzen sich damit mehr oder weniger direkt in Gewinnausweitungen. Der Unternehmung geht es also besser, wenn sie höher ausgelastet ist, weil dann die verkauften Produkte tendenziell mehr Gewinn erwirtschaften.

Sinkt hingegen die Auslastung von 160 Stunden pro Periode auf nur noch 100 Stunden, so ist das Gegenteil der Fall:

$$Maschinenzuschlag = \frac{36.000 + 100 \times 193,75}{100} = 553,75 \ Euro/Std.$$

$$\text{F 3.17}$$

Die Fixkosten bleiben unverändert und die variablen Kosten sinken sogar auf 19.375 Euro, aber die Maschinenkosten pro Stunde explodieren. Dieses Ergebnis kann eine Katastrophe sein. Ein Desaster, aus dem wir auch etwas über Politik lernen können: *Sparsamkeit schadet*. Wer spart, reduziert die Auslastung der Unternehmer, von denen er etwas kauft, und die der Unternehmen, die etwas abnehmen. Sparen alle, führt das tendenziell bei allen Unternehmen zu diesem Desaster, das dann in der gesamtwirtschaftlichen Summe zu einer Inflation führt, und/oder zu einer handfesten Wirtschaftskrise. *Sparen ist damit eine unsoziale Verhaltensweise*. Man soll also nicht sparen, sondern die Auslastung erhöhen. Nicht schrumpfen, sondern wachsen. Das ist ein gesellschaftlicher und damit ein politischer Rat.

Mehr zu diesem Thema kann der Leser im Kapitel 6 »Maschinenrechnung« finden.

Zum vorstehenden Betriebsabrechnungsbogen mit Maschinenrechnung ist noch die Kontierung der Fertig- und unfertigen Erzeugnisse nachzutragen:

In diesem Beispiel enthalten beide Bestandsänderungskonten einen Ertrag, weil in beiden eine Bestandsmehrung ausgewiesen ist. Das führt zu der folgenden Berechnung der Herstellkosten des Umsatzes:

S	unfertige Erzeugnisse	H	S	Fertigerzeugnisse	H
Anfang	20.000	Schluß 22.000	Anfang	10.000	Schluß 18.000

Abbildung 3.14: Buchungen der Fertig- und der unfertigen Erzeugnisse

In der Berechnung der Herstellkosten des Umsatzes ist natürlich die Maschinenkostenstelle ebenfalls enthalten:

Herstellkostenrechnung des Umsatzes zu Abbildung 3.13

Rechenschema	Summe
Fertigungsmaterial	600.000,00 Euro
+ Materialgemeinkosten	125.000,00 Euro
+ Fertigungslöhne Vormontage	80.000,00 Euro
+ Fertigungsgemeinkosten Vormontage	112.500,00 Euro
+ Maschinenkosten fix	36.000,00 Euro
+ Maschinenkosten variabel	31.000,00 Euro
+ Fertigungslöhne Maschine	50.000,00 Euro
+ Fertigungsgemeinkosten Maschine	60.000,00 Euro
= Herstellkosten der Produktion	1.094.500,00 Euro
+ Bestandsminderungen (FE)	0,00 Euro
− Bestandsmehrungen (UFE)	10.000,00 Euro
= Herstellkosten des Umsatzes (HKU)	1.084.500,00 Euro
+ Verwaltungsgemeinkosten	83.000,00 Euro
+ Vertriebsgemeinkosten	108.500,00 Euro
= Selbstkosten des Umsatzes	1.276.000,00 Euro

Abbildung 3.15: Herstellkostenrechnung des Umsatzes zu Abbildung 3.13

Dies führt zu der bekannten Berechnung der Zuschlagssätze im Verwaltungs- und im Vertriebsbereich.

3.4. Allgemeine- und Hilfskostenstellen

Differenziert man den Betriebsabrechnungsbogen weiter, um die jeweils vorgefundenen betrieblichen Besonderheiten besser abzubilden, so muß man nicht nur die Kostenarten in Kategorien einteilen, sondern auch die Kostenstellen. Das erbringt eine Vielzahl facettenreicher Probleme.

Bisher wurden in diesem Buch Beispiele von Kostenstellen verwendet, die etwa »Lager«, »Fertigung«, »Verwaltung« oder »Vertrieb« hießen. Diese Kostenstellen entstehen, indem der betriebliche Leistungsablauf in Abteilungen gegliedert wird. Wesentliches Merkmal solcher Abteilungen ist, daß die Leistung jeder dieser Kostenstellen allein marktfähig wäre, selbst dann, wenn sie tatsächlich nie separat angeboten wird. Etwa wäre das Material auch alleine verkaufsfähig oder die Fertigungskostenstellen könnten auch mit fremdem Material oder sonst aus dem betrieblichen Kontext herausgelöst arbeiten – selbst wenn es nie wirklich dazu kommt. Die Leistung der Verwaltung könnte als Beratungsleistung Dritten angeboten werden, ebenso das Absatz- und Marketing-Know-how der Vertriebskostenstelle.

Deshalb haben diese Kostenstellen jeweils eine eigene Zuschlagsgrundlage, die die kostenverursachende Größe sein muß, was eine Artikulation des Verursacherprinzipes ist:

Kostenstellen und ihre Zuschlagsgrundlagen

Kostenstelle	Kostenverursacher
Lager in Industriebetrieben	Rohstoffeinzelkosten
Nichtmaschinelle Fertigung	Lohneinzelkosten
Maschinelle Fertigung	Maschinenlaufzeit
Verwaltung	HKU oder HKP
Vertrieb	HKU oder HKP

Abbildung 3.16: Kostenstellen und ihre Zuschlagsgrundlagen

Diese Kostenstellen leisten etwas direkt am Produkt. Sie sind die Hauptleistungsbereiche der Unternehmung. Sie heißen daher auch Hauptkostenstellen.

Die Hauptkostenstellen sind deshalb auch das Endergebnis der Verteilungsrechnung im Betriebsabrechnungsbogen. Hauptkostenstellen enthalten die Kernfunktionsbereiche des Betriebes. Sie sollten bei der Aufteilung des Betriebes in Kostenstellen im Rahmen der Einrichtung von Kostenrechnungsverfahren zuerst festgelegt werden.

Es gibt aber auch Kostenstellen, auf die das nicht zutrifft. Sie leisten etwas Wichtiges im Betrieb, aber haben mit dem hergestellten Produkt nichts zu tun. Zweifellos ist Sicherheit ein hohes Gut. Die Wache und der Ladendetektiv produzieren Sicherheit. Das kommt dem vom Betrieb hergestellten aber nur sehr indirekt zugute. Der Werksarzt ist zweifellos wichtig, aber auch er nützt nichts dem Produkt (sondern nur der Gesundheit und Einsatzfähigkeit der Mitarbeiter). »Arzt« und »Wache« sind abgrenzbare Leistungsbereiche, also Kostenstellen, aber sie dienen dem Produkt nur indirekt. Man nennt sie allgemeine Kostenstellen, weil sie eine Leistung an den ganzen Betrieb verrechnen.

Ferner gibt es Kostenstellen, die ebenfalls nichts direkt am Produkt leisten, aber auch nicht dem ganzen Betrieb eine Leistung vermitteln. Die Konstruktion beispielsweise ist keineswegs so allgemein nützlich wie die Kantine; sie ist aber im Produktionsbereich unerläßlich. Sie verrechnet nicht an den ganzen Betrieb, sondern nur an den Produktionsbereich. Die Lohnbuchhaltung ist, wie auch die Anlagenbuchhaltung oder die Kosten- und Leistungsrechnung, ein Nebenbereich des Rechnungswesens. Das nützt dem Lagerarbeiter so wenig wie dem Auslieferungsfahrer, aber sehr wohl den Controllern und dem Hauptbuchhalter. Anlage- und Lohnbuchhaltung oder Kostenrechnung verrechnen ihre Leistung nur an die Verwaltung. Diese Kostenstellen bezeichnet man als Hilfskostenstellen.

Insgesamt kann man diese drei Arten von Kostenstellen folgendermaßen visualisieren:

Drei Typen von Kostenstellen

Kostenstellen, die direkt am Produkt eine Leistung erbringen	Kostenstellen, die einer anderen Kostenstelle eine Unterstützung bieten	Kostenstellen, die dem ganzen Betrieb eine Leistung verrechnen
• Lager • Produktion (als Maschinenkostenstelle oder auf Lohneinzelkosten) • Verwaltung • Vertrieb	• Qualitätskontrolle • Arbeitsvorbereitung • Konstruktion (in Fertigungsbetrieben)	• Qualitätsmanagement • Wache, Pforte, Hausmeister • Kantine • Public Relations
Hauptkostenstellen	Hilfskostenstellen	Allgemeine Kostenstellen
Haben einen Zuschlagssatz • auf Einzelkosten • auf HKU oder HKP • als Maschinenstücksatz	Umrechnung der Kosten auf die Hauptkostenstellen; kein eigener Zuschlagssatz.	

Abbildung 3.17: Drei Typen von Kostenstellen

Da allgemeine- und Hilfskostenstellen keine Leistung am Produkt verrechnen, haben sie auch keinen Zuschlagssatz. Sie tauchen in der Kalkulation nicht auf. Sie müssen also auf die Hauptkostenstellen verrechnet werden. Das bezeichnet man als Sekundärkostenverrechnung. Die Kostenverrechnung im Betriebsabrechnungsbogen ist jetzt also zweifach: Zunächst werden die Kosten der Kostenartenrechnung auf alle Kostenstellen verrechnet. Das ist die Primärkostenverrechnung. Sie betrifft Einzel- wie

Gemeinkosten gleichermaßen. Dadurch erfährt man die Kostensummen sämtlicher Kostenstellen, auch der allgemeinen- und der Hilfskostenstellen. Dann werden die Kostensummen der allgemeinen- und Hilfskostenstellen auf die Hauptkostenstellen umgerechnet. Das ist die Sekundärkostenverrechnung. Bei den Kostenverrechnungen liegt das Kostenverursacherprinzip zugrunde. Die Sekundärkostenverrechnung umfaßt nur Gemeinkosten, weil auf allgemeine- und Hilfskostenstellen keine Einzelkosten verrechnet werden können[1]. Erst nach der Sekundärkostenverrechnung können die Zuschlagssätze bestimmt werden.

Daher kann das Grundmodell des Betriebsabrechnungsbogens aus Abbildung 3.1 folgendermaßen erweitert werden:

Erweitertes Grundmodell des Betriebsabrechnungsbogens

Kostenstellen Kostenarten	Kostenstellengliederung = Prozeßgliederung		
	Allg.KSt.	HilfsKSt.	Hauptkostenstellen
Primärkosten-verrechnung	Kostenverteilung aus Kostenartenrechnung (Verursacherprinzip)		
Primärsummen	Kostenstellensummen		
Sekundärkosten-verrechnung		Sekundärkosten der Allg. und HilfsKSt.	
Endsummen		Summen der HauptKSt.	
		Zuschlagssätze	

Abbildung 3.18: Erweitertes Grundmodell des Betriebsabrechnungsbogens

Während die Einführung verschiedener Kostenstellentypen nichts an der Primärkostenverrechnung oder der Zuschlagsrechnung ändert, entstehen in der Sekundärverrechnung eine Reihe facettenreicher mathematischer Probleme. Viele Lehrbücher schlagen hierbei eine Vielzahl von Rechenverfahren vor, die teils aus früheren Jahrzehnten tradiert wurden. Im vorliegenden Buch wird der Schwerpunkt auf die Simultanverrechnung gelegt, weil diese die einzige Methode ist, die immer exakte Ergebnisse erbringt – selbst wenn es um dreistellige Millionenbeträge und hunderte von Kostenstellen geht. Die sogenannte Stufenleitermethode ist bereits ungenau und nur ein Hilfsverfahren, wenn die Simultanmethode nicht anwendbar ist. Alle anderen Methoden haben höchstens historisches Interesse aber keine Praxisbedeutung mehr.

---

1 Das ergibt sich aus den grundlegenden Definitionen: Allgemeine- und Hauptkostenstellen leisten am Betrieb, aber nicht am Produkt. Daher können sie auch keine Einzelkosten verursachen, denn diese wären ja direkt auf das Produkt zurechenbar. Das gilt auch dann, wenn die allgemeine- oder Hilfskostenstelle Rohstoffe entnimmt: Werden beispielsweise vom QM Rohstoffe für Qualitätsprüfungen entnommen, so sind die Materialentnahmescheine natürlich als Gemeinkosten zu erfassen. Aus den Tests entsteht ja kein Produkt, sondern nur eine für spätere Produkte relevante Qualitätsinformation.

3.4.1. Verrechnung nach dem Stufenleiterverfahren

Die sogenannte Stufenleitermethode ist das einfachste praktisch noch anwendbare Sekundärverrechnungsverfahren. Sie besteht in der Vorwärtsverrechnung aller allgemeinen- und Hilfskostenstellen unter Vernachlässigung der Rückverrechnungen. Das bewirkt eine Ungenauigkeit. Nach jeder einzelnen Verrechnungsstufe ist eine Zwischensumme zu bilden, damit in der nächsten Verrechnungsstufe die einer Kostenstelle zugeschlagenen Sekundärsummen in die Weiterverrechnung mitgenommen werden. Da sich auf diese Art ein treppen- oder stufenartiges Rechenschema ergibt, spricht man auch von der sogenannten Treppenumlage oder vom Stufenleiterverfahren. Die Verrechnung wird so lange fortgesetzt bis alle allgemeinen- und Hilfskostenstellen vollständig in die Hauptkostenstellen abgerechnet worden sind.

Ein Beispiel hilft, die Sache zu verdeutlichen. In der nebenstehenden Abbildung ist ein Betriebsabrechnungsbogen eines Handelsbetriebes zu sehen. Der hat zwei Ladengeschäfte, die Hauptkostenstellen sind. Hinzu kommt eine Verwaltung, die ebenfalls eine Hauptkostenstelle darstellt. Links neben den Hauptkostenstellen befinden sich aber zwei allgemeine Kostenstellen: zunächst eine TQM-Abteilung. Im Gegensatz zur Qualitätskontrolle, die nur Produkte und Leistungen auf die Einhaltung von Standards prüft und daher eine Hilfskostenstelle ist, ist das Qualitätsmanagement insbesondere in seiner Inkarnation als Total Quality Management eine allgemeine Kostenstelle, weil es eine generelle Führungsfunktion darstellt. Daneben gibt es eine zentrale Werbeabteilung, die die Marktkommunikationsmaßnahmen der Unternehmung durchführt. Diese richten sich auch nach innen, zum Beispiel darauf, den Mitarbeitern die Bürokratie und Versteinerung, die Qualitätsmanagementsysteme oft mit sich bringen, etwas schmackhaft zu machen.

TQM und Werbung verrechnen einander gegenseitig und dem gesamten Betrieb ihre Leistungen. Die TQM-Abteilung erbringt im Abrechnungsmonat 160 Stunden, von denen zehn an die Werbeabteilung und 150 an den Restbetrieb verrechnet werden. Der Verteilungsschlüssel steht in Zeile 13 des BAB. Die Werbekostenstelle erbringt für 83.000 Euro Primärgemeinkosten 200 Stunden, von denen 20 oder 10 % an die TQM-Kostenstelle gehen und die restlichen 180 an den Restbetrieb:

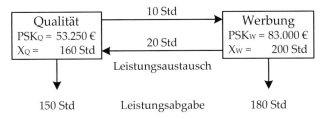

Abbildung 3.19: Gegenseitige Leistungsverrechnung der allgemeinen Kostenstellen

Betriebsab-
rechnungsbogen

Betriebsabrechnungsbogen eines Handelsbetriebes nach dem Stufenleiterverfahren

Nr	Kostenart	Summe	Schlüsselverfahren						Allg. Kostenstellen		Hauptkostenstellen		
			Maß	Q	W	A	B	V	TQM	Werbung	Laden A	Laden B	Vertrieb
1	Wareneinsatz	1.450.000,00									550.000,00	900.000,00	
2	Personalkosten (brutto)	235.000,00	direkt						20.000,00	15.000,00	60.000,00	90.000,00	50.000,00
3	Gesetzliche SV	94.000,00	direkt						8.000,00	6.000,00	24.000,00	36.000,00	20.000,00
4	Freiwillige Sozialleist.	35.000,00	direkt						4.000,00	4.000,00	10.000,00	15.000,00	2.000,00
5	Fuhrpark	108.000,00	km	3000	12000	2000	4000	6000	12.000,00	48.000,00	8.000,00	16.000,00	24.000,00
6	Energie	8.500,00	kWh	500	1000	8000	6000	1500	250,00	500,00	4.000,00	3.000,00	750,00
7	Versicherungen	30.000,00	%	5	5	40	40	10	1.500,00	1.500,00	12.000,00	12.000,00	3.000,00
8	Sonstige Gemeinkosten	5.000,00	%	10	20	20	30	20	500,00	1.000,00	1.000,00	1.500,00	1.000,00
9	Kalkulatorischer Zins	17.500,00	KapBind	4	6	10	12	3	2.000,00	3.000,00	5.000,00	6.000,00	1.500,00
10	Kalkulatorische Abschr.	60.000,00	direkt						5.000,00	4.000,00	20.000,00	30.000,00	1.000,00
11	Primärgemeinkosten	593.000,00							53.250,00	83.000,00	144.000,00	209.500,00	103.250,00
12	Primärselbstkosten	2.043.000,00							53.250,00	83.000,00	694.000,00	1.109.500,00	103.250,00
13	Verrechnung Qualität	53.250,00	Std		10	60	70	20		3.328,13	19.968,75	23.296,88	6.656,25
14	Zwischensumme	593.000,00							86.328,13		163.968,75	232.796,88	109.906,25
15	Verrechnung Werbung	86.328,13	Std		20	90	80	10		86.328,13	43.164,06	38.368,06	4.796,01
16	Ist-Gemeinkosten	593.000,00									207.132,81	271.164,93	114.702,26
17	Ist-Selbstkosten	2.043.000,00									757.132,81	1.171.164,93	114.702,26
18	Ist-Zuschläge										37,661 %	30,129 %	5,948 %

Abbildung 3.20: Betriebsabrechnungsbogen eines Handelsbetriebes mit simultaner Leistungsverrechnung

131

Allgemeine- und
Hilfskostenstellen

Die Stufenleitermethode verrechnet die Kostenstellen von links nach rechts. Dabei werden nur Vorwärtsverrechnungen berücksichtigt und die Rückverrechnungen ignoriert. Im Beispiel steht die TQM-Kostenstelle vor der Werbekostenstelle. Die Stundenverrechnung von TQM an Werbung wird also berücksichtigt, die zurück von der Werbung an TQM aber nicht (grau angedeutet):

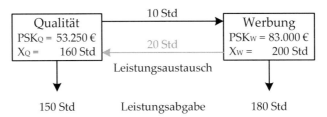

Abbildung 3.21: Gegenseitige Leistungsverrechnung der allgemeinen Kostenstellen

Zunächst liegen im vorstehenden Betriebsabrechnungsbogen in den Zeilen 11 und 12 die Summen der Primärkosten vor. Darüber in den Zeilen 1 bis 10 sind die Primärkosten aus der Kostenartenrechnung an die Kostenstellen verrechnet worden. Es wird darauf hingewiesen, daß im vorliegenden Beispiel aus dem Handel ausschließlich der Wareneinsatz Einzelkostencharakter hat. Die Personalkosten in Zeile 2 sind vollumfänglich Gemeinkosten. Auf mögliche Verkäuferhonorare, die eine Einzelkostenart wären, geht das Beispiel nicht näher ein.

In Zeile 13 werden zunächst die 53.250 Euro Primärgemeinkosten der Qualitätskostenstelle weiterverrechnet. Sie werden gemäß der Leistungsabgabe der TQM-Kostenstelle, die aus dem Verteilungsschlüssel ersichtlich ist, wie 10 : 60 : 70 : 20 im Wege der Dreisatzrechnung an die übrigen Kostenstellen einschließlich der Werbekostenstelle verteilt. Die 53.250 Euro in der Summenspalte in Zeile 13 ist die Summe der einzelnen Verrechnungen und beweist die Richtigkeit der Rechnung.

In Zeile 14 wird eine Zwischensumme aus Zeile 11 und 13 gebildet. Den Primärgemeinkosten werden auf diese Weise die verrechneten Gemeinkosten der TQM-Kostenstelle zugeschlagen. Auf diese Weise entsteht in der Werbe-Kostenstelle die Summe von 86.328,13 Euro aus der Summe der Primärgemeinkosten i.H.v. 83.000 Euro und den anteilig verrechneten Gemeinkosten der Qualitätskostenstelle für 10 Leistungsstunden i.H.v. 3.328,13 Euro.

Diese 86.328,13 Euro (und nicht etwa nur die primären 83.000 Euro!) werden nunmehr an die restlichen Kostenstellen, also die beiden Läden und die Verwaltung, aber nicht zurück an die Qualitätskostenstelle verrechnet. Die Verrechnung der 86.328,13 Euro geschieht nach Leistungseinheiten wie 90 : 80 : 10. Die Rückverrechnung an die TQM-Kostenstelle im Wert von 20 Stunden wird ignoriert. Diese Vereinfachung der Vernachlässigung von Rückverrechnungen macht die Stufenleitermethode einfach aber auch ungenau.

Der Vollständigkeit halber wird darauf verwiesen, daß in Zeile 16 die Ist-Gemeinkosten addiert werden. Hieraus ergibt sich in gewohnter Weise der Handels-Zuschlagssatz für die beiden Ladengeschäfte. Nimmt man an, daß in beiden Läden ähnliche Produkte verkauft werden (denn sonst wäre die Rechnung nicht vergleichbar), dann ist der Zuschlagsmaß ein Erfolgsmaß. Daß in Laden A der Zuschlagssatz mit 37,661 % höher als in Laden B mit nur 30,129 % liegt, läßt darauf schließen, daß die Produktivität der Arbeitsprozesse in Laden A etwas geringer ist. Das hat zur Folge, daß etwas mehr Gemeinkosten pro Euro verkaufte Ware zu rechnen ist. Den Zuschlagssatz als Erfolgsmaß für die Geschäftsstellenleitung zu verwenden kann jedoch problematisch sein, wenn die Geschäftsführer der Ladengeschäfte mit Rahmenbedingungen konfrontiert sind, die außerhalb ihrer Kontrolle liegen.

Der Verwaltungsgemeinkostenzuschlag entsteht in diesem Fall nur aus den Herstellkosten. Eine Unterscheidung in Herstellkosten der Produktion und Herstellkosten des Umsatzes besteht in diesem Beispiel nicht, denn der Händler hat keine Zwischenlager. Die Berechnung der Zuschlagsgrundlage wäre also vergleichsweise einfach:

Herstellkostenrechnung des Umsatzes zu Abbildung 3.18

Rechenschema	Summe
Wareneinsatz A	550.000,00 Euro
+ Gemeinkosten A	207.132,81 Euro
+ Wareneinsatz B	900.000,00 Euro
+ Gemeinkosten B	271.164,93 Euro
= Herstellkosten	1.928.297,74 Euro

Abbildung 3.22: Herstellkostenrechnung des Umsatzes zu Abbildung 3.18

Die Ungenauigkeiten, die aus der Vernachlässigung der Rückverrechnungen entstehen, machen diese Methode aber wenig praxisrelevant. Wenn möglich, verwendet man nur und ausschließlich die Simultanmethode.

3.4.2. Simultane Leistungsverrechnung

Bei diesem Verrechnungsverfahren werden sämtliche Leistungsbeziehungen im Betriebsabrechnungsbogen berücksichtigt. Die Auflösung der gegenseitigen Leistungsverrechnung geschieht in der Form eines linearen Gleichungssystems und ist so genau wie das verwendete Rechengerät, d.h. liegt selbst bei Kosten mit mehrstelligen Millionensummen keinen einzigen Cent daneben. Dafür ist der Lösungsweg deutlich komplexer. Das ist in Zeiten digitaler Unternehmensführung aber kein großes Problem mehr.

Allgemein verwendet man für den innerbetrieblichen Verrechnungspreis das Symbol q, weil der Buchstabe P schon durch andere Phänomene belegt ist[1]. Die zwischen Kostenstellen verrechneten Mengen werden mit dem Symbol m bezeichnet.

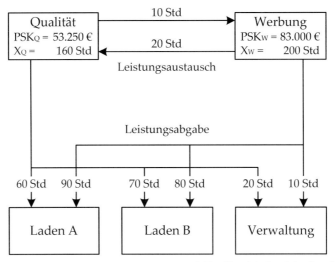

Abbildung 3.23: Leistungsverrechnungsmodell im Handels-Betriebsabrechnungsbogen

Das zu findende Lösungsverfahren soll nicht nur alle wechselseitigen Leistungsbeziehungen zwischen den allgemeinen- und den Hilfskostenstellen ausrechnen, sondern gleichermaßen die Weiterverrechnung an den Restbetrieb bewerten. Sowohl die 10 und 20 Stunden, die sich die Kostenstellen »Qualität« und »Werbung« gegenseitig leisten, als auch die Leistungsbeziehungen mit den Läden und der Verwaltung müssen aufgelöst werden.

3.4.2.1. Das Grundproblem

Allgemein besteht der Preis q eines innerbetrieblich verrechneten Gutes aus der Summe der Primärstellenkosten PSK der jeweiligen Kostenstelle i plus allen von dieser Kostenstelle empfangenen Leistungen m dividiert durch die Leistungsmenge X:

$$q_i = \frac{PSK_i + \sum_{j=1}^{n} m_{ji}}{X_i}$$

F 3.18

1 Der Buchstabe »P« steht in der Statistik für »Probability« (Wahrscheinlichkeit) und wird oft auch für »Preis« verwendet.

Im vorliegenden Beispiel bedeutet dies für die TQM-Kostenstelle Q:

$$q_Q = \frac{PSK_Q + 20q_W}{X_Q}$$

F 3.19

Es müßten also zu den Primärstellenkosten der Qualitätskostenstelle i.H.v. 53.250 Euro die 20 von der Werbekostenstelle empfangenen Leistungseinheiten addiert werden. Die Summe ist durch 160 Stunden zu teilen, denn das ist die Leistung X der Kostenstelle Q.

Da q_W unbekannt ist, muß es erst berechnet werden. Der Rechenweg ist im Prinzip derselbe:

$$q_W = \frac{PSK_W + 10q_Q}{X_W}$$

F 3.20

Hierfür muß zu den Primärstellenkosten der Kostenstelle W in Höhe von 83.000 Euro der Wert der zehn empfangenen Leistungsstunden der Qualitätskostenstelle Q addiert werden. Wird das Ergebnis durch 200 Stunden geteilt, so erhält man den Stundensatz der Kostenstelle W.

Das offensichtliche Problem ist, daß man q_W nicht berechnen kann, weil q_Q fehlt. Aber um q_Q zu berechnen, braucht man erst q_W. Das ist ein Problem, aber kein Unlösbares. Es ist vielmehr ein lineares Gleichungssystem.

Grundsätzlich gibt es viele Lösungsverfahren. Die Lösungsmethode über Faktoreliminierung ist in Lehrveranstaltungen und Klausuren auch als Gleichungsverfahren bekannt. Sie ist relativ anschaulich, taugt aber nur für Fälle mit zwei Kostenstellen. Verrechnen sich mehr als zwei Kostenstellen gegenseitig Leistungen, muß über den Gauß'schen Algorithmus oder über die Inversionsmethode aufgelöst werden. Die Matrizeninversion wird bevorzugt, weil sie leichter in Datenbanken und Tabellenkalkulationsprogrammen abzubilden ist.

3.4.2.2. Lösung durch Faktoreliminierung

Hierfür werden zunächst die Gleichungen auf der vorstehenden Seite in einer etwas übersichtlicheren Form aufgeschrieben. Das dient dazu, sich das Problem zu verdeutlichen. Zunächst kann man feststellen, daß 160 Leistungseinheiten der TQM-Kostenstelle Q den Wert Primärgemeinkosten i.H.v. 53.250 Euro plus den Wert von 20 empfangenen Leistungseinheiten der Werbekostenstelle W haben:

$$160q_Q = 53.250 + 20q_W$$

F 3.21

Gleiches gilt aber umgekehrt auch für *W*:

$$200q_W = 83.000 + 10q_Q \qquad\qquad \text{F 3.22}$$

Diese beiden Gleichungen werden so umgestellt, daß die Konstanten auf einer Seite isoliert erscheinen und gleiche Faktoren jeweils untereinander stehen:

$$53.250 = 160q_Q - 20q_W \qquad\qquad \text{F 3.23}$$

$$83.000 = -10q_Q + 200q_W \qquad\qquad \text{F 3.24}$$

Es ist wichtig darauf hinzuweisen, daß hierbei natürlich die Variablen für die jeweils empfangenen Leistungen die Seite wechseln und damit auch das jeweils entgegengesetzte Vorzeichen erhalten. Die Minuszeichen sind also keine Fehler. Sie werden weiter unten noch eine weitere Bedeutung erhalten.

Kerngedanke der Faktoreliminierung ist, eine lineare Gleichung aufzulösen indem eine Gleichung mit einem beliebigen Multiplikator *M* so multipliziert wird, daß einer der Faktoren in dieser Gleichung dem desselben Faktors in einer anderen Gleichung aber mit entgegengesetzten Vorzeichen entspricht. Addiert man dann die beiden Gleichungen, so nullt sich der multiplizierte Faktor aus. Dann bleibt nur noch eine Variable, die man ausrechnen kann. Ist aber eine Variable bekannt, so kann man durch Einsetzen auch die andere bestimmen.

Bei zwei Variablen gibt es jeweils zwei Lösungswege, weil es stets zwei Multiplikatoren gibt. Der Multiplikator *M* für die Kostenstelle *Q* ist:

$$M_Q = \frac{160q_Q}{\left|-10q_Q\right|} = 16 \qquad\qquad \text{F 3.25}$$

Multipliziert man F 3.24 mit 16, so kann q_Q aus beiden Gleichungen eliminiert und das Gleichungssystem über q_W gelöst werden. Gleichermaßen gilt aber:

$$M_W = \frac{200q_W}{\left|-20q_W\right|} = 10 \qquad\qquad \text{F 3.26}$$

Multipliziert man F 3.23 mit 10, so kann q_W aus beiden Gleichungen eliminiert und das Gleichungssystem über q_Q gelöst werden. Ein Beispiel illustriert, wie das geht.

Zunächst die Lösung über M_Q. Gleichung F 3.24 wird mit 16 multipliziert. Das ergibt:

$$1.328.000 = -160q_Q + 3.200q_W \qquad\qquad \text{F 3.27}$$

Werden jetzt die Gleichungen in F 3.23 und F 3.27 addiert, so werden auch $160q_W$ und $-160q_W$ addiert. Die Summe ist bequemerweise null. Es bleibt also nur:

$$1.381.250 = 3.180q_W \qquad \text{F 3.28}$$

Hieraus kann zunächst der Verrechnungspreis der Werbekostenstelle bestimmt werden:

$$q_W = 434{,}355346 \; Euro/\text{Std.} \qquad \text{F 3.29}$$

Setzt man diesen Wert in irgendeine der vorstehenden Gleichungen ein, so bleibt nur noch q_Q als Unbekannte zurück und kann ausgerechnet werden:

$$q_Q = 387{,}106918 \; Euro/\text{Std.} \qquad \text{F 3.30}$$

Nun die Lösung über M_W. Gleichung F 3.23 wird mit 10 multipliziert. Das ergibt:

$$532.500 = 1.600q_Q - 200q_W \qquad \text{F 3.31}$$

Werden jetzt die Gleichungen in F 3.31 und F 3.24 addiert, so werden auch $200q_W$ und $-200q_W$ addiert. Die Summe ist natürlich ebenfalls null. Es bleibt also nur:

$$615.500 = 1.590q_Q \qquad \text{F 3.32}$$

Dividiert man dies aus, so kommt man zu den gleichen Ergebnissen wie vorstehend für q_Q und q_W.

Alle Verrechnungsmengen, die in dem nachfolgenden Betriebsabrechnungsbogen in Zeile 13 für die Qualitätskostenstelle oder in Zeile 14 für die Werbekostenstelle stehen, werden jetzt mit den gefundenen Verrechnungspreisen multipliziert. Eine Leistungsstunde der TQM-Abteilung kostet 434,36 Euro und eine Stunde der (ganzen!) Werbeabteilung ist 387,11 Euro wert.

Die Lösung ist leichter zu verstehen, wenn sie in einer Skizze visualisiert wird. Schon oben in Abbildung 3.23 wurde das versucht. Diese Skizze wird auf der Folgeseite wiederholt, aber mit eingesetzten Zahlenwerten für die Verrechnungsmengen und Verrechnungswerte (Abbildung 3.24).

Wer das vorstehende Lösungsverfahren nicht genug geübt hat, kommt leicht durcheinander. Zum Glück ist es aber auch einfach, die Richtigkeit der erzielten Ergebnisse zu überprüfen. Hierzu stellen wir zunächst fest, daß die Primärgemeinkosten der beiden allgemeinen Kostenstellen 53.250 und 83.000 Euro oder zusammen 136.250 Euro betragen haben. Die Sum-

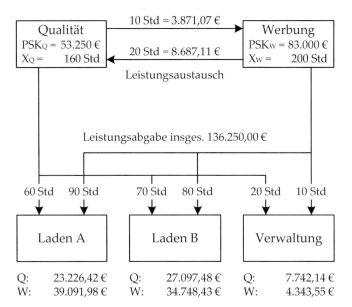

Abbildung 3.24: Ergebnisse der Leistungsverrechnung im Verrechnungsmodell

me aller Weiterverrechnungen wird in der Summenspalte im Betriebsabrechnungsbogen in Zeilen 13 und 14 ausgewiesen. Die Weiterverrechnung
der Qualitätskostenstelle beträgt 58.066,04 Euro und die der Werbekostenstelle 78.183,96 Euro. Die Summe dieser beiden Zahlen aber ist nicht
ganz zufällig – genau 136.250 Euro.

Allgemein ist eine mit dieser Methode erzielte Lösung richtig, wenn
die Summe der Weiterverrechnungen der Summe der Primärgemeinkosten der weiterverrechneten allgemeinen Kostenstellen entspricht. Das
ist hier der Fall.

Daß die Weiterverrechnung der Qualitätskostenstelle 58.066,04 Euro
beträgt, obwohl die Primärgemeinkosten dieser Kostenstelle nur 53.250
Euro betragen, ist kein Problem. Ebensowenig ist es ein Problem, daß die
Weiterverrechnung der Werbekostenstelle nicht der Summe der Primärgemeinkosten dieser Kostenstelle entspricht. Diese Abweichungen er-
klären sich aus der wechselseitigen Verrechnung der beiden allgemeinen
Kostenstellen untereinander.

Die hier gezeigte Lösungsmethode hat zwei Nachteile: Sie ist nur bei
Fällen mit zwei allgemeinen Kostenstellen anwendbar und sie ist zwar
recht verständlich, aber schwer in digitaler Form abzubilden. In der
betrieblichen Realität muß also ein anderes Verfahren gesucht werden.
Dieses ist die Matrizeninversion. Die Methode scheint viel aufwendiger,
ist aber leichter in Softwareumgebungen abzubilden. Sie ist daher die in
der Wirklichkeit zu verwendende Methode.

Betriebsabrechnungsbogen eines Handelsbetriebes mit simultaner Leistungsverrechnung

Nr	Kostenart	Summe	Maß	Schlüsselverfahren					Allg. Kostenstellen		Hauptkostenstellen		
				Q	W	A	B	V	TQM	Werbung	Laden A	Laden B	Vertrieb
1	Wareneinsatz	1.450.000,00									550.000,00	900.000,00	
2	Personalkosten (brutto)	235.000,00	direkt						20.000,00	15.000,00	60.000,00	90.000,00	50.000,00
3	Gesetzliche SV	94.000,00	direkt						8.000,00	6.000,00	24.000,00	36.000,00	20.000,00
4	Freiwillige Sozialleist.	35.000,00	direkt						4.000,00	4.000,00	10.000,00	15.000,00	2.000,00
5	Fuhrpark	108.000,00	km	3000	12000	2000	4000	6000	12.000,00	48.000,00	8.000,00	16.000,00	24.000,00
6	Energie	8.500,00	kWh	500	1000	8000	6000	1500	250,00	500,00	4.000,00	3.000,00	750,00
7	Versicherungen	30.000,00	%	5	5	40	40	10	1.500,00	1.500,00	12.000,00	12.000,00	3.000,00
8	Sonstige Gemeinkosten	5.000,00	%	10	20	20	30	20	500,00	1.000,00	1.000,00	1.500,00	1.000,00
9	Kalkulatorischer Zins	17.500,00	KapBind	4	6	10	12	3	2.000,00	3.000,00	5.000,00	6.000,00	1.500,00
10	Kalkulatorische Abschr.	60.000,00	direkt						5.000,00	4.000,00	20.000,00	30.000,00	1.000,00
11	Primärgemeinkosten	593.000,00							53.250,00	83.000,00	144.000,00	209.500,00	103.250,00
12	Primärselbstkosten	2.043.000,00							53.250,00	83.000,00	694.000,00	1.109.500,00	103.250,00
13	Verrechnung Qualität	58.066,04	Std	20	10	60	70	20			23.226,42	27.097,48	7.742,14
14	Verrechnung Werbung	78.183,96	Std			90	80	10			39.091,98	34.748,43	4.343,55
15	Ist-Gemeinkosten	593.000,00									206.318,40	271.345,91	115.335,69
16	Ist-Selbstkosten	2.043.000,00									756.318,40	1.171.345,91	115.335,69
17	Ist-Zuschläge										37,512 %	30,150 %	5,983 %

Abbildung 3.25: Betriebsabrechnungsbogen eines Handelsbetriebes mit simultaner Leistungsverrechnung

139

Allgemeine- und
Hilfskostenstellen

3.4.2.3. Lösung durch Matrizeninversion

Die Inversionsmethode basiert auf der Matrizenrechnung. Sie verwendet Zeilen- und Spaltenoperationen, die auch in anderen Lösungsverfahren wie dem Simplex-Algorithmus angewandt werden. Der besondere Charme des Verfahrens ist, daß man eigentlich nicht verstehen muß, warum man etwas tut, und dennoch zur richtigen Lösung gelangt, wenn man nur die zugrundeliegenden Regeln stur anwendet. Allerdings kann es auch nicht schaden zu verstehen, was man da macht.

Eine Matrix ist dabei eine Tabelle, in der Zahlen stehen. Zeilenoperation ist jede Rechenmethode, die eine ganze Zeile der Matrix berührt, und Spaltenoperation ist alles, was in allen Zellen einer Spalte passiert.

Basis der Inversionsmethode sind diese beiden Gleichungen:

$$160q_Q - 20q_W = 53.250 \qquad \text{F 3.33}$$

$$-10q_Q + 200q_W = 83.000 \qquad \text{F 3.34}$$

Die beiden Konstanten am Schluß sind die Primärgemeinkosten der beiden allgemeinen Kostenstellen und die Zahlen vor den Gleichheitszeichen die Leistungen und Leistungsverrechnungen. Die beiden Gleichungen ähneln F 3.23 und F 3.24.

Die Koeffizienten können auch in eine Matrix geschrieben werden:

160	−20	53.250
−10	200	83.000

Abbildung 3.26: Ausgangssituation mit den Konstanten am rechten Rand

Die beiden Konstanten rechts werden später wieder gebraucht. Zunächst wird rechts neben die Matrix mit den Ausgangsfaktoren eine Einheitsmatrix geschrieben:

160	−20	1	0
−10	200	0	1

Abbildung 3.27: Neben der Ausgangssituation wurde eine Einheitsmatrix geschrieben

Als Einheitsmatrix bezeichnet man eine quadratische Matrix, die nur Nullen und in der Hauptdiagonale nur Einsen enthält. Die Hauptdiagonale ist die Diagonale, die von links oben nach rechts unten geht. Die Einsen haben die Funktion von »Zeigern«, aber es liegt außerhalb des hier gegebenen Rahmens, die Wirkungsweise dieses Verfahrens im Detail zu erläutern. Das Schöne daran ist aber auch gerade, daß die Kenntnis der inneren Zusammenhänge entbehrlich ist, solange man nur die Regel strikt befolgt.

Die Inversionsmethode erzeugt da, wo am Anfang die Einheitsmatrix steht, die Inverse der Ausgangsmatrix. Die Inverse ist eine Art Umkehrung. Invertiert man eine Inverse erneut, so erhält man die Ausgangsdaten zurück[1]. Die Vorgehensweise besteht darin, spaltenweise von links nach rechts die Einheitsmatrix mit geeigneten Rechenoperationen auf die linke Seite zu übertragen. Hierzu wird in jeder Spalte mit der Zelle, die die 1 enthält, begonnen.

Die erste 1 steht immer links oben in der Einheitsmatrix. Diese 1 soll auf die linke Seite gebracht werden. Das geht nur, indem der Wert links oben in der Ausgangsmatrix, nämlich die 160, durch sich selbst dividiert wird. Aus jeder Zahl (außer der null) kann man eine 1 berechnen, indem man die Zahl durch sich selbst teilt. Die Inversionsmethode erlaubt aber nie eine Rechenoperation nur auf ein Feld anzuwenden. Was an einer Stelle gemacht wird, muß immer in der ganzen Zeile passieren. Wird also die 160 durch 160 geteilt, so muß die ganze 1. Zeile durch 160 geteilt werden. Also werden die –20 und die 1 ebenfalls durch 160 dividiert, was $-^1/_8$ und $^1/_{160}$ ergibt. Die Null ganz rechts oben wird auch durch 160 dividiert, aber das ergibt keine Änderung. So kommt man zur folgenden Zwischenlösung:

1	–0,125	0,00625	0
–10	200	0	1

Abbildung 3.28: Zwischenlösung: Die erste Zeilenoperation wurde durchgeführt.

Nun soll die ganze erste Spalte nach links gebracht werden. Bisher ist nur die 1 links oben auf der linken Seite. Darunter muß eine Null entstehen. Hierzu dürfen aber nur Vielfache der Zeile mit der 1 addiert oder subtrahiert werden. Die –10 links unten ist also ein Multiplikator für die 1. Zeile. Addiert man die 1. Zeile zehn Mal zur zweiten Zeile, so wird aus der –10 eine Null. Auch hier muß diese Operation aber auf alle Zellen der zweiten Zeile angewandt werden, also die –0,125 ($-^1/_8$) muß 10 mal zur 200 addiert werden und die 0,00625 ($^1/_{160}$) muß 10 mal zur darunterstehenden 0 addiert werden. Das ergibt den ersten Lösungsschritt:

1	–0,125	0,00625	0
0	198,75	0,0625	1

Abbildung 3.29: Erster Lösungsschritt

Bislang ist nur die erste Spalte auf die linke Seite gebracht worden. Die Tabelle rechts ist also noch keine Inverse. Hierzu muß auch die zweite

[1] Das ist der Grund, weshalb die Inversionsmethode auch als grundlegender mathematischer Mechanismus für einfache symmetrische Verschlüsselungsverfahren geeignet ist. Dies kann im vorliegenden Buch aber nicht näher dargestellt werden.

Spalte der Einheitsmatrix auf die linke Seite gebracht werden. Das geht genau auf dieselbe Art wie beim ersten Lösungsschritt. Bei der Zelle rechts unten in der linken Tabelle, also bei der 198,75, ist zu beginnen. Dort soll die 1 produziert werden. Das geht, indem die ganze zweite Zeile durch 198,75 dividiert wird. Über der aus der 198,75 entstandenen 1 steht aber eine –0,125 (–$^1/_8$). Dies ist wiederum ein Multiplikator. Ein Achtel der Zeile mit der 1 muß also zur ersten Zeile addiert werden. Das führt zu der ersehnten null rechts oben in der linken Tabelle und zur endgültigen Lösung:

1	0	0,0062893	0,0006289
0	1	0,0003144	0,0050314

Abbildung 3.30: Zweiter Lösungsschritt und rechts die Inverse der Ausgangsmatrix

Diese Rechenvorschrift erscheint auf den ersten Blick komplex, ist aber ganz einfach, wenn man sie ein bißchen geübt hat.

Das Schöne an dem Verfahren ist, daß man aus der Inverse die Lösung für die Verrechnungspreise bestimmen kann. Hierzu müssen die Zeilen der Inverse spaltenweise mit den Ausgangskonstanten, also den Primärgemeinkosten der beiden allgemeinen Kostenstellen multipliziert werden:

$$q_Q = 0,006289 \times 53.250 + 0,000629 \times 83.000$$
$$q_Q = 387,1069 \; Euro/\text{Std}$$

F 3.35

und

$$q_W = 0,000314 \times 53.250 + 0,005031 \times 83.000$$
$$q_W = 434,3553 \; Euro/\text{Std}$$

F 3.36

Diese Methode hat die wundervolle Eigenschaft, so genau wie das verwendete Rechengerät zu sein, also meistens sehr genau. Das kann mit den vorstehenden Daten demonstriert werden.

Im Beispiel ist der innerbetriebliche Verrechnungspreis für die Qualitätskostenstelle 387,11 Euro. Das ist der Preis q pro Leistungsstunde, der an andere Kostenstellen weitergegeben wird.

In der Stufenleitermethode werden die Rückverrechnungen ignoriert. Die Qualitätskostenstelle erhält also keine Leistungen von irgendwelchen anderen Kostenstellen, weil sie ganz vorne im Betriebsabrechnungsbogen steht. Der Verrechnungspreis der Qualitätskostenstelle im Rahmen der Stufenleitermethode ergibt sich also, indem man nur die Primärgemeinkosten i.H.v. 53.250 Euro durch die Leistungssumme der Qualitätskostenstelle i.H.v. 160 Stunden teilt, und beträgt ganze 332,8125 Euro. Ein Fehler von nicht weniger als 54,29 Euro!

Nicht minder vernichtend ist das Bild, wenn man die Werbekostenstelle betrachtet. Sie erhält in der Stufenleitermethode ja zehn Leistungsstunden zu eben diesen 332,8125 Euro im Wert von 3.328,128 Euro von der Qualitätskostenstelle. Die weiterzuverrechnenden Kosten betragen also 86.328,13 Euro. Dividiert man diesen Wert durch die Weiterverrechnung der Werbekostenstelle, also durch 180 Stunden (die 20 rückverrechneten Stunden werden ja ignoriert!), so kommt man auf einen Stundenverrechnungssatz von 479,60 Euro. Auch das ist ein eher grober Fehler, diesmal i.H.v. 45,245 Euro.

Angesichts dieser schlechten Ergebnisse verwundert es, warum die Stufenleitermethode überhaupt noch gebraucht wird. Dafür gibt es aber einen klaren Grund. Die Simultanverrechnung hat nämlich leider einen heftigen Haken. Den verschweigen die meisten Lehrbücher, dieses Buch aber nicht. Das Problem findet man nämlich erst, wenn man die Simultanmethode auch wirklich in einem Betrieb einsetzen will, und das tun die meisten Lehrbuchautoren eben nicht.

Ein Beispiel illustriert, was hier gemeint ist. Die Zahlen sind bewußt so einfach gewählt, daß man sie mit minimalem Aufwand nachrechnen kann.

Ein Gleichungssystem, das eine wechselseitige Leistungsverrechnung zwischen drei allgemeinen Kostenstellen »A«, »B« und »C« beschreibt, sehe folgendermaßen aus:

$$1q_A = 55 + 1q_B + 4q_C \qquad\qquad \text{F 3.37}$$

$$5q_B = 61 + 5q_A + 2q_C \qquad\qquad \text{F 3.38}$$

$$2q_C = 20 + 1q_A + 4q_B \qquad\qquad \text{F 3.39}$$

Die Konstanten sind die Primärgemeinkosten beispielsweise in Tausend Euro pro Periode. Die Faktoren $1q_A$, $5q_B$ und $2q_C$ sind die Leistungsausbringung beispielsweise in Tausend Stück. Die Werte wurden hier absichtlich klein gehalten, um die Sache durchschaubar zu machen. Wie es auch oben schon getan wurde, stellen wir diese Gleichungen zunächst so um, daß die Konstanten auf der linken Seite und gleiche Faktoren untereinander stehen:

$$55 = 1q_A - 1q_B - 4q_C \qquad\qquad \text{F 3.40}$$

$$61 = -5q_A + 5q_B - 2q_C \qquad\qquad \text{F 3.41}$$

$$20 = -1q_A - 4q_B + 2q_C \qquad\qquad \text{F 3.42}$$

Dieses Beispiel ist nicht mehr mit der Gleichungsmethode lösbar, weil drei Kostenstellen beteiligt sind. Es muß im Wege der Matrizeninversion gelöst werden. Hierzu wird zunächst die Ausgangsmatrix aufgestellt. Die Einheitsmatrix steht rechts daneben:

Allgemeine- und
Hilfskostenstellen

1	−1	−4	1	0	0
−5	5	−2	0	1	0
−1	−4	2	0	0	1

Abbildung 3.31: Die Ausgangsmatrix mit der Einheitsmatrix

Die Einheitsmatrix soll auf die linke Seite gebracht werden. Hierzu soll zuerst die linke Spalte bearbeitet werden. Es wird an der 1 links oben begonnen. Da dort schon eine 1 steht, braucht die erste Zeile nicht dividiert zu werden.

An den beiden anderen Stellen der linken Spalte sollen Nullen entstehen. Das geschieht, indem die erste Zeile fünf mal zur zweiten Zeile und ein Mal zur untersten Zeile addiert wird. Die −5 und die −1 sind wiederum Multiplikatoren.

In der zweiten Stelle der ersten Zeile steht eine −1. Da die 1. Zeile aber fünf Mal zur 2. Zeile addiert werden muß, um links in der Mitte der ersten Spalte eine null zu erzeugen, muß auch die −1 fünf mal zu der 5 addiert werden, die in der Mitte der linken Matrix steht. Eine negative Zahl zu addieren entspricht einer Subtraktion. Aus der fünf wird durch fünfmaliges Subtrahieren einer 1 also eine null. Das ist ein Problem.

1	−1	−4	1	0	0
0	0	−22	5	1	0
0	−5	−2	1	0	1

Abbildung 3.32: Der erste Lösungsschritt führt zur Unlösbarkeit!

Im ersten Lösungsschritt müßte nunmehr die zweite Spalte des Einheitsvektors nach links gebracht werden. Diese hat ihre 1 in der Mitte. Es müßte also in der linken Spalte eine 1 in der Mitte entstehen. Man kann aus jeder Zahl eine 1 machen, indem man sie durch sich selbst dividiert. Nur mit der Null geht das aus einleuchtenden Gründen nicht. Die Matrix ist daher unlösbar. Die Ausgangsmatrix hat keine Inverse.

Das Problem mit solchen Unlösbarkeiten bewirkt, daß die Simultanverrechnung nicht mehr angewandt werden kann. Die naheliegende Lösung ist, auf die Stufenleitermethode auszuweichen. Stattdessen bieten sich auch andere Methoden der Matrizenrechnung an, die aber nicht immer zum Erfolg führen.

Problemen wie diesem kann man nicht immer ausweichen, aber man kann sie reduzieren. Zunächst ist sicherzustellen, daß möglichst kein Verteilungsschlüssel der Sekundärkostenverrechnung gleich ist, denn das ist geradezu ein Antrag auf solche Probleme. Zudem sollten Kostenstellen, die in einer Rechnungsperiode nichts leisten, aus dem Modell genommen werden. Eine letzlich sichere Lösung für dieses Problem gibt es aber nicht.

Läuft man dennoch auf diesen Felsen, gibt es zwei Lösungsstrategien, eine einfache und eine gute. Die einfache (aber leider nicht immer gute) Lösung ist, die Stufenleitermethode anzuwenden. Das funktioniert immer. Die Stufenleiterverrechnung kann nicht unlösbar sein, aber sie kann ungenaue Resultate erzeugen. Das Problem kann minimiert werden, indem man die allgemeinen Kostenstellen so sortiert, daß sie möglichst wenig Leistungen rückwärts verrechnen. Leider geht das nicht immer, wenn z.B. alle allgemeinen Kostenstellen einander wechselseitig Leistungen gewähren. Dann ist die Stufenleiterverrechnung eine einfache, aber schlechte Lösung.

Besser ist es dann, alle allgemeinen Kostenstellen mit gleichem Verrechnungsschlüssel zu »Oberkostenstellen« zusammenzufassen. Hierbei ist unbedingt darauf zu achten, daß keine zwei Oberkostenstellen gleiche Verteilungsschlüssel haben, auch keine Verteilungsschlüssel, die sich nur durch einen Faktor unterscheiden:

- Mitarbeiterzahl und Quadratmeterfläche der Kostenstellen sind i.d.R. »gute« Maße;
- Eine schlechte Idee wäre es, die Mitarbeiterzahl der Abteilungen mehrfach als Schlüssel zu verwenden, aber damit das nicht auffällt, die Zahlen einfach mit irgendeinem beliebigen Faktor zu multiplizieren. Das bringt zwar verschiedene Zahlenreihen (»Vektoren«), die aber gleichwohl doch voneinander abhängen.

Jede Oberkostenstelle erhält die Primärkosten aller ihr zugeordneten allgemeinen Kostenstellen. Die Oberkostenstellen werden untereinander verrechnet. Wenn die Verteilungszahlen voneinander unabhängig sind, funktioniert das ohne Probleme mit Unlösbarkeit.

Jetzt liegen innerbetriebliche Verrechnungspreise vor. Diese können auf die Hauptkostenstellen umgeschlagen werden.

Das Verfahren ist komplex und benötigt individuelle Programmierung, aber es ist meistens besser als die Stufenleitermethode.

3.5. Exkurs: Herstell- und Selbstkostenrechnung direkt im BAB

Oben wurde im Zusammenhang mit dem Kostenverursacherprinzip die Berechnung der Herstellkosten eingeführt. Während in Kostenstellen wie »Lager« oder »Produktion« Einzelkosten als Kostenverursachergröße geeignet sind, und in Maschinenbereichen die geplante oder tatsächliche Maschinenlaufzeit oder Produktionsmenge eine Kostenverursachergröße darstellt, haben die Kostenstellen »Verwaltung« und »Vertrieb« in der Regel keine selbständige Kostenverursachergröße. Sie wurden daher auf die Herstellkosten der Produktion (HKP) oder die Herstellkosten des Umsatzes (HKU) zugeschlagen.

Diese Rechenmethode ist jedoch Grund zahlreicher Mißverständnisse. Das liegt daran, daß sowohl im Handels- als auch im Steuerrecht ebenfalls eine Definition der Herstellungskosten besteht. Es muß ausdrücklich darauf hingewiesen werden, daß dies *nichts* mit der hier durchgeführten Rechenmethode zu tun hat, denn das Handels- und das Steuerrecht sprechen zwar von »Kosten«, meinen jedoch Aufwendungen. Das wird daran deutlich, daß im Sinne der Rechtsvorschriften Finanzierungszinsen und steuerliche Abschreibungen in die Herstellungs»kosten« einbezogen werden dürfen bzw. müssen. Diese sind aber gerade neutrale Aufwendungen (und keine Kosten). Sie kommen in der Kostenrechnung im Sinne des internen Rechnungswesens niemals vor. Die im Betriebsabrechnungsbogen durchgeführte Rechnung unterscheidet sich damit fundamental von der handels- bzw. steuerrechtlichen Herstellungskostenrechnung. Die steuer- und handelsrechtliche Rechnung enthält nicht-kostenrechnerische Ausgangsdaten und besitzt damit keine kostenrechnerische Relevanz. Die Rechenweise des internen Rechnungswesens ist von der gesetzlich vorgeschriebenen Rechnung des externen Rechnungswesens sorgfältig zu trennen. So wie Steuer- und Handelsbilanz voneinander abzugrenzen sind, müssen auch die Herstellkosten des externen Rechnungswesens und die der Kosten- und Leistungsrechnung voneinander unterschieden werden.

Das kann erheblich weiter ausgeführt werden. Das ist insbesondere relevant, wenn die Herstellkostenrechnung direkt in den Betriebsabrechnungsbogen integriert werden soll. Das geschieht in Form einer Erweiterung des Betriebsabrechnungsbogens über die Kostenstellen hinaus. Die drei zusätzlichen Bereiche »Herstellung«, »Ausgangslagerung« und »Verkauf« sind dabei eine Art »Quasi-Kostenstellen«, die aus dem betrieblichen Funktionsprozeß abgeleitet werden.

Das nebenstehende Beispiel (Abbildung 3.34) zeigt zunächst einen normalen Betriebsabrechnungsbogen mit Maschinenkostenrechnung. Die Primärkostenverteilung wurde aus Vereinfachungsgründen nicht dargestellt, und die Kostenstellen sind auf Kostensummen reduziert. Die Einzelkosten der Rohstoffe und der Produktivlöhne sind den Kostenstellen »Lager« und »Produktion« zugeordnet, wo auf die übliche Weise Zuschlagssätze berechnet werden. Im Maschinenbereich bilden sich aus fixen und variablen Maschinenkosten und einer Maschinenauslastung i.H.v. 160 Stunden pro Periode Maschinenkosten i.H.v. 1.375 Euro pro Maschinenstunde. Dies entspricht insofern den bisherigen Gepflogenheiten.

Für die Fertig- und unfertigen Erzeugnisse gelten in dieser Periode die folgenden Daten:

S	unfertige Erzeugnisse		H	S	Fertigerzeugnisse		H
Anfang	20.000	Schluß	30.000	Anfang	40.000	Schluß	40.000

Abbildung 3.33: Buchungen der Fertig- und der unfertigen Erzeugnisse

Betriebsabrechnungsbogen mit integrierter Herstell- und Selbstkostenrechnung

Nr	Kostenart	Summe	Lager	Produkt.	Maschine fix	Maschine variabel	Verwalt.	Vertrieb	Herstellg.	Ausgang	Verkauf
1	Rohstoffe	560.000	560.000						560.000		
2	Produktivlohn	410.000		410.000					410.000		
3	Maschine	220.000			180.000	40.000			220.000		
4	Gemeinkosten	759.400	28.000	492.000	180.000	40.000	102.000	136.000	740.000		238.000
5	Gesamtkosten	1.948.000	588.000	902.000	160 Std./Periode		102.000	136.000			
6	Ist-Zuschläge	5,00 %	120,00 %	902.000	1.375,00 Euro/Std.		6,00 %	8,00 %			
7	Herstellkosten der Produktion (HKP):								1.710.000		
8	Anfangsbestand an Unfertigerzeugnissen (Zwischenlagerung):								20.000		
9	Anfangsbestand an Fertigerzeugnissen (Ausgangslagerung):									40.000	
10	Abgabe fertiger Erzeugnisse an das Fertigproduktlager:								−1.700.000	+1.700.000	
11	Schlußbestand an Unfertigerzeugnissen (Zwischenlagerung):								30.000		
12	Schlußbestand an Fertigerzeugnissen (Ausgangslagerung):									40.000	
13	Herstellkosten der verkauften Erzeugnisse (Herstellkosten des Umsatzes, HKU):								1.700.000	1.700.000	
14	Selbstkosten der verkauften Erzeugnisse (Selbstkosten des Umsatzes, SKU):										1.938.000

Abbildung 3.34: Betriebsabrechnungsbogen mit integrierter Herstell- und Selbstkostenrechnung

Exkurs: Herstell- und Selbstkosten- rechnung direkt im BAB

Aufgrund dieser Daten kommt man zu der folgenden Berechnung der Herstellkosten des Umsatzes:

Herstellkostenrechnung des Umsatzes zu Abbildung 3.34

Rechenschema	Summe
Fertigungsmaterial	560.000,00 Euro
+ Materialgemeinkosten	28.000,00 Euro
+ Fertigungslöhne	410.000,00 Euro
+ Fertigungsgemeinkosten	492.000,00 Euro
+ Maschinenkosten fix	180.000,00 Euro
+ Maschinenkosten variabel	40.000,00 Euro
= Herstellkosten der Produktion (HKP)	1.710.000,00 Euro
− Bestandsmehrungen (UFE)	10.000,00 Euro
= Herstellkosten des Umsatzes (HKU)	1.700.000,00 Euro
+ Verwaltungsgemeinkosten	102.000,00 Euro
+ Vertriebsgemeinkosten	136.000,00 Euro
= Selbstkosten des Umsatzes	1.938.000,00 Euro

Abbildung 3.35: Herstellkostenrechnung des Umsatzes zu Abbildung 3.34

Die vorstehende Abbildung 3.34 demonstriert, wie dies in den Betriebsabrechnungsbogen integriert werden kann. Hierzu werden zunächst die Rohstoff-, Produktivlohn- und Maschinenkosten dem Herstellungsbereich rechts von den »eigentlichen« Kostenstellen zugeordnet, denn diese Kosten sind für Produktion angefallen. Zudem werden die Gemeinkosten sämtlicher Kostenstellen außer »Verwaltung« und »Vertrieb« in Höhe von 740.000 Euro dem Herstellungsbereich zugerechnet. Man beachte, daß die 220.000 Euro Maschinenkosten hier eigentlich doppelt dargestellt sind; in der Summe i.H.v. 1.710.000 Euro in Zeile 7 sind die HKP jedoch entsprechend der vorstehenden Abbildung ausgewiesen.

Bei einer Bestandsmehrung i.H.v. 10.000 Euro im Bereich der unfertigen Erzeugnisse, also im Bereich der Herstellung, sind bei Herstellkosten der Produktion i.H.v. 1.710.000 Euro nur 1.700.000 Euro Fertigerzeugnisse in den Ausgangsbereich abgegeben worden. Auf diese Art wird der betriebliche Produktionsprozeß besser abgebildet. Bei einer mehrstufigen Fertigung kann auch in mehrere Herstellungsbereiche differenziert werden. Der Betriebsabrechnungsbogen kann dann den betrieblichen Wertschöpfungsprozeß im einzelnen abbilden.

Schließlich sind 1,7 Mio. Euro in den Verkauf abgegeben worden, denn im Fertigerzeugnisbereich gibt es keine Bestandsänderung. Werden hierzu die 238.000 Euro Kostensumme aus der Verwaltung und dem Vertrieb (Zeile 4) addiert, so erhält man die Selbstkosten des Umsatzes. Dies entspricht wiederum der vorstehenden Rechnung aus Abbildung 3.35.

Die hier demonstrierte Rechenmethode ist insbesondere vorteilhaft, wenn ein betrieblicher Leistungsprozeß phasenweise dargestellt werden soll. Die Kostenrechnung kann dann die einzelnen Wertfortschritte exakt abbilden. Das kann insbesondere bei der Bildung innerbetrieblicher Verrechnungspreise bedeutsam sein.

3.6. Aufgaben zu Kapitel 3

In den folgenden Aufgaben werden die Grundlagen aus Kapitel 2 als bekannt vorausgesetzt; die Fragen richten sich jedoch primär auf die Inhalte des 3. Kapitels. Es wird empfohlen, rechnerische Lösungen mit einem Tabellenkalkulationsprogramm zu erarbeiten, denn dies ist die in der betrieblichen Wirklichkeit übliche Methode. Es geht jedoch auch mit dem Taschenrechner.

Die Lösungen zu allen folgenden Aufgaben befinden sich in Kapitel 9 im Anhang am Ende dieses Buches.

3.6.1. Aufgabe 5 – Grundlagen des Betriebsabrechnungsbogens

1. Welche grundlegende Aufgabe hat die Kostenstellenrechnung?
2. Was ist eine »Kostenstelle«?
3. Was verstehen Sie unter sogenannten »unechten« Gemeinkosten?
4. Welche allgemeinen Anforderungen stellen Sie an eine Zuschlagsgrundlage für einen Zuschlagssatz?
5. Sie berechnen einen Zuschlagssatz und vergleichen das Ergebnis mit der Musterlösung. Dabei stellen Sie zu Ihrer Überraschung fest, daß Ihr Ergebnis genau 100 % zu hoch ist. Was wurde vermutlich falsch gemacht?
6. Die Aufwendungen für einen Sicherheitsdienst eines Industriebetriebes betragen in einem Abrechnungszeitraum 91.350 Euro. Der Betrag soll nach Zahl der Mitarbeiter auf die Kostenstellen verteilt werden. In den Kostenstellen arbeiten:

Kostenstelle	Anzahl
Lager:	16 Mitarbeiter
Produktion:	95 Mitarbeiter
Verwaltung:	7 Mitarbeiter
Vertrieb:	22 Mitarbeiter

Wieviel Euro der Gesamtsumme sind welcher Kostenstelle zuzuordnen?
7. Was ist der Unterschied zwischen den Größen »HKP« und »HKU«?

8. Bei der Ermittlung der HKU aus bereits vorhandenen Herstellkosten des Umsatzes muß das Eingangslager nicht berücksichtigt werden; lediglich die Zwischen- und die Ausgangslagerung ist zu berechnen. Weshalb?
9. Unter welcher allgemeinen Bedingung können die Herstellkosten der Produktion (HKP) als Zuschlagsgrundlage für die Verwaltungs- und Vertriebsgemeinkosten verwendet werden?
10. Ein Hotelier hat seinen Betrieb in die Kostenstellen »Beherbergung«, »Küche«, »Keller« und »Verwaltung« geteilt. Er bittet Sie um Hilfe, den Zuschlagssatz als Prozentzahl in der Kostenstelle »Beherbergung« zu berechnen. Was raten Sie ihm?
11. Bitte vervollständigen Sie den nebenstehenden BAB mit vier Kostenstellen. Beachten Sie hierzu die Abbildungen 3.37 und 3.38 auf der Folgeseite. Verteilen Sie zunächst die Einzel- und Gemeinkosten auf die Kostenstellen, ermitteln Sie die Herstellkosten des Umsatzes und berechnen Sie die Ist-Zuschlagssätze. Ermitteln Sie ferner die Norm-Gemeinkosten und die Kostenüber- bzw. Unterdeckung.

3.6.2. Aufgabe 6 – Leistungsverrechnung im Betriebsabrechnungsbogen

Für zwei allgemeine Kostenstellen A_1 und A_2 gelten die Daten:

KSt.	Primär-GK	Leistungsabgabe	Leistungsempfang
A_1	9.000,00 Euro	20.000 Stück gesamt	40 St von A_2
A_2	22.000,00 Euro	500 Stück gesamt	1.000 St von A_1

Abbildung 3.36: Primärgemeinkosten und Leistungsverrechnung zweier Kostenstellen

1. Zeichnen Sie eine Skizze des wechselseitigen Verteilungsmodells.
2. Berechnen Sie die innerbetrieblichen Verrechnungspreise q_1 und q_2 mit Hilfe einer geeigneten Methode.
3. Vervollständigen Sie die Skizze aus Aufgabe 1 um die Werte der wechselseitigen Verrechnungen und der Vorwärtsverrechnung an den Restbetrieb in Euro. Zeigen Sie aus der ergänzten Skizze die Richtigkeit der in Aufgabe 2. erzielten Ergebnisse.

Betriebsabrechnungsbogen zu Aufgabe 5

Nr	Kostenart	Summe	Schlüsselverfahren					Kostenstellen			
			Maß	L	F	Vw	Vt	Lager	Fertigung	Verwaltung	Vertrieb
1	Fertigungsmaterial	40.000,00									
2	Produktivlohn	30.000,00									
3	Lohn-Gemeinkosten	20.000,00	Prozent	5 %	60 %	15 %	20 %				
4	Sonstige Gemeinkosten	25.000,00	Mitarb.	25	175	25	25				
5	Kalkulatorische GK	15.000,00	KapBind	2	6	1	1				
6	Summe Gemeinkosten										
7	Selbstkosten										
8	Ist-Zuschläge										
9	Norm-Zuschläge										
10	Norm-Gemeinkosten										
11	Über-/Unterdeckung										

Abbildung 3.37: Betriebsabrechnungsbogen zu Aufgabe 5

S	unfertige Erzeugnisse		H	S	Fertigerzeugnisse		H
Anfang	5.000	Schluß	10.000	Anfang	30.000	Schluß	15.000

Abbildung 3.38: Buchungen der Fertig- und der unfertigen Erzeugnisse zu Aufgabe 5

4.
Kalkulation

Die Kalkulation ist die Zurechnung von Kosten auf die Produkte und Leistungen, die der Betrieb erstellt. Die Kostenzurechnung setzt in den meisten Fällen einen Betriebsabrechnungsbogen (BAB) voraus. Für verschiedene Fertigungsverfahren und für verschiedene Branchen gibt es unterschiedliche Methoden. Allen Verfahren ist gemeinsam, in der Prozentrechnung zu wurzeln.

Man unterscheidet folgende drei Hauptbereiche der Kalkulation:

- Die Divisionskalkulation ermittelt die Selbstkosten je Leistungseinheit, indem die Summe der während einer Abrechnungsperiode angefallenen Kosten pauschal durch die Zahl der hergestellten Leistungseinheiten dividiert wird. Dieses Verfahren ist sehr einfach und wird nur bei Massenfertigung angewandt. Es ist daher nur von geringer praktischer Relevanz.

- Die Äquivalenzziffernkalkulation ist eine spezielle Form der Divisionskalkulation für Betriebe ohne Einzelkosten, wie Hotels, oder für Unternehmen mit Sortenfertigung. Sie ermittelt die Selbstkosten durch Gewichtung der für eine Hauptsorte bekannten Kosten und benötigt wie die Divisionskalkulation keinen vorgeschalteten Betriebsabrechnungsbogen. Dies ist wesentlich häufiger und wird im vorliegenden Werk an mehreren Beispielen betrachtet.

- Die Zuschlagskalkulation schlägt Gemeinkosten mit Hilfe von zuvor im Betriebsabrechnungsbogen ermittelten Zuschlagssätzen auf Einzelkosten auf. Sie ist das wesentliche Verfahren der Vollkostenrechnung und das bekannteste Kalkulationsverfahren. Sie eignet sich für nahezu alle Produktions- und Dienstleistungsbetriebe sowie für Einzel-, Serien- oder Baustellenfertigung.

Obwohl die Kalkulation ein Rechenverfahren der Vollkostenrechnung ist, können Elemente der Teilkostenrechnung hinzutreten. Dies gilt insbesondere für Maschinenstundensätze, Kilometersätze und andere Größen der Teilkostenrechnung. Ein Betriebsabrechnungsbogen mit Maschinenstundensatz- oder sonstiger Stückrechnung ist die Voraussetzung für die Anwendung von Verfahren der Teilkostenrechnung in der Kalkulation.

Die in diesem Abschnitt dargestellten Verfahren sind die »Traditionellen« Methoden, die gleichwohl uneingeschränkt anwendbar sind. Einen neueren Ansatz findet der Leser im Kapitel zur Prozeßkostenrechnung.

4.1. Divisionskalkulation

Die Divisionskalkulation ist das einfachste Kalkulationsverfahren. Sie ist zugleich die einzige Kalkulationsmethode, für die eine Kostenarten-rechnung genügt. Ein Betriebsabrechnungsbogen ist in diesem Fall entbehrlich. Das macht die Sache attraktiv. Allerdings ist die Divisionskalkulation nur bei undifferenzierter Produktion, also Massenfertigung anwendbar. Typische Anwender sind etwa Kieswerke, Stauseebetreiber oder Bergwerke.

Die Methode besteht einfach darin, die Kosten einer Periode durch die Produktionsmenge zu dividieren.

$$SK_{Stück} = \frac{SK_{Periode}}{X} \qquad \text{F 4.1}$$

Ein Beispiel: Ein Tagebau habe in einer Abrechnungsperiode Gesamtkosten i.H.v. 120.000 Euro festgestellt. In der gleichen Periode wurden 15.000 Tonnen eines mineralischen Rohstoffes produziert. Die Selbstkosten je Tonne sind:

$$SK_{Stück} = \frac{120.000}{15.000} = 8,00 \; Euro/Stück \qquad \text{F 4.2}$$

Auch eine so einfache Methode kann differenziert werden. Setzt man von den Selbstkosten die Vertriebsgemeinkosten ab, so bleiben die Herstellkosten übrig. Die Herstellkosten ($HK_{Periode}$) betreffen die produzierte Menge eines Produktes aber die Vertriebsgemeinkosten (VtGK) die wirklich abgesetzte Menge. Da Bergwerke und andere naturnahe Betriebe meist Ausgangslagerung der abgebauten oder hergestellten Erzeugnisse haben, ist diese Differenzierung naheliegend:

$$SK_{Stück} = \frac{HK_{Periode}}{X_{Produktion}} + \frac{VtGK}{X_{Verkauft}} \qquad \text{F 4.3}$$

Beispiel: Die Selbstkosten des erwähnten Tagebaubetriebes enthalten 7.500 Euro Vertriebsaufwendungen. Der Rest sind »echte« Herstellkosten. Die Rechnung sieht jetzt folgendermaßen aus:

$$SK_{Stück} = \frac{112.500}{15.000} + \frac{7.500}{12.500} = 8,10 \; Euro/Stück \qquad \text{F 4.4}$$

Die geringere Absatzmenge treibt damit die Stückkosten etwas in die Höhe. Die Rechnung kann auf diese Weise darstellen, daß eine Bestandsmehrung stattgefunden hat.

Umgekehrt könnte aber auch ein bestehendes Lager abgebaut worden sein. Das senkt die Stückkosten. Wurden beispielsweise im Berichtszeitraum für 112.500 Euro 15.000 t hergestellt, aber im gleichen Zeitraum 25.000 t des mineralischen Rohstoffes verkauft, z.B. weil bestehende Halden abgebaut wurden, dann führt das zu einem geringeren Stückkostenwert:

$$SK_{Stück} = \frac{112.500}{15.000} + \frac{7.500}{25.000} = 7,80 \; Euro/Stück \qquad \text{F 4.5}$$

Insgesamt ist die praktische Bedeutung dieser Methode gering.

Kraftwerksbetreiber können die Divisionskalkulation nicht anwenden, obwohl sie Massenfertigung betreiben. Das liegt daran, daß Elektrizität nicht gelagert werden kann. Die Kraftwerke müssen daher immer so viel leisten wie erforderlich, daß auch bei plötzlichem Anstieg der Nachfrage kein Stromausfall entsteht. Die diesbezügliche Bedarfsvorhersage ist aber rein statistisch. Die angebotene Leistung, die die tatsächliche Nachfrage übersteigt, ist verloren. Es gibt daher kein festes Stückkostenverhältnis.

4.2. Äquivalenzziffernkalkulation

Sortenfertigung liegt vor, wenn Massengüter nach einem wesentlichen Kriterium differenziert hergestellt werden. Das bekannteste Beispiel ist die Ziegelei, die aus einem einheitlichen Rohstoff Ziegel verschiedener Größe herstellt, aber auch Brauereien und viele chemische Fabriken sind Sortenfertiger – und Hotels, deren Zimmer zwar alle die gleiche Leistung anbieten (Übernachtungen), aber nach Qualitätsfaktoren, die handlich in Sternezahlen zusammengefaßt werden können, differenzierbar sind.

Bei der Sortenfertigung benötigt man Verhältniszahlen, die eine Relation zwischen den Kosten für die Erstellung verschiedener Produkte repräsentieren. Diese heißen Äquivalenzziffern. Durch Äquivalenzziffern können Verhältnisse etwa zwischen Kostenwerten, Preisen, Mengen oder ähnlichen Daten dargestellt werden. Äquivalenzziffern sind insbesondere bedeutsam bei Kalkulationsverfahren ohne Einzelkosten etwa im Dienstleistungsgewerbe und stellen die Grundlage der Verteilungsrechnung und der Äquivalenzziffernkalkulation dar.

Die Äquivalenzziffernkalkulation ist damit eigentlich »nur« eine Sonderform der Divisionskalkulation, mit Hilfe derer die Gesamtkosten nach dem Verhältnis der Äquivalenzziffern auf die Kostenträger der Mehrproduktfertigung verteilt werden. Die Äquivalenzziffernkalkulation dient zur Bestimmung der Stückkosten eng verwandter Produkte, bei denen

Äquivalenzziffern-
kalkulation

die verschiedenartigen Fertigungsmengen mittels Äquivalenzziffern auf einen einheitlichen Maßstab umgerechnet werden. Sie ist insofern eine Vereinfachung der Zuschlagskalkulation und eignet sich, wenn keine Einzelkosten vorhanden sind, oder wenn beispielsweise bei Sortenfertigung verschiedene, einander sehr ähnliche Produkte hergestellt werden, die sich ausschließlich durch Größe, Qualität oder Menge unterscheiden.

4.2.1. Ein einfaches Beispiel

Ein Ziegelwerk stellt in einer Rechnungsperiode Selbstkosten i.H.v. 345.000 Euro fest. In dieser Rechnungsperiode wurden fünf Produktkategorien in unterschiedlichen Mengen gefertigt. Alle Produkte bestehen aus demselben Rohstoff und unterscheiden sich nur durch den Materialeinsatz in kg. Das kleinste Produkt wiegt nur 0,9 kg pro Stück und das größte 3,1 kg.

Rechenweg: Größe, Gewicht, Qualität oder sonstige relevanten Eigenschaft des Produktes ergeben einen (mehr oder weniger willkürlichen) Bewertungsfaktor. Hieraus ergibt sich die Umrechnungszahl, die im vorstehenden Beispiel sowohl als Verhältniszahl als auch als Prozentfaktor angegeben ist. Die Verhältniszahl der Umrechnungszahl muß immer in einer Zeile 1 sein. Die Sorte mit der Umrechnungszahl 1 ist die sogenannte Hauptsorte.

Der Rechenweg ist:

1. Den Faktor festlegen (Größe, Gewicht oder ähnlich), der über die Gewichtung entscheidet. Der Faktor muß aussagekräftig für den angestrebten Verkaufspreis des Produktes sein.
2. Äquivalenzziffern aus relevantem Verhältnis dieses Faktors bestimmen. Das ist am einfachsten, wenn der Faktor ein objektives Maß ist (Gewicht oder ähnliches) und am schwersten, wenn der Faktor willkürlich ist (Qualität oder ähnliches).
3. Umrechnungszahlen aus Faktor × Menge berechnen.
4. Die Summe der Umrechnungszahlen ermitteln.
5. Die Selbstkosten der Periode dividiert durch die Summe der Umrechnungszahlen ergibt die Selbstkosten der Sorte mit der Umrechnungszahl 1 (der sogenannten Hauptsorte).
6. Durch Multiplikation mit den wirklichen Umrechnungszahlen der einzelnen Sorte ergeben sich die Selbstkosten der Periode aller Sorten.

Die Summe aller auf die Produkte abgerechneten Selbstkosten muß wieder der ursprünglich in das Modell eingebrachten Selbstkostensumme entsprechen.

Beispiel für eine einfache Äquivalenzziffernkalkulation

Sorte	Menge	Faktor	UmrechZahl	SK/Periode	SK/Stück
A	2.000 Stück	1,2	2.400	46.308,72 €	23,15 €/St
B	4.500 Stück	0,9	4.050	78.145,97 €	17,37 €/St
C	900 Stück	2,8	2.520	48.624,16 €	54,03 €/St
D	2.500 Stück	2,2	5.500	106.124,16 €	42,45 €/St
E	1.100 Stück	3,1	3.410	65.796,98 €	59,82 €/St
Summen			17.880	345.000,00 €	

Abbildung 4.1: Beispiel für eine einfache Äquivalenzziffernkalkulation

Im Beispiel sei das Gericht der Faktor. Die Umrechnungszahlensumme ist 17.880. Dividiert man die Selbstkosten durch diese Zahl, so erhält man die Selbstkosten eines Ziegels mit einem Gewicht von 1 kg (die Hauptsorte) i.H.v. 19,2953 Euro. Multipliziert man diesen Wert mit den Umrechnungszahlen, er hält man die Selbstkosten der Periode der fünf Artikelgruppen.

4.2.2. Anwendungsfallstudie im Beherbergungsgewerbe

Obwohl die Äquivalenzziffernkalkulation sehr einfach ist, hat sie doch viel mehr Anwender als die Divisionskalkulation. Sie eignet sich auch gut in Dienstleistungsbetrieben, die ähnliche Leistungen anbieten. In diesem Beispiel betrachten wir ein fiktives Messehotel mit Gasthof. Das Beispiel erlaubt zugleich viele weiterführende Auswertungen darzustellen und Zusammenhänge zwischen Kostenartenrechnung, Kostenstellenrechnung und Kalkulation zu demonstrieren.

Das Haus hat insgesamt 44 Zimmer. Davon haben:

- 12 Zimmer drei Sterne,
- 16 Zimmer dreieinhalb Sterne und
- 16 Zimmer vier Sterne (oberste Kategorie am Ort).

Das Haus ist das ganze Jahr hindurch offen. Die Betrachtungsperiode ist aber nur ein Monat, der 30 Tage hat.

In diesen Monat wurden in der Dreisternekategorie insgesamt 270 Nächte, in der mittleren Kategorie 420 Nächte und in der obersten Kategorie 360 Nächte verkauft.

Grundlage des Beispiels ist der Betriebsabrechnungsbogen in Abbildung 4.2 (umseitig). Das Haus ist in vier Kostenstellen »Beherbergung«, »Küche«, »Keller« und »Verwaltung« geteilt. Das erscheint sinnvoll, denn der Arbeitsprozeß soll der Kostenstellengliederung zugrundeliegen. Die Mitarbeiter im Beherbergungsbereich sind von denen im Beköstigungsbereich weitgehend getrennt. In der Gaststätte gibt es aber zwei Einzel-

Äquivalenzziffern-
kalkulation

Betriebsabrechnungsbogen eines Messehotels mit Gasthof

Kostenarten	Summe	Hotel	Küche	Keller	Verwalt.
Einsatz Speisen	30.000,00		30.000,00		
Einsatz Getränke	20.000,00			20.000,00	
Lohnkosten	63.000,00	25.000,00	20.000,00	10.000,00	8.000,00
Sozialversicherung	32.000,00	13.000,00	10.000,00	5.000,00	4.000,00
Raumkosten	34.420,00	22.000,00	6.000,00	4.000,00	2.420,00
Betriebskosten	23.000,00	12.000,00	1.000,00	8.000,00	2.000,00
Sonstige Kosten	17.000,00	8.000,00	4.000,00	3.000,00	2.000,00
Kalk. Zinsen	18.500,00	10.000,00	3.000,00	4.000,00	1.500,00
Kalk. Abschreibung	42.100,00	25.000,00	9.000,00	7.000,00	1.100,00
Kalk. Miete	10.500,00	5.000,00	3.000,00	2.000,00	500,00
Primärgemeinkosten	240.520,00	120.000,00	56.000,00	43.000,00	21.520,00
Primärselbstkosten	290.520,00	120.000,00	86.000,00	63.000,00	21.520,00
Umlage Verwaltung	21.520,00	9.600,00	6.880,00	5.040,00	
Gemeinkosten	240.520,00	129.600,00	62.880,00	48.040,00	
Gesamtkosten	290.520,00	129.600,00	92.880,00	68.040,00	
Zuschlagssätze			209,600 %	240,200 %	

Abbildung 4.2: Betriebsabrechnungsbogen eines Messehotels mit Gasthof

kostenarten, nämlich die Speisen und die Getränke, die der Wirt einsetzt. Diese könnten im Prinzip auch zu einer Position »Wareneinsatz« zusammengefaßt werden. Das Hotel würde dann nur eine einzige Kostenstelle für den Bewirtungsbereich haben. Wird aber der Wareneinsatz in Speisen und Getränke getrennt, kann man diese auch separat kalkulieren. Das ist nicht nur branchenüblich, sondern auch sinnvoll.

Die Verwaltung wird in diesem Betriebsabrechnungsbogen als allgemeine Kostenstelle definiert. Das sieht man daran, daß sie keinen Zuschlagssatz besitzt. Eine solche Vorgehensweise ist besonders im Handwerk und bei kleinen Mittelständlern üblich. Da es nur eine einzige allgemeine Kostenstelle gibt, besteht keine wechselseitige Leistungsverrechnung. Die Stufenleitermethode oder die simultane Leistungsverrechnung werden als nicht benötigt. Eine Sekundärkostenumlage gibt es trotzdem. Dabei erscheint es sinnvoll und verursachergerecht, die Verwaltungsgemeinkosten nach den Selbstkosten der anderen Kostenstellen umzulegen, also per Dreisatz wie 120 : 86 : 63.

Schließlich werden die Gemeinkosten und die Selbstkosten des Betriebes ermittelt.

Es wird darauf hingewiesen, daß die Primärgemeinkostensumme i.H.v. 240.520 Euro natürlich nach der Umlage der allgemeinen Kostenstelle erhalten bleibt. Das ist ein Zeichen für die Richtigkeit der Rechnung. Die Summe der Kosten hat sich ja nicht verändert, nur die Verteilung.

Gleiches gilt für die Selbstkosten.

In Küche und Keller ergeben sich Zuschlagssätze auf traditionelle Art durch Division der Gemeinkosten durch die Einzelkosten. Dies ist die

Grundlage für eine Zuschlagskalkulation. Da der Beherbergungsbereich aber keine Einzelkosten hat, muß hier eine Äquivalenzziffernkalkulation veranstaltet werden. Hierbei ist bedeutsam, an die Kostenartentheorie zu denken. Gemeinkosten sind Kosten, die keinem Produkt zurechenbar sind. Einzelkosten hingegen können einem einzelnen Produkt direkt zugerechnet werden. Bei Speisen und Getränken liegt auf der Hand, daß der Wareneinsatz, der verarbeitet wird, eine Einzelkostenart ist. Im Hotel werden aber Nächte produziert, und nichts ist einer einzelnen Nacht direkt zurechenbar. Selbst Kosten, die der einzelne Gast verursacht (z.B. Handtücher, Bettwäsche) sind nicht auf eine Nacht zurechenbar (sondern nur auf ein Zimmer), weil die Bettwäsche nur wechselt, wenn der Gast wechselt, aber nicht automatisch nach jeder Nacht ausgetauscht wird.

Die Gesamtkostensumme des Beherbergungsbereiches i.H.v. 129.600 Euro ist die Ausgangszahl für die Äquivalenzziffernkalkulation. Die Anzahl der verkauften Nächte ist die Mengenzahl. Schwieriger ist die Feststellung des Faktors. Im Beispiel wird einfach die Sternzahl der Zimmer als Faktor verwendet; das ist aber subjektiv und nicht immer automatisch richtig. Ebensogut wäre es möglich, einen ganz anderen Faktor zu wählen. Wie viele Verfahren der Kostenrechnung ist auch die Äquivalenzziffernkalkulation in wesentlichen Teilen subjektiv.

Mit dem oben skizzierten Rechenweg kann nun der Selbstkostenwert für jedes Zimmer bestimmt werden:

Äquivalenzziffernkalkulation des Messehotels mit Gasthof

Zimmer	Menge	Faktor	UmrechZahl	SK/Periode	SK/Zimmer
12	270 Nächte	3	810	28.219,35 €	104,5161 €
16	420 Nächte	3,5	1.470	51.212,90 €	121,9355 €
16	360 Nächte	4	1.440	50.167,74 €	139,3548 €
Summen			3.720	129.600,00 €	

Abbildung 4.3: Äquivalenzziffernkalkulation des Messehotels mit Gasthof

Für ein Zimmer der Dreisternekategorie müßte das Hotel also offensichtlich 104,52 Euro netto ohne USt. vom Gast pro Nacht nehmen, um kostendeckend zu sein. Bei den beiden anderen Kategorien ist es erwartungsgemäß mehr.

Diese Rechnung ist die Grundlage für eine Zahl weiterer Auswertungen. Es ist ja nicht nur interessant zu wissen, wie hoch die Selbstkosten sind, sondern auch, wie hoch (oder wie niedrig) sie maximal bzw. minimal sein könnten. Das aber hängt wesentlich von der Auslastung ab. Die Äquivalenzziffernkalkulation ähnelt in dieser Hinsicht der Maschinenrechnung, nur daß sie nicht in fixe und variable Kosten unterteilt.

Auslastung ist der Anteil der tatsächlich erbrachten von der maximal möglichen Leistung. Im Hotel- und Gaststättenbereich spricht man von der Frequenz. Beispielsweise sind 12 Zimmer der Dreisternekategorie vorhanden. Stehen diese den ganzen Monat leer, ist die Auslastung oder Frequenz offensichtlich null. Maximal könnten 12 Zimmer mal 30 Tage = 360 Nächte pro Monat verkauft werden. Geschieht das, ist die Frequenz 100 %. Wird diese Rechnung für alle drei Zimmerkategorien durchgeführt, so ergibt sich das folgende Bild:

Frequenz des Messehotels mit Gasthof

Zimmerkategorie	Anzahl	Verkauf	Kapazität	Frequenz
3 Sterne	12 Zimmer	270 Nächte	360 Nächte	75,00 %
3,5 Sterne	16 Zimmer	420 Nächte	480 Nächte	87,50 %
4 Sterne	16 Zimmer	360 Nächte	480 Nächte	75,00 %

Abbildung 4.4: Frequenz des Messehotels mit Gasthof

Dies erinnert an die Diskussion der Auslastung der Montagestraße im Zusammenhang mit dem Betriebsabrechnungsbogen mit Maschinenrechnung. Dort war es so, daß die Kosten pro Stunde der Maschine sinken, wenn die Auslastung steigt. Umgekehrt sind die Kosten pro Stunde gestiegen, wenn die Auslastung der Maschine sinkt. Hier könnte es ähnlich sein.

Im Beispiel sind 270 von 360 möglichen Nächten der Dreisternekategorie verkauft worden. Was aber wäre, wenn im Berichtsmonat eine Veranstaltung auf dem Messegelände stattgefunden hätte, so daß das Hotel voller gewesen wäre? Wenn die Dreisternekategorie zu 100 % voll gewesen wäre, also 360 von 360 möglichen Nächten in den zwölf Zimmern auch wirklich verkauft wörden wären, hätten wir folgendes Bild in der Äquivalenzziffernkalkulation:

Äquivalenzziffernkalkulation 100 % Frequenz im ★★★-Zimmer

Zimmer	Menge	Faktor	UmrechZahl	SK/Periode	SK/Zimmer
12	360 Nächte	3	1.080	35.079,70 €	97,4436 €
16	420 Nächte	3,5	1.470	47.747,37 €	113,6842 €
16	360 Nächte	4	1.440	46.772,93 €	129,9248 €
Summen			3.990	129.600,00 €	

Abbildung 4.5: Äquivalenzziffernkalkulation 100 % Frequenz im ★★★-Zimmer

Erwartungsgemäß sind die Kosten pro Nacht in der Dreisternekategorie zurückgegangen. Die Selbstkosten betragen bei Vollauslastung nur noch 97,44 Euro statt bei 75 % zuvor 104,52 Euro. Das entspricht insofern der Erfahrung mit der Produktionsmaschine.

Die Äquivalenzziffernkalkulation ist aber eine Gewichtungsrechnung. Der Stückselbstkostenrückgang einer Kategorie wirkt sich damit auch immer auf die anderen Produktkategorien aus. Das ist hier nachzuvollziehen: Auch die Dreieinhalbsternezimmer sind von zuvor 121,94 Euro pro Nacht auch nunmehr 113,68 Euro Selbstkosten pro Nacht günstiger geworden. Und die Viersternezimmer wurden von 139,35 auf 129,92 um ca. zehn Euro günstiger.

Das ist die Besonderheit in der Äquivalenzziffernkalkulation: alles hängt mit allem zusammen. Wird die Auslastung (oder im Beispiel Frequenz) einer Kategorie höher, so werden alle Sorten günstiger. Würde hingegen die Frequenz zurückgehen, so hätten alle Kategorien einen Anstieg der Selbstkosten zu verzeichnen.

Die Darstellung ist insofern vereinfachend, als daß angenommen wurde, daß die Gemeinkosten im Beherbergungsbereich bei 129.600 Euro bleiben. Dies ist aber keine wesentliche Vereinfachung, da die meisten Gemeinkosten Fixkosten sind. Variable Kosten könnten aber elektrischer Strom im Beherbergungsbereich und u.U. der Zimmerservice oder der Wareneinsatz in der Minibar[1] sein. Diese Posten sind variabel, aber keine Einzelkosten, weil sie nicht einer Nacht (sondern höchstens einem Zimmer) zuzuordnen sind.

Schließlich wäre im Beispiel auch noch anzunehmen, daß durch eine höhere Auslastung der Zimmer das Restaurant auch mehr verkauft. Das hätte wie schon im vorigen Kapitel gezeigt einen Rückgang der Gemeinkostenzuschlagssätze in den Kostenstellen »Küche« und »Keller« zur Folge. Da die Speisekarte deshalb aber nicht neu (niedriger) ausgezeichnet wird, würde sich der Gewinn (besser eigentlich: das Betriebsergebnis) des Wirtes erhöhen. Auch hier ist Wachstum und Erhöhung der Auslastung also nützlich.

4.3. Zuschlagskalkulation

Viel wichtiger als die Divisions- oder die Äquivalenzziffernkalkulation ist die Zuschlagsrechnung. Sie ist das bis heute am häufigsten angewandte Kalkulationsverfahren. Kritiken, die von Vertretern »modernerer« Methoden vorgebracht werden, sind nicht von der Hand zu weisen. Sie haben das Verfahren aber nicht entwertet weil, keine wirkliche Alternative zur Verfügung steht. Größter Vorteil der Zuschlagsrechnung ist zumeist ihre Einfachheit. In vielen Fällen kann man die Zuschlagsrechnung auf eine einzige Multiplikation reduzieren, die Faktorrechnung. Das ist besonders praktisch bei schnellen Preisberechnungen in Anwe-

---

1 Auch die Minibar verursacht jedenfalls im Beherbergungsbereich keine Einzelkosten, weil nicht jeder Gast in jeder Nacht daraus konsumiert. Der Wareneinsatz in der Minibar ist also keine verläßliche Zuschlagsgrundlage und taugt daher nicht als Einzelkostenart. Eine Zuschlagsgrundlage darf nie null sein (kein Konsum), denn dann könnte nicht mehr kalkuliert werden. Die Minibar wäre aber in einem Hotel eine eigene Handelskostenstelle, und dann wäre der dortige Wareneinsatz eine Einzelkostenart. Das wird im vorliegenden Beispiel aber nicht weiter vertieft.

senheit des Kunden. Aber auch große Projekte, die auf vielen Kostenstellen beruhen, werden nach wie vor noch immer per Zuschlagskalkulation geplant.

4.3.1. Grundgedanken

Zweck der Zuschlagsrechnung ist, die Gemeinkosten dem einzelnen
Produkt verursachergerecht zuzurechnen. Das kann der Planung künftiger Verkäufe ebenso wie der Kontrolle der bisherigen Geschäftstätigkeit dienen. Die Zuschlagsrechnung baut daher auf dem Betriebsabrechnungsbogen auf. Der Struktur des Betriebsabrechnungsbogens bestimmt die Beschaffenheit der Kalkulation. Allgemein rechnet die Kalkulation für jede von einem bestimmten Produkt (einem Kalkulationsobjekt)
tatsächlich in Anspruch genommene Hauptkostenstelle einen Kalkulationsschritt. Allgemeine- und Hilfskostenstellen spielen in der Kalkulation keine Rolle, weil sie schon im Betriebsabrechnungsbogen in der
Sekundärgemeinkostenrechnung auf die Hauptkostenstellen umgeschlagen worden sind und daher keine Zuschlagssätze haben.

Die Kalkulation vollendet damit den Gedanken der verursacherge-
rechten Kostenverrechnung. Das demonstriert ein Beispiel. Ein Zuschlagssatz werde folgendermaßen gerechnet:

$$Zuschlag = \frac{GK}{EK} = \frac{600.000}{400.000} = 150\%$$

F 4.6

Die Einzelkostengröße i.H.v. 400.000 Euro ist die Verursachergröße.
Ihr wird eine Gemeinkostengröße i.H.v. 600.000 Euro oder 150 % zugerechnet. Der Zuschlagssatz ist das verursacherbezogene Kostenverhältnis. Er bedeutet, daß auf jeden Euro Einzelkosten 1,50 Euro Gemeinkosten
hinzuzurechnen sind, um kostendeckend zu verkaufen. Das bedeutet,
daß die Zuschlagskalkulation eines betimmten Kostenträgers folgendermaßen aussieht:

Posten	Zuschlag	Summe
Einzelkosten		28,00 Euro
+ Gemeinkosten	150 %	42,00 Euro
= Selbstkosten		70,00 Euro

Abbildung 4.6: Einfachstes Grundmodell der Zuschlagskalkulation

Ist das Kostenverhältnis auf gesamtbetrieblicher Ebene bekannt, so
kann jedem Einzelkostenwert dieser Kostensatz zugeschlagen werden.
Gelingt das in jedem Fall, so erreicht der Betrieb die Gewinnschwelle.
Einzige Voraussetzung ist, daß die 28 Euro Einzelkosten im vorstehenden Beispiel Teil der Zuschlagsgrundlage i.H.v. 400.000 Euro sind oder

das Kostenverhältnis aus der Zuschlagsrechnung auch für die Periode der Kostenentstehung i.H.v. 28 Euro Gültigkeit besitzt.

Dieser Rechenmechanismus kann noch weiter vereinfacht werden. Formal ist in Abbildung 4.6 noch eine Berechnung der Gemeinkosten und eine anschließende Addition erforderlich. Aus dem Zuschlagssatz kann aber auch ein Kalkulationsfaktor abgeleitet werden. Hierfür gibt es eine Vielzahl von Methoden, die jeweils nur im jeweiligen Kontext funktionieren. Hier gilt:

$$KF = 1 + \textit{Zuschlag} \qquad\qquad\qquad \text{F 4.7}$$

Ist der Zuschlag 150 %, also 1,5 in absoluten Zahlen, so ist der Faktor 2,5. Das hat einen überzeugenden Nutzen:

$$SK = EK \times KF = 28 \times 2,5 = 70 \; \textit{Euro} \qquad\qquad \text{F 4.8}$$

Diese Methode mag trivial aussehen, ist aber von großem praktischen Nutzen. Die Faktorrechnung funktioniert nämlich über viele Schritte. Müßten ggf. viele Aufschläge aus vielen einzelnen Zuschlagssätzen sukzessive berechnet werden, gelingt dies mit dem Faktor in einer einzigen einfachen Multiplikation. Das spart eine Menge Zeit – besonders wenn ein ungeduldiger Kunde wartet.

4.3.2. Einfache Handelskalkulation

Im Bereich des Handels ist es am einfachsten, die Funktionsweise der Zuschlagsrechnung zu demonstrieren. Hat ein Handelsbetrieb nur eine einzige Geschäftsstelle, dann erübrigt sich meist der Betriebsabrechnungsbogen. Es genügt, eine Kostenartenrechnung zu machen. Nur der Wareneinsatz (und ggf. die Verkäuferprovision) haben Einzelkostencharakter. Besteht nur eine Geschäftsstelle, so sind alle Kosten diesem Ort der Kostenentstehung zuzurechnen und eine Aufteilung in mehrere Bereiche der Kostenentstehung ist entbehrlich.

Für das folgende Beispiel werden die folgenden Ausgangsdaten angenommen:

- Wareneinsatz in einem Monat 60.000 Euro
- Summe aller anderen Kosten 9.000 Euro

Der Händler berechnet also seinen Zuschlagssatz wie folgt:

$$\textit{Zuschlag} = \frac{GK}{EK} = \frac{9.000}{60.000} = 15\,\% \qquad\qquad \text{F 4.9}$$

Mit dieser Zahl könnte genau das vorstehende Verfahren angewandt werden. Im Handel gibt es aber eine Vielzahl weiterer Phänomene, die im Zusammenhang mit der Zuschlagsrechnung zu berücksichtigen sind. Das führt zu einem Kalkulationsschema, der sogenannten Handelskalkulation. Diese hat zwei Hauptteile:

- In der Bezugskalkulation wird der Einstandspreis der Ware kalkuliert. Der Einstandspreis entspricht im wesentlichen den Anschaffungskosten nach § 255 Abs. 1 HGB. Die Ware ist zu diesem Wert zu aktivieren. Bei Entnahme wird das Warenlager um gerade den Einstandspreis gemindert. Der Einstandspreis wird daher aus buchhalterischer Sicht zum Warenaufwand und aus kostenrechnerischer Sicht zum Wareneinsatz.
- Die Verkaufskalkulation ermittelt den dem Kunden zu verrechnenden Preis.

Zwischen beiden Teilen wird noch der Gemeinkostenzuschlag aufgeschlagen.

Diese Methode kann man gut mit dem untenstehenden Treppenschema visualisieren. Lieferantenrabatt und Lieferantenskonto sind Anschaffungspreisminderungen i.S.d. § 255 Abs. 1 Satz 3 HGB. Sie sind abzusetzen, also Treppenstufen »nach unten«. Dann wird zunächst der Gemeinkostenzuschlag addiert. Das ergibt die Selbstkosten. Hierauf rechnet der

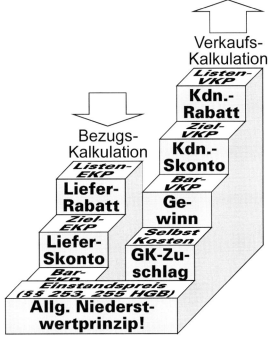

Abbildung 4.7: Die »Kalkulationstreppe«: Das Schema der Zuschlagsrechnung im Handel

Kalkulator den geplanten Gewinnzuschlag. Es entsteht der Barverkaufspreis. Schließlich werden Kundenskonto und Kundenrabatte aufgeschlagen, um sie hernach werbewirksam abziehen zu können.

Oft entstehen Diskussionen über die Reihenfolge der Berechnung von Skonti und Rabatten. Diese ist nicht, wie bisweilen behauptet wird, beliebig. Das geht schon aus der Unterscheidung dieser beiden Arten von Nachlässen hervor. Ein Rabatt ist ein Sofortnachlaß. Auch sogenannte Barskonti, Sofortnachlässe und ähnliche Phänomene sind in Wirklichkeit immer Rabatte, weil die bei Rechnungsstellung endgültig feststehen. Rabatte werden ja gerade deshalb auch nicht gebucht (sondern nur der rabattierte Preis wird gebucht). Sie sind daher in der Bezugskalkulation zuerst abzuziehen und in der Verkaufskalkulation zuletzt aufzuschlagen.

Skonti dagegen sind von einem bestimmten Zahlungsverhalten abhängig. Sie stehen daher bei Rechnungsstellung noch nicht fest, da sie in Anspruch genommen werden können oder eben auch nicht. Eine Zahlungsbedingung könnte beispielsweise lauten »Zahlung in 7 Tagen unter Abzug von 3 % Skonto oder 30 Tage netto Kasse«. Der Rechnungersteller versucht hierbei den Kunden zu schnellerer Zahlung zu bewegen, indem er 3 % Nachlaß anbietet. Ob der Kunde auf dieses Angebot auch eingeht, ist zuvor aber nicht bekannt. Verkäufer wie Käufer müssen daher, wenn sie buchführungspflichtig sind, jeweils den vollen nichtskontierten Rechnungsbetrag buchen und bei Eingang der skontierten, d.h. um 3 % geminderten Rechnungssumme eine Teilstornierung in Höhe gerade eben dieser 3 % vornehmen. Das bedeutet aber auch, daß Skonto im Einkauf immer erst nach den Rabatten abgezogen werden darf, nämlich eben wenn es in Anspruch genommen wird. Im Verkauf sind die Skonti aus demselben vor den Rabatten aufzuschlagen. Die nebenstehende »Kalkulationstreppe« (Abbildung 4.7) demonstriert das.

Umseitig folgt eine beispielhafte Kalkulation eines kleinen Handelsbetriebes (Abbildung 4.8).

Der Listeneinkaufspreis der Ware betrage 1.099 Euro. Hiervon werden (linker Teil der »Kalkulationstreppe«) erst 5 % Rabatt und dann nochmal 3 % Skonto subtrahiert. Da der Rabatt nicht gebucht worden ist, standen nur die 1.044,05 Euro tatsächlich in der Rechnung. Sie sind also auch die Bemessungsgrundlage für die Buchung und die Kalkulation des Skontos. Das ist auch der Grund, weshalb man die Prozentwerte der Rabatte und der Skonti nicht addieren darf. Obwohl im Beispiel erst 5 % und dann nochmal 3 % abgezogen worden sind, sind es zusammen doch nicht 8 %: Das Skonto von 31,32 Euro und der Rabatt von 54,95 Euro sind zusammen 86,27 Euro. Das sind aber nur 7,85 % (und eben nicht 8 %) der anfänglichen 1.099 Euro.

Auf den Bar-Einkaufspreis wird zunächst der Gemeinkostenzuschlag aufgeschlagen. Die Selbstkosten betragen damit 1.164,64 Euro. Nachdem der Gewinn i.H.v. 8 % aufgeschlagen wird, entsteht der Barverkaufspreis.

Posten	Zuschlag	Summe
Listen-Einkaufspreis		1.099,00 €
− Lieferantenrabatt	5 %	54,95 €
= Ziel-Einkaufspreis		1.044,05 €
− Lieferantenskonto	3 %	31,32 €
= Bar-Einkaufspreis		1.012,73 €
+ Gemeinkostenzuschlag	15,00 %	151,91 €
= Selbstkostenpreis		1.164,64 €
+ Gewinn	8 %	93,17 €
= Barverkaufspreis		1.257,81 €
+ Kundenskonto	3 %	38,90 €
= Zielverkaufspreis		1.296,71 €
+ Kundenrabatt	10 %	144,08 €
= Listenverkaufspreis		1.440,79 €

Abbildung 4.8: Muster einer einfachen Vorkalkulation im Handel

In der Verkaufskalkulation werden zunächst das Kundenskonto und dann der Kundenrabatt aufgeschlagen – ja, natürlich aufgeschlagen. Sie sind zwar Nachlässe an den Kunden, werden aber selbstverständlich erst eingerechnet, um sie nachher vom Kunden wieder abziehen lassen zu können.

Die Rechenmethode ist Anlaß für viele Fehler. Wer den in der Beispielkalkulation ausgewiesenen Betrag i.H.v. 38,90 Euro nachrechnet, findet, daß er nicht etwa die 3 % des Barverkaufspreises ausmacht, wie es scheinen mag, sondern 3,092784 %. Das ist für einen Rundungsfehler zu viel, aber es ist auch kein Fehler, sondern die im-Hundert-Rechnung.

In allen bisherigen Zeilen war die Ausgangsgröße jeweils die 100-%-Größe gewesen. Das ist die sogenannte vom-Hundert-Rechnung, weil die 100-%-Größe der Ausgangswert für die Prozentrechnung ist. Beim Aufschlag der Kundenskonti in der Verkaufskalkulation (und auch den Rabatten) sind die 100 % aber nicht die Rechengrundlage, sondern das Rechenergebnis. Der Barverkaufspreis entspricht 97 %. Es wird also bei der Aufschlagsrechnung nicht von 100 % ausgegangen, sondern dort angekommen. Allgemein bedeutet das:

$$KdSkonto = \frac{BarVKP}{(1 - Skontosatz)} \times Skontosatz \qquad \text{F 4.10}$$

Im vorliegenden Fall ist der Rechenweg also:

$$KdSkonto = \frac{1.257,81}{(1 - 0,03)} \times 0,03 = 38,90 \; Euro \qquad \text{F 4.11}$$

Kalkulation

Das kann auch folgendermaßen zusammengefaßt werden:

Posten	Zuschlag	Summe	Anteil
Barverkaufspreis		1.257,81 €	97 %
+ Kundenskonto	3 %	38,90 €	3 %
= Zielverkaufspreis		1.296,71 €	100 %

Abbildung 4.9: Prozentrechnung beim Aufschlag der Kundenskonti

Gleiches gilt für den Aufschlag der Rabatte: 1.296,71 Euro, die das Ergebnis der im-Hundert-Rechnung beim Aufschlag des Skontos waren, entsprechen jetzt 90 %. Auf sie werden 144,08 Euro oder 10 % aufgeschlagen, was die 100 % als Ergebnisgröße von 1.440,79 Euro ergibt. Bei einem Rabatt von 10 % ist gut zu sehen, daß der Listenverkaufspreis (und nicht etwa der Zielverkaufspreis) die 100 % Größe der Prozentrechnung darstellt:

Posten	Zuschlag	Summe	Anteil
Zielverkaufspreis		1.296,71 €	97 %
+ Kundenrabatt	10 %	144,08 €	3 %
= Listenverkaufspreis		1.440,79 €	100 %

Abbildung 4.10: Prozentrechnung beim Aufschlag der Kundenrabatte

Das Kalkulationsschema in Abbildung 4.8 hat den Nachteil, verhältnismäßig lang und unübersichtlich zu sein. Es ist daher wenig für schnelle Kalkulationen z.B. innerhalb laufender Verhandlungen geeignet, aber zum Glück kann man sich das mit der Faktorrechnung vereinfachen. Der Kalkulationsfaktor (KF) rechnet grundsätzlich in nur einer einzigen Multiplikation vom ersten bis zum letzten Wert einer Kalkulation. Er muß also aus den 1.099 Euro des Listeneinkaufspreises der Ware in einem einzigen Rechenschritt den Listenverkaufspreis ermitteln – und dabei alle Zwischenwerte wie Rabatte, Skonti, Zuschlagssatz und Gewinnaufschlag korrekt berücksichtigen. Es gibt zwei Methoden der Ermittlung des Kalkulationsfaktors:

- In einer bestehenden Kalkulation den letzten Wert durch den ersten dividieren oder
- alle einzelnen Auf- und Abschläge untereinander ausmultiplizieren.

Im vorstehenden Beispiel muß lediglich der Listenverkaufspreis durch den Listeneinkaufspreis geteilt werden, um zum Kalkulationsfaktor für die Kalkulation in Abbildung 4.9 zu gelangen:

$$KF = \frac{ListenVKP}{ListenEKP} = \frac{1.440,79}{1.099,00} = 1,311 \qquad \text{F 4.12}$$

Es ist aber nicht erforderlich, erst eine ausführliche Kalkulation Zeile für Zeile durchzuführen, um einen »letzten Wert« zu haben, der durch den Ausgangswert dividiert werden kann. Multipliziert bzw. dividiert

Zuschlags-
kalkulation

man einfach alle Prozentwerte der Kalkulation, so erhält man das gleiche Ergebnis:

$$KF = \frac{\left(\dfrac{0,95 \times 0,97 \times 1,15 \times 1,08}{0,97} \right)}{0,9} = 1,311 \qquad \text{F 4.13}$$

Die Multiplikationen entsprechen natürlich der vom-Hundert-Rechnung und die Divisionen die im-Hundert-Kalkulation im Verkaufsbereich.

Das bedeutet, daß man den Listeneinkaufspreis einer Ware nur mit
1,311 multiplizieren muß, um an den Listenverkaufspreis derselben Ware
zu kommen:

$$ListenVKP = ListenEKP \times 1,311 = 1.099 \times 1.311 = 1.440,79\ Euro$$
$$\text{F 4.13}$$

Das funktioniert natürlich mit allen Waren, für die die gleichen Rabatte, Skonto, Zuschlagssätze usw. dienen. Ist der Listeneinkaufspreis
einer anderen Ware beim Großhändler beispielsweise 179,99 Euro, so
wäre die Rechnung:

$$ListenVKP = ListenEKP \times 1,311 = 179,99 \times 1.311 = 235,97\ Euro$$
$$\text{F 4.14}$$

Es ist bedeutsam darauf hinzuweisen, daß ein Kalkulationsschema
stets die Gegebenheiten der zugrundeliegenden Branche und der vorherigen Kostenartenrechnung berücksichtigen muß. Daher gibt es keine in
allen Fällen richtige Berechnung des Kalkulationsfaktors. In Formel F 4.7
wurde bereits die Faktorrechnung vorgestellt (und in Formel F 4.8 demonstriert). Die dortige Formel unterscheidet sich von der vorherigen
Methode, weil dort noch kein ausführliches Kalkulationsschema zugrunde lag. Beide Verfahren sind richtig, aber jedes nur in seinem jeweiligen
Kontext.

Weiterhin ist es wichtig zu beachten, daß die Umsatzsteuer für den
im Sinne des Umsatzsteuerrechts umsatzsteuerpflichtigen Umsatz beim
umsatzsteuerpflichtigen Unternehmer (§ 2 UStG) ein Durchlaufposten
ist. Im Einkauf an den Lieferanten gezahlte Umsatzsteuern werden vom
Finanzamt erstattet und im Verkauf dem Kunden in Rechnung gestellte
Umsatzsteuern werden an das Finanzamt abgeführt. Sie haben damit
keinen Einfluß auf die Kalkulation. Diese rechnet daher stets mit Netto-
preisen.

Im Endkundengeschäft ist der Unternehmer jedoch verpflichtet, End-
preise einschließlich der jeweiligen Umsatzsteuer anzugeben. Er muß
die Umsatzsteuer also auf den kalkulierten Preis aufschlagen. Dies wäre
ein weiterer Kalkulationsschritt, ist aber eigentlich keine Kalkulation im
engeren Sinne, weil hierdurch kein kostenrechnerischer Aspekt mehr

berührt wird. Im Rechtsverkehr mit anderen Unternehmern ist es zulässig und üblich, Nettopreise anzugeben.

Einzige Ausnahme hiervon sind die sogenannten Kleinunternehmer im Sinne des § 19 Abs. 1 UStG. Diese müssen keine Umsatzsteuer abführen, kriegen aber auch keine Vorsteuer erstattet, wenn sie bestimmte Umsatzgrenzen nicht übersteigen. Daher ist die im Einkauf gezahlte Umsatzsteuer kein Durchlaufposten. Aus diesem Grund müssen solche Unternehmer aber auch mit Bruttopreisen rechnen, d.h. die Umsatzsteuer in den Wareneinsatz einbeziehen. Solche Kleinunternehmer müssen auch im Betriebsabrechnungsbogen mit Bruttowerten hantieren – falls sie überhaupt einen Betriebsabrechnungsbogen machen. Die Ausnahme des § 19 Abs. 1 UStG ist aber sehr selten, weil bei solchen Unternehmern auch bei großen Anschaffungen die Vorsteuererstattung nicht möglich ist. Das ist aber nicht im Interesse des Unternehmers – zumal kaum jemand auf Rechnungen seine Kleinunternehmereigenschaft offenlegen muß, denn das Fehlen der Umsatzsteuer auf Ausgangsrechnungen und Quittungen müßte ja begründet werden. Die meisten Unternehmer, die Kleinunternehmer sein könnten, optieren daher doch zur Umsatzsteuer, was in § 19 Abs. 2 UStG ausdrücklich zugelassen ist.

4.3.3. Nachkalkulation im Handel

Weiterhin ist ein kritischer Einwand gegen die Zuschlagskalkulation, daß diese zu starr sei und die Zahlungs- und Preisbereitschaft der Abnehmer nicht berücksichtigen könne. Der in der Zuschlagsrechnung verwendete Gewinn sei unflexibel und realitätsfern. Das ist im Prinzip berechtigt, aber doch nicht wirklich richtig.

Die vorstehende Kalkulation ist nämlich eine Vorkalkulation. Sie wird aufgrund repräsentativer Periodendaten wie z.B. den Vorjahreswerten durchgeführt. Sie enthält also Normzuschlagssätze. Ergänzt man sie durch eine Nachkalkulation aufgrund von Ist-Zuschlägen, so können das Ergebnis möglicher individueller Preisverhandlungen mit einem einzelnen Kunden, aber auch die Auswirkung etwaiger Zahlungsausfälle oder nachträglicher Nachlässe z.B. in Folge berechtigter Mängelrügen sehr wohl abgebildet werden. Dies geschieht in einer Nachkalkulation.

Die Nachkalkulation geht nur bis zu den Selbstkosten. Sie setzt dabei die wirklichen Gegebenheiten der tatsächlichen Abrechnungsperiode (und nicht einer früheren Planperiode) zugrunde. Die so ermittelten tatsächlichen Selbstkosten werden mit dem tatsächlich erzielten Ertrag verglichen. Hierbei wird der wirkliche Gewinn ermittelt, der die tatsächlichen Ergebnisse von Kundenverhandlungen und die wirklichen Verhältnisse beim Inkasso abbildet. Dieser Gewinn ist, korrekt ausgedrückt, ein produktbezogenes Betriebsergebnis.

	Posten	Zuschlag	Summe
	Listen-Einkaufspreis		1.099,00 €
–	Lieferantenrabatt	5 %	54,95 €
=	Ziel-Einkaufspreis		1.044,05 €
–	Lieferantenskonto	3 %	31,32 €
=	Bar-Einkaufspreis		1.012,73 €
+	Gemeinkostenzuschlag	15,50 %	156,97 €
=	Selbstkostenpreis		1.169,70 €
./.	Ist-Verkaufspreis netto		1.200,00 €
=	Ist-Gewinn		30,30 €
			2,5903%

Abbildung 4.11: Muster einer einfachen Nachkalkulation im Handel

Betrug der wirkliche Zuschlag in der Berichtsperiode nicht 15 %, wie in der Vorkalkulation angenommen, sondern tatsächlich 15,5 %, und hat der Kunde tatsächlich einen Verkaufspreis i.H.v. 1.200 Euro netto akzeptiert und auch gezahlt, so ergibt sich statt der ursprünglich angenommenen 8 % Gewinn ein tatsächliches Betriebsergebnis von nur noch 30,30 Euro oder 2,59 % der Selbstkosten. Die Ermittlung des Prozentsatzes geschieht wie schon in der Vorkalkulation auf die Selbstkosten, nur daß hier eben gerade kein starrer Satz aufgeschlagen wird, sondern die tatsächlichen Verhältnisse abgebildet werden.

4.3.4. Weitere Kalkulationsprobleme im Handel

Bezugskosten sind Nebenkosten, die im Zusammenhang mit den Anschaffungskosten eines Produktes entstehen und diesem direkt zurechenbar sind. Sie sind, wie auch nachträgliche Anschaffungskosten, zu aktivieren (§ 255 Abs. 1 Satz 2 HGB), also eben gerade keine Kosten im betriebswirtschaftlichen Sinne. Beispiele sind die Versandkosten für den Weg vom Großhandel oder sonstigen Lieferanten zum Einzelhändler. Zu separat ausgewiesenen Bezugskosten kommt es, weil Warenschulden i.d.R. Holschulden sind (§ 269 BGB). Ist nichts vereinbart, und ist der Leistungsort nicht aus den Umständen des Einzelfalles ersichtlich, so muß der Käufer einer Ware deren Versendung an einen anderen Ort bezahlen.

Oft sind solche Bezugskosten direkt auf der Rechnung angegeben. In diesem Fall wird der Rechnungswert gebucht und die Bezugskosten erscheinen nicht separat in der Kalkulation. Besonders bei größeren Produkten werden Bezugskosten aber separat abgerechnet, beispielsweise von Überführungsfahrern oder Speditionen. Dann erscheinen sie als Konstante in der Kalkulation und werden hinter dem Bar-Einkaufspreis ausgewiesen. Das Kalkulationsschema muß also angepaßt werden.

Posten	Zuschlag	Summe
Listen-Einkaufspreis		16.240,00 €
− Lieferantenrabatt	5 %	812,00 €
= Ziel-Einkaufspreis		15.428,00 €
− Lieferantenskonto	2 %	308,56 €
= Bar-Einkaufspreis		15.119,44 €
+ Bezugskosten	290,00 €	290,00 €
= Einstandspreis		15.409,44 €
+ Gemeinkostenzuschlag	15,00 %	2.311,42 €
= Selbstkostenpreis		17.720,86 €
+ Gewinn	8 %	1.417,67 €
= Barverkaufspreis		19.138,52 €
+ Kundenskonto	3 %	591,91 €
= Zielverkaufspreis		19.730,44 €
+ Kundenrabatt	10 %	2.192,27 €
= Listenverkaufspreis		21.922,71 €

Abbildung 4.12: Muster einer Vorkalkulation im Handel mit separaten Bezugskosten

Leider hat die Sache einen Haken: Kalkulationsfaktorrechnungen werden dadurch nämlich unbrauchbar. Das obige Schema demonstriert das. Für ein Produkt werden Bezugskosten für die Anlieferung in Höhe von 290 Euro geltend gemacht. Diese Summe ist in einer separaten Rechnung ausgewiesen und nicht Gegenstand der Rabattierung und Skontierung im Einkauf. Sie muß also separat in die Rechnung eingehen und kann nicht einfach in den Listenpreis des eigentlichen Produktes einbezogen werden.

Die Rechnung an sich ist unproblematisch, aber die Faktorkalkulation stellt den Bearbeiter vor Probleme. Oben wurde nämlich demonstriert, wie man den Faktor durch Ausmultiplizieren und Ausdividieren aller einzelner Auf- und Abschläge findet. Das geht hier mit der Konstante in der »Zuschlag«-Spalte ganz offenbar nicht mehr.

Es könnte aber versucht werden, den Faktor zu finden, indem man den letzten Wert des Kalkulationsschemas durch den ersten Wert dividiert:

$$KF = \frac{ListenVKP}{ListenEKP} = \frac{21.992,71}{16.240} = 1,354231 \qquad \text{F 4.15}$$

Das ist in der Tat nutzbar – aber nur in diesem Fall: Kauft der Unternehmer nämlich ein anderes Produkt mit anderem Listenpreis, erhält er für dessen Anlieferung aber eine Speditionsrechnung mit dem gleichen Betrag, weil das zweite Produkt die gleichen Frachtgebühren verursacht hat, stimmt der Faktor nämlich nicht. Diese Rechenmethode ist also nur anwendbar, wenn die Verhältnisse im Zusammenhang mit dem Kauf der Güter völlig unverändert bleiben. Das schränkt den Nutzen der

Faktorrechnung etwas ein. Die Faktorrechnung wird daher meist nur bei kleineren Artikeln ohne nachträgliche- oder Nebenkosten im Zusammenhang mit der Anschaffung durchgeführt.

Vielfach erhalten Verkaufsmitarbeiter eine Provision. Das ist auch im Zusammenhang mit Arbeitsverhältnissen üblich, also nicht nur ein Problem der selbständigen Vertreter und Makler. Diese Provision wird stets auf den Nettowert des verkauften Produktes gerechnet, denn nur dieser ist ja für die unternehmerische Leistung maßgeblich, nicht aber die Umsatzsteuer. Ferner wird die Provision fast immer auf den Barverkaufspreis berechnet, denn der Rabatt wird sofort abgezogen. Er wird also nicht einmal auf der Rechnung ausgewiesen. Anders als im Fall des Kundenrabattes und des Kundenskontos ist der Aufschlag der Verkäuferprovision aber wieder eine vom-Hundert-Rechnung, denn jetzt ist ja der Zielverkaufspreis die Berechnungsgrundlage. Das folgende Zahlenbeispiel bezieht sich auf die Abbildung 4.12. Die zusätzliche Annahme ist, daß der Verkäufer für die Veräußerung dieses Produktes eine Provision i.H.v. 6 % erhalte:

	Posten	Zuschlag	Summe
	Listen-Einkaufspreis		16.240,00 €
−	Lieferantenrabatt	5 %	812,00 €
=	Ziel-Einkaufspreis		15.428,00 €
−	Lieferantenskonto	2 %	308,56 €
=	Bar-Einkaufspreis		15.119,44 €
+	Bezugskosten	290,00 €	290,00 €
=	Einstandspreis		15.409,44 €
+	Gemeinkostenzuschlag	15,00 %	2.311,42 €
=	Selbstkostenpreis		17.720,86 €
+	Gewinn	8 %	1.417,67 €
=	Barverkaufspreis		19.138,52 €
+	Verkaufsprovision	6%	1.148,31 €
=	Zwischensumme		20.286,84 €
+	Kundenskonto	3%	627,43 €
=	Zielverkaufspreis		20.914,26 €
+	Kundenrabatt	10%	2.323,81 €
=	Listenverkaufspreis		23.238,07 €

Abbildung 4.13: Vorkalkulation im Handel mit Bezugskosten und Verkäuferprovision

Die Plazierung der Provision im Kalkulationsschema kann aber auch von der jeweiligen konkreten vertraglichen Vereinbarung abhängig sein. Es kann sein, daß die Provision lediglich auf den Barverkaufspreis vereinbart ist. Das hat insbesondere den Vorteil, daß die Provisionsgestaltung unabhängig von möglicherweise kundenindividuellen Skonto- und den sonstigen Preisnachlaßgestaltungen ist.

Selbstverständlich kann man auch bei Verkaufskalkulationen mit Berücksichtigung von Verkäuferprovisionen Nachkalkulationen machen.

Diese unterscheiden sich nicht grundsätzlich von sonstigen Nachkalkulationen, d.h. der wirkliche Ertrag wird mit den Selbstkosten vermittelt. Die Selbstkosten werden aufgrund der Gegebenheiten der tatsächlichen Leistungsperiode neu berechnet.

	Posten	Zuschlag	Summe
	Listen-Einkaufspreis		16.240,00 €
–	Lieferantenrabatt	5%	812,00 €
=	Ziel-Einkaufspreis		15.428,00 €
–	Lieferantenskonto	2%	308,56 €
=	Bar-Einkaufspreis		15.119,44 €
+	Bezugskosten	290,00 €	290,00 €
=	Einstandspreis		15.409,44 €
+	Gemeinkostenzuschlag	15,00%	2.311,42 €
=	Selbstkostenpreis		17.720,86 €
./.	Ist-Verkaufspreis netto		17.999,00 €
–	Verkaufsprovision		1.148,31 €
=	Ist Ertrag		16.850,69 €
=	Ist-Gewinn		–870,17 €
			–4,9104 %

Abbildung 4.14: Nachkalkulation im Handel mit Berücksichtigung von Provisionen

Allerdings müssen die Verkäuferprovisionen vom wirklichen Verkaufspreis abgezogen werden, da sie ja in jedem Fall fällig sind. Maßgeblich ist hierbei nur der vereinbarte, also wirklich gezahlte Betrag. Im Beispiel aus Abbildung 4.13 (nebenstehend) sind mit dem Verkauf 6 % Provision auf den Barpreis. Das entspricht 1.148,31 Euro netto. In der vorstehenden Nachkalkulation (Abbildung 4.14) wurden vom Kunden aber nur 17.999 Euro netto für das Produkt erlöst. Hiervon ist die Verkaufsprovision i.H.v. 1.129,52 Euro zu subtrahieren. Erst dann entsteht der eigentliche Ist-Ertrag, der vom Selbstkostenwert abzuziehen ist. In diesem Beispiel kommt dabei ein Verlust heraus.

4.3.5. Grundlagen der Kalkulation bei Dienstleistern

Dienstleistungsunternehmen können eine Vielzahl möglicher Kalkulationsschemata nutzen. Welches sie wirklich anwenden können oder sollten, hängt von der Art der Dienstleistung ab.

Manche Dienstleistungen bestehen in einer grundlegenden Leistungsart, die nur durch einen Größen-, Qualitäts- oder ähnlichen Faktor differenziert ist. Die oben bereits dargestellte Hotelkalkulation ist ein gutes Beispiel dafür. Es wurde gezeigt, warum in diesem Fall nur die Äquivalenzziffernkalkulation anwendbar ist. Eine Bezugskalkulation wie im

Zuschlags-
kalkulation

Beispiel des Handels entfällt also. Die Verkaufspreise der Zimmer können aber in ähnlicher Weise wie im Bereich des Handels im Wege der Zuschlagsrechnung aufgrund der Selbstkosten der Äquivalenzziffern-kalkulation berechnet werden:

Posten		Zimmer 3	Zimmer 3$^1/_2$	Zimmer 4
Selbstkosten		104,5161 €	121,9355 €	139,3548 €
+ Gewinn	12 %	12,5419 €	14,6323 €	16,7226 €
= BarVKPreis netto		117,0581 €	136,5677 €	156,0774 €
+ Umsatzsteuer	19 %	22,2410 €	25,9479 €	29,6547 €
= BarVKPreis brutto		139,2991 €	162,5156 €	185,7321 €

Abbildung 4.15: Verkaufskalkulation für Hotelzimmer aufgrund Äquivalenzzifferrechnung

Dienstleistungsunternehmen, deren Geschäftsmodell einen Waren- oder Arbeitseinsatz enthält, können hingegen die »normale« Zuschlags-kalkulation anwenden, oft aber ergänzt um branchenspezifische Details. In dem oben vorgestellten Messehotel ist die im Haus befindliche Gast-stätte ein gutes Beispiel hierfür. Während der Beherbergungsbereich kei-ne Einzelkosten kennt, erscheint in den Kostenstellen »Küche« und »Kel-ler« der jeweilige Materialeinsatz an Lebensmitteln als Einzelkostenart. Es wurde schon dargestellt, daß die beiden Bereiche getrennt werden sollten, um für Speisen und Getränke unterschiedliche Kalkulationen und damit auch unterschiedliche Verkaufsstrategien anwenden zu können. Aufgrund des Hotel-Betriebsabrechnungsbogens wäre beispielsweise die Kalkulation eines bestimmten Essens:

Posten	Zuschlag	Summe
Wareneinsatz (=Einzelkosten)		3,50 €
+ Gemeinkosten	209,60 %	7,34 €
= Selbstkosten		10,84 €
+ Plangewinn	12 %	1,30 €
= Kalkulierter Preis		12,14 €
+ Umsatzbeteiligung	5 %	0,64 €
= Inklusivpreis netto		12,78 €
+ Umsatzsteuer	19 %	2,43 €
= Inklusivpreis brutto		15,20 €

Abbildung 4.16: Kalkulation von Speisen und Getränken im Gaststättenbetrieb

Eine Bezugskalkulation entfällt hier aus branchenspezifischen Grün-den, wenn die Großhändler i.d.R. ohne Skonti und Rabatte liefern, könn-te gleichwohl aber auch gemacht werden.

Der gemäß Rezept erforderliche Wareneinsatz erscheint als Einzel-kostengröße. Auf ihn werden die Gemeinkosten aus dem Betriebsab-rechnungsbogen (vgl. Abbildung 4.2) aufgeschlagen, so daß sich der Selbst-kostenpreis ergibt.

Addiert man den geplanten Gewinn, so kommt man zum sogenannten kalkulierten Preis. Dieser entspricht dem Barverkaufspreis in der Handelskalkulation.

Für den Gaststättenbetrieb ist eine Umsatzbeteiligung der Mitarbeiter typisch. Dies entspricht einer Provision. Wie auch im Handel wird die Verkaufsprovision im Gastgewerbe auf den Barverkaufspreis, also den kalkulierten Preis aufgeschlagen.

Darauf kommt nur noch die Umsatzsteuer, und es ergibt sich der sogenannte Inklusivpreis. Dies ist der Preis, den der Wirt in die Speisekarte schreibt. Da die Gaststätte praktisch immer auch Nichtunternehmern offensteht, ist die Angabe von Bruttopreisen inklusive Umsatzsteuer Pflicht.

Ein Aufschlag von Rabatten und Skonti ist allgemein nicht üblich. Es wird nicht um den Preis aus der Speisekarte gefeilscht. Bei größeren Anlässen wie beispielsweise Firmenfesten oder Familienfeiern, bei denen der Wirt üblicherweise ein Angebot schreibt, kann jedoch sehr wohl mit einem vorherigen Aufschlag von Rabatt und Skonto gearbeitet werden. Das Rechenschema entspricht dem aus der Handelskalkulation.

Im vorstehenden Beispiel wird eine Umsatzbeteiligung auf den Inklusivpreis netto angenommen. Gestaltet man den Vertrag so aus, muß die Umsatzbeteiligung im-Hundert kalkuliert werden (und nicht etwa vom-Hundert, wie der Rest des Kalkultionsschemas).

Die Gaststätte ist ein gutes Beispiel für die Faktorrechnung, denn mag ein Gast eine bestimmte Art von Speise nicht, so kann direkt am Tisch ohne großen Zeitaufwand ein anderer Preis berechnet werden. Im nebenstehenden Beispiel wäre der Kalkulationsfaktor:

$$KF = \frac{Inklusivpreis\ brutto}{Einzelkosten} = \frac{15,20234}{3,50} = 4,3435 \qquad \text{F 4.16}$$

Dieser Faktor kann aber auch ausmultipliziert werden:

$$KF = \frac{3,096 \times 1,12}{0,95} \times 1,19 = 4,3435 \qquad \text{F 4.17}$$

4.3.6. Kalkulation in Produktionsbetrieben

Produktionsbetriebe sind diejenigen Betriebe, die als Teil ihres Geschäftsmodells ein Produkt in seiner Substanz wesentlich verändern. Auch die Gaststätte ist zwar eigentlich ein Produktionsbetrieb, aber der Dienstleistungsaspekt steht hier eher im Vordergrund. Produktionsbetriebe im eigentlichen Sinne sind eher einer Vielzahl von Handwerksgewerben und die Industrie. Von den wenigen Ausnahmen der Divisions- und der Äquivalenzziffernkalkulation abgesehen, machen solche Betriebe bei Serien-, Reihen- oder Einzelfertigung stets eine Zuschlagskalkulation. Auch hier dient die Vorkalkulation aufgrund von Normzuschlägen der Angebotsplanung und die Nachkalkulation aufgrund von Istzuschlägen der Kontrolle abgewickelter Arbeiten.

Die Kalkulation unterscheidet sich von den bisher dargestellten Schemata grundsätzlich dadurch, daß in der Regel mehrere Einzelkostenarten zugleich zu berücksichtigen sind, etwa Material und Produktivlohn (Mindestumfang) oder der Rohstoffeinsatz und mehrere Produktivlohnkostenstellen und mehrere Maschinenkostenstellen. Eine Faktorkalkulation ist damit niemals mehr möglich, weil dieses Verfahren stets einen einzigen, eindeutigen Anfangspunkt braucht, also nicht bei Vorliegen mehrerer Einzelkostenarten in einem Kalkulationsschema angewandt werden kann.

Für Industriebetriebe ist es wichtig, daß der Betriebsabrechnungsbogen dem tatsächlichen betrieblichen Prozeß angepaßt wird. Die einzelnen Produktionsbereiche, Maschinen und Arbeitsbereiche sind jeweils Kostenstellen. Die Kalkulation muß sich diesem Schema anpassen. Jeder Bereich, der für einen bestimmten Auftrag beansprucht wird, gehört in die entsprechende Kalkulation. Änderungen des Betriebsabrechnungsbogens bedingen auch Änderungen des Kalkulationsschemas.

Ein einfaches Beispiel zeigt eine minimale Industriekalkulation:

Nr		Posten	Zuschlag	Summe
1		Materialeinzelkosten		200,00 €
2	+	Materialgemeinkosten	8,00 %	16,00 €
3	=	Materialkosten		216,00 €
4		Lohneinzelkosten		150,00 €
5	+	Lohngemeinkosten	175,00 %	262,50 €
6	=	Lohnkosten		412,50 €
7	Σ	Herstellkosten		628,50 €
8	+	VtGK	10,00 %	62,85 €
9	+	VwGK	6,00 %	37,71 €
10	=	Selbstkosten		729,06 €
11	+	Gewinn	10,00 %	72,91 €
12	=	Barverkaufspreis		801,97 €
13	+	Provision	6,00 %	48,12 €
14	=	Zwischensumme		850,08 €
15	+	Kundenskonto	3,00 %	26,29 €
16	=	Zielverkaufspreis		876,38 €
17	+	Kundenrabatt	5,00 %	46,13 €
18	=	Listenpreis netto		922,50 €

Abbildung 4.17: Einfache Industriekalkulation mit vier Kostenstellen und Verkäuferprovision

Aus dem Kalkulationsschema kann auf den Betriebsabrechnungs-bogen zurückgeschlossen werden. Dieser hat die Kostenstellen

- Material,
- Produktion,
- Verwaltung und
- Vertrieb,

weil diese Zuschlagssätze im Kalkulationsschema vorkommen. Ähnlich wie im Betriebsabrechnungsbogen werden auch hier die Material- und die Lohnkosten durch Aufschlag des jeweiligen Zuschlagssatzes ermittelt. Die Summe aus Materialkosten (Zeile 3) und Lohnkosten (Zeile 6) ergibt die Herstellkosten (Zeile 7). Auf diese werden, was dem Rechenschema des Betriebsabrechnungsbogens entspricht, die Verwaltungs- und Vertriebsgemeinkosten aufgeschlagen. Das ergibt die Selbstkosten (Zeile 10).

Auch im Industriebereich kann man Nachkalkulationen zur Kontrolle abgewickelter Aufträge machen. Dem nachfolgenden Beispiel liegt die Annahme zugrunde, daß der mit dem Kunden vereinbarte Listenpreis nur 899 Euro netto betrug. Hiervon hat der Kunde Rabatt und Skonto abgezogen und der Verkäufer hat seine Provision erhalten.

Allerdings muß die Nachkalkulation die Ist-Zuschläge der Betrachtungsperiode (und nicht die Normzuschläge der Vorkalkulation) zugrundelegen. Hier seien Materialgemeinkosten in Höhe von 10 %, Lohngemeinkosten in Höhe von 180 % und Verwaltungs- und Vertriebsgemeinkosten i.H.v. 5 % und 10 % entstanden. Das führt zu einem nachkalkulierten Selbstkostenwert in Höhe von 748,80 Euro. Die Nachkalkulation sieht dann folgendermaßen aus:

Nr		Posten	Zuschlag	Summe
1		Listenpreis netto		899,00 €
2	–	Tatsächlicher Kundenrabatt	5,00 %	44,95 €
3	=	Zielverkaufspreis		854,05 €
4	–	Tatsächliches Kundenskonto	3,00 %	25,62 €
5	=	Zwischensumme		828,43 €
6	–	Provision	6,00 %	46,89 €
7	=	Barverkaufspreis		781,54 €
8	./.	Tatsächliche Selbstkosten		748,80 €
9	=	Tatsächl. Gewinn		32,74 €
10				4,490 %

Abbildung 4.18: Allgemeine Nachkalkulation zur Vorkalkulation in Abbildung 4.17

Im Beispiel hat der Unternehmer also in der wirklichen Abwicklung des Auftrages noch 4,49 % Gewinn gemacht.

Industriebetriebe leiden oft unter der Billigkonkurrenz aus Osteuropa oder einengenden staatlichen Auflagen. Sie müssen daher, im Gegensatz

zu Händlern oder Dienstleistern, oft auch eine andere Art von Nachkalkulation durchführen. Hierbei geht es nicht darum festzustellen, was
für ein Gewinn in Wirklichkeit erzielt wurde, sondern wie hoch ein be-
stimmter Wert sein darf, um die Produktion in Deutschland fortzuführen. Meistens geht es darum, die unter bestimmten Randbedingungen
noch möglichen Lohnkosten zu ermitteln. Ist das Ergebnis zu niedrig,
steht die Entscheidung über die Verlagerung ins Ausland auf dem Plan.

Auch dies kann mit Hilfe der Nachkalkulation ermittelt werden. Hierbei
muß aber das gesamte Schema der Nachkalkulation rückwärts durchlaufen werden. Ergebnis ist die Größe, deren Maximalwert ermittelt werden soll. Da diese Variante der Nachkalkulation im Gegensatz zur »eigentlichen« Nachkalkulation schon im Vorfeld der Auftragsdurchfüh-
rung stattfindet, sind ihr die Normzuschläge zugrundezulegen.

Im nachfolgenden Beispiel wird angenommen, daß nur 809 Euro netto
am Markt zu realisieren sind. Ist der Absatzmarkt ein Polypol, so ist der
dort anzutreffende Preis ein Faktum, das der Unternehmer nicht oder
nicht wesentlich verändern kann. Er muß zu dem Preis verkaufen oder
vom Markt verschwinden. Also muß sich der Unternehmer fragen, ob er
mit dem Polypolpreis leben kann. Das leistet die nachstehende Rechnung.

In den Zeilen 1 bis 8 wird die Vorkalkulation rückwärts durchgeführt. Das Ergebnis sind die maximal zulässigen Selbstkosten in Zeile 9.
Hiervon werden die Verwaltungs- und Vertriebsgemeinkosten subtra-

Nr		Posten	Zuschlag	Summe
1		Listenpreis netto		809,00 €
2	–	Kundenrabatt	5,00 %	40,45 €
3	=	Zielverkaufspreis		768,55 €
4	–	Kundenskonto	3,00 %	23,06 €
5	=	Zwischensumme		745,49 €
6	–	Provision	6,00 %	42,20 €
7	=	Barverkaufspreis		703,30 €
8	–	Gewinn	10,00 %	63,94 €
9	=	Selbstkosten		639,36 €
10	–	VwGK	6,00%	33,07 €
11	–	VtGK	10,00%	55,12 €
12	=	Herstellkosten		551,17 €
13		Materialkosten		216,00 €
14	–	Materialgemeinkosten	8,00%	16,00 €
15	=	Materialeinzelkosten		200,00 €
16		Lohnkosten		335,17 €
17	–	Lohngemeinkosten	175,00%	213,29 €
18	=	maximale Lohneinzelkosten		121,88 €

Abbildung 4.19: Nachkalkulation zur Ermittlung der maximal möglichen Lohneinzelkosten

hiert, so daß in Zeile 12 die maximal möglichen Herstellkosten entstehen. Die Herstellkosten setzen sich aber (im Beispiel) aus Lohn- und Materialkosten zusammen. Also werden von den ermittelten maximal möglichen Herstellkosten i.H.v. 551,17 (Zeile 12) zunächst die Materialkosten i.H.v. 216 Euro (Zeile 13) subtrahiert. Dies entspricht dem Ergebnis aus der Vorkalkulation in Abbildung 4.17. Es bleiben 335,17 Euro für die Lohnkosten übrig (Zeile 16). Sind aber 175 % Lohngemeinkostenzuschlag zu berücksichtigen, so sind dies bei einem Lohnkostenwert von 335,17 Euro genau 213,29 Euro Lohngemeinkosten. Setzt man diese von den maximal möglichen Lohnkosten ab, so erhält man die maximal möglichen Lohneinzelkosten i.H.v. 121,88 Euro.

Das Unternehmen muß jetzt darüber nachdenken, ob man mit 121,88 Euro Lohneinzelkosten pro Produkt auskommen kann. Mögliche Handlungsalternativen der Geschäftsleitung könnten hierzu sein

- Ausstieg aus dem Arbeitgeberverband, um nicht mehr tarifgebunden zu sein und billigere Löhne einführen zu können,
- Beschäftigung subventionierter Arbeitskräfte, etwa Langzeitarbeitsloser oder Behinderter,
- Beschäftigung von Niedriglohnarbeitern aus Osteuropa (im Rahmen der Freizügigkeit innerhalb Europas heute vergleichsweise einfach durchzusetzen),
- Automatisierung oder Einführung technischer Hilfsmittel, so daß mehr Produkte in weniger Zeit von weniger Mitarbeitern gefertigt werden, also die Produktivität steigt und die Lohneinzelkosten pro Stück sinken oder
- »Arbeitsverdichtung«, also mehr Arbeit in weniger Zeit von den Mitarbeitern verlangen.

Sind solche Lösungsansätze nicht möglich, oder schlagen sie fehl, wird ein Verlust mit diesem Produkt erwirtschaftet. Der Unternehmer kann dann noch darüber nachdenken, ob er damit leben und Markenzeichen wie etwa »Made in Germany« oder, moderner, »aus ostdeutschen Landen« als Marketingargument und zur Imagepflege verwenden will. Oft wird aber die Entscheidung gefällt, daß das nicht erwünscht ist. Stattdessen kann die Fertigung ganz oder teilweise in ein Billiglohnland verlegt werden, in dem die gegebenen 121,88 Euro Lohneinzelkosten für die Produktion ausreichend sind.

4.4. Retrograde Konzepte (»Target costing«)

Das vorstehende Konzept ist im Grunde schon eine Rückwärtsrechnung im eigentlichen Sinne. Während jede Nachkalkulation natürlich schon eine Rückwärtsrechnung ist, meint der Begriff der retrograden Kalkulation die Berechnung erlaubter, möglicher Produktionsfaktornutzungen unter den Bedingungen der Knappheit. Auf der Grundlage von Marktdaten wird hierbei nicht mehr vorwärts gerechnet (»was muß es bringen«), sondern rückwärts (»was kann ich mir noch leisten«). Der modernere Begriff ist *Target costing*. Die Methode ist aber nicht so neu und »in« wie der Anglizismus suggeriert; es hat sie eigentlich schon immer gegeben. Ein früherer Begriff ist Zielkostenrechnung.

Die Marktforschung erhebt zunächst qualitative und quantitative Daten. Diese lassen sich in drei Kategorien unterteilen:

- Mengendaten hinsichtlich Angebot und Nachfrage, die eine Prognose künftiger Marktentwicklungen zulassen,
- Preisdaten einschließlich Elastizitäten, die Berechnungen oder Abschätzungen möglicher oder maximal realisierbarer Verkaufspreise gestatten und
- Konditionendaten, die zusätzliche Informationen über Käufer, Kaufverhalten und Nachfragegewohnheiten enthalten.

Beispielsweise kennt das Marketing eine Güterdifferenzierung nach Kaufgewohnheiten in Convenience, Shopping, Specialty und Unsought goods. Diese Unterteilung ist für den Verkauf viel relevanter, weil nicht nach Eigenschaften der Güter, sondern nach Merkmalen der Käufer vorgegangen wird. Danach zu gliedern ermöglicht es, Güter nachfragegerecht anzubieten.

Die Mengendaten erlauben Vorausberechnungen (oder Schätzungen), ob ein Markteintritt (oder die Fortsetzung der Marktpräsenz) sich überhaupt lohnt. Konditionen und andere Daten sind die Grundlage für die Planung qualitativer Eigenschaften des Produktes. Hierzu zählen das Kernprodukt mit dem wesentlichen Hauptnutzen, das formale und das erweiterte Produkt mit trennbarem und untrennbarem Zusatznutzen. Hierzu zählen auch die anzuwendenden Vertriebskanäle. Eine Wertanalyse kann durchgeführt werden, um die für den Kunden relevanten Merkmale und Eigenschaften aufzufinden und zu bewerten.

Die Preisinformationen schließlich sind die Grundlage für eine Rechnung von dem Typ wie vorstehend demonstriert. Dies ist die eigentliche retrograde Kalkulation die davon ausgeht, wie viele Mittel der Kunde für ein bestimmtes Produkt bereitstellt und ermittelt, welche maximale Faktornutzung unter diesen Voraussetzungen möglich ist (»allowable cost«).

Hauptunterschied zu einer »einfachen« Rückwärtsrechnung ist, daß der Zielpreis in Wechselwirkungen mit Mengen und Konditionen steht. Ändert die Unternehmung relevante Eigenschaften des Produktes, so führt das zu einer Neuplazierung des Produktes am Markt und damit auch zu einem anderen Zielpreis. Diese Wechselwirkung kann beschrieben und in vielen Fällen formalisiert, d.h. in numerischer Form dargestellt werden. Die Kostenrechnung kann damit zu einem gesamtbetrieblichen Phänomen werden. Sie wird zu einem Steuerungsinstrument. Sie wird zu einem Teil des Controlling, denn unter »Controlling« versteht man keineswegs »Kontrolle« (das wäre nur ein kleiner Nebenaspekt), sondern interne Unternehmenssteuerung.

Das Target costing Konzept ist, wie andere Controlling-Gesamtmodelle auch, ein gesamtbetriebliches (»totales«, also überall präsentes) Konzept. Das deutet das untere Ende der nachstehenden Grafik an, denn die Ergebnisse der Zielkostenüberlegungen werden überall zugleich umgesetzt. Insofern nimmt das Zielkostenkonzept neuere Konzepte wie die Balanced Scorecard vorweg.

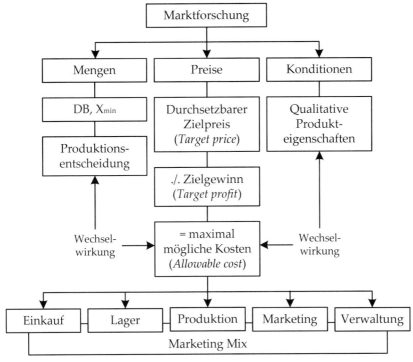

Abbildung 4.20: Grundkonzept der Zielkostenrechnung (»Target costing«)

Die durch das Verfahren bewirkte bessere Marktorientierung steht in Synergie zu Management-Systemen wie dem Qualitätsmanagement und dem Risikomanagement, denn die Datengrundlage ist weitgehend identisch. Der Kunde wird auf diese Weise in den Mittelpunkt gestellt. Betriebliche Teilsysteme werden mehr aufeinander bezogen und ihre Wechselwirkung muß in Gesamtmodellen abgebildet werden. Die Zielkostenrechnung kann aber auch übertriebene Sparneigung fördern und durch nie erreichbare Telefonhotlines und ständig überlastete Mitarbeiter den Ruf der Unternehmung ruinieren. Sie ist eigentlich ein rückwärtsgewandtes Konzept, auf Verknappung und Einschränkung zu reagieren, anstatt selbst zu handeln und die Ursachen der Verengung abzubauen. Marketing ist nicht alles, weiß der betriebswirtschaftliche Volksmund, aber ohne Marketing ist alles nichts. So ist das auch hier: anstatt zu überlegen, was wir uns heute noch leisten können, wäre es meistens besser zu überlegen, was wir in der wirtschaftlichen Umwelt ändern könnten, um uns in Zukunft wieder mehr leisten zu können. Die Zielkostenrechnung neigt dazu, sich mit den ökonomischen Umweltgegebenheiten zu arrangieren anstatt den Versuch zu unternehmen, sie zu verändern. Das ist ein Nachteil der hinter dieser Methode steckenden Denkweise.

4.5. Aufgaben zu Kapitel 4

In den folgenden Aufgaben werden die Grundlagen aus Kapitel 2 und die Ausführungen zum Betriebsabrechnungsbogen in Kapitel 3 als bekannt vorausgesetzt; die Fragen richten sich jedoch primär auf die Inhalte des 4. Kapitels. Es wird empfohlen, rechnerische Lösungen mit einem Tabellenkalkulationsprogramm zu erarbeiten, denn dies ist die in der betrieblichen Wirklichkeit übliche Methode. Es geht jedoch auch mit dem Taschenrechner.

Die Lösungen zu allen folgenden Aufgaben befinden sich in Kapitel 9 im Anhang am Ende dieses Buches.

4.5.1. Aufgabe 7 – Grundlagen der Kalkulation

Die folgenden Fragen können per Taschenrechner gelöst werden. Sie bilden die Grundlage der nachfolgenden Verfahren und sollten kein Problem darstellen:

1. Wieviel Euro Umsatzsteuer ist in einem Warenpreis von 100 Euro inkl. 19 % USt enthalten?
2. Eine Rechnung lautet auf 1.499,99 Euro brutto inkl. 19 % Umsatzsteuer. Der Kunde zahlt unter Abzug von 3 % Skonto. Wie hoch ist der bezahlte Betrag?
3. Wie hoch ist der Nettobetrag des Skonto aus der vorstehenden Aufgabe?
4. Eine Umsatzsteuerkorrektur aus einem Skontoabzug i.H.v. 2 % betrage 5,20 Euro bei einem Umsatzsteuersatz von 19 %. Wie hoch war der Rechnungsbetrag brutto?
5. Ein Aufschlag betrage 24 %. Wie hoch ist der Faktor, um diesen Aufschlag mit einem Rechengang zu bestimmen?
6. Ein Aufschlag betrage 550 %. Wie hoch ist der Faktor, um diesen Aufschlag mit einem Rechengang zu bestimmen?
7. Ein Faktor betrage 3. Wie hoch ist der Zuschlagssatz, der diesem Faktor entspricht?

8. Der Barverkaufspreis einer Ware betrage 1.200 Euro. Dem Kunden sollen 4 % Skonto gewährt werden, die aufzuschlagen sind. Wie hoch ist das aufzuschlagende Skonto?

9. Eine Fabrik für Förderanlagen kann einem Interessenten einen Spezialaufzug zu keinem höheren Preis als eine Konkurrenzfirma anbieten, die einen Netto-Barverkaufspreis von 400.491,00 Euro für eine solche Anlage verlangt. In einer Rückwärtskalkulation (retrograde Zuschlagskalkulation) sind folgende Fragen zu klären:

   9.1. Wie viel Prozent beträgt der Gewinn, wenn die Selbstkosten 381.420 Euro nicht übersteigen sollen?

   9.2. Wie hoch dürfen die Herstellkosten sein, wenn mit 20 % Verwaltungs- und Vertriebsgemeinkosten kalkuliert werden muß?

   9.3. Wie viel Euro Fertigungslöhne dürfen anfallen, wenn 80 % Fertigungsgemeinkosten zu berücksichtigen sind und die Materialkosten 104.640 Euro betragen?

   9.4. Mit welchem Materialgemeinkostenzuschlag wurde kalkuliert, wenn Rohstoffkosten in Höhe von 98.100 Euro angesetzt wurden?

4.5.2. Aufgabe 8 – Äquivalenzziffernkalkulation

Eine Kunsttöpferei stellt drei Arten von Produkten her. Typ A wiegt 0,6 kg pro Stück und wird 3.000 mal produziert. Typ B wiegt 0,8 kg und wird in der Abrechnungsperiode 10.000 mal hergestellt. Typ C schließlich wird 4.500 mal produziert und wiegt 1,4 kg/Stück.

Die Gesamtkosten im Abrechnungszeitraum betragen 128.800 Euro.

1. Ermitteln Sie die Selbstkosten der Sorte und
2. ermitteln Sie die Selbstkosten pro Stück

für alle drei Sorten.

4.5.3. Aufgabe 9 – Zuschlagskalkulation

Zu dieser Aufgabe gehört der Betriebsabrechnungsbogen aus Abbildung 4.21 (Folgeseite). Die Konten »Fertigerzeugnisse« und »unfertige Erzeugnisse« sind unter dem Betriebsabrechnungsbogen dargestellt. Es kann sinnvoll sein, sich zunächst über die Berechnung der Ist-Zuschlagssätze im Betriebsabrechnungsbogen Klarheit zu verschaffen, d.h. sie nachzurechnen.

Anlage zu Aufgabe 9 – Zuschlagskalkulation

Kostenarten	Summe	Schlüssel%				Kostenstellen			
		L	F	V	V	Lager	Fertigg.	Verwalt.	Vertrieb
Fertigungsmaterial	100.000,00					100.000,00			
Produktivlohn	40.000,00						40.000,00		
Lohn-GK	20.000,00	10	50	20	20	2.000,00	10.000,00	4.000,00	4.000,00
Sonstige GK	30.000,00	5	60	5	30	1.500,00	18.000,00	1.500,00	9.000,00
Kalulatorische GK	15.000,00	30	40	10	20	4.500,00	6.000,00	1.500,00	3.000,00
Summe GK	65.000,00					8.000,00	34.000,00	7.000,00	16.000,00
Selbstkosten	205.000,00					108.000,00	74.000,00	7.000,00	16.000,00
Ist-Zuschläge						8,000 %	85,000 %	3,500 %	8,000 %
Norm-Zuschläge						5,000 %	100,000 %	5,000 %	6,500 %
Norm-GK	64.000,00					5.000,00	40.000,00	6.000,00	13.000,00
Über-/Unterdeckg.	–1.000,00					–3.000,00	+6.000,00	–1.000,00	–3.000,00

S	unfertige Erzeugnisse		H	S	Fertigerzeugnisse		H
Anfang	10.000	Schluß	12.000	Anfang	30.000	Schluß	10.000

Abbildung 4.21: Anlage zu Aufgabe 9 – Zuschlagskalkulation

Aufgaben zum vorstehenden Zahlenwerk:

1. Stellen Sie die Berechnung der Herstellkosten des Umsatzes (HKU) dar, die im vorstehenden Betriebsabrechnungsbogen vorausgesetzt wird.
2. Stellen Sie eine Angebotskalkulation aufgrund des vorstehenden Betriebsabrechnungsbogens für ein Produkt auf, das 600 Euro Rohstoffeinsatz und 400 Euro Fertigungslohnkosten verursacht. Der Gewinn soll mit 12 % geplant werden. Dem Kunden werden traditionell 2,75 % Skonto und 4,5 % Rabatt eingeräumt. Das ist in der Kalkulation angemessen zu berücksichtigen. Der Listenverkaufspreis ist zu ermitteln.
3. Der Kunde unterschreibt das Angebot und der Auftrag wird noch in der Periode des vorstehenden Betriebsabrechnungsbogens ausgeführt. Die Vorhersagen über Materialverbrauch treffen ein, aber es entstehen ungeplant 50 Euro zusätzliche Lohnkosten. Der Kunde zahlt den zuvor vereinbarten Barpreis. Führen Sie eine Nachkalkulation durch und bestimmen Sie den tatsächlichen Gewinn bzw. Verlust, den der Auftrag vermittelt, in Euro und in Prozent.

5.
Teilkostenrechnung

Zur Teilkostenrechnung gehören alle kostenrechnerischen Verfahren, die im wesentlichen auf der Unterscheidung in fixe und in variable Kosten aufbauen. Während die Vollkostenrechnung »nur« auf Einzel- und Gemeinkosten fußt und in der Kalkulation endet, lassen sich bei weitem mehr und komplexere Verfahren auf dem Fundament der Teilkostenrechnung errichten. Dieses Kapitel enthält die Grundlagen; einzelne Methoden werden in den folgenden Kapiteln vertieft. Einen auch nur annähernd vollständigen Überblick zu geben, ist im gegebenen Rahmen unmöglich. Selbst Methoden wie Wegeoptimierung und Transportrechnung, einst esoterische Rechenverfahren, die über Universitäten und Softwarebüros der Logistiker nicht hinauskamen, heute aber in jedem »simplen« Autonavigationsgerät zu finden sind, basieren letztlich auf Kostenüberlegungen und entsprechenden Optimierungstechniken. Das vorliegende Buch beschränkt sich aber auf die grundlegenden Konzepte, die in der Praxis und in betriebswirtschaftlichen Lehr- und Prüfungsveranstaltungen am häufigsten vorkommen.

5.1. Kostenverläufe der Teilkostenrechnung

Die grundlegende Unterteilung ist die in fixe und in variable Kosten. Sie muß dem Leser geläufig sein.

- Fixkosten sind ausbringungsmengenunabhängig, aber durchaus veränderlich;
- variable Kosten hängen in der Höhe direkt von einer Ausbringungsmenge ab.

Beispielsweise ist der Stromverbrauch von einer Rechnung des Stromversorgers zur nächsten stets unterschiedlich. Die Höhe der Rechnung ändert sich. Sie ist deshalb noch nicht variabel. Veränderlichkeit und Variabilität sind nicht dasselbe. Der Energieverbrauch einer Produktionsanlage ist jedoch eine variable Kostenart, wenn er direkt mit der Zahl der produzierten Einheiten zusammenhängt. Das bedeutet meist auch, daß der Energieverbrauch in einen Fixkostenanteil (Gesamtbetrieb, z.B. Beleuchtung, Computer) und in einen variablen Anteil (Produktionsmaschinen) aufgeteilt werden muß. Das geschieht im Betriebsabrechnungsbogen. Maßzahl ist meist eine Erfassung an der jeweiligen Anlage (z.B. eigener Stromzähler).

Variable Kosten werden i.d.R. pro kleinste sinnvolle Leistungseinheit angegeben und berechnet. Bei einem Fahrzeug ist das i.d.R. der Kilometer; man kann zwar auch messen, wieviele Millimeter ein Auto fährt, aber das ist weder sinnvoll noch üblich. Bei Produktionsmaschinen kann die Bestimmung der kleinsten sinnvollen Einheit problematisch sein:

- die Anlage kann in Betriebsstunden, Minuten oder anderen Zeiteinheiten bemessen werden,
- aber beispielsweise auch in Ausbringung wie Stück oder einem sonstigen Leistungsmaß.

Welche Bemessungseinheit der variablen Kosten am sinnvollsten ist, muß von Fall zu Fall entschieden werden. Es gibt keinen allgemeinen Rat. Die Art der Maschine und ihrer Leistung ist jeweils zugrundezulegen. In vielen Fällen kann eine Rechnung sowohl über die Zeit (z.B. Stundenkosten) als auch über die Anzahl der erzeugten Einheiten (Stückkosten) stattfinden.

Fixkosten werden dagegen in der Regel pro Gesamtperiode angegeben. Welche Periode zugrundegelegt wird, hängt meist vom zugrundeliegenden Betriebsabrechnungsbogen ab. Da der Betriebsabrechnungsbogen monatlich erstellt werden sollte, können auch die Fixkosten monatlich dargestellt werden. Viele Fixkosten werden jedoch im Vergleich dazu in der Regel pro Jahr abgebildet. Zinsangaben beispielsweise versieht man nicht ohne guten Grund mit dem Zusatz »p.a.«, per annum, pro Jahr. Auch Abschreibungen, sowohl steuerliche (neutraler Aufwand) als auch kalkulatorische (Kosten) werden üblicherweise pro Jahr abgebildet. Im Rahmen dieses Buches werden die Fixkosten normalerweise immer pro Jahr dargestellt. Auf andere zugrundegelegte Perioden wird hingewiesen.

Ein einfaches Zahlenbeispiel demonstriert, was die Teilkostenrechnung grundsätzlich leistet. Eine Produktionsanlage verursache Fixkosten i.H.v. 60.000 Euro pro Jahr. Die variablen Kosten betragen 24 Euro pro Stück und bestehen im wesentlichen aus dem Rohstoffverbrauch, der Produktivenergie und den Produktivlöhnen, die durch die Produktion entstehen. Das hergestellte Produkt kann für 64 Euro pro Exemplar verkauft werden. Allgemein gilt für die Gesamtkosten:

$$K_{ges} = K_{fix} + X \cdot K_{var_{Stück}} \hspace{3cm} \text{F 5.1}$$

Der Umsatz bestimmt sich aus dem Verkaufspreis P_{vk} und der Stückzahl X:

$$U = X \cdot P_{vk} \hspace{4cm} \text{F 5.2}$$

Die Differenz zwischen dem Umsatz und den Gesamtkosten wird traditionell oft als Gewinn bezeichnet; das ist gleichwohl nicht ganz korrekt. Besser ist es, vom Betriebsergebnis *BE* zu sprechen, denn das deutet auf Kosten und Leistungen als Grundlage:

$$BE = U - K_{ges}$$ F 5.3

Dies kann für Leistungen im Bereich von X = 100 Stück/Jahr bis X = 2.000 Stück/Jahr in einer tabellarischen Übersicht wie folgt dargestellt werden:

Teilkostenrechnung pro Rechnungsperiode

X/Jahr	K_{fix}	K_{var}	K_{ges}	U	BE
100	60.000	2.400	62.400	6.400	−56.000
200	60.000	4.800	64.800	12.800	−52.000
300	60.000	7.200	67.200	19.200	−48.000
400	60.000	9.600	69.600	25.600	−44.000
500	60.000	12.000	72.000	32.000	−40.000
600	60.000	14.400	74.400	38.400	−36.000
700	60.000	16.800	76.800	44.800	−32.000
800	60.000	19.200	79.200	51.200	−28.000
900	60.000	21.600	81.600	57.600	−24.000
1.000	60.000	24.000	84.000	64.000	−20.000
1.100	60.000	26.400	86.400	70.400	−16.000
1.200	60.000	28.800	88.800	76.800	−12.000
1.300	60.000	31.200	91.200	83.200	−8.000
1.400	60.000	33.600	93.600	89.600	−4.000
1.500	60.000	36.000	96.000	96.000	0
1.600	60.000	38.400	98.400	102.400	4.000
1.700	60.000	40.800	100.800	108.800	8.000
1.800	60.000	43.200	103.200	115.200	12.000
1.900	60.000	45.600	105.600	121.600	16.000
2.000	60.000	48.000	108.000	128.000	20.000

Abbildung 5.1: Teilkostenrechnung pro Rechnungsperiode in Euro pro Periode

Die Übersicht bestätigt die Berechnung des Break Even Punktes bei einer Menge von 1.500 Stück/Jahr:

$$DB = U - K_{var} = 64 - 24 = 40 \; Euro/Stück$$ F 5.4

und

$$X_{min} = \frac{K_{fix}}{DB} = \frac{60.000}{40} = 1.500 \; Stück/Periode$$ F 5.5

Dies besagt, daß das Unternehmen bei einer Menge von X = 1.500 Stück pro Jahr die Gewinnschwelle erreicht. Bei dieser Menge ist das Betriebsergebnis genau null. Oberhalb von 1.500 Euro pro Periode wird Gewinn, darunter aber Verlust erzielt. Der Gewinn des 1501. Stücks wäre genau

Kostenverläufe der Teil- kostenrechnung

der Deckungsbeitrag des 1501. Stücks, nämlich 40 Euro. Aussagen dieses Typs sind charakteristisch für die Teilkostenrechnung, die in Mengenbegriffen (und nicht in Kostenverhältnissen) denkt.

Der aus der umseitigen Abbildung 5.1 entstehende Kostenverlauf kann wie folgt skizziert werden:

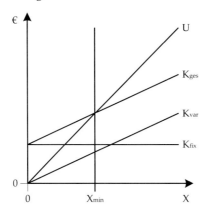

Abbildung 5.2: Allgemeine Skizze des Kostenverlaufes pro Jahr

Für diese Skizze ist typisch, daß variable Kosten und Umsätze stets am Ursprung des Diagramms beginnen, die Gesamtkosten bei einer Produktionsstückzahl von null aber den Fixkosten entsprechen. Der Deckungsbeitrag DB ist die Fläche zwischen den variablen Kosten und dem Umsatz. Er ist null bei einer Stückzahl von null und steigt mit jedem produzierten Exemplar um 40 Euro (vgl. Formel F 5.4). Die Differenz aus Umsatz und variablen Kosten heißt aber Deckungsbeitrag, weil sie die Fixkosten deckt. Am Break Even Punkt X_{min} ist dies erreicht. Der Deckungsbeitrag am Break Even Punkt entspricht also genau den Fixkosten:

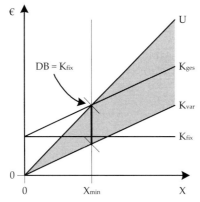

Abbildung 5.3: Der Deckungsbeitrag entspricht am Break Even Punkt genau den Fixkosten

Es kann sinnvoll sein, diesen Kostenverlauf auch in Kosten pro Stück auszudrücken. Dafür gilt grundsätzlich:

$$K_{ges_{Stück}} = \frac{K_{fix} + X \cdot K_{var_{Stück}}}{X} = \frac{K_{ges_{Periode}}}{X} \qquad \text{F 5.6}$$

Entsprechend können auch die Fixkosten und das Betriebsergebnis auf ein Exemplar bezogen werden. Die müssen einfach nur durch die jeweilige Stückzahl dividiert werden. Tabellarisch sieht das folgendermaßen aus:

Teilkostenrechnung pro Stück

X/Jahr	K_{fix}/Stück	K_{var}/Stück	K_{ges}/Stück	U/Stück	BE/Stück
100	600,00	24,00	624,00	64,00	−560,00
200	300,00	24,00	324,00	64,00	−260,00
300	200,00	24,00	224,00	64,00	−160,00
400	150,00	24,00	174,00	64,00	−110,00
500	120,00	24,00	144,00	64,00	−80,00
600	100,00	24,00	124,00	64,00	−60,00
700	85,71	24,00	109,71	64,00	−45,71
800	75,00	24,00	99,00	64,00	−35,00
900	66,67	24,00	90,67	64,00	−26,67
1.000	60,00	24,00	84,00	64,00	−20,00
1.100	54,55	24,00	78,55	64,00	−14,55
1.200	50,00	24,00	74,00	64,00	−10,00
1.300	46,15	24,00	70,15	64,00	−6,15
1.400	42,86	24,00	66,86	64,00	−2,86
1.500	40,00	24,00	64,00	64,00	0,00
1.600	37,50	24,00	61,50	64,00	2,50
1.700	35,29	24,00	59,29	64,00	4,71
1.800	33,33	24,00	57,33	64,00	6,67
1.900	31,58	24,00	55,58	64,00	8,42
2.000	30,00	24,00	54,00	64,00	10,00

Abbildung 5.4: Teilkostenrechnung pro Stück in Euro pro Stück

Es fällt auf, daß die Fixkosten pro Stück und die Gesamtkosten pro Stück sich jetzt mit wachsender Ausbringung degressiv verhalten. Sie sinken, obwohl die Gesamtkosten pro Periode bei wachsender Ausbringung ansteigen. Dies ist die Stückkostendegression: Der Unternehmer kann Kosten sparen, indem er mehr produziert. Die Kosten pro Stück sinken hierdurch. Der Betrieb kann damit aber auch konkurrenzfähiger fertigen, denn während der an einem polypolistischen Markt tatsächlich erhältliche Verkaufspreis vom Unternehmer nicht beeinflußt werden kann, so kann er doch die Stückzahl erhöhen und dadurch zugleich das Betriebsergebnis verbessern.

Umsatz und variable Kosten pro Stück bleiben konstant. Sie schneiden damit die Gesamtkostenkurve. Auch in diesem Fall kann daher der

Kostenverläufe
der Teil-
kostenrechnung

Break Even Punkt in der Zeichnung visualisiert werden. Auch hier ist wieder der in der Zeichnung sichtbare Deckungsbeitrag am Break Even Punkt genau entsprechend den Fixkosten:

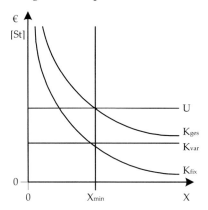

Abbildung 5.5: Skizze des Kostenverlaufes pro Stück

Diese Skizze ist Anlaß zu einer Vielzahl konkreter Strategien. Interessant ist insbesondere die Überlegung, ob die einzelnen Kostenarten nicht durch unternehmerische Maßnahmen beeinflußt werden könnten. Beispielsweise könnte überlegt werden, ob variable Kosten nicht in Fixkosten überführt werden könnten. Im (nicht immer nur theoretischen) Extremfall gehen die variablen Kosten gegen Null und werden vollständig durch Fixkosten ersetzt. Das ist nicht nur in bestimmten Branchen regelmäßig der Fall (Telekommunikationsnetzbetreiber und bestimmte Softwarehersteller haben keine variablen Kosten), sondern kann auch durch Maßnahmen wie Mechanisierung und Automatisierung in Industriebetrieben durch die Geschäftsleitung bewußt herbeigeführt werden. So entsteht eine deutliche Änderung in den Kostenverläufen:

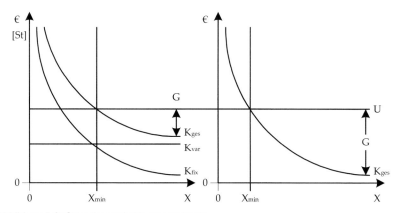

Abbildung 5.6: Grundlegende Kostenstrategie

5.2. Strategisches Kostenmanagement

Sinken die variablen Kosten (rechte Skizze), so sind zwei deutliche Veränderungen festzustellen:

- der Break Even Punkt X_{min} liegt viel niedriger und
- der Gewinn G ist viel größer.

Die Wettbewerbsfähigkeit des Unternehmens hängt also offenbar nicht nur von seinem Zuschlagssatz ab, sondern auch von seinem Verhältnis zwischen fixen und variablen Kosten. Eine Verlagerung der variablen Kosten in fixe kann offenbar von großem Vorteil sein.

Die Bedeutung für die Praxis wird durch die Anwendung der oben eingeführten Definitionen verdeutlicht. Variable Kosten sind in aller Regel Einzelkosten und ein kleiner Teil der Gemeinkosten. In vielen produzierenden Betrieben ist der größte Einzelkostenposten der Produktivlohn. Bei jeder Maschine entstehen kalkulatorische Zinsen und kalkulatorische Abschreibungen, die den Mindestumfang der Vorhaltekosten bilden. Das Beispiel des Autofahrers zeigt, daß diese zwar oft übersehen werden, aber dennoch vorhanden sind. Kalkulatorische Kosten sind jedoch nahezu stets Fixkosten[1].

Eine Verlagerung von variablen in fixe Kosten ist also möglich, indem mechanisiert und automatisiert wird, denn hierdurch werden Lohnkosten verringert und (insbesondere kalkulatorische) Fixkosten erhöht. Diese Strategie aber ist seit Jahrhunderten bekannt – und wird hiermit kostentheoretisch begründbar.

Bestimmte Branchen haben hier aber einen Vorteil. Vergleichen wir beispielsweise den fertigenden Industriebetrieb mit einem, sagen wir mal, Softwareunternehmen, dann stellen wir fest, daß der Industriebetrieb im wesentlichen drei variable Kostenposten hat:

- Produktivlöhne,
- Roh-, Hilfs- und Betriebsstoffe sowie
- Energieträger.

Da die Energiekosten bekanntlich seit Jahren steigen, was aber keineswegs, wie der nicht gut informierte (dafür aber sehr gut manipulierte) Volksmund weiß, an den bösen Arabern oder den energiehungrigen Chinesen, sondern ganz erheblich immer noch am deutschen Fiskus und am Biosprit liegt, steigen auch die variablen Kosten der produzierenden Unternehmen, was aufgrund der oben dargestellten Gesetzmäßigkeit als Standortnachteil gesehen werden kann.

---

1 Wird die kalkulatorische Abschreibung nach Ausbringung einer Maschine bemessen, so kann sie eine variable Kostenart sein, wenn die Ausbringung der Anlage mit der Leistung des Betriebes übereinstimmt. Dies ist jedoch der einzige Fall variabler kalkulatorischer Kosten.

Ein Softwareunternehmen, das nicht auf Einzelbestellung individuelle Lösungen erstellt, sondern Software für eine zuvor unbekannte Vielzahl von Nutzern herstellt, hat hingegen

- keine Einzelkosten (außer Datenträgern und Verpackungen) und
- keine variablen Kosten (wiederum außer Datenträgern und Verpackungen),

denn nichts außer diesen zwei minimalen Kostenposten ist einem einzelnen Auftrag bzw. Exemplar des Produktes direkt zuzurechnen oder von der Anzahl der Nutzer, also der Leistungsausbringung des Unternehmens abhängig. Das Unternehmen der Softwarebranche hat damit praktisch nur fixe Gemeinkosten – insbesondere, da beim Vertrieb über das Internet auch noch die Kosten der Vervielfältigungsstücke entfallen. Der in Abbildung 5.6 eigentlich nur idealtypisch skizzierte rechte Kostenverlauf gänzlich ohne variable Kosten ist also noch nicht einmal eine Übertreibung, sondern in bestimmten Branchen, die keinerlei variable Kosten haben, Realität.

In diesem Zusammenhang ist es kein Zufall, daß gerade in der Softwarebranche, glaubt man einschlägigen Statistiken, der Anteil der Einkommensmillionäre besonders hoch sein soll. Auch daß gerade in dieser Branche der angeblich reichste Mensch der Welt (Bill Gates) zu Hause ist, könnte u.U. mit solchen kostentheoretischen Hintergründen etwas zu tun haben.

Auch für den einzelnen Betrieb sind Maßnahmen abzuleiten, die die hier demonstrierte Umwandlung von variablen Kosten in Fixkosten bewirken können. Einige Beispiele sind:

- Mechanisierung und Automatisierung der Produktion, so daß variable Produktivlöhne in meist fixe Maschinenkosten übersetzt werden,
- Einstellung subventionierter Mitarbeiter, was die variablen Lohnkosten senkt,
- Einstellung osteuropäischer Billiglohnarbeiter oder
- die Verlagerung des Betriebes in Billiglohnländer.

Während schon die osteuropäischen Staaten niedrige Löhne bieten, von denen Unternehmen schon profitieren können, wenn sie nur hinter den Thüringer Wald verlagern, also nicht so sehr weit nach Osten, kommen in Ländern wie Indien oder China zu den dort ebenfalls günstigen Löhnen noch die fehlenden Energierestriktionen hinzu. Die aufstrebenden Wirtschaften Asiens gehen wesentlich ideologiefreier an die Frage der Bereitstellung einer günstigen Stromversorgung heran. Durch den massiven Ausbau der Kernenergie sinken dort die Strompreise, während sie in Europa durch Emissionshandel, Steuern und teure Experimente mit »erneuerbaren« Energien nur eine Richtung kennen, nach oben. Die hohen Kosten der Energieversorgung werden damit nach und nach zum größten Standortnachteil in der Europäischen Union.

5.3. Deckungsbeitragsrechnung

Es wurde oben bereits festgestellt, daß es kein Produkt mit Gewinn (oder Verlust) gibt, sondern nur Produkte mit Deckungsbeiträgen. Der einem Produkt zuzurechnende Gewinn sinkt mit geringerer Ausbringung (bzw. wird negativ, also zu einem Verlust) bzw. steigt mit wachsender Ausbringung, denn dann sinken die Stückkosten. Auch dies ist etwas, was die Kalkulation nicht darstellen kann. Die Teilkostenrechnung vermittelt jedoch zwei primäre Anwendungen der anscheinend so einfachen Deckungsbeitragsrechnung:

- die Entscheidung über Fortsetzung oder Einstellung von Produkten, Geschäftsbereichen oder der Zusammenarbeit mit bestimmten Kunden und
- ein Konzept der Sortimentsplanung aufgrund von Deckungsbeiträgen.

Die primäre Erkenntnis in diesem Zusammenhang, die schon oben in Kapitel 2.5.3 gewonnen wurde, besagt, daß ein Produkt nicht eingestellt werden sollte, wenn es Verlust erwirtschaftet, sondern erst, wenn sein Deckungsbeitrag gegen oder unter null tendiert. Werden die variablen Kosten gedeckt, ohne daß das Produkt aber auch Gewinn erzielt, so sollte das Produkt nicht eingestellt, sondern ausgeweitet werden, weil es sich »nur« unterhalb des Break Even Punktes befindet. Es kann Gewinn erzielen, auch wenn es das noch nicht tut. Wird das verlustbringende Produkt mit positivem Deckungsbeitrag jedoch eliminiert, so schadet das dem ganzen Betrieb, wie das Beispiel in Abbildung 2.31 und 2.32 zeigt. Diese grundlegende Gesetzmäßigkeit läßt sich aber noch wesentlich erweitern.

5.3.1. Einfache Deckungsbeitragsrechnung

Vielfach sind die Ausgangsdaten unvollständig oder haben nicht den richtigen Datentyp. Dennoch sollen Aussagen aus der Deckungsbeitragsrechnung abgeleitet werden. Einige Beispiele zeigen typische Probleme dieses Typs.

In einem produzierenden Betrieb werden in zwei aufeinanderfolgenden Perioden (z.B. Monaten) die Gesamtkosten und der Umsatz festgestellt. Natürlich ist damit auch das Betriebsergebnis bekannt. Eine ordnungsgemäße Kostenartenrechnung wurde jedoch unterlassen bzw. liegt nicht vor. Es soll festgestellt werden, ob eine Fortsetzung der Produktion sinnvoll erscheint bzw. ob die Produktion im betrachteten Bereich einzustellen sei. Der Deckungsbeitrag und der Break Even Punkt sollen bestimmt werden.

Betrieblicher Datenbefund für zwei Perioden

Periode	Januar	Februar
Produzierte Stückzahl	4.000 Stück	5.000 Stück
Gesamtkosten	318.000 Euro	370.000 Euro
Umsatz	272.000 Euro	340.000 Euro
Betriebsergebnis	–46.000 Euro	–30.000 Euro

Abbildung 5.7: Betrieblicher Datenbefund für zwei Perioden

Der vorstehende Datenbefund scheint keine Break Even Rechnung zuzulassen, weil keine Differenzierung in fixe und variable Kosten gegeben ist. Dennoch ist eine solche Rechnung möglich, wenn man nur die zugrundeliegenden Definitionen beachtet. In den betriebswirtschaftlichen Übungen sowie in den Prüfungen der verschiedenen prüfenden Körperschaften wird sehr oft auf solche Definitionen abgestellt.

Variable Kosten sind von der Ausbringungsmenge abhängig. Diese aber steht da – und ist von 4.000 Stück auf 5.000 Stück angestiegen. Die Kostenänderung i.H.v. 52.000 Euro von Januar auf Februar kann also nur durch variable Kosten verursacht worden sein. Sie ist ein Teil der variablen Kosten. Dividiert man aber die Kostenänderung durch die Mengenänderung, so erhält man die variablen Stückkosten:

$$K_{var} = \frac{\Delta K_{ges}}{\Delta X} = \frac{370.000 - 318.000}{5.000 - 4.000} = 52 \; Euro/St \qquad \text{F 5.7}$$

Der Verkaufspreis pro Stück ist aus dem Gesamtumsatz und der angegeben Menge zu berechnen:

$$P_{vk} = \frac{U}{X} = \frac{272.000}{4.000} = \frac{340.000}{5.000} = 68 \; Euro/St \qquad \text{F 5.8}$$

Jetzt ist auch der Deckungsbeitrag kein Geheimnis mehr:

$$DB = U - K_{var} = 68 - 52 = 16 \; Euro/Stück \qquad \text{F 5.9}$$

Es fehlen aber noch die Fixkosten. Aus der grundlegenden Gesetzmäßigkeit

$$K_{ges} = K_{fix} + X \cdot K_{var_{Stück}} \qquad \text{F 5.10}$$

Geht aber durch Umstellen hervor:

$$K_{fix} = K_{ges} - X \cdot K_{var_{Stück}} \qquad \text{F 5.11}$$

Nunmehr kann der Fixkostenwert berechnet werden. Für den Monat Januar ist die Rechnung:

$$K_{fix} = 318.000 - 4.000 \times 52 = 110.000 \; Euro \qquad \text{F 5.12}$$

Im Februar muß sich natürlich dasselbe Ergebnis einstellen. Das ist der Fall:

$$K_{fix} = 370.000 - 5.000 \times 52 = 110.000 \; Euro \qquad \text{F 5.13}$$

Also ist der Break Even Punkt zu bestimmen:

$$X_{min} = \frac{K_{fix}}{DB} = \frac{110.000}{16} = 6.875 \; Stück/Periode \qquad \text{F 5.14}$$

Hieraus ergeben sich folgende Ratschläge an die Geschäftsleitung:

• Das Produkt ist fortzusetzen, wenn die Produktionsmenge zu gleichen Bedingungen auf über 6.875 Stück pro Periode gesteigert werden kann oder wenigstens ein anderes Produkt zur Verfügung steht, so daß insgesamt die Gewinnzone erreichbar ist;
• das Produkt ist einzustellen, wenn langfristig kein weiteres Produkt eingeführt werden kann *und* dieses Produkt nicht zu den bestehenden Bedingungen auf eine Produktionsmenge oberhalb von 6.875 Stück pro Periode gebracht werden kann.

Der Deckungsbeitrag ist hierbei eine kurzfristige Entscheidungsgrundlage und die Erzielung eines positiven Betriebsergebnisses ist die langfristige Entscheidungsgrundlage.

Solche Fragen werden gerne um weitere Aspekte erweitert. Das macht sie schwieriger. Ein Beispiel illustriert einen weiteren Aufgabentyp. Für eine Produktionsstraße liegen für zwei Lastmessungen, zwischen denen sich weder Preise noch Faktorkosten noch technische Rahmendaten verändert haben, die folgenden Daten vor:

• Bei einer Auslastung von 80 % wurden 200.000 Stück eines Artikels zu Kosten von 12 Euro pro Stück hergestellt.
• Beim Rückgang der Leistung auf 60 % der Kapazitätsgrenze betrugen die Gesamtkosten 13 Euro pro Stück.
• Der Marktverkaufspreis des Artikels betrug zu jeder Zeit 13 Euro pro Stück.

Gesucht wird hier aber nicht nur nach dem Break Even Punkt, sondern in diesem Fall auch, bei welcher Leistung der Anlagenbetreiber eine angestrebte Umsatzrentabilität von 5 % erzielt. Diese Rentabilität sei das Minimum, was der Unternehmer fordere. Dieser Nebenaspekt macht die Sache schwieriger, aber nicht grundsätzlich anders.

Begonnen wird wieder mit einer kleinen Gegenüberstellung der Befunde:

Ergebnisse zweier Lastmessungen einer Anlage

Leistung	Stückzahl	Stückkosten	Gesamtkosten
80 %	200.000 Stück	12,00 Euro/St	2.400.000 Euro
60 %	150.000 Stück	13,00 Euro/St	1.950.000 Euro
Differenz	50.000 Stück	1,00 Euro/St	450.000 Euro

Abbildung 5.8: Ergebnisse zweier Lastmessungen einer Anlage

Hier gilt der gleiche Grundgedanke wie zuvor: Die Mengenänderung i.H.v. 20 % der Maximalleistung oder 50.000 Stück kann unter *ceteris paribus* Bedingungen nur eine variable Kostenart sein. Also gilt:

$$K_{var} = \frac{\Delta K_{ges}}{\Delta X} = \frac{450.000\,€}{50.000\,St} = 9\,€/St \qquad \text{F 5.15}$$

Damit ist aber auch klar, daß der Deckungsbeitrag vier Euro pro Stück beträgt, denn der Verkaufspreis liegt ja bei 13 Euro/Stück. Mit der Formel 5.11 lassen sich die Fixkosten in Höhe von 600.000 Euro bestimmen. Der Break Even Punkt wird dann aber auf die schon bekannte Art und Weise ermittelt:

$$X_{min} = \frac{K_{fix}}{DB} = \frac{600.000\,€}{4\,€} = 150.000\,St \qquad \text{F 5.16}$$

Nun stellt sich aber noch die lästige Frage nach der Umsatzrentabilität, die grundsätzlich folgendermaßen ermittelt wird:

$$R_U = \frac{G}{U} \qquad \text{F 5.17}$$

Weiterhin gilt für den Gewinn natürlich:

$$G = U - K_{ges} = X \times P_{vk} - (K_{fix} + X \times K_{var_{St}}) \qquad \text{F 5.18}$$

Das ist in diesem Beispiel einfach anzuwenden. Eine Umstellung der Rentabilitätsformel ist nicht erforderlich. Es reicht vielmehr festzustellen, bei welcher Leistung X die Gesamtkosten genau gerade 12,35 Euro pro Stück betragen. Wenn die Gesamtkosten 12,35 Euro pro Stück betragen, bleiben nämlich genau gerade 5 % oder 0,65 Euro als Betriebsergebnis übrig. Das ist genau die Umsatzrentabilität, die der Unternehmer fordert. Eine kleine Übersicht zeigt das:

Posten	Wert	Anteil
Umsatzerlöse	13,00 Euro	100 %
− Gesamtkosten	12,35 Euro	95 %
= Angestrebtes Ergebnis	0,65 Euro	5 %

Abbildung 5.9: Einfache Rentabilitätsrechnung

Da aber, und jetzt muß man die Kostenverläufe der Teilkostenanalyse verstanden haben, die variablen Kosten pro Stück (!) konstant sind (nämlich hier bei neun Euro pro Stück), müssen sich nur die Fixkosten i.H.v. 600.000 Euro auf die festzustellende Menge verteilen. Es gilt also:

$$12,35\,€ = \frac{600.000\,€}{X} + 9\,€ \qquad \text{F 5.18}$$

Zunächst werden die variablen Kosten auf beiden Seiten abgezogen. Übrig bleibt dann:

$$3,35\,€ = \frac{600.000\,€}{X} \qquad \text{F 5.20}$$

Also gilt:

$$X = 179.104,4776\ St \qquad \text{F 5.21}$$

Probleme dieses Typs sind in Prüfungen gern gesehene Gäste, aber auch nicht ganz realitätsfern. Schließlich ermöglichen solche Überlegungen selbst bei teilweise fehlenden oder ungenauen Daten sinnvolle Prognosen. Das macht sie nützlich. Besonders in Kombination mit der Rentabilitätsrechnung kann aber ein beträchtlicher Schwierigkeitsgrad erreicht werden. Die folgenden Beispiele demonstrieren das.

Ein Produkt habe einen Verkaufspreis von 36 Euro pro Exemplar. Der Markt ist ein Polypol, d.h. der Unternehmer kann diesen Preis nicht ändern. Er muß damit leben. Die variablen Kosten betragen 20 Euro pro Stück. Daß der Deckungsbeitrag 16 Euro pro Stück beträgt, ist trivial.

Gegenwärtig werden 6.400 Stück pro Periode hergestellt und verkauft. Der Stückkostenwert liegt bei dieser Produktionsmenge bei 32,50 Euro pro Stück. Der Unternehmer strebt eine Umsatzrentabilität von 16 % an. Kann er diese erzielen, und wenn ja, bei welchem Absatz?

Schwierig ist hier insbesondere, daß wiederum Daten fehlen. Bevor man an die Lösung gehen kann, müssen die unbekannten Daten berechnet werden.

Daß eine Umsatzrentabilität von 16 % erreichbar ist, kann nicht aus dem Umstand geschlossen werden, daß der Deckungsbeitrag positiv ist. Die Umsatzrentabilität ist das Verhältnis zwischen Gewinn und Umsatz. Dieses kann auch bei einem positiven Deckungsbeitrag nicht unbe-

Deckungsbeitrags-
rechnung

schränkt wachsen. Im konkreten Beispiel liegt die maximale Umsatzrentabilität zwar bei ca. 45 %, aber das ist im Moment nicht relevant. Zuerst müssen die Fixkosten berechnet werden.

Wenn ein Stück zur Zeit 32,50 Euro Gesamtkosten verursacht und 6.400 Stück produziert werden, dann liegen die Gesamtkosten bei 208.000 Euro. Die variablen Kosten sind ja mit 20 Euro pro Stück angegeben. Das aber sagt uns, daß die gesamten variablen Kosten der Periode bei 6.400 Stück bei 128.000 Euro liegen. Die Differenz zwischem beiden i.H.v. 80.000 Euro ist die Fixkostengröße.

Es kann sinnvoll sein zu prüfen, wo der Break Even Punkt liegt. Das ist jetzt möglich:

$$X_{min} = \frac{K_{fix}}{DB} = \frac{80.000}{36-20} = 5.000 \; Stück/Periode \qquad \text{F 5.22}$$

Jetzt aber zu der Frage mit der Umsatzrentabilität. Es sollen 16 % vom Umsatz erzielt werden. Also gilt

$$0,16 \cdot P_{vk} \cdot X = U - K_{ges} \qquad \text{F 5.23}$$

Werden die Ausgangszahlen und berechneten Werte eingesetzt, so erhält man:

$$0,16 \cdot 36 \cdot X = 36 \cdot X - (80.000 + 20 \cdot X) \qquad \text{F 5.24}$$

Zunächst wird die Kostenfunktion ausgeklammert, um die Glieder ausrechnen zu können:

$$0,16 \cdot 36 \cdot X = 36 \cdot X - 80.000 - 20 \cdot X \qquad \text{F 5.25}$$

Dann kann der Ausdruck nach X hin aufgelöst werden. Zunächst werden die Konstanten verrechnet:

$$5,76 \cdot X = 16 \cdot X - 80.000 \qquad \text{F 5.26}$$

Dann die beiden X auf beiden Seiten miteinander verrechnen:

$$0 = 10,24 \cdot X - 80.000 \qquad \text{F 5.27}$$

Und jetzt kann X berechnet werden:

$$80.000 = 10,24 \cdot X \qquad \text{F 5.28}$$

$$X = 7812,50 \; Stück/Periode \qquad \text{F 5.29}$$

Die Sache ist also offensichtlich schon ein wenig knackiger. Aus den grundlegenden Formeln kann eine Nachweisrechnung erstellt werden.

Bei 7.812,50 Stück pro Periode soll eine Umsatzrentabilität i.H.v. 16 % entstehen. Zunächst wird der Umsatz berechnet:

$$U = 7.812,5 \times 36 = 281.250 \; Euro \qquad\qquad \text{F 5.30}$$

$$K_{ges} = 80.000 + 7.812,5 \times 20 = 236.250 \; Euro \qquad\qquad \text{F 5.31}$$

$$G = 281.250 - 236.250 = 45.000 \; Euro \qquad\qquad \text{F 5.32}$$

Das aber ist genau 16 % vom Umsatz:

$$R_U = \frac{45.000}{281.250} = 0,16 \approx 16\% \qquad\qquad \text{F 5.33}$$

Der Schwierigkeitsgrad der drei vorstehenden Beispiele ist aber noch weiter steigerungsfähig. Der Schock kommt hier gleich am Anfang, denn jeder gute Dozent verrät seinen Schützlingen, daß der Break Even Punkt an der Menge erreicht ist, an der das Unternehmen die Gewinnzone erreicht, also in einer Stückzahl besteht. So ist es vorstehend ja auch in allen bisherigen Beispielen gemacht worden. Die folgenden Zahlen enthalten aber leider gar keine Mengenangabe. Wie aber kann man einen Break Even Punkt ohne Mengenangabe berechnen?

Schon daß die Aufgabe mit so wenigen Zahlen beginnt, läßt Böses ahnen, denn die knappen Aufgabenstellungen sind oft die schwierigsten. So wird angegeben, daß bei einer Gesamtkostensumme von 200.000 Euro die Umsatzrentabilität genau gerade null betragen habe, und bei einem Umsatz i.H.v. 240.000 Euro bei 5 % gelegen habe. Weitere Ausgangszahlen gibt es nicht.

Wie hoch sind die Fixkosten?

Und, schlimmer noch: Bei welchem Umsatz kommt man auf eine Umsatzrentabilität von 15 %?

Auch die Lösung dieses Falles gestaltet sich bei weitem nicht so schwer wie es auf den ersten Blick aussieht, wenn die zugrundeliegenden Definitionen wirklich beherrscht werden. Zunächst läßt sich feststellen, daß die Differenz der beiden Umsatzzahlen 40.000 Euro beträgt. Die erste genannte Zahl ist natürlich eine Umsatz- wie auch eine Kostengröße, denn wenn die Umsatzrentabilität null beträgt, so ist genau gerade der Break Even Punkt erreicht. Bei 240.000 Euro Umsatz betrug die Umsatzrentabilität aber 5 %, so daß in der Differenz i.H.v. 40.000 Euro ein Gewinn von 5 % oder genau gerade 12.000 Euro (5 % von 240.000 Euro) enthalten sein muß. Also bleibt von der Differenz der Umsatzdaten in Höhe von 40.000 Euro eine Differenz der Kostendaten i.H.v. 28.000 Euro.

Das aber öffnet die Tür zu der Grundidee der drei vorstehenden Beispiele: Wenn für eine (hier noch nicht näher bekannte) Mengenänderung eine Kostenänderung i.H.v. 28.000 Euro eintritt, so kann dies nur eine variable Kostenart sein.

Leider kann zur Ermittlung der variablen Kosten die Lösungsstrategie aus den zuvor dargestellten Beispielen nicht angewandt werden, weil keine Mengendaten bekannt sind. Hilfreicher ist jedoch eine Dreisatzrechnung:

$$K_{var} = \frac{28.000}{40.000} \times 200.000 = 0,7 \times 200.000 = 140.000 \ € \qquad \text{F 5.34}$$

Da dies jetzt bekannt ist, wird offenbar, daß am Break Even Punkt bei Gesamtkosten bzw. einem Umsatz i.H.v. 200.000 Euro Fixkosten i.H.v. 60.000 Euro vorhanden sein müssen.

Zur häufig gestellten Frage der Vom-Hundert/Im-Hundert-Rechnung: Es ist nur ein Umsatz (und kein Gewinn) genannt; es muß daher bei der Berechnung des Gewinnes mit der vom-Hundert-Rechnung (und keinesfalls mit der im-Hundert-Rechnung, also einer Division durch 1,05) gearbeitet werden. Das läßt sich auch durch die Lösung zur folgenden Frage unter Beweis stellen!

Es bleibt nämlich noch herauszufinden, bei welchem Umsatz eine Umsatzrentabilität von 15 % erreicht wird. Das geht im Prinzip wie in dem vorstehenden Beispiel, wenn denn nur eine Mengeninformation gegeben wäre. Die aber fehlt ja leider. Aber gefragt wurde ja auch nur, bei welchem *Umsatz* die angestrebte Umsatzrentabilität erreicht wird. Benötigt wird also gar keine bestimmte Mengenangabe – oder es genügt die Annahme einer beliebigen (fiktiven) Mengenangabe! Hierzu wird willkürlich ein Verkaufspreis festgelegt – es geht tatsächlich mit jedem beliebigen Wert! Am einfachsten ist es natürlich, einfach einen Verkaufspreis von 1 Euro/Stück anzunehmen, denn dann ist die (fiktive) Stückzahl zugleich die Umsatzgröße, ohne daß noch etwas umgerechnet werden muß. Aus F 5.34 ist aber auch schon bekannt, daß die variablen Kosten 0,70 Euro/Stück betragen – und die Fixkosten wurden ja auch schon ermittelt.

Jetzt kann also die ursprüngliche Gewinnformel

$$G = U - K_{ges} = X \times P_{vk} - (K_{fix} + X \times K_{var_{St}}) \qquad \text{F 5.35}$$

um die angestrebte Umsatzrentabilität erweitert werden. Es gilt also:

$$0,15 \times P_{vk} \times X = U - K_{ges} \qquad \text{F 5.36}$$

Dies aber heißt:

$$0,15 \times 1 \times X = 1 \times X - 60.000 - 0,7 X \qquad \text{F 5.37}$$

Zu beachten ist hier, daß die »1« für den angenommenen Verkaufspreis von einem Euro pro Stück steht und nur dem besseren Verständnis halber stehen gelassen wurde. Der Kostenteil aus F 5.35 ist ausgeklammert worden, so daß subtrahiert werden muß.

Durch Subtraktion kann man aber zu

$$0{,}15\,X = 0{,}3\,X - 60.000 \qquad\qquad \text{F 5.38}$$

kommen. Und also gilt:

$$X = 400.000 \qquad\qquad \text{F 5.39}$$

Dieser Fall ist zunächst eine schon mehr als einmal beobachtete Prüfungsaufgabe, also eine Aufgabe die darauf zielt, festzustellen, ob ein Prüfungsteilnehmer die Grunddefinitionen eben nicht nur auswendig gelernt, sondern wirklich vertieft verstanden hat. Zugegeben ist das schon ein schwieriges Beispiel – jedenfalls, wenn man unvorbereitet darauf aufläuft.

Die Sache hat aber auch eine praktische Bedeutung für die Wirklichkeit: Banken und Fördermittelgeber wollen oft abschätzen, ob ihre Schützlinge insbesondere im Zusammenhang mit einer Unternehmensgründung oder -umstrukturierung ein bestimmtes, als Umsatzrentabilität definiertes (oder von der Bank gefordertes) Ziel erreichen können. Sie haben dann aber entweder gar keine Mengenzahlen oder sehr heterogene Mengendaten, die sich für eine Break Even Rechnung nicht einsetzen lassen, weil diese ja stets nur eine Mengenzahl voraussetzt, in der Wirklichkeit aber oft viele Produkte parallel angeboten werden. Zudem haben die Banker meist keine Ahnung vom Gewerbe ihrer Kreditschuldner. Man kann dann mit dieser Methode zu einer ungefähren Abschätzung kommen, bei welchem Umsatz das Umsatzrentabilitätsziel erreicht wird.

5.3.2. Deckungsbeitrags-Umsatzverhältnis-Rechnung

Eine Deckungsbeitragsrechnung eignet sich auch bei mehreren Produkten ohne Kenntnis von Mengenangaben einen Break Even Umsatz festzustellen. Hierzu muß lediglich das Mengenverhältnis der Produkte konstant bleiben. Das ist in der Wirklichkeit häufig: Kuppelproduktion ist ein Beispiel, aber verschiedene Geschäftsbereiche, die in einem mehr oder weniger konstanten Verhältnis zueinander stehen, ohne aber sachlich verbunden zu sein, sind vermutlich ein häufigeres Beispiel.

Das Deckungsbeitrags-Umsatzverhältnis gibt an, wieviel Prozent des Umsatzes als Deckungsbeitrag in Erscheinung treten. Die Rechnung ist eigentlich ein Anwendungsfall der einfachen Deckungsbeitragsrechnung und kann in eine Break-Even-Analyse zur Optimierung des Beschäftigungsgrads ausgebaut werden. Allgemein gilt für das Deckungsbeitrags-Umsatzverhältnis:

$$DBU = \frac{DB}{U} \qquad\qquad \text{F 5.40}$$

Ein einfaches Anwendungsbeispiel zeigt grundsätzlich, wozu das gut ist. Für vier Produkte seien die folgenden Daten bekannt:

Umsatz, variable Kosten und Deckungsbeitrag

Produkt	A	B	C	D	Summe
Umsatz	600.000 €	1.000.000 €	800.000 €	800.000 €	3.200.000 €
var. Kosten	450.000 €	850.000 €	600.000 €	300.000 €	2.200.000 €
DB	150.000 €	150.000 €	200.000 €	500.000 €	1.000.000 €

Abbildung 5.10: Umsatz, variable Kosten und Deckungsbeitrag für vier Produkte

Die Fixkosten betragen im gleichen Zeitraum 1,5 Mio. Euro. Das Betriebsergebnis liegt also bei –500.000 Euro, denn vom gesamten Deckungsbeitrag i.H.v. 1.000.000 sind diese 1,5 Mio. Euro ja zu subtrahieren. Das Unternehmen hat die Gewinnzone also noch nicht erreicht. Da alle vier Deckungsbeiträge positiv sind, ist ein positives Betriebsergebnis aber möglich. Es soll bestimmt werden, bei welchem Umsatz dieses erreicht wird – aber ohne Kenntnis der einzelnen Produktmengen. Mengenangaben bestehen nämlich weder insgesamt noch produktweise.

Das Ergebnis kann aber auch hier über den DBU-Faktor bestimmt werden. Hier gilt zunächst:

$$DBU = \frac{DB}{U} = \frac{1.000.000}{3.200.000} = 0,3125 \qquad \text{F 5.41}$$

Dividiert man die Fixkosten durch den DBU-Faktor, so kommt man zum Break Even Umsatz:

$$X_{min_{Umsatz}} = \frac{K_{fix}}{DBU} = \frac{1.500.000}{0,3125} = 4.800.000 \qquad \text{F 5.42}$$

Vergleichbare Berechnungen sind aber auch im Detail und unter Kenntnis von Produktmengen möglich. Sie finden sich oft in Prüfungen und erscheinen auf den ersten Blick »unlösbar« zu sein. Der Lösungsweg führt jedoch jeweils über den DBU-Faktor. Ein komplexeres Anwendungsbeispiel zeigt dies:

Ausgangsdaten für drei Produkte

Produkt	A	B	C
Preis pro Stück	85 Euro	72 Euro	54 Euro
Variable Kosten pro Stück	45 Euro	40 Euro	30 Euro
Umsatzanteil	20 %	30 %	50 %
Deckungsbeitrag	40 Euro	32 Euro	24 Euro

Abbildung 5.11: Ausgangsdaten für drei Produkte

Wiederum gibt es drei Produkte, für die in der vorstehenden Abbildung 5.11 aber Stückverkaufspreise, variable Stückkosten und der Deckungsbeitrag bekannt sind. Zudem ist für jedes Produkt ein Umsatzanteil bekannt. Auch hier betragen die Fixkosten wiederum 1,5 Mio. Euro pro Periode. Mengenangaben fehlen.

In diesem Fall kann man zunächst für jedes Produkt einzeln einen Break Even Punkt bestimmen, wenn man die Fixkosten jeweils durch den Deckungsbeitrag des Produktes dividiert:

Isolierte Break Even Punkte der drei Produkte

Produkt	A	B	C
Break Even isoliert	37.500 Stück	46.875 Stück	62.500 Stück
Umsatz dann	3.187.500 €	3.375.000 €	3.375.000 €
Gesamtkosten dann:	3.187.500 €	3.375.000 €	3.375.000 €

Abbildung 5.12: Isolierte Break Even Punkte der drei Produkte

Damit ist aber nichts gewonnen, denn die drei Produkte sind in den Ausgangszahlen in einem bestimmten Mengenverhältnis gegeben. Es soll ermittelt werden, bei welchem Umsatz der Break Even Punkt erreicht wird, wenn das Mengenverhältnis der drei Produkte unverändert bleibt. Das ist realistisch, weil Mengenverhältnisse oft etwas mit dem Produkt selbst zu tun haben (z.B. pro Tasse eine Untertasse, also Verhältnis 1:1) oder die Nachfrage und den Nutzen der Nachfrager abbilden (30 % Luxusnutzer, 20 % kaufen die »Ökoversion« eines Produktes) und für den Hersteller daher weitgehend oder gänzlich unveränderlich sind.

Zunächst können die drei Deckungsbeiträge auch zu einer Gleichung zusammengefaßt werden:

$$DB = 40A + 32B + 24C \rightarrow 1.500.000 \qquad \text{F 5.43}$$

Dies ist eine Gleichung mit drei Unbekannten, aber kein Gleichungssystem, eben weil ja nur eine einzige Gleichung vorhanden ist. Lineare Lösungsverfahren brauchen also nicht probiert zu werden. Hier aber kommt es aber auch nur auf das angegebene Verhältnis an, und da hilft ohnehin kein Standardverfahren.

Auch kann aber der DBU-Faktor verwendet werden. Den kann man nämlich auch für die drei Produkte individuell berechnen:

Deckungsbeitragsumsatzfaktor der drei Produkte

Produkt	A	B	C
DBU pro Stück	0,470588235	0,444444444	0,444444444

Abbildung 5.13: Deckungsbeitragsumsatzfaktor der drei Produkte

Diese drei Ergebnisse müssen nun aber mit dem Anteil der jeweiligen Produkte am Gesamtumsatz gewichtet werden. Es gilt:

Gewichteter Deckungsbeitragsumsatzfaktor der drei Produkte

Produkt	A	B	C
Gewichteter DBU pro Stück	0,094117647	0,133333333	0,222222222

Abbildung 5.14: Gewichteter Deckungsbeitragsumsatzfaktor der drei Produkte

Werden diese drei Werte addiert, so ergibt das eine Summe der gewichteten DBU-Faktoren i.H.v. 0,449673203. Dieses Ergebnis ist der Schlüssel, denn die Summe der gewichteten DBU-Werte kann man wie einen einzigen DBU-Wert verwenden. Mit dieser Zahl kann also wie gewohnt verfahren werden:

$$X_{min_{Umsatz}} = \frac{K_{fix}}{DBU} = \frac{1.500.000}{0,449673203} = 3.335.755,81 \qquad \text{F 5.44}$$

Die hier vorgeführte Rechenmethode darf nicht mit der unten demonstrierten Engpaßrechnung oder einem anderen Verfahren zur Sortimentsplanung verwechselt werden. Während es beim Engpaß-Verfahren um die Bestimmung der optimalen Sortimentsreihenfolge geht, wird hier eine unveränderliche Zusammensetzung des Sortiments vorausgesetzt. Die Deckungsbeitrags-Umsatzfaktor-Rechnung ist eine eigentlich einfache Methode der Break Even Rechnung.

Im folgenden Kapitel wird zunächst der Gedanke der Teilkostenrechnung weiter vertieft. Insbesondere wird gezeigt, wozu eine mehrstufige Deckungsbeitragsrechnung gut ist.

5.3.3. Mehrstufige Deckungsbeitragsrechnung

Allgemein gilt, daß ein Bereich, der keine positiven Deckungsbeiträge erbringt, geschlossen werden sollte. Ein Bereich oder Produkt mit positivem Deckungsbeitrag sollte fortgeführt werden, auch wenn unter dem letzten Strich der Rechnung noch ein negativer Wert steht, denn eine Ausweitung der Produktionsmenge bringt den Unternehmer über die Gewinnschwelle. Es ist also offensichtlich, daß der Deckungsbeitrag ein gutes Instrument zur Planung von Sortimenten und Kundenbeziehungen sein kann.

Die diesbezügliche Entscheidung kann leichter getroffen werden, wenn man die Kosten besser gliedert. Dies bedeutet, daß die Fixkosten auf ihren Bezug hin geordnet werden. Hierdurch entsteht eine mehrstufige Deckungsbeitragsrechnung. Während die Definition der variablen Kosten klar ist, müssen die Fixkosten weiter in Produkt-, Bereichs- und Unternehmensfixkosten differenziert werden. Der Begriff des Deckungsbeitrages wird damit differenziert und die Aussage des Rechenverfahrens wird vertieft.

Produktfixkosten sind dabei alle Fixkosten, die zwar von der Ausbringungsmenge unabhängig (und also Fixkosten im eigentlichen Sinne) sind, die aber bei Fortfall eines Produktes ebenfalls fortfallen. Sie sind damit sprungfix. Ein Beispiel dafür sind diejenigen Fixkosten, die mit Maschinen verbunden sind, die nur für ein bestimmtes Produkt benötigt werden. Wird das Produkt überhaupt gefertigt, und sei es in nur einem einzigen Exemplar, dann entstehen diese Kosten, weil diese Maschinen benötigt werden. Wird das Produkt insgesamt aus dem Sortiment gestrichen, so entfallen die Produktfixkosten.

Bereichsfixkosten sind diejenigen Fixkosten, die mit einer bestimmten Produktvariante verbunden sind. Eine Produktvariante ist ein Element einer Gruppe sehr ähnlicher Produkte. Beispielsweise fertige ein Unternehmen Computer für verschiedene Anwender und biete zudem Schulungsleistungen und Software-Support an. Die Computer sind eine Gruppe sehr ähnlicher Produkte, weil sie in verschiedenen Varianten hinsichtlich Speicher, Prozessor, Mainboard usw. hergestellt werden. Bereichsfixkosten sind alle, die mit der ganzen Gruppe an Produkten verbunden sind.

Unternehmensfixkosten sind schließlich alle übrigen Fixkosten, die sich weder einem Produkt noch einem Produktbereich zuordnen lassen.

Aus der anscheinend einfachen Beziehung

$$DB = U - K_{var} \hspace{4cm} \text{F 5.45}$$

wird nunmehr als ein längeres Rechenschema:

Nr		Posten
1		Verkaufspreis
2	–	variable Kosten
3	=	Deckungsbeitrag I
4	–	Produktfixkosten
5	=	Deckungsbeitrag II
6	–	Bereichsfixkosten
7	=	Deckungsbeitrag III
8	–	Unternehmensfixkosten
9	=	Betriebsergebnis

Abbildung 5.15: Produktorientierte mehrstufige Deckungsbeitragsrechnung

Die Rechnung »gabelt« sich bei den Produkt- und bei den Bereichsfixkosten. Das erlaubt dem Unternehmer, auf die individuellen Gegebenheiten seines Sortimentes einzugehen.

Produktfixkosten haben etwas mit der Tiefendimension des Sortiments zu tun. Sortimentstiefe ist die Zahl der Varianten ähnlicher Produkte. Im vorstehenden Beispiel mit dem Computerhersteller würde das Sortiment tief sein, wenn es viele verschiedene Arten von Computern gibt, also viele Varianten ähnlicher Produkte. Gleichermaßen wäre die

Deckungsbeitragsrechnung

Tiefendimension aber auch im Schulungs- und Supportbereich zu finden: Jede neue Schulung, jeder neue Lehrgang und jede neue Unterstützungsleistung vertiefen das Sortiment.

Umgekehrt spricht man von Sortimentsbreite, wenn es viele verschiedene Bereiche gibt, also voneinander weitgehend unabhängige Produktarten. Die Computer und die Schulungen könnten als Bereiche gesehen werden; überzeugender wäre es, wenn das Unternehmen neben den Computern und den Schulungsleistungen völlig andere Produkte wie etwa einen Lebensmitteleinzelhandel anbietet.

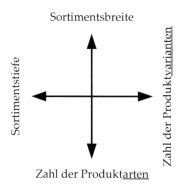

Abbildung 5.16: Sortimentsbreite und Sortimentstiefe Produktionsprogrammdimensionen

Die auf die Tiefe gerichtete Strategie ist meist eine Nischenstrategie. Je mehr Varianten von etwas angeboten werden, desto mehr ist der Anbieter ein Spezialist, der kaum noch von einem Konkurrenten aus seiner Nische vertrieben werden kann. Die Breitenstrategie dagegen dient der Risikoabsicherung durch »mehrere Standbeine«: Platzt ein Bereich, etwa weil Schulungsteilnehmer durch einen Konkurrenten abgeworben werden, ist die Existenz der Unternehmung durch den jeweils anderen Bereich gesichert.

Viele Lehrbücher behaupten, Tiefe und Breite als Sortimentsstrategien seien unvereinbar. Das wird an dieser Stelle bezweifelt. Gerade das Schulungs- und Computer-Beispiel zeigt, daß es eben nicht so ist. Der Computeranbieter, der auch Schulungen und andere Unterstützungsdienstleistungen anbietet, betreibt zwar zwei voneinander unabhängige Produktbereiche, die gleichwohl aufeinander bezüglich sind. Die Käufer der Computer kommen als erster Absatzmarkt für Schulungen in Frage. Schulungsteilnehmer entdecken während der Veranstaltung, daß sie endlich einen Rechner brauchen, und sind dann die ersten Kunden des Computervertriebes. Obwohl beide Bereiche voneinander unabhängig betrieben werden können, unterstützen sie einander doch. Sie stehen in wechselseitiger Synergie. Breiten- und Tiefendimension ergänzen einander.

Die mehrstufige Deckungsbeitragsrechnung ist ein gutes Planungs- und Entscheidungswerkzeug für solche Produktstrategien. Das folgende Beispiel demonstriert dies. Das Schema aus Abbildung 5.15 wird hier auf zwei Produktbereiche A und B bezogen, die jeweils zwei Produktvarianten A_1 und A_2 bzw. B_1 und B_2 enthalten:

Mehrstufige Deckungsbeitragsrechnung zur Sortimentsplanung

Breite	Bereich A		Bereich B	
Tiefe	Produkt A_1	Produkt A_2	Produkt B_1	Produkt B_2
Verkaufserlöse	100.000 €	210.000 €	160.000 €	250.000 €
− variable Kosten	90.000 €	50.000 €	100.000 €	150.000 €
= DB I	10.000 €	160.000 €	60.000 €	100.000 €
− Produktfixkosten	15.000 €	30.000 €	40.000 €	10.000 €
= DB II	−5.000 €	130.000 €	20.000 €	90.000 €
	125.000 €		110.000 €	
− Bereichsfixkosten	40.000 €		90.000 €	
= DB III	85.000 €		20.000 €	
		105.000 €		
− Unternehmensfixkosten		45.000 €		
= Betriebsergebnis		60.000 €		

Abbildung 5.17: Mehrstufige Deckungsbeitragsrechnung zur Sortimentsplanung

Alle vier Produkte haben zunächst einen positiven DB I. Diese Aussage wird jedoch im weiteren Verlauf der Rechnung differenziert. Zieht man nämlich vom DB I die Produktfixkosten ab, dann zeigt sich im Fall des Produktes A_1 ein negativer DB II.

Produkte haben aber keine Gewinn (oder Verluste), sondern nur Deckungsbeiträge. Durch Hinzunahme oder Abschaffung von Produkten gewinnt oder verliert man den produktbezogenen Deckungsbeitrag. Im Beispiel ist das aber der DB II: Wird Produkt A_1 aus dem Sortiment entfernt, dann verliert der Unternehmer den DB II dieses Produktes, also die −5.000 Euro. Das Betriebsergebnis würde also um 5.000 Euro *besser*. Das Gesamtergebnis des Bereiches A würde von 85.000 Euro auf 90.000 Euro steigen. Das ist die Vertiefung der Aussage der Deckungsbeitragsrechnung, die durch die Staffelung des Fixkostenbegriffes herbeigeführt wird.

Im Beispiel sind jedoch die DB III beider Bereiche positiv. Das bedeutet, daß keine Streichung eines ganzen Bereiches angedacht werden sollte.

Schon mit vergleichsweise einfachen kostenrechnerischen Mitteln kann man Aussagen über die Sortimentsplanung machen. Grundlegend ist aber immer eine präzise Kostenartenrechnung, die die einzelnen Kosten den Kategorien des Rechenschemas zuweist. Das ist viel Arbeit und erfordert vertieftes Verständnis der elementaren Definitionen. Oft kommt dabei eine für die Beteiligten überraschende Empfehlung heraus. Führt diese in eine grundlegende Reorganisation der Art und Weise, wie und mit wem Geschäfte gemacht werden, kann dies die Grundlage für eine Restrukturierung der Unternehmung sein.

Es wundert nicht, daß vergleichbare Rechenverfahren in großer Zahl ausgedacht worden sind. Es gibt sie für die verschiedensten Branchen und Anwendungsgebiete.

Besonders im Marketing-Controlling hat man sich der mehrstufigen Deckungsbeitragsrechnung angenommen und diese zu einem Instrument zur Entscheidung über Fortsetzung oder Einstellung von Kundenbeziehungen ausgebaut. Ein Beispiel zeigt das:

Nr		Posten
1		Bruttoumsatz
2	–	Direkte Erlösschmälerungen
3	=	Nettoumsatz I
4	–	Indirekte Erlösschmälerungen
5	=	Nettoumsatz II
6	–	Wareneinsatz (Handel)
7	=	Rohertrag
8	–	variable Produktionskosten (Industrie)
9	=	Deckungsbeitrag I
10	–	Proportionale, dem Kunden direkt zurechenbare Kosten
11	=	Deckungsbeitrag II
12	–	dem Kunden individuell zurechenbare Marketingetats
13	=	Deckungsbeitrag III
14	–	dem Kunden individuell zurechenbare Verkaufskosten
15	=	Deckungsbeitrag IV
16	–	Kundenindividuelle Logistik- oder Servicekosten
17	=	Deckungsbeitrag V
18	–	Sonderleistungen (z.B. für Einrichtungsgegenstände)
19	=	Deckungsbeitrag VI
20	–	Unternehmensfixkosten
21	=	Betriebsergebnis

Abbildung 5.18: Kundenorientierte mehrstufige Deckungsbeitragsrechnung

»Bruttoumsatz« ist hier der insgesamt durch einen Kunden erwirtschaftete Rechnungsausgang. Der Bruttobegriff bezieht sich auf die Gesamtsumme und hat hier nichts mit der Umsatzsteuer zu tun. Direkte Erlösschmälerungen sind durch Absatzwegekosten und Nachlässe wie Skonti, Boni oder dergleichen und indirekte Erlösschmälerungen durch Mängelrügen und Rücksendungen veranlaßt.

Anstelle einfach nur der Produkt- und Bereichsfixkosten folgen hier auf den Wareneinsatz eine Vielzahl weiterer Fixkosten unterschiedlichen Grades. Proportionale, dem Kunden direkt zurechenbare Kosten sind Delkredereprovisionen, Wechselspesen und Kosten des Zahlungsverkehrs.

Dem Kunden individuell zurechenbare Marketingetats sind beispielsweise Aktionsrabatte, die einem Kunden oder einer Kundengruppe gewährt werden.

Dem Kunden individuell zurechenbare Verkaufskosten sind persönliche Vertreterbesuche.

Kundenindividuelle Logistik- oder Servicekosten sind etwa das Rack-Jobbing oder die Bereithaltung von Transportmitteln, die nur für den Kunden benötigt werden.

Sonderleistungen (z.B. für Einrichtungsgegenstände) betreffen spezielle Verkaufshilfen, Regale, Theken und andere Einrichtungen, die nur für die Beziehung mit einem bestimmten Kunden benötigt werden.

Für Rechenmodelle dieses Typs gibt es keine universellen Schemata. Schon ein anderer Vorschlag, der ebenfalls Handelswaren betrifft, sieht völlig anders aus:

Nr		Posten
1		Kunden-Bruttoerlös
2	–	Erlösschmälerungen
3	=	Kunden-Nettoerlös
4	–	Einzelkosten des Auftrages
5	=	Kunden-Deckungsbeitrag I
6	–	Kosten aus Kulanz, Gewährleistung usw.
7	=	Kunden-Deckungsbeitrag II
8	–	Prozeßkosten: Kundenakquisition, Angebotserstellung
9	=	Kunden-Rest-Deckungsbeitrag I
10	–	Prozeßkosten: Kundenbetreuung und Ähnliches, Reisekosten
11	=	Kunden-Rest-Deckungsbeitrag II
12	–	Technisches Engineering in der Angebotsphase
13	=	Kunden-Rest-Deckungsbeitrag III
14	–	Technische Kundenbetreuung
15	=	Kunden-Rest-Deckungsbeitrag IV
16	–	Sonstige einzelkostennahe Prozeßkosten
17	=	Gesamt-Deckungsbeitrag

Abbildung 5.19: Prozeßbasierte mehrstufige Deckungsbeitragsrechnung

Es ist daher unerläßlich, bei der Gestaltung einer solchen Rechnung den Arbeitsprozeß genau zu untersuchen. Nicht-Kosten, also Posten, die als Storno der ursprünglichen Buchung (und nicht auf einem Kostenkonto) gebucht werden, wie Rücksendungen und nachträgliche Preisnachlässe aller Art, werden vor den Einzelkosten ausgewiesen. Die Fixkosten werden nach Grad der Fixkosteneigenschaft von Produktnähe zu Unternehmensnähe hin entlang des tatsächlichen Prozeßablaufes gestaffelt.

Die Anwendung solcher Rechenverfahren gleicht stets der Beispielrechnung in Abbildung 5.17. Kunden oder Geschäftsbeziehungen mit negativem Deckungsbeitrag werden eliminiert. Das verbessert das Betriebsergebnis.

Es muß ausdrücklich darauf hingewiesen werden, daß solche Rechnungen stets taktische Analysen sind. Taktisch sind Methoden, die kurzfristig und ergebnisorientiert sind. Die strategische Sichtweise kann vollkommen anders aussehen. Beispielsweise kann die Geschäftsbeziehung mit einem Kunden, der eigentlich einen negativen kundenbezogenen Deckungsbeitrag vermittelt, dennoch fortgesetzt werden, wenn dieser Kunde ein Multiplikator ist, der durch positive Mundpropaganda oder einfach »nur« durch große finanzielle Möglichkeiten in der Zukunft ein Folgegeschäft vermittelt. Umgekehrt kann die Geschäftsbeziehung zu einem »guten« Kunden dennoch beendet werden, wenn befürchtet wird, daß dieser Kunde in näherer Zukunft an Bonität verlieren wird. Solche Dinge werden in taktischen Rechenmethoden in aller Regel ignoriert. Das gilt auch für die Engpaßrechnung.

5.3.4. Engpaßrechnung

In der Praxis kommt auch die Engpaßrechnung zur einfachen Sortimentsplanung häufig zum Einsatz. Sie ist eine Fortsetzung der grundlegenden Break Even Rechnung und kann mit sehr komplizierten Fallgestaltungen eingesetzt werden. Kerngedanke hierbei ist die Erweiterung des Deckungsbeitragsbegriffes in eine andere Richtung.

Zunächst ist der Deckungsbeitrag als Differenz zwischen Verkaufspreis und variablen Kosten eines Produktes definiert. Dieser Deckungsbeitrag wird jetzt als absoluter Deckungsbeitrag definiert:

$$DB_{abs} = U - K_{var} \qquad\qquad \text{F 5.46}$$

Zusätzlich werden jetzt Restriktionen in das Modell eingeführt. Eine Restriktion ist eine Beschänkung, also eine Höchstgrenze von etwas. Es werden zwei Arten von Restriktionen unterschieden:

- singuläre Restriktionen, die jeweils nur ein einziges Produkt betreffen und
- interdependente Restriktionen, die mindestens zwei Produkte zugleich betreffen.

Eine singuläre Restriktion ist beispielsweise eine Maschinenkapazität, wenn die Maschine nur für ein einziges Produkt genutzt wird. Sie betrifft daher auch nur dieses Produkt. Ganz gleich, wie stark diese Maschine belastet wird, hat das auf andere Produkte keine Auswirkung. Eine interdependente Restriktion liegt vor, wenn eine knappe Ressource für mehrere Produkte genutzt wird, so daß der Teil der Ressource, der von einem Produkt genutzt wird, für die anderen Produkte fehlt. Die Arbeitszeit am Tag ist ein gutes Beispiel: Jede Minute, die für etwas genutzt wird, kann nicht mehr für andere Dinge verwendet werden. Auch Rohstoffe, Kapital und ähnliche Produktionsfaktoren sind fast immer interdependent: Je mehr Kapital von den insgesamt zur Verfügung stehenden Mitteln für eine Sache eingesetzt wird, um so weniger steht für andere Dinge zur Verfügung. Die insgesamt zur Verfügung stehende Arbeitszeit oder die maximale Verfügbarkeit des knappen Rohstoffes werden als Engpaß bezeichnet. Die Nutzung des Engpasses durch ein Produkt ist der Verbrauch V.

Die Engpaßrechnung optimiert den Faktoreinsatz unter Berücksichtigung interdependenter Restriktionen. Hierzu definiert sie einen relativen Deckungsbeitrag, indem sie den absoluten Deckungsbeitrag durch V dividiert, also ermittelt, wie viel Deckungsbeitrag pro eingesetzte knappe Ressource vermittelt wird:

$$DB_{rel} = \frac{DB_{abs}}{V} = \frac{U - K_{var}}{V} \qquad \text{F 5.47}$$

Der Verbrauch V ist stets nur der interdependent knappe Verbrauch. Einschränkung ist ferner, daß lediglich eine interdependente Restriktion gegeben sein darf. Liegen mehrere interdependent knappe Ressourcen vor, bestehen also mehrere Engpässe, so muß die Simplex-Methode angewandt werden. Diese kann jedoch im hier gegebenen Rahmen nicht mehr im einzelnen demonstriert werden.

Während der »eigentliche« (d.h. absolute) Deckungsbeitrag nur dazu dient, über Fortsetzung oder Einstellung eines Produktes zu entscheiden, kann mit der relativen Deckungsbeitragsrechnung eine faktorbezogene, also aus dem Produktionsfaktorverbrauch begründete Reihenfolge für den Einsatz der gegebenen Mittel abgeleitet werden.

Die Rechenvorschrift für die Engpaßrechnung ist:

1. Berechne für alle Produkte erst den absoluten und dann den relativen Deckungsbeitrag.
2. Ordne die Produkte nach relativem Deckungsbeitrag.
3. Fertige von diesem Produkt so viel, wie die das Produkt betreffende Restriktion (singuläre Restriktion) und der insgesamt knappe Faktor (interdependente Restriktion) erlauben.
4. Wenn die interdependente Restriktion erreicht ist, ist der Planungsvorgang abgeschlossen.
5. Wenn (nur) die singuläre Restriktion erreicht ist, ist mit dem nach relativem Deckungsbeitrag nächstbesten Produkt mit Schritt 3 fortzufahren.

Die Rangfolge nach DB_{rel} erzielt dabei stets ein besseres Gesamtergebnis als die Rangfolge nach DB_{abc}. Das Gesamtergebnis berechnet sich aus:

$$DB_{ges} = \sum_{i=1}^{n}(DB_{abs_i} \times X_i) = \sum_{i=1}^{n}(P_{vk_i} \times X_i) - \sum_{i=1}^{n}(K_{var_i} \times X_i) \qquad \text{F 5.48}$$

Zwei Beispiele unterschiedlichen Schwierigkeitsgrades demonstrieren die Vorgehensweise.

5.3.4.1. Einfaches Beispiel

Für vier Produkte gelten die folgenden Rahmenbedingungen:

Ausgangsdaten der Sortimentsplanung

Produkt	A	B	C	D
Verkaufspreis:	80,00 €/St	40,00 €/St	60,00 €/St	50,00 €/St
Variable Kosten:	40,00 €/St	25,00 €/St	50,00 €/St	30,00 €/St
Verbrauch:	16,00 kg/St	5,00 Einh/St	1,00 Einh/St	8,00 Einh/St
Maximalkapazität:	200,00 St	100,00 St	500,00 St	20,00 St

Abbildung 5.20: Ausgangsdaten der Sortimentsplanung

Die variablen Kosten sind in diesem Fall der Materialeinsatz, Produktivlöhne und Produktivenergie. Der Verbrauch wird hier in Kilogramm einer Ressource angegeben, von der pro Periode nur 688 kg maximal zur Verfügung stehen. Dies ist die interdependente Restriktion. Für jedes Produkt wird eine eigene Produktionsanlage eingesetzt. Da die Maschinen mit produktspezifischen Werkzeugen ausgestattet sind, können sie nicht ausgetauscht werden, d.h. die Maschine für ein Produkt kann nicht ohne erhebliche Umrüstkosten für ein anderes Produkt verwendet werden. Die Maximalkapazitäten betreffen die Leistung dieser Maschinen pro Periode. Dies sind singuläre Restriktionen.

Zudem ist bekannt, daß die Fixkosten in der Abrechnungsperiode insgesamt 3.600 Euro betragen. Die Fixkosten werden nicht weiter untergliedert, wie es in der mehrstufigen Deckungsbeitragsrechnung der Fall wäre.

Zunächst wird der absolute Deckungsbeitrag berechnet und die darauf aufbauende Produktionsreihenfolge bestimmt:

Absoluter Deckungsbeitrag und Rangfolge der vier Produkte

Produkt	A	B	C	D
DB absolut:	40,00 €/St	15,00 €/St	10,00 €/St	20,00 €/St
Rangfolge:	1.	3.	4.	2.

Abbildung 5.21: Absoluter Deckungsbeitrag und Rangfolge der vier Produkte

Der Betrieb beginnt also mit der Fertigung des Produktes A, weil dies den höchsten Deckungsbeitrag pro Stück vermittelt. Es können maximal 200 Stück hergestellt werden. Hierfür würden aber 3.200 kg des Rohstoffes benötigt – die nicht annähernd zur Verfügung stehen. Es sind ja pro Periode nur 688 kg gegeben. Dividiert man diesen Wert durch den Verbrauch des Produktes A i.H.v. 16 kg/Stück, so kommt man auf 43 Stück, die pro Periode produziert werden können. Dann ist der Rohstoffvorrat erschöpft. Der damit insgesamt vermittelte Deckungsbeitrag beträgt also 1.720 Euro. Zieht man hiervon die Fixkosten ab, so kommt man auf ein Betriebsergebnis i.H.v. –1.880 Euro.

Die Engpaßrechnung erzielt ein wesentlich besseres Ergebnis. Hierzu muß zunächst aus der Berechnung der absoluten Deckungsbeiträge der relative DB jedes Produktes ermittelt werden:

Relativer Deckungsbeitrag und Rangfolge der vier Produkte

Produkt	A	B	C	D
DB relativ:	2,50 €/St	3,00 €/St	10,00 €/St	2,50 €/St
Rangfolge:	3.	2.	1.	3.

Abbildung 5.22: Relativer Deckungsbeitrag und Rangfolge der vier Produkte

Hier zeigt sich eine völlig andere Reihenfolge: Das nach absoluter DB-Planung schlechteste Produkt C ist jetzt wegen seines geringen Verbrauches auf einmal das beste Produkt. Die Produkte A und D belegen gemeinsam den dritten Platz. Hier ist ggf. keine Entscheidung möglich – falls die Planung so weit reicht.

Die zur Verfügung stehenden 688 kg des Einsatzfaktors werden jetzt entlang der Reihenfolge der relativen Deckungsbeiträge verbraucht, also erst für Produkt C, dann für Produkt B und wenn dann noch ein Rest vorhanden ist, wird er für die Produkte A und D gleichermaßen eingesetzt. Das ergibt die folgende Übersicht:

Engpaßplanung nach relativem Deckungsbeitrag

	Produktion	Verbrauch	DB	Rest
1. Produkt C	500 Stück	500 kg	5.000,00 €	188 kg
2. Produkt B	37 Stück	185 kg	555,00 €	3 kg
Summe		685 kg	5.555,00 €	

Abbildung 5.23: Engpaßplanung nach relativem Deckungsbeitrag

Zunächst wird von Produkt C wegen des höchsten relativen Deckungsbeitrages die maximal mögliche Menge produziert. Gäbe es keine singulären Restriktionen, würde nur Produkt C gefertigt werden. Es sind aber nur maximal 500 Stück möglich. Diese werden hergestellt. Produkt C verbraucht 500 kg des Rohstoffes und erbringt pro Stück einen absoluten DB i.H.v. 10 Euro oder insgesamt 5.000 Euro Deckungsbeitrag.

Dann wird mit der zweitbesten Alternative, mit Produkt B fortgesetzt. Hier könnten 100 Stück hergestellt werden. Dafür wären aber weitere 500 kg des Rohstoffes erforderlich. Da aber schon 500 kg für Produkt C eingesetzt wurden, bleiben nur noch 37 Stück des Produktes B zu produzieren. Diese verbrauchen 185 kg und erbringen 555 Euro Deckungsbeitrag. Es bleibt ein ungenutzter Rest des Rohstoffes i.H.v. 3 kg, der kleiner ist als der Rohstoffbedarf des »sparsamsten« Produktes, so daß damit nichts mehr produziert werden kann.

Mit einem Gesamt-Deckungsbeitrag i.H.v. 5.555 Euro bleibt nach Abzug der Fixkosten ein Betriebsergebnis i.H.v. +1.955 Euro. Diese Verbesserung ist nur durch die richtige Planungsreihenfolge erreicht worden.

5.3.4.2. Komplexe Engpaßrechnung

In der Wirklichkeit bekommt man die Daten nicht auf dem Silberteller serviert. Eine wesentliche Fähigkeit ist also, bestehende Daten so aufzubereiten, daß das übrig bleibt, was man für eine Aufgabe braucht. Das wird hier demonstriert.

In einem produzierenden Unternehmen gibt es drei Produkte, die in zwei Fertigungskostenstellen FKSt I und FKSt II in einem zweistufigen Produktionsprozeß hergestellt werden. Beide Fertigungskostenstellen haben die Löhne als Einzelkosten. Zudem bestehen eine Lager-, eine Verwaltungs- und eine Vertriebskostenstelle.

Ausgangsdaten für die komplexe Engpaß-Rechnung

Produkt	A	B	C	Maximal
Maximalproduktion	1.000 St	2.000 St	2.500 St	
Verkaufspreis	41,50 €/St	32,00 €/St	40 €/St	
Stückzeit FKSt I	1,00 Std.	1,00 Std.	4,00 Std.	7.440 Std.
Stückzeit FKSt II	3,20 Std.	1,30 Std.	1,40 Std.	11.200 Std.
Materialverbrauch	10,00 €/St	5,00 €/St	4,00 €/St	
Löhne FKSt I	7,50 €/St	5,00 €/St	6,00 €/St	
Löhne FKSt II	10,00 €/St	10,00 €/St	8,00 €/St	

Abbildung 5.24: Ausgangsdaten für die komplexe Engpaß-Rechnung

Von allen Produkten können die in der vorstehenden Tabelle angegebenen Maximalstückzahlen gefertigt werden. Die Verkaufspreise stehen fest, variable Kosten sind nicht gegeben. Dafür gibt es aber auch eine Maximalstundenzahl, die die beiden Fertigungskostenstellen leisten.

Ferner sind betriebliche Normalkostendaten gegeben:

Normalkostendaten als Voraussetzung der Engpaß-Rechnung

Kostenarten	Fixkosten	var. Kosten	Summe
Fertigungsmaterial		18.000,00 €	18.000,00 €
Materialgemeinkosten	900,00 €	1.800,00 €	2.700,00 €
Fertigungslöhne I		30.000,00 €	30.000,00 €
Fertigungsgemeinkosten I	15.000,00 €	12.000,00 €	27.000,00 €
Fertigungslöhne II		50.000,00 €	50.000,00 €
Fertigungsgemeinkosten II	25.000,00 €	25.000,00 €	50.000,00 €
Verwaltung und Vertrieb	17.770,00 €	0,00 €	17.770,00 €
Summe	58.670,00 €	136.800,00 €	195.470,00 €

Abbildung 5.25: Normalkostendaten als Voraussetzung der Engpaß-Rechnung

Ein optimales Sortiment ist im Wege der Engpaßrechnung aufzustellen und das Gesamtergebnis ist zu bestimmen. Weitere, über die Engpaßrechnung hinausgehenden Konzepte und Methoden müssen gegebenenfalls genutzt werden, wenn dies erforderlich ist.

Zunächst fällt auf, daß die Normalkosten sich auf das schon bekannte Kostenportfolio beziehen lassen, denn sie können jeweils nach fixen und variablen Kosten aus Teilkostensicht bzw. nach Einzel- und Gemeinkosten aus Vollkostensicht eingeteilt werden. Diese Unterteilung ist nicht unbedingt zur Lösung erforderlich, erleichtert aber das Verständnis des Problems. Im vorliegenden Fall sieht das folgendermaßen aus:

	Einzelkosten	Gemeinkosten
Variable Kosten	FM: 18.000 FL: 80.000	var. MGK: 1.800 var. FGK: 37.000
Fixkosten		fixe MGK: 900 fixe FGK: 40.000 fixe VwGK: 17.770

Abbildung 5.26: Das Kostenportfolio als Grundgerüst in diesem Aufgabenbeispiel

Zur Lösung dieses Falles ist es fundamental zu verstehen, daß Fertigungsmaterial (FM) und Fertigungslöhne (FL) variable Kosten und Einzelkosten sind, aber eben auch variable Gemeinkosten bestehen – gemäß der Normalkostentabelle.

Da die Engpaßrechnung ein Anwendungsfall der Deckungsbeitragsrechnung ist, werden Deckungsbeiträge als die Differenz zwischen dem Verkaufserlös und den variablen Kosten definiert. Die Verkaufspreise sind aus den Daten ersichtlich, nicht aber die variablen Kosten. Die Daten enthalten nämlich nur den Rohstoffverbrauch (Fertigungsmaterial, FM) und die den Produkten direkt zurechenbaren Lohnkosten (Fertigungslöhne, FL), also die Einzelkosten. Ein Hinweis auf die variablen Gemeinkosten fehlt. Ohne die variablen Gemeinkosten können aber keine Deckungsbeiträge berechnet und keine Engpaßrechnung durchgeführt werden.

Hier kommt die Zuschlagsrechnung ins Spiel. Allgemein ist ein Zuschlagssatz folgendermaßen definiert:

$$Zuschlag = \frac{Gemeinkosten}{Einzelkosten}$$ F 5.49

Im Beispiel ist diese Formel anwendbar, denn die beiden Produktionskostenstellen sind ja auf Produktivlöhne bezogen. Das ist daraus ersichtlich, daß die Löhne ausdrücklich genannt werden. Sie sind also Einzelkosten. Eine Maschinenrechnung ist hier nicht anwendbar. Im Lagerbereich ist der Materialeinsatz stets eine Einzelkostengröße. Es können also die Zuschlagssätze auf diese Art berechnet werden.

Im Beispiel ergeben sich diese Zuschlagssätze:

Materialgemeinkostenzuschlag: ....15 %
Lohngemeinkostenzuschlag FKSt I: ....90 %
Lohngemeinkostenzuschlag FKSt II: .... 100 %

Die Verwaltungsgemeinkosten (VwGK) werden auf die Herstellkosten der Produktion oder die Herstellkosten des Umsatzes zugeschlagen:

$$Zuschlag_{Verwaltung} = \frac{GK_{Verwaltung}}{HKU} \qquad \text{F 5.50}$$

Hier gibt es aber keine Zwischen- oder Ausgangslagerung. Es gibt daher auch keinen Unterschied zwischen HKU und HKP. Man kann also einfach von Herstellkosten sprechen und folgendermaßen rechnen:

$$Zuschlag_{Verwaltung} = \frac{GK_{Verwaltung}}{Herstellkosten} = \frac{17.770}{177.000} = 10\% \qquad \text{F 5.51}$$

Die Zuschlagsrechnung ist jedoch eine Vollkostenrechnung. Sie schlägt die Gemeinkosten einer Zuschlagsgrundlage zu, um die Selbstkosten zu errechnen. Das wird in diesem Beispiel gerade nicht benötigt, denn es ist ja eine Engpaßrechnung angestrebt. Die Gemeinkosten können aber gleichermaßen fix und variabel sein. Dieser Umstand muß jetzt in die Zuschlagsrechnung eingebracht werden. Hier wird Transferwissen erforderlich.

In der Normalkostentabelle sind die Gemeinkosten schon nach fixen und variablen Gemeinkosten unterteilt. Es ist daher sehr wohl möglich, mit einem Zuschlagsatz zu den variablen Kosten zu kommen – wenn nur die variablen (!) Gemeinkosten (statt, wie eigentlich üblich, die gesamten Gemeinkosten) in den Zähler der Berechnungsformel eingesetzt werden. Es muß also, wie einleitend angedeutet, ein allgemeines Konzept genutzt, dieses aber der konkreten Situation angepaßt werden.

Diese hier vorgeführte »individuelle« Lösung des Zuschlagsproblemes ist für den Materialbereich und für beide Fertigungskostenstellen erforderlich, denn sie enthalten jeweils variable Kosten. Sie muß aber nicht für die Verwaltung berechnet werden, denn diese Kostenstelle verursacht nur fixe Gemeinkosten.

Die Zuschlagssätze für Lager und Produktion lassen sich folgendermaßen bestimmen:

$$Zuschlag_{var} = \frac{variable\ Gemeinkosten}{Einzelkosten} \qquad \text{F 5.52}$$

Der berechnete Wert sagt dann aus, wieviel variable Gemeinkosten zur Deckung der variablen Kosten in Prozent der zugrundeliegenden

Einzelkosten erforderlich sind. Die Einzelkosten sind aber stets variabel. Schließt man also diesen variablen Zuschlag auf, so erhält man die Summe der variablen Kosten. Genau das wird für die Deckungsbeitragsrechnung gebraucht.

Im Beispiel ergibt dies:

var. Materialgemeinkostenzuschlag:..10 %
var. Lohngemeinkostenzuschlag FKSt I:..40 %
var. Lohngemeinkostenzuschlag FKSt II:...50 %

Auch wenn diese Aufgabe eigentlich aus dem Bereich der Teilkostenrechnung stammt, muß jetzt dennoch eine Kalkulation durchgeführt werden, in der aber nicht die gesamten Gemeinkosten den Einzelkosten zugeschlagen werden, wie es eigentlich üblich wäre, sondern nur die variablen Gemeinkosten, wie es in diesem Fall erforderlich ist. Dies ermöglicht, die variablen Kosten der einzelnen Produkte und damit die Deckungsbeiträge festzustellen:

Ermittlung der absoluten Deckungsbeiträge der drei Produkte

Kostenarten		Produkt A	Produkt B	Produkt C
	Verkaufspreis	41,50 €/Stück	32,00 €/Stück	40,00 €/Stück
–	Fertigungsmaterial	10,00 €/Stück	5,00 €/Stück	4,00 €/Stück
–	10 % var. MGK	1,00 €/Stück	0,50 €/Stück	0,40 €/Stück
–	Fertigungslöhne I	7,50 €/Stück	5,00 €/Stück	6,00 €/Stück
–	40 % var. FGK I	3,00 €/Stück	2,00 €/Stück	2,40 €/Stück
–	Fertigungslöhne II	10,00 €/Stück	10,00 €/Stück	8,00 €/Stück
–	50 % var. FGK II	5,00 €/Stück	5,00 €/Stück	4,00 €/Stück
=	variable Kosten	36,50 €/Stück	27,50 €/Stück	24,80 €/Stück
=	Deckungsbeitrag absolut	5,00 €/Stück	4,50 €/Stück	15,20 €/Stück

Abbildung 5.27: Ermittlung der absoluten Deckungsbeiträge der drei Produkte

Die Engpaßrechnung plant das Sortiment nach einer knappen Ressource. Diese wird ja als Engpaß bezeichnet. In den Ausgangsdaten dieses Falles befinden sich aber zwei Ressourcen, nämlich die Maximalkapazitäten der beiden Fertigungskostenstellen i.H.v. 7.440 und 11.200 Stunden. Beide Maximalkapazitäten können knapp und damit Engpässe sein. Es muß also zunächst festgestellt werden, welche dieser beiden Kostenstellen tatsächlich der Engpaß ist. Sind beide Zeitangaben knappe Ressourcen, so ist die Aufgabe im Wege der Engpaßrechnung unlösbar. Die Beschränkungen müßten dann als lineares Gleichungssystem dargestellt und im Wege der Simplex-Methode oder des Gauß'schen Algorithmus gelöst werden. Das aber wäre viel umständlicher. Es lohnt also zunächst festzustellen, wie viele Beschränkungen vorliegen, denn das bestimmt den zu wählenden Lösungsweg. Hierzu werden einfach die Maximalstückzahlen aus den Ausgangszahlen mit den Zeitangaben der drei Produkte in den beiden Kostenstellen multipliziert. Auf diese Art erhält man

Deckungsbeitrags-
rechnung

aus der Summierung der Werte den jeweils maximalen Zeitbedarf der beiden Kostenstellen:

Ermittlung des aktiven Engpasses

Produkt	A	B	C	Summe
Maximale Menge	1.000 Stück	2.000 Stück	2.500 Stück	
Fertigungszeit I	1.000 Std.	2.000 Std.	10.000 Std.	**13.000 Std.**
Fertigungszeit II	3.200 Std.	2.600 Std.	3.500 Std.	9.300 Std.

Abbildung 5.28: Ermittlung des aktiven Engpasses

Fertigungskostenstelle I hat eine Zeitkapazität i.H.v. 7.440 Stunden. Sollten jedoch alle Produkte in maximaler Stückzahl gefertigt werden, so würden hierfür aber 13.000 Stunden benötigt. Die in Fertigungskostenstelle I zur Verfügung stehende Zeit ist also knapp. Fertigungskostenstelle I ist damit ein Engpaß.

Für die Fertigungskostenstelle II stehen gemäß den Ausgangsdaten pro Periode 11.200 Arbeitsstunden zur Verfügung. Für die maximale Stückzahl aller drei Produkte würden aber nur 9.300 Stunden benötigt. Fertigungskostenstelle II ist damit kein Engpaß.

Da nur ein Engpaß besteht, ist die Aufgabe im Wege der Engpaßrechnung lösbar. Lineare Verfahren wie die Simplex-Methode müssen nicht angewandt werden. Das erleichtert die Sache ungemein.

Da nun der Engpaß identifiziert wurde, ist auch klar, daß nur die Zeitverbrauchsdaten der Fertigungskostenstelle I zur Bestimmung der relativen Deckungsbeiträge erforderlich sind. Es ließen sich zwar auch mit der Fertigungskostenstelle II relative Deckungsbeiträge berechnen, die andere zahlenmäßige Werte hätten, aber dies ist nicht erforderlich, weil die Fertigungskostenstelle II ja kein Engpaß ist.

Es ergeben sich damit folgende relative Deckungsbeiträge:

Ermittlung der relativen Deckungsbeiträge der drei Produkte

Kostenarten	Produkt A	Produkt B	Produkt C
Deckungsbeitrag absolut	5,00 €/Stück	4,50 €/Stück	15,20 €/Stück
÷ Knapper Faktoreinsatz	1,00 St/Std.	1,00 St/Std.	4,00 St/Std.
= Deckungsbeitrag relativ	5,00 €/Std.	4,50 €/Std.	3,80 €/Std.

Abbildung 5.29: Ermittlung der relativen Deckungsbeiträge der drei Produkte

Auf dieser Grundlage läßt sich nunmehr auch die Sortimentsreihenfolge feststellen: Zunächst wird Produkt A in maximal möglicher Stückzahl gefertigt. Wenn dann noch Arbeitszeit in der Fertigungskostenstelle I übrig ist, folgt Produkt B als zweitbeste Wahl. Sollte dann immer noch restliche Arbeitszeit vorhanden sein, werden so viele Exemplare C wie möglich produziert.

Daß dabei nicht alle Maximalkapazitäten gefertigt werden können, ist schon daher offensichtlich, daß für das Maximalprogramm in Fertigungskostenstelle I insgesamt 13.000 Stunden nötig gewesen wären, dort aber nur 7.440 Stunden pro Periode zur Verfügung stehen.

Nach diesen ausgedehnten Vorarbeiten liegen nun endlich alle benötigten Informationen für die Engpaßrechnung vor.

Und so sieht die Bestimmung des optimalen Sortiments in diesem Beispiel aus:

Engpaßplanung nach relativem Deckungsbeitrag

		Produktion	Verbrauch	DB	Rest
1.	Produkt A	1.000 Stück	1.000 Std.	5.000,00 €	6.440 Std.
2.	Produkt B	2.000 Stück	2.000 Std.	9.000,00 €	4.440 Std.
3.	Produkt C	1.110 Stück	4.440 Std.	16.872,00 €	0 Std.
Summe			7.440 Std.	30.872,00 €	

Abbildung 5.30: Engpaßplanung nach relativem Deckungsbeitrag

Die Aufgabenstellung ist damit aber noch nicht vollständig gelöst. Es wurde zwar der Deckungsbeitrag i.H.v. insgesamt 30.872 Euro ermittelt, aber noch nicht das Gesamtergebnis. Hierzu ist es erforderlich, die Fixkosten herauszufinden. Das aber geht mit der Normalkostentabelle, denn Fixkosten sind ja, so die Definition, von der Ausbringungsmenge unabhängig. Sie entstehen also auch dann in der Normalkostenhöhe, wenn nicht die Maximalkapazität der drei Produkte gefertigt wird, weil die Produktionsarbeitszeit in Fertigungskostenstelle I knapp ist.

Die Fixkosten werden vom Gesamtdeckungsbeitrag subtrahiert, um das Betriebsergebnis zu ermitteln:

	Posten	Summe
	Verkaufserlös gesamt	149.900,00 Euro
−	variable Kosten gesamt	119.028,00 Euro
=	Deckungsbeitrag	30.872,00 Euro
−	Fixkosten aus Normalkostenübersicht	58.670,00 Euro
=	Betriebsergebnis	−27.798,00 Euro

Abbildung 5.31: Betriebsergebnisrechnung für die vorstehende Engpaßrechnung

Daß dabei immer noch ein negatives Betriebsergebnis herauskommt, mag an der allgemein negativen Geisteshaltung des Autoren dieses Buches liegen. Die Methode ist trotzdem betrieblich nützlich: Wäre nämlich nicht nach relativem Deckungsbeitrag geplant worden, so wäre das Ergebnis noch viel schlechter geworden. Die relative Deckungsbeitragsplanung erbringt bei Vorliegen eines Engpasses stets ein optimales Ergebnis. Sie garantiert aber keine Gewinne. Das kann niemand.

Das Beispiel hat gezeigt, daß die Kombination von Konzepten der Voll- und der Teilkostenrechnung oft zu recht komplexen Fallstudien führen kann. Das läßt sich noch vertiefen.

5.4. Voll- und Teilkostenrechnung

Viele Aufgaben, und eine Menge Praxisprobleme lassen sich mit dem Kostenportfolio darstellen, das eingangs eingeführt wurde. Während die Voll- und die Teilkostenrechnung zunächst als selbständige Systeme der Kostenrechnung dargestellt wurden, vermischen sie sich in der Praxis doch oft. Dabei sollte versucht werden, auf verschiedenen Wegen zum selben Ziel zu kommen. Ein Beispiel zeigt, wie das aussieht.

Die Ausgangsdaten des Modells

Produkt	A	B	C	D	E
Stückzahl:	1.200 St.	500 St.	2.200 St.	200 St.	800 St.
Einzelkosten:	20,00 €/St.	45,00 €/St.	60,00 €/St.	50,00 €/St.	32,00 €/St.
GK-Zuschlag:	160,00 %	300,00 %	200,00 %	320,00 %	185,00 %
Prop. GK:	20,00 €/St.	40,00 €/St.	25,00 €/St.	40,00 €/St.	12,00 €/St.
VK-Preis:	80,00 €/St.	170,00 €/St.	185,00 €/St.	80,00 €/St.	125,00 €/St.

Abbildung 5.32: Die Ausgangsdaten des Modells

Ein serienfertigender Betrieb produziert fünf Produkte in unterschiedlichen Stückzahlen. Für jedes Produkt sind die Einzelkosten, der Gemeinkostenzuschlag, die proportionalen Gemeinkosten und der Verkaufspreis bekannt. Die Fixkosten der Periode betragen 332.660 Euro. Die Gesamtkosten bzw. Selbstkosten und das Betriebsergebnis pro Stück sollen im Wege der Vollkostenrechnung und im Wege der Teilkostenrechnung ermittelt werden. Das Kostenportfolio soll ausgefüllt werden, d.h. die Summen der Einzel- und Gemeinkosten sowie der fixen und variablen Kosten sind zu ermitteln. Schließlich kann es sein, daß aus den Ergebnissen auch ein Ratschlag an den Unternehmer abgeleitet werden kann.

Bedeutsam sind wie immer die Begriffe. Hier ist von »proportionalen Gemeinkosten« die Rede. Proportionalität bedeutet, daß eine Größe von einer anderen abhängt. Hängen die Gemeinkosten von der Produktionsstückzahl ab, dann sind sie aber – variabel. Diese Information gehört also zur Teilkostenbetrachtung.

Zunächst die Vollkostenauswertung:

Vollkostenauswertung pro Stück

Produkt	A	B	C	D	E	Summe
EK	20 €/St.	45 €/St.	60 €/St.	50 €/St.	32 €/St.	
GK	32 €/St.	135 €/St.	120 €/St.	160 €/St.	59 €/St.	
SK	52 €/St.	180 €/St.	180 €/St.	210 €/St.	91 €/St.	
VK	80 €/St.	170 €/St.	185 €/St.	80 €/St.	125 €/St.	
BetrErg.	28 €/St.	–10 €/St.	5 €/St.	–130 €/St.	34 €/St.	
	33.600 €	–5.000 €	11.000 €	–26.000 €	27.040 €	40.640 €

Abbildung 5.33: Vollkostenauswertung pro Stück

Da die Einzelkosten und die Zuschlagssätze bekannt sind, können die Gemeinkosten und die Selbstkosten nach dem bekannten einfachen Kalkulationsschema berechnet werden. Beispielsweise sind die 32 Euro Gemeinkosten in Produkt A einfach 160 % der Einzelkosten i.H.v. 20 Euro. 160 % ist der in Abbildung 5.32 angegebene Zuschlagssatz. Die Summe aus Einzelkosten (EK) und Gemeinkosten (GK) macht die Selbstkosten (SK). Subtrahiert man vom Verkaufserlös (VK) die Selbstkosten, so erhält man das Betriebsergebnis.

In der letzten Zeile in Abbildung 5.33 werden die Betriebsergebnisse der einzelnen Produkte mit den Stückzahlen aus Abbildung 5.32 multipliziert. Das ergibt das Betriebsergebnis pro Produktart. In der Summe ergibt dies das Betriebsergebnis des ganzen Betriebes in der ganzen Rechnungsperiode.

Man erreicht das gleiche Ziel, wenn man die Einzel- und Gemeinkosten mit den Stückzahlen multipliziert:

Vollkostenauswertung pro Rechnungsperiode

Produkt	A	B	C	D	E	Summe
EK	24.000 €	22.500 €	132.000 €	10.000 €	25.600 €	214.100 €
GK	38.400 €	67.500 €	264.000 €	32.000 €	47.360 €	449.260 €
SK	62.400 €	90.000 €	396.000 €	42.000 €	72.960 €	663.360 €
VK	96.000 €	85.000 €	407.000 €	16.000 €	100.000 €	704.000 €
BetrErg.	33.600 €	–5.000 €	11.000 €	–26.000 €	27.040 €	40.640 €

Abbildung 5.34: Vollkostenauswertung pro Rechnungsperiode

Zwei Produkte sind defizitär. Ob sie auch abgeschafft werden sollten, ist aus der Vollkostenrechnung nicht ersichtlich. Hierfür muß eine Teilkostenrechnung mit Deckungsbeiträgen durchgeführt werden. Hier ist bedeutsam, daß auf die ja stets variablen Einzelkosten noch die variablen Gemeinkosten aufgeschlagen werden, nicht aber die gesamten Gemeinkosten. Lagen beispielsweise bei Produkt A die Gemeinkosten aus Sicht der Vollkostenrechnung bei 160 % der Einzelkosten oder 32 Euro, so sind davon nur 20 Euro »proportional«, also variabel. Auf diese Art kom-

Teilkostenrechnung pro Stück

Produkt	A	B	C	D	E	Summe
EK	20 €/St.	45 €/St.	60 €/St.	50 €/St.	32 €/St.	
variabel	40 €/St.	85 €/St.	85 €/St.	90 €/St.	44 €/St.	
VK	80 €/St.	170 €/St.	185 €/St.	80 €/St.	125 €/St.	
DB	40 €/St.	85 €/St.	100 €/St.	–10 €/St.	81 €/St.	
	48.000 €	42.500 €	220.000 €	–2.000 €	64.800 €	373.300 €
Fixkosten						332.660 €
Betriebsergebnis						40.640 €

Abbildung 5.35: Teilkostenrechnung pro Stück

men die 40 Euro variable Kosten bei Produkt A in Abbildung 5.35 zustande. Setzt man diese variablen Kosten vom Verkaufspreis ab, so gelangt man zu den Deckungsbeiträgen – und zu einer Überraschung: Das aus Vollkostensicht defizitäre Produkt B hat einen positiven Deckungsbeitrag und damit eine Gewinnschwelle. Es sollte also nicht eingestellt, sondern ausgeweitet werden. Produkt D hingegen, ebenfalls in der Vollkostenbetrachtung defizitär, hat auch einen negativen Deckungsbeitrag. Es sollte aus dem Sortiment eliminiert werden.

Eliminiert man Produkt B, so wird das Betriebsergebnis der Rechnungsperiode um den Deckungsbeitrag B kleiner, sinkt also von bisher 40.640 Euro um 42.500 Euro auf dann –1.860 Euro. Wird hingegen Produkt D aus dem Sortiment gelöscht, so verbessert sich das Betriebsergebnis um die 2.000 Euro negativen Deckungsbeitrag, steigt also von 40.640 Euro auf dann 42.640 Euro.

Schließlich kann dasselbe Ergebnis auch per Kostensummen erzielt werden:

Teilkostenrechnung pro Rechnungsperiode

Produkt	A	B	C	D	E	Summe
EK	24.000 €	22.500 €	132.000 €	10.000 €	25.600 €	214.100 €
var. GK	24.000 €	20.000 €	55.000 €	8.000 €	9.600 €	116.600 €
VK	48.000 €	42.500 €	187.000 €	18.000 €	35.200 €	330.700 €
DB	96.000 €	85.000 €	407.000 €	16.000 €	100.000 €	704.000 €
	48.000 €	42.500 €	220.000 €	–2.000 €	64.800 €	373.300 €
Fixkosten						332.660 €
Betriebsergebnis						40.640 €

Abbildung 5.36: Teilkostenrechnung pro Rechnungsperiode

Schließlich können die Ergebnisse dieses Beispieles noch als Kostenportfolio dargestellt werden:

	Einzelkosten	Gemeinkosten	
Variable Kosten	214.100 Euro	116.600 Euro	330.700 Euro
Fixkosten		332.660 Euro	332.660 Euro
	214.100 Euro	449.260 Euro	663.360 Euro

Abbildung 5.37: Das Kostenportfolio zur vorstehenden Abbildung

Insbesondere bedeutsam ist, daß die Gesamtkostensumme von 663.360 Euro sowohl aus Einzel- plus Gemeinkosten als auch aus fixen und variablen Kosten gleichermaßen berechnet werden kann. Das sollte mit diesem Beispiel demonstriert werden.

5.5. Annahme von Zusatzaufträgen

Ein Kernstück der Teilkostenrechnung ist der Deckungsbeitrag. Er heißt so, weil er die Fixkosten deckt. Ein wesentlicher Grundgedanke in dem Zusammenhang ist, daß ein Produkt nicht erst weiter produziert werden sollte, wenn es Gewinn erzielt, sondern schon, wenn es einen positiven Deckungsbeitrag hat. Es trägt dann zur Deckung der Fixkosten der Unternehmung bei.

Aus diesem Grundgedanken folgt aber auch, daß Zusatzaufträge bei freier Kapazität nicht erst dann angenommen werden sollten, wenn sie aufgrund der Vollkostenrechnung einen Gewinn erwirtschaften, also über Selbstkosten verkauft werden können, sondern schon dann, wenn sie »nur« mit positivem Deckungsbeitrag verkauft werden können, also einen Erlös über den variablen (und nicht etwa den gesamten!) Kosten erbringen. Dieser Gedanke ist eine Folge der oben bereits gewonnenen Erkenntnis, daß es keine Produkte mit Gewinnen (oder Verlusten), sondern nur Produkte mit Deckungsbeiträgen gibt.

Ausgangsdaten: Soll ein Zusatzauftrag angenommen werden?

Materialbereich	Fertigungsmaterial	3.500,00 Euro
	Materialgemeinkosten	10,00 %
Fertigungsbereich	Rüstzeit (Industriestunden)	1,20 h (72 Min)
	Rüstkosten fix	35,00 Euro/Std
	Fertigungslohn	1.200,00 Euro
	Fertigungsgemeinkosten	220,00 %
	Davon Anteil variable GK	30,00 %
Maschinenbereich	Maschinenzeit	4,50 h (4:30 Std)
	Maschinenstundensatz fix	240,00 €/Std
	Maschinenstundensatz variabel	60,00 €/Std
	Restlohneinzelkosten	60,00 %
	Restgemeinkosten	120,00 %
	Davon Anteil variable GK	10,00 %
Sonstiges	Verwaltung	12,00 %
	Vertrieb	10,00 %
	Verkäuferprovision	0,00 %
	Gewinnspanne	10,00 %
	Kundenskonto	3,00 %
	Kundenrabatt	5,00 %

Abbildung 5.38: Ausgangsdaten: Soll ein Zusatzauftrag angenommen werden?

Ein Beispiel zeigt die Unzulänglichkeiten der Vollkostenrechnung und warum ein Zusatzauftrag bei freier Kapazität schon zu variablen und nicht etwa erst zu Selbstkosten angenommen werden sollte. Grundlage für dieses Beispiel ist Abbildung 5.38 (vorstehend). Diese Daten stammen aus dem Betriebsabrechnungsbogen (BAB) und von den Technikern eines Unternehmens. Es soll entschieden werden, bis zu welchem minimalen Preis der Auftrag anzunehmen ist.

Die Vollkostenrechnung würde zunächst die Materialkosten per Zuschlagssatz auf traditionelle Art berechnen.

In den Fertigungsbereich gehören die Rüstkosten, die dem Auftrag zuzurechnen sind. Sie sind separat ausgewiesen.

Im Maschinenbereich wird die Maschinenlaufzeit berechnet. Auf die Restlohnkosten kommen die Restgemeinkosten per Zuschlag.

Die Summe bildet die Herstellkosten, die in der üblichen Weise zu Selbstkosten weitergerechnet werden. Am Schluß des Schemas werden Skonto und Rabatt im Absatzbereich aufgeschlagen. Das ist zunächst das übliche Schema der Vollkostenrechnung. Die Selbstkosten in Höhe von 13.418,54 Euro sind der Gesamtkostenwert. Wird zu oder über diesem Preis verkauft, werden nicht nur die Kosten, sondern auch der Gewinn realisiert.

Nr		Posten	Zuschlag	Summe
1		Materialeinzelkosten		3.500,00 €
2	+	Materialgemeinkosten	10,00 %	350,00 €
3	=	Materialkosten		3.850,00 €
4		Rüstkosten	1,20 h × 35 €/Std.	42,00 €
5	+	Lohneinzelkosten		1.200,00 €
6	+	Lohngemeinkosten	220,00 %	2.640,00 €
7	=	Lohnkosten		3.882,00 €
8		Maschinenzeit	4,50 h × 300 €/Std.	1.350,00 €
9		Restlohnkosten		60,00 €
10	+	Restgemeinkosten	120,00 %	72,00 €
11	=	Fertigungskosten		1.482,00 €
12	Σ	Herstellkosten		9.214,00 €
13	+	VtGK	12,00 %	1.105,68 €
14	+	VwGK	10,00 %	921,40 €
15	=	Selbstkosten		11.241,08 €
16	+	Gewinn	10,00 %	1.124,11 €
17	=	Barverkaufspreis		12.365,19 €
18	+	Kundenskonto	3,00 %	382,43 €
19	=	Zielverkaufspreis		12.747,62 €
20	+	Kundenrabatt	5,00 %	670,93 €
21	=	Listenpreis netto		13.418,54 €

Abbildung 5.39: Vorkalkulation des Zusatzauftrages auf Vollkostenbasis

Für die Entscheidung über die Annahme eines Zusatzauftrages ist das aber wenig sinnvoll, denn Kostenzuschläge und damit alle Zwischensummen nach den Einzelkosten würden sich ändern, wenn die Auslastung des Betriebes sich ändert. Es sollte nie vergessen werden, daß es keine Produkte mit Gewinnen, sondern nur Produkte mit Deckungsbeiträgen gibt. Aus den Ausgangsdaten in Abbildung 5.38 müssen also die variablen Kosten herausgerechnet und addiert werden. Diese Summe bildet die absolute Verkaufspreisuntergrenze und zudem die Basis für die Annahme des Auftrages als Zusatzauftrag bei freier Kapazität.

Nr	Posten	Zuschlag	Summe
1	Materialeinzelkosten (variabel)		3.500,00 €
2	Rüstkosten	1,20 h × 35 €/Std.	42,00 €
5 +	Lohneinzelkosten		1.200,00 €
6 +	var. Lohngemeinkosten	66,00 %	792,00 €
7 =	var. Lohnkosten		2.034,00 €
8	var. Maschinenzeit	4,50 h × 60 €/Std.	270,00 €
9	Restlohnkosten		60,00 €
10 +	var. Restgemeinkosten	12,00 %	7,20 €
11 =	var. Fertigungskosten		337,20 €
12 Σ	var. Herstellkosten		5.871,20 €
15 =	var. Selbstkosten		5.871,20 €

Abbildung 5.40: Vorkalkulation des Zusatzauftrages auf Vollkostenbasis

Für den Materialbereich sind zunächst keine variablen Gemeinkosten ersichtlich. Also sind die Rohstoffe im Wert von 3.500 Euro die einzigen variablen Materialkosten. Die Gemeinkosten, die in diesem Bereich ganz Fixkosten sind, spielen bei der Entscheidung über die Annahme oder Ablehnung des Zusatzauftrages bei freier Kapazität keine Rolle.

Im Produktionsbereich sind die Rüstkosten auftragsfix. Sie sind aber im Sinne der mehrstufigen Deckungsbeitragsrechnung dem Auftrag zuzurechnen und daher hier einzubeziehen. Sie würden nicht anfallen, wenn der Auftrag nicht angenommen wird. Zudem variabel sind die Lohneinzelkosten.

Die Lohngemeinkosten haben eigentlich einen Zuschlag i.H.v. 220 %. Davon sind aber nur 30 % variabel. 30 % von 220 % sind eben die 66 % aus Zeile 6. Es sind also ausschließlich die variablen Kosten zu verrechnen.

Ebenso wird bei den Maschinenkosten nur der variable Stundenanteil und der variable Teil des Zuschlagssatzes in den Restkosten berücksichtigt. Die 12 % in Zeile 10 ergeben sich aus dem Restgemeinkostenzuschlag i.H.v. 120 % mal dem variablen Anteil hierin i.H.v. 10 %.

Die Summe hiervon ist die variable Herstellkostengröße. Diese ist aber identisch mit den variablen Selbstkosten, weil Verwaltung und Vertrieb in diesem Beispiel keine variablen Kosten enthalten.

Natürlich spielen die Aufschläge im Kundenbereich hier keine Rolle. Ziel der Rechnung ist, die Summe der variablen Kosten zu identifizieren. Dem Kunden würde zwar vermutlich die Rechnung aus Abbildung 5.39 bzw. ein daraus erstelltes Angebot präsentiert werden, aber der Auftrag ist so lange interessant als er über einem Verkaufspreis i.H.v. 5.871,20 Euro angenommen werden kann. Das sind nur ganze 44 % des Listenverkaufspreises. Und dieser Unterschied kann höchst marketingrelevant sein.

Das vorstehende Beispiel setzt freie Fertigungskapazität voraus. Das ist keine Selbstverständlichkeit. Sind Fertigungskapazitäten knapp, muß die Engpaßrechnung bei der Entscheidung benutzt werden. Eine einfache Annahmeentscheidung über die variablen Kosten ist dann nicht mehr möglich. Die Engpaßrechnung bietet im Gegensatz zur Rechnung nach variablen Kosten nicht nur eine Möglichkeit, über Annahme oder Ablehnung zu entscheiden, sondern auch die Priorität der Reihenfolge nach rationalen Gesichtspunkten festzulegen.

5.6. Aufgaben zu Kapitel 5

In den folgenden Aufgaben werden die Grundlagen aus Kapitel 2 sowie die Ausführungen zur Teilkostenrechnung in Kapitel 5 vorausgesetzt. Es wird empfohlen, rechnerische Lösungen mit einem Tabellenkalkulationsprogramm zu erarbeiten, denn dies ist die in der betrieblichen Wirklichkeit übliche Methode. Es geht jedoch auch mit dem Taschenrechner.

Die Lösungen zu allen folgenden Aufgaben befinden sich in Kapitel 9 im Anhang am Ende dieses Buches.

5.6.1. Aufgabe 10 – Grundlagen der Teilkostenrechnung

Erfahrungsgemäß ist es sehr wichtig, sich über die Kostenverläufe Klarheit zu verschaffen, denn die Teilkostenrechnung denkt in Mengenbegriffen. Das unterscheidet sie von der Vollkostenrechnung.
Zeichnen Sie

1. den Kostenverlauf der Gesamtkosten (Euro pro Periode) und
2. den Kostenverlauf der Stückkosten (Euro pro Stück)

in Abhängigkeit von der Menge X. Die Skizze sollte die Fixkosten (K_{fix}), die variablen Kosten (K_{var}) und die Gesamtkosten (K_{ges}) sowie zusätzlich den Umsatz (U) enthalten. Markieren Sie außerdem den Break Even Punkt (X_{min}) durch eine Linie sowie den Deckungsbeitrag (DB) durch Schraffur oder Färbung.

5.6.2. Aufgabe 11 – Break Even Grundlagen

Zu dieser Aufgaben gehören die folgenden Ausgangszahlen:

Ausgangszahlen für die Break Even Rechnung in Aufgabe 11

Wert	Betrag
Verkaufspreis des Produktes pro Stück	8,25 Euro/St
Aktuelle Produktionsmenge	24.000 Stück
Entspricht einem Beschäftigungsgrad	75,00 %
variable Kosten pro Stück	5,75 Euro/St
Gesamtkosten pro Periode	173.000,00 Euro

Abbildung 5.41: Ausgangszahlen für die Break Even Rechnung in Aufgabe 11

Aufgaben:

1. Ermitteln Sie aus den vorstehenden Daten die Fixkosten pro Periode.
2. Berechnen Sie das Betriebsergebnis im Berichtszeitraum aufgrund der vorstehenden Daten
3. Berechnen Sie das Betriebsergebnis bei maximaler Auslastung.
4. Fertigen Sie in Schritten von 2.000 Stück, beginnend bei 2.000 Stück und endend bei voller Auslastung, eine Gesamtkostenübersicht und eine Stückkostenübersicht. Beide Übersichten sollten jeweils die Fixkosten, die variablen Kosten, die Gesamtkosten und das Betriebsergebnis enthalten. Der Break Even Punkt sollte deutlich zu sehen sein.
5. Wie kann der Break Even Punkt ohne Tabelle und ohne Zeichnung rein rechnerisch bestimmt werden?

5.6.3. Aufgabe 12 – Break Even, etwas schwieriger

Ein serienfertigendes Unternehmen produziert und verkauft im Januar eines Geschäftsjahres 300 Stück eines Produktes. Hierbei entstehen Gesamtkosten in Höhe von 7.600 Euro und ein Verlust von 1.600 Euro. Im Februar des gleichen Jahres werden 380 Stück produziert und verkauft und der Umsatz liegt bei 7.600 Euro und die Gesamtkosten bei 8.560 Euro. Produktionsmittel und Marktverhältnisse haben sich im betrachteten Zeitraum nicht verändert. Die maximal mögliche Kapazität beträgt 450 Stück pro Monat und kann nicht erweitert werden.

1. Ermitteln Sie den Break Even Punkt aufgrund der gegebenen Ausgangsdaten.
2. Welche strategischen Schlußfolgerungen sollte das Unternehmen ziehen? Bitte begründen Sie ihre Ansicht!

5.6.4. Aufgabe 13 – Der Deckungsbeitrags-Umsatzfaktor

Für drei Produkte liegen die folgenden Daten vor:

Ausgangszahlen zu Aufgabe 13

	Produkt A	Produkt B	Produkt C
Verkaufspreis pro Stück	85,00 Euro	72,00 Euro	54,00 Euro
Variable Kosten pro Stück	43,00 Euro	50,00 Euro	30,00 Euro
Umsatzanteil	18,00 %	54,00 %	28,00 %
Fixkosten	850.000 Euro pro Periode (für alle Produkte)		

Abbildung 5.42: Ausgangszahlen zu Aufgabe 13

Die Verkaufspreise und die Kosten können nicht beeinflußt werden. Das Verhältnis der Produkte untereinander ist technisch bedingt und kann ebenfalls nicht verändert werden.

Berechnen Sie auf der Basis dieser Zahlen den Umsatz, bei dem der Unternehmer insgesamt in die Gewinnzone gerät, wenn alle Ausgangsannahmen unverändert Gültigkeit besitzen.

5.6.5. Aufgabe 14 – Branchenbezogene Teilkostenrechnung

Die Teilkostenrechnung hat den großen Vorteil, besonders flexibel zu sein. Sie kann in nahezu allen Branchen Verwendung finden. Meistens wird sie für Beispiele aus Bereichen wie Serienfertigung oder Handel demonstriert. In dieser Aufgabe geht es um die Deckungsbeitrags- und Break Even Rechnung der Immobiliengesellschaften und Vermieter.

Draußen vor der Stadt plant eine Immobilienbetreibergesellschaft ein kleines Einkaufs- und Freizeitzentrum. Die Gesamtfläche des Objektes beträgt gemäß vorliegenden Planungen 44.000 m², von denen aber nur 40.000 m² vermietbar sind. Der Rest besteht aus Wegen, dem Feuerwehrstandplatz, Eingangsbereichen usw.

Die Baukosten gemäß gesetzlichen Vorschriften betrugen 19 Mio. Euro[1]. Die Nutzungszeit ist auf 15 Jahre ausgelegt; danach kann das alte Gebäude totalsaniert werden. Hierfür wird mit Aufwendungen i.H.v. 22 Mio. Euro gerechnet, wobei ein Restwert der alten Baumaterialien von 760.000 Euro erwartet wird.

Pro m² rechnet der Investor ferner mit nicht umlegbaren Betriebskosten des Gebäudes i.H.v. 8,40 Euro und Jahr. Der Kalkulationszins beträgt

---

1 Eine gesetzliche Regelung, was alles zu den Baukosten einer Immobilie gehört, befindet sich in der II. Berechnungsverordnung (II. BV). Das Regelwerk konkretisiert die grundlegenden Vorschriften zu den Anschaffungs- und Herstellungskosten.

gegenwärtig 12 %. Eine Umsatzrentabilität auf die erzielten Erlöse in Höhe von 14 % wird angestrebt.

Berechnen Sie aufgrund dieser Daten

1. den Mietpreis, der pro m² und Jahr zu nehmen ist, und
2. den Break Even Punkt in m².

5.6.6. Aufgabe 15 – Sortimentsplanung

Ein Unternehmen fertigt drei Produkte A, B und C. Für diese drei Produkte liegen die folgenden Daten vor:

Ausgangszahlen zu Aufgabe 15

	Produkt A	Produkt B	Produkt C
Verkaufspreis pro Stück	110,00 Euro	150,00 Euro	90,00 Euro
Variable Kosten pro Stück	50,00 Euro	130,00 Euro	80,00 Euro
Maximale Kapazität	40 St/Tag	100 St/Tag	400 St/Tag
Zeitbedarf für Herstellung	8 Minuten/St	4 Minuten/St	1 Minute/St
Rohstoffeinsatz	4 kg/Stück	1 kg/Stück	6 kg/Stück

Abbildung 5.43: Ausgangszahlen zu Aufgabe 15

Der Arbeitstag des Unternehmens besteht aus acht Zeitstunden und kann nicht kurzfristig erweitert werden. Die bestehenden Produktionsmittel erlauben nur die Verarbeitung von 2.900 kg Rohstoff pro Tag. Mehr ist kurzfristig nicht machbar. Die Fixkosten des Unternehmens betragen 4.000 Euro pro Tag. Produktbezogene Fixkosten sind nicht zu berücksichtigen. Andere als die genannten Produkte können nicht gefertigt werden, aber die drei Produkte sind voneinander unabhängig, d.h. die Mengen können beliebig verändert werden. Es ist auch möglich, einzelne oder mehrere Produkte einzustellen, d.h. gar nicht mehr zu fertigen.

1. Wie viele Beschränkungen des Produktionsprogrammes bestehen hier und was für Beschränkungen sind das?

Berechnen Sie aufgrund dieser Ausgangszahlen

2. das Betriebsergebnis bei Deckungsbeitragsplanung und
3. das Betriebsergebnis bei relativer Deckungsbeitragsplanung.

Schließlich noch eine allgemeine Frage, die lediglich qualitativ beantwortet, aber dennoch aus den Daten begründet werden sollte:

4. Welchen grundlegenden Rat sollte man dem Unternehmer geben, wenn das Betriebsergebnis über das bisher mögliche Maximum weiter erhöht werden soll?

6.
Maschinenrechnung

Der wahrscheinlich bekannteste Anwendungsfall der Teilkostenrechnung ist die Maschinenrechnung. Verfahren der Kostenrechnung gehen hier vielfach in Methoden der Investitionsrechnung über. Wesentliche Anwendungen sind neben der eigentlichen Investitionsentscheidung über den Kauf einer bestimmten Maschine Vergleichsrechnungen zur Auswahl einer Maschine aus mehreren Alternativen oder zur Entscheidung, ob eine Anlage gekauft oder durch Leasingvertrag bereitgestellt werden soll. Die Kostenrechnung »im engeren Sinne« möchte wissen, wie hoch die Kosten einer Maschine pro Stück, pro Stunde oder pro Periode sind. Sie fragt zudem, welche mehrerer möglicher Maschinen in einer bestimmten Anwendungsanforderung zu benutzen sei.

6.1. Kostenartenrechnung der Maschinenrechnung

Die Kostenartenrechnung in der Maschinenrechnung unterscheidet sich nicht grundsätzlich von der anderer Bereiche der Kosten- und Leistungsrechnung. Was als neutraler Aufwand nicht in die Voll- oder Teilkostenrechnung gehört, hat auch in der Maschinenrechnung nichts verloren. Auch hinsichtlich technischer Anlagen ersetzt die kalkulatorische Abschreibung die steuerliche Abschreibung der Buchhaltung. Finanzierungszinsen für Maschinen gehören nicht in die Kostenrechnung. Darin aber steckt bereits ein bedeutsames Ergebnis: Da die Kostenrechnung eine Produktionsfaktorrechnung ist, kommt sie zu anderen Ergebnissen als beispielsweise die dynamische Investitionsrechnung, die rein zahlungsorientiert konzipiert ist. Eine Anlage, die durch Kredit, finanzierten Kauf oder Finanzierungsleasing beschafft wird, kann im Bereich der dynamischen Investitionsrechnung anders bewertet werden als in der Kostenrechnung, weil die Kostenrechnung andere Größen zugrundelegt als die Investitionsrechnung. Dies ist keine Schwäche der Verfahren und schon gar kein Rechenfehler, sondern der Grund, warum die Betriebswirtschaft eine Kunst ist: Man muß es können und nicht nur wollen. Insbesondere muß man scheinbar widersprüchliche Rechenergebnisse zu einer einheitlichen, folgerichtigen Strategie zusammenführen. Das ist, was hinter dem Zahlenwerk liegt. Das ist eine Kunst, die man nicht in Formeln und Algorithmen lernen kann.

Übersicht über grundlegende Methoden der Kosten- und der Investitionsrechnung

Kostenrechnung im engeren Sinne	Vollkostenrechnung	Teilkostenrechnung		Indifferenzbereich (Kostenrechnung und Investitionsrechnung gleichermaßen)		Statische Investitionsrechnung			Dynamische Inv.-Rechnung	
	Kalkulation	Deckungsbeitragsrechnung	Break-Even-Rechnung	Kostenvergleichsrechnung	Kritische Leistung	Statische Rentabilität	Statische Amortisationsrechnung	MAPI-Methode	Barwertmethode	Interne Zinsflußrechnung
Betriebsabrechnungsbogen (BAB)	Selbstkostenrechnung (langfristige Verkaufspreisuntergrenze)	Absolute (kurzfristige) Verkaufspreisuntergrenze, Sortimentsentscheidung	Gewinnschwelle, gesamtkostendeckende Stückzahl	Kosten- und Gewinnvergleich zweier Anlagen oder Aggregate	Paarweise Entscheidung; Kostenvergleich bei Auswahl	Einperiodige Rentabilität einer bestimmten Investition	Statische Kapitalrückflußzeit einer Investition	Rentabilität einer Ersatzinvestition	Dynamische (mehrperiodige) Kapitalrückflußzeit	Wirkliche (effektive) Verzinsung einer Investition
Zuschlagssatzrechnung bei gegebener Auslastung des Betriebes	Auftrags- oder Produktselbstkosten. Angebotspreise, Nachkalkulation mit tatsächlichem Ergebnis.	»Bessere« Aussage über Marktteilnahme; Entscheidung über Annahme oder Ablehnung von Aufträgen und Eliminierung von Produkten.	Gute Abschlußrechnungzu Kalkulation bei Serien- und Sortenfertigung oder im Handel	Setzt bestehende Auslastung voraus; Aussagen über Kostenänderung bei Auslastungsänderung	Ermittelt den Punkt der Kostengleichheit. Sonderfall: Make or Buy Entscheidung im Einkauf.	Beide Verfahren mehr oder weniger identisch. Ermitteln Rentabilität R für bestimmte Betriebszustände. R muß größer als die Mindestrentabilität sein. Tritt das Zeitelement hinzu (Mehrperiodige Betrachtung), so entsteht die dynamische Rechnung.		Sondermethode unter Berücksichtigung der steuerlichen AfA. Entscheidung über Ersatz.	Dynamische Kapitalrückflußdauer u.a. große Schätzfehler, aber leicht einsetzbar.	Berechnung des Effektivzinses einer Investition.
Ergebnis nur für gegebene Auslastung, Einfache Rechnung, aber beschränkte Aussage.									Zahlungsorientierte (pagatorische) Methoden	
Zeit- und Betriebsvergleich	Angebotsvergleich, Produktvergleich, evtl. auch Betriebsvergleich möglich. Verschiedene Aussagen je nach Anwendungsmethode.			Anlagen- und Maschinenvergleich	Paarweiser Maschinenvergleich	Anlagen- und Maschinenvergleich i.d.R. bei gleicher Investitionslaufzeit		Vergleich alte/neue Anlage und Ersatzrechnung	Anlagen- und Maschinen vergleich auch bei unterschiedlicher Investitionslaufzeit	

Abbildung 6.1: Übersicht über grundlegende Methoden der Kosten- und der Investitionsrechnung

Da die Maschinenrechnung auf der Teilkostenrechnung basiert, fußt sie auch auf den kostentheoretischen Grundlagen der Teilkostenrechnung. Es geht also darum, die maschinenbezogenen Kosten in Fixkosten und variable Kosten zu differenzieren. Einzel- und Gemeinkosten spielen keine Rolle.

Der Blickwinkel der Unterscheidung in variable- und Fixkosten kann jedoch unterschiedlich sein. In der Teilkostenrechnung sind variable Kosten solche, deren Höhe proportional zu einem betrieblichen Leistungsergebnis ist. In der Maschinenrechnung ist variabel aber alles, was proportional zum Leistungsergebnis der einzelnen Maschine ist. Das ist nicht dasselbe: Beispielsweise kann man bei einer Heizungsanlage im Brennstoffverbrauch eine variable Kostenart sehen, weil die Brennstoffkosten proportional zur Energieerzeugung der Anlage sind. Gesamtbetrieblich ist die Heizenergie aber stets eine Fixkostenart, weil sie keinen Bezug zur betrieblichen Leistung hat.

Kosten sind eine periodenbezogene Faktorbewertung. Sie sind daher von Zahlungen unabhängig. Das ist auch in der Maschinenrechnung so. Ein Beispiel illustriert dies: Eine Lokomotive fahre im Jahr durchschnittlich 60.000 km. Alle 90.000 km muß sie zu einer großen Inspektion, die 7.200 Euro kostet. Auch wenn im aktuellen Jahr keine große Inspektion ansteht, also keine Zahlung fällig wird, entstehen doch anteilige Kosten i.H.v. 4.800 Euro oder zwei Dritteln der Inspektionskosten für zwei Drittel der Fahrtstrecke.

Der durch eine Maschine verursachte Materialverbrauch umfaßt die Roh-, Hilfs- und Betriebsstoffe sowie ggf. Halbfabrikate und Kaufteile. Er ist nach Materialentnahmescheinen zu bewerten, wenn eine Eingangslagerung besteht. Auch dies ist ein von Zahlungen unabhängiges Phänomen: Material kann in einem Geschäftsjahr gekauft, eingelagert und bezogen, aber erst im kommenden Jahr verbraucht werden. Die Ausgaben und Auszahlungen liegen dann im alten Jahr, aber die Grundkosten (Zweckaufwendungen) gemäß Entnahmeschein im neuen Jahr.

Viele Maschinen verursachen Lohnkosten. Sie sind aber nur in die Maschinenkosten einzurechnen, wenn die Bedienmannschaft ausschließlich der Maschine zuzurechnen ist. Ansonsten gehören die Lohnkosten in die Rest-Gemeinkosten in der Maschinenkostenstelle. Beispiel: Um ein Verkehrsflugzeug zu fliegen, braucht man eine Besatzung von mindestens zwei Piloten und mehreren Bordmitarbeitern. Deren Lohnkosten sind Teil der Maschinenkosten, weil die Anlage ohne die direkte Zuordnung der Mitarbeiter nicht betrieblich genutzt werden kann. Ein Bürodrucker, auch ein großer mit Tausenden Blatt Leistungsvermögen am Tag, braucht keine fest zugeordnete Bedienmannschaft. Jeder im Büro kann inzwischen die Papierstaus beseitigen, und jeder im Netz darf Druckaufträge schicken. Es werden also keine Personalkosten der Maschine verrechnet, aber vielleicht Instandhaltungskosten.

Instandhaltungskosten sind Kosten für die Aufrechterhaltung der Betriebsbereitschaft einer Maschine. Sie sind ein besonders kompliziertes

Thema. Instandhaltungskosten können präventiv auftreten, etwa bei regelmäßigen Sicherheitsinspektionen und Funktionsprüfungen, oder durch Ereignisse wie Unfälle oder Ausfälle verursacht werden. Unfälle sind Schadensfälle durch fehlerhaften Gebrauch und Ausfälle sind Schadensfälle durch nicht fehlerhaften Gebrauch der Maschine. Beispielsweise kann ein Fahrzeug durch einen Unfall beschädigt werden, weil der Fahrer Verkehrsregeln mißachtet hat. Das ist ein fehlerhafter Gebrauch. Das Fahrzeug kann aber auch ohne Fehler des Fahrers einen Schaden durch Abnutzung entwickeln. In beiden Fällen sind Instandhaltungskosten erforderlich, um den Schaden zu beseitigen.

Präventive Instandhaltungskosten können freiwillig oder unfreiwillig sein. Etwa kann ein Unternehmen technische Anlagen regelmäßig auf Funktionsfähigkeit prüfen lassen, um das Risiko von Ausfällen und Folgeschäden zu minimieren. Es kann aber auch eine TÜV-Prüfung in bestimmten Intervallen vorgeschrieben sein, zu der der Anlagebetreiber verpflichtet ist.

Instandhaltungskosten sind Fixkosten, wenn sie keinen Bezug zur Leistung der Anlage haben. Ansonsten sind sie variable Kosten. Das kann im Einzelfall schwer abgrenzbar sein. Die TÜV-Prüfung an sich ist noch ein einfacher Fall: Die Gebühr des TÜV-Prüfers ist immer eine Fixkostenart, wenn die TÜV-Prüfung in regelmäßigen Zeitabständen ungeachtet der Leistung der Anlage zu erfolgen hat. Entdeckt der Prüfingenieur aber Mängel, die beseitigt werden, so sind dies meist Verschleißerscheinungen, also Probleme, die durch Abnutzung der Anlage entstehen. Sie sind variable Kosten, wenn sie einen Leistungsbezug haben, was meistens der Fall ist: Reifen verlieren durch ordnungsgemäßen Gebrauch allmählich ihr Profil und müssen irgendwann ersetzt werden, Radlager, Endschalldämpfer und viele andere Teile müssen von Zeit zu Zeit ausgetauscht werden.

Problematisch ist der Umgang mit Reparaturen nach Unfällen. Grundsätzlich sind sie zunächst keine Kosten, denn der Unfall dient ja nicht der betrieblichen Leistungserstellung – ganz im Gegenteil. Sie werden also als neutrale Aufwendungen behandelt und stehen Verlusten durch Verderb, Diebstahl oder ähnliche Sachverhalte gleich. Allerdings sollten sie entweder versichert sein, so daß eine Versicherung die Aufwendungen erstattet, oder ihnen sollte eine kalkulatorische Wagnisprämie gegenüberstehen. Im Fall der Kraftfahrzeuge ist es bekanntlich so, daß die Versicherungen ihre Prämien erhöhen, wenn sie in Anspruch genommen werden, und ohnehin in den meisten Fällen kein Unfallbeteiligter eine alleinige Schuld trägt. Es ist also, selbst wenn das Auto versichert ist, notwendig, noch immer ein kalkulatorisches Wagnis für nicht von der Versicherung bezahlte Schäden zu führen.

Produktionsmaschinen verursachen häufig Rüstkosten. Hierunter versteht man alle diejenigen Kosten, die zur Herstellung der Betriebsbereitschaft für einen bestimmten einzelnen Auftrag oder Produktionsgang erforderlich sind, die aber selbst noch keinen Produktionsfortschritt bedingen. Gute Beispiele sind die Maschineneinrichtung, die Kalibrierung technischer Größen, die Installation von Werkzeugen in Maschinen, die Installation von Software oder produktionsbezogenen Daten oder das Teach-In von Robotern.

Rüstkosten werden auch als Losfixkosten bezeichnet. Das sagt bereits, daß es sich um Fixkosten handelt. Das ist einleuchtend, weil die Rüst-kosten zwar produktionsnotwendig sind, was begündet, daß es sich überhaupt um Kosten handelt, aber selbst noch keinen Produktions-fortschritt bedingen. Als Los bezeichnet man die dann nach einmaligem Auftreten der Rüstkosten anfallenden Produkte, die gemeinsam in tech-nisch-zeitlichem Zusammenhang entstehen. Bei Chargenproduktion haben die Elemente eines Loses oft gemeinsame Eigenschaften wie etwa die Farbstoffe, die ein Chemiebetrieb in einem Los herstellt, einander mehr ähneln als die Farbstoffe zweier verschiedener Lose. Auch Medika-mente und Lebensmittel werden oft in Chargenproduktion gefertigt.

Rüstkosten sind Fixkosten, weil kein direkter Ausbringungsbezug besteht. Die Rüstkosten entstehen einmalig für eine bestimmte nicht un-bedingt feststehende Zahl von Produkten. Damit fehlt der Ausbringungs-mengenbezug. Sie sind i.d.R. auch dann noch Fixkosten, wenn die An-zahl der in einem Los zu fertigenden Exemplare vorher festgelegt ist, denn sie fallen vor dem 1. Exemplar an und haben dann bis zum letzten Stück des Loses keinen Leistungsmengenbezug mehr.

Allerdings kann im Einzelfall die Abgrenzung der Rüstkosten (Losfix-kosten) von den verschleißbedingten Instandhaltungskosten schwierig sein. Beispielsweise kann anläßlich eines Loswechsels gleich eine Repa-ratur vorgenommen werden. Diese verursacht, wenn ein verschleißbe-dingtes Versagen der Maschine beseitigt oder verhütet wird, variable Kosten, weil für diesen Fall ja sehr wohl ein Leistungsmengenbezug be-steht. Noch problematischer kann es sein, wenn der Loswechsel ver-schleißbedingt ist, weil beispielsweise ein Preß-, Stanz- oder Bohrwerk-zeug ausgewechselt werden muß. Das wäre eine verschleißbedingt In-standhaltung bzw. Bereitschaftserhaltung und damit ebenfalls eine variable Kostenart. Vielfach ist die Anzahl der in einem Los gemeinsam zu fertigenden Exemplare nicht festgelegt, und die Bedienmannschaft legt Pausen ein, wenn dies technisch notwendig ist. Dann ist es schwer zu entscheiden, ob dies »echte« Loswechselkosten, also Fixkosten sind, oder verschleißbedingte Instandhaltungskosten, also variable Kosten.

Ein Beispiel zeigt aber, wo die Abgrenzung zwischen Rüstkosten und Instandhaltungskosten zu finden ist: Ein Autofahrer muß alle 10.000 km zur Werkstatt, weil die Reifen nicht mehr genug Profil aufweisen. Die Abnutzung der Reifen ist eine verschleißbedingte Erscheinung. Der re-gelmäßige kilometerbedingte Reifenwechsel ist also eine variable Kosten-art und hat mit den Rüstkosten nichts zu tun. Er dient der Aufrechter-haltung der Leistungsfähigkeit des Fahrzeuges, d.h. des sicheren und rechtskonformen Fahrbetriebes. Im Spätherbst fährt derselbe Autofah-rer aber in die Werkstatt, um Winterräder montieren zu lassen. Die braucht er ebenfalls, um im Winter verkehrssicher fahren zu können. Die Montage der Winterräder ist aber eine Rüstkostenart im engeren Sinne, weil sie vom Einbruch des Winters (und nicht einer bestimmten Fahrleistung) abhängt. Die Winterräder werden benötigt, wenn im Winter überhaupt gefahren werden soll, ganz gleich wieviele Kilometer. Bezogen auf ein betrieblich genutztes Fahrzeug wäre also der »normale« Reifenwechsel eine variable Kostenart und die Montage der Winterräder eine Loswechselfixkostenart.

In der mehrstufigen Deckungsbeitragsrechnung erscheinen Losfixkosten, also Rüstkosten, die wirklich Fixkosten sind, möglichst kurz unter den variablen Kosten. Sie stehen den variablen Kosten nahe und sind je nach mehrstufigem Rechenschema als kundenspezifische oder produktspezifische Fixkosten auszuweisen.

Die Bestimmung der Losfixkosten ist nicht nur im Rahmen der Kostenrechnung selbst relevant, sondern auch für nachfolgende Auswertungsmechanismen bedeutsam. Insbesondere benötigt man sie, um die optimale Losgröße zu bestimmen. Die wichtigsten Methoden sind das Verfahren nach Andler, das jedoch veraltet ist und nur noch in Lehrbüchern vorkommt, die viel bessere Methode nach Groff und der Wagner-Whitin-Algorithmus.

Die kalkulatorischen Kosten einer Maschine sind die gleichen wie in der allgemeinen Kostenartenrechnung, also kalkulatorische Zinsen, Abschreibungen, Wagnisse und Miete. Kalkulatorische Unternehmerlöhne sind jedoch nicht maschinenbezogen. Kalkulatorische Maschinenkosten sind stets Fixkosten, aber die kalkulatorische Abschreibung kann leistungsbezogen sein. Dann wäre sie eine variable Kostenart. Das setzt voraus, daß das Gesamtleistungsvermögen der Maschine während ihrer technischen Nutzungsdauer bekannt ist und die Leistungseinheiten während des Betriebes gemessen werden. Das ist schon bei einem Auto oder einem Bürokopierer gegeben und auch die meisten Industrieanlagen haben Zählwerke und wissen, wieviele Leistungseinheiten sie produzieren können.

Die kalkulatorische Abschreibung ist bei Maschinen ein besonders facettenreiches Problem. Sie stellt oft den größten einzelnen Kostenbetrag in der Kostenartenrechnung einer individuellen Anlage. Es wundert daher nicht, daß eine Vielzahl von Verfahren vorgeschlagen worden sind. Das ist besonders leicht, weil die kalkulatorische Abschreibung ja nicht, wie die steuerliche AfA, gesetzlichen Reglementierungen unterliegt. Sie muß also so gestaltet werden, daß sie möglichst realistische Bewertungen bietet.

In diesem Zusammenhang ist inbesondere die sogenannte »gebrochene Abschreibung« als Kombinationsmodell vorgeschlagen worden. Der Grundgedanke hierbei ist, daß die Anlage zunächst linear abgeschrieben wird. Natürlich liegt hierbei der Wiederbeschaffungswert (und nicht etwa der Neuwert der bestehenden Anlage!) zugrunde. Bei besonderen Beanspruchungen, z.B. bei größeren Aufträgen, tritt eine zusätzliche Leistungsabschreibung hinzu. Dies kann die Berechnung im Einzelfall wesentlich komplexer werden lassen. Die »reine« Leistungsabschreibung ist meiner Ansicht nach besser geeignet, die wirklichen Kosten einer Anlage zu bewerten. Kombinationsmodelle aller Art führen nur dazu, daß die Rechenmethode immer unüberschaubarer und damit auch immer schwerer handhabbar wird. Sie verführen zu überkomplexen Lösungsansätzen, bei denen Grundlagen und Definitionen aus dem Blick geraten. Die Kostenrechnung soll jedoch einfach und »wahr« sein.

Versicherungen verursachen übrigens in aller Regel Fixkosten, aber bei manchen (gefahrgeneigten) Anlagen vereinbaren die Versicherer Leistungsgrenzen. Werden diese überschritten, wird eine weitere (zusätzliche) Versicherungsprämie fällig. Im Prinzip ist das schon bei einer simplen Kfz-Versicherung so, die mit ihrem Kunden eine jährliche Kilometerzahl vereinbart. Man spricht dann von sogenannten »sprungfixen« Kosten.

Das ist ein häufiges Phänomen in der Maschinenrechnung: Kosten sind bis zu einer bestimmten Ausbringungsmenge leistungsunabhängig, also Fixkosten im engeren Sinne. Wird dieses Leistungsniveau überschritten, steigen die Fixkosten – aber nicht proportional, wie es bei variablen Kosten der Fall wäre, sondern um ein bestimmtes neues Fixkostenpotential:

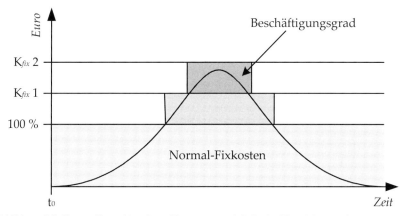

Abbildung 6.2: Sprungfixe, abbaubare Kostenpotentiale in der Maschinenrechnung

Ein besonderes Problem in diesem Zusammenhang kann die sogenannte Kostenremanenz darstellen. Hierunter versteht man das »Zurückbleiben«[1] von Kosten nach einem Rückgang des Beschäftigungsgrades. Steigt zunächst die Leistungsanforderung vom Markt über das maximale Leistungspotential des Betriebes hinaus an, so werden zusätzliche Maschinen bereitgestellt. Jede bringt aber auch ein neues Fixkostenpotential mit sich. Sinkt die Leistungsanforderung wieder, so werden die

1 von ital. *remanere*, zurückbleiben.

Fixkostenpotentiale, die zu Zeiten der Hochkonjunktur aufgebaut wurden, nicht wieder abgebaut. Sie bleiben sozusagen zurück:

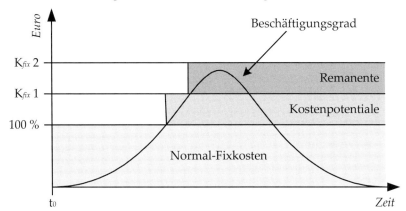

Abbildung 6.3: Sprungfixe, nicht abbaubare Kostenpotentiale in der Maschinenrechnung

Wie in der allgemeinen Teilkostenrechnung werden auch in der Maschinenrechnung die Fixkosten pro Periode angegeben. Die Periode ist in aller Regel das Geschäftsjahr. Das liegt nahe, weil Zins- und Abschreibungskosten jährlich berechnet werden. Kürzere Perioden wie Monate oder Quartale sind aber möglich. Die variablen Kosten werden pro Leistungseinheit der Anlage angegeben. Hierbei kann die Wahl der richtigen Einheit streitig sein. Manchmal sind mehrere Einheiten möglich. Dann entstehen auch mehrere Rechenergebnisse.

Beispielsweise wäre eine Abfüllanlage eines Getränkeherstellers nach Leistungseinheiten zu bemessen. Bei genauer Betrachtung stellt sich aber heraus, daß dieselbe Anlage Kleinverpackungen mit 75 ml Inhalt ebenso wie riesige Fünfliterflaschen abfüllen kann. Es ist dann zu überlegen, ob ein Leistungsprozeß der Anlage über 75 ml dieselbe Wertigkeit hat wie ein Fünfliterfüllvorgang.

Eine Etikettiermaschine eines anderen Abfüllers kann bis zu drei Etiketten gleichzeitig in einer einzigen Umdrehung des Behälters aufkleben. Auch hier erhebt sich die Frage, ob das Etikettieren einer winzigen Kaviardose mit einem ebenfalls sehr kleinen Aufkleber dieselbe Leistungseinheit darstellt wie die Etikettierung einer großen 2 l Premium-Weinflasche mit drei edlen Etiketten.

Diese Entscheidung ist fast immer von technischen Gesichtspunkten geprägt und kaum aus kaufmännischer Sicht richtig zu fällen. Grundlage sind die durch den Leistungsprozeß verursachten Verbrauchsparameter. Bei dem großen Etikett wird mehr Kleber verbraucht als bei dem kleinen, so daß mit Gewichtungsfaktoren gearbeitet werden könnte. Oft werden solche »kleinen« Ungenauigkeiten aber auch bewußt ignoriert, weil deren präzise Erhebung mehr kosten als nutzen würde. Auch wenn Ingenieure und andere Techniker meist versuchen, so exakt wie möglich zu arbeiten, ist Wirtschaft doch immer noch ein Phänomen der Gesellschaft, das keine absolute Präzision kennt. Die Rechengenauigkeit, die digitale Systeme bieten, ist in ökonomischen Zusammenhängen stets illusionär.

6.2. Beispiel für eine einfache Maschinenrechnung

Ein grundlegendes Beispiel demonstriert wichtige Rechenmethoden und Denkmechanismen in der Maschinenrechnung. Zunächst müssen die Ausgangsdaten bereitgestellt werden. Hierzu sind Daten sowohl von den Technikern als auch von den kaufmännischen Mitarbeitern des Unternehmens erforderlich. Die Buchführung liefert zunächst die folgenden Zahlen:

Kaufmännische Ausgangsdaten

Zielverkaufspreis des Lieferers	148.000,00 Euro
Skonto bei Zahlung der Anlage	3 %
Anlieferung des Spediteurs	1.200,00 Euro
Elektroanschluß (notwendig) 8 kW	3.000,00 Euro
Wiederbeschaffungswert, Schätzung	160.000,00 Euro
Nutzungsdauer, technisch	6 Jahre
Nutzungsdauer, amtliche steuerliche AfA-Tabelle	8 Jahre
Restwert nach Nutzungsende	7.000,00 Euro
Unfallversicherung (anlagebezogen) pro Jahr	12.000,00 Euro

Abbildung 6.4: Kaufmännische Ausgangsdaten

Weiterhin ist bekannt, daß die Mindestrentabilität des Betriebes 12 % pro Jahr (p.a.) betrage. Dieser Wert setzt sich aus der Hauptrefinanzierung der Europäischen Zentralbank und einer allgemeinen Risikozulage für Betriebe der betreffenden Größe und Branche zusammen.

Die vorstehenden Daten reichen, die Fixkosten der Anlage zu berechnen. Sie sind zum größten Teil nichtpagatorische, also nicht zahlungsgleiche kalkulatorische Kosten. Die anlagebezogene Unfallversicherung ist jedoch zugleich auch auszahlungswirksam.

Der Wiederbeschaffungswert ist in diesem vereinfachenden Beispiel nicht mehr zu schätzen (er steht ja schon da). In vielen anderen Fällen müßte zunächst überlegt werden, welche Schätzmethode angemessen ist. Bei stabilen Märkten ist meist eine Vorhersage über die Inflation pro Jahr angemessen. Das würde zugleich aussagen, daß keine wesentlichen Wertänderungen erwartet werden.

Weiterhin muß die in der Anlage repräsentierte Kapitalbindung festgestellt werden. Am Beginn der Nutzungszeit ist diese mit den handelsrechtlichen Anschaffungskosten i.S.d. § 255 Abs. 1 HGB identisch. Diese wäre hier wie folgt zu berechnen:

Anschaffungskosten der vorstehenden Anlage

	Tatsächlich gezahlter Betrag (Skontoabzug)	143.560,00 Euro
+	Nebenkosten (§ 255 Abs. 1 Satz 2 HGB)	1.200 Euro
+	Nachträgliche Kosten (§ 255 Abs. 1 Satz 2 HGB)	3.000 Euro
=	Anschaffungskosten	147.760,00 Euro

Abbildung 6.5: Anschaffungskosten der vorstehenden Anlage

Diese Darstellung verwendet die Terminologie des Gesetzgebers. Es muß aber darauf hingewiesen werden, daß die Anschaffungs»kosten« eben gerade keine Kosten sind, sondern eine Kapitalbindung darstellen. Diese muß sich verzinsen. Dabei ist gleichgültig, wie die Anlage finanziert worden ist, denn eine Summe betrieblich genutzten Kapitals ist kostenmäßig zu verzinsen – und keineswegs die Kapitalherkunft. Eventuelle Bank- oder sonstige Schuldzinsen verursachen lediglich neutrale Aufwendungen und Auszahlungen, aber keine Kosten. Das wird leider oft verwechselt, und wird es falsch gemacht, ist die Rechnung von Anfang an verkehrt.

Die Kapitalbindung sinkt aber mit jedem Nutzungsjahr. Dabei sind natürlich nur die tatsächlichen (ggfs. technischen) und nicht die steuerlichen Nutzungsjahre maßgeblich, denn die Anlage wird ja zur betrieblichen Leistungserstellung genutzt. Daher sind nur die wirklichen Nutzungsjahre in die Rechnung einzubeziehen und nicht mehr oder weniger fiktive steuerliche Plandaten. Die mittlere Kapitalbindung kann daher folgendermaßen visualisiert werden:

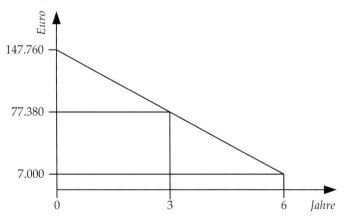

Abbildung 6.6: Grundlegendes Konzept der mittleren Kapitalbindung

Hat die Anlage zu Beginn einen Wert von 147.600 Euro und am Schluß einen Restwert von 7.000 Euro, so ist die mittlere Kapitalbindung also

$$\varnothing Kapitalbindung = \frac{147.760 + 7000}{2} = 77.380 \; Euro \qquad \text{F 6.1}$$

Im Zähler dieser Formel mit einem Minuszeichen zu rechnen, ist ein immer wieder anzutreffender – aber eben ein Fehler, denn es soll ja ein Durchschnittswert bestimmt werden. Das geht eben nicht mit einer Subtraktion.

Die jährliche kalkulatorische Verzinsung bestimmt sich also aus diesem Wert:

$$Kalk. \; Zins = \frac{147.760 + 7000}{2} \times 0,12 = 9.285,60 \; Euro \qquad \text{F 6.2}$$

Diesen Zinskostenwert verursacht die Anlage unabhängig von ihrer Finanzierung ausschließlich durch das in der Maschine gebundene Kapital. Der Wert ist daher, im Gegensatz zu möglichen Finanzierungszinsen, ein Maß für den in der Anlage gebundenen Produktionsfaktor Kapital.

Diese Methode der Zinsrechnung ist einfach, aber etwas ungenau. Sie unterbewertet am Anfang und überbewertet am Schluß der Nutzungszeit, weil stets nur das mittlere Kapital zugrundegelegt wird. Es kann daher Sinn machen, die mittlere Kapitalbindung für jedes einzelne Jahr zu bestimmen. Das Konzept der durchschnittlichen Kapitalbindung wird daher bei sechs Nutzungsjahren versechsfacht. Anfangs- und Endwert eines jeden Nutzungsjahres der Anlage werden addiert und durch zwei dividiert. Das ergibt eine eigene Verzinsung pro Jahr.

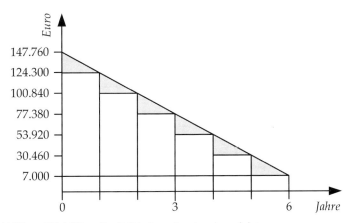

Abbildung 6.7: Mittlere Kapitalbindung der einzelnen Jahre

Beispiel für eine einfache Maschinenrechnung

Beispielsweise müßte man im ersten Jahr rechnen:

$$\varnothing Kapital_1 = \frac{147.760 + 124.300}{2} = 136.030 \ Euro$$

F 6.3

Die mittlere Kapitalbindung des zweiten Jahres wäre:

$$\varnothing Kapital_2 = \frac{124.300 + 100.840}{2} = 112.570 \ Euro$$

F 6.4

Diese Rechnung muß über alle Nutzungsjahre fortgesetzt werden. Jeder dieser Werte müßte mit der Mindestverzinsung multipliziert werden, um die kalkulatorischen Zinskosten des jeweiligen Jahres zu bestimmen. Diese Methode wird oft als ein genaueres Verfahren angesehen. Ein kritischer Einwand ist, daß hierdurch die Zinskosten über die Zeit fallen, dies aber nicht sachlich zu rechtfertigen ist, wenn die Anlage die ganze Zeit über die gleiche Leistung erbringt. Im vorliegenden Beispiel bleibt es daher bei der Rechnung nach F 6.1 und F 6.2.

Weiterhin ist die kalkulatorische Abschreibung zu bestimmen. Grundlegend kann das mit

$$Kalk. \ Abschreibung = \frac{160.000 - 7000}{6} = 25.500 \ Euro$$

F 6.5

geschehen. Diese Methode verteilt den insgesamt zu refinanzierenden Betrag i.H.v. 153.000 Euro gleichmäßig auf die einzelnen Nutzungsjahre. Auch hier ist natürlich die wirkliche (und nicht etwa die fiktive steuerliche) Nutzungsdauer zugrundezulegen. Das Verfahren ist angemessen, wenn erwartet werden kann, daß über die gesamte Nutzungszeit annähernd gleichartige Leistungen von der Anlage erbracht werden. Ist zu erwarten, daß die Leistungsanforderung stark schwankt, wäre die leistungsbezogene kalkulatorische Abschreibung angemessener.

Schließlich sind die zahlungsgleichen Fixkosten der Anlage zu addieren. Im vorliegenden Beispiel sind das nur die Kosten für die anlagebezogene Versicherung.

Das ergibt die folgende Fixkostenaufstellung für die Maschine:

Vorhaltekosten (Fixkosten) der vorstehenden Anlage

	Kalkulatorischer Zins pro Jahr	9.285,60 Euro
+	Kalkulatorische Abschreibung pro Jahr	25.500,00 Euro
+	Zahlungsgleiche Fixkosten (Versicherung)	12.000,00 Euro
=	Fixkosten (Vorhaltekosten) pro Jahr	46.785,60 Euro

Abbildung 6.8: Vorhaltekosten (Fixkosten) der vorstehenden Anlage

Die Maschinenrechnung basiert wie die Teilkostenrechnung auf der Unterteilung der Kosten in fixe und in variable Kosten. Dies dient dazu, die Auswertungen der Teilkostenrechnung wie Deckungsbeitrags- und Break Even Aussagen auf Anlagen anzuwenden. Nachdem die Fixkosten der Anlage festgestellt worden sind, müssen also die variablen Kosten berechnet werden. Diese bestehen in der Regel mindestens aus Lohn-, Materialverbrauchs- und Energiekosten. Sie basieren meist auf technischen Ausgangsdaten der Maschine, weil Verfahrenstechniker die zugrundeliegenden Aussagen machen. Im Beispiel bestehen die folgenden Informationen:

Maschinenbezogene Ausgangsdaten

Leistungsaufnahme bei Betrieb	8 kW
Energiekosten des Versorgungsbetriebes	0,20 €/kWh
Produktionsleistung	4 Stück/Std.
Rohstoffverbrauch	1,20 kg/Stück
Rohstoffkosten	6,00 Euro/kg
Lohnkosten	12,00 Euro/Std.
Verkaufspreis Produkte	48,00 Euro/Stück

Abbildung 6.9: Maschinenbezogene Ausgangsdaten

Die grundsätzliche Mentalität ist, die variablen Kosten auf die jeweils kleinste sinnvolle Leistungseinheit zu beziehen. Oft besteht Unklarheit darüber, was diese Einheit darstellt. Im Beispiel ist ein Lösungsweg über die variablen Kosten pro Stunde und die variablen Kosten pro Stück gleichermaßen möglich.

Werden die variablen Kosten pro Stunde berechnet, so sind die Energiekosten aus dem Produkt aus der Leistungsaufnahme und den Energiekosten zu bestimmen. Die Rohstoffkosten sind für vier Stück pro Stunde der Rohstoffverbrauch i.H.v. 1,20 Euro/Stück mal die Rohstoffkosten pro Stück. Die Lohnkosten sind angegeben und müssen nicht weiter berechnet werden. Dies ergibt:

Variable Kosten pro Stunde

	Energiekosten	1,60 Euro/Std.
+	Rohstoffkosten	28,80 Euro/Std.
+	Lohnkosten	12,00 Euro/Std.
=	Variable Kosten pro Stunde	42,40 Euro/Std.

Abbildung 6.10: Variable Kosten pro Stunde

Pro Stück müssen die Energiekosten und die Lohnkosten pro Stunde durch die Leistung pro Stunde dividiert werden; die Rohstoffkosten sind schon pro Stück angegeben und müssen nur noch mit dem Rohstoffverbrauch multipliziert werden.

Beispiel für eine einfache Maschinenrechnung

Variable Kosten pro Stück

	Energiekosten	0,40 Euro/Stück
+	Rohstoffkosten	7,20 Euro/Stück
+	Lohnkosten	3,00 Euro/Stück
=	Variable Kosten pro Stück	10,60 Euro/Stück

Abbildung 6.11: Variable Kosten pro Stück

Die variablen Kosten pro Stück sind hier ein Viertel der variablen Kosten pro Stunde – bei vier Stück/Stunde Ausbringung ein Beweis für die Richtigkeit. Das mag hier übersichtlich sein, ist in der Realität mit viel mehr Einzelangaben aber oft verwirrend.

Die Maschinenkosten sind allgemein aufgrund der allgemeinen Teilkostenrechnung

$$K_{ges} = K_{fix} + X \cdot K_{var} \qquad \text{F 6.6}$$

und die Stückkosten der Anlage sind

$$K_{ges} = \frac{K_{fix} + X \cdot K_{var}}{X} \qquad \text{F 6.7}$$

Die Leistung X muß für die gleiche Periode wie die Fixkosten angegeben werden. Wird im Beispiel eine Leistung i.H.v. 2.000 Stück pro Jahr angenommen, so ergibt sich:

$$K_{ges} = 46.785,6 + 2.000 \cdot 10,6 = 67.985,6 \; Euro \qquad \text{F 6.8}$$

und die Stückkosten der Anlage sind

$$K_{ges} = \frac{46.785,6 + 2.000 \cdot 10,6}{2.000} = 33,99 \; Euro/St \qquad \text{F 6.9}$$

Wie in der allgemeinen Teilkostenrechnung sind auch die Maschinenkosten bei ansteigender Leistung der Anlage absolut progressiv, aber als Stückkosten degressiv. Erhöht sich beispielsweise die Ausbringung auf 5.000 Stück pro Jahr, so sind die Gesamtkosten:

$$K_{ges} = 46.785,6 + 5.000 \cdot 10,6 = 99.785,6 \; Euro \qquad \text{F 6.10}$$

Zugleich sind die Stückkosten aber zurückgegangen:

$$K_{ges} = \frac{46.785,6 + 5.000 \cdot 10,6}{5.000} = 19,96 \; Euro/St \qquad \text{F 6.11}$$

Das legt Deckungsbeitrags- und Break Even Auswertungen nahe. Diese sind auch im Maschinenbereich häufig. Die Anlage ist vorteilhaft und sollte weiter betrieben werden, wenn der Deckungsbeitrag positiv ist. Im Beispiel kann dies demonstriert werden, denn die Maschine produziere ein Gut, das einen selbständigen Marktpreis hat. Nur dann ist eine Deckungsbeitragsrechnung durchführbar. Im Beispiel ist diese:

$$DB = P_{vk} - K_{var} = 48 - 10,6 = 37,4 \; Euro/St \qquad \text{F 6.12}$$

Der Break Even Punkt wurde bei einer Menge von 5.000 Stück schon überschritten:

$$X_{min} = \frac{K_{fix}}{DB} = \frac{46.785,6}{37,4} = 1.250,95 \; St/Jahr \qquad \text{F 6.13}$$

Dies besagt zweierlei:

- die Anlage sollte weiterhin betrieben werden, denn sie erzeugt Produkte, die über den variablen Kosten (der absoluten Verkaufspreisuntergrenze) veräußert werden können und
- sie ist langfristig profitabel, wenn mindestens 1.251 Stück pro Jahr hergestellt und verkauft werden, denn dann arbeitet die Anlage selbstkostendeckend (langfristige Verkaufspreisuntergrenze).

6.3. Kosten- und Gewinnvergleichsrechnung

Offensichtlich sind auch vergleichende Betrachtungen auf dieser Grundlage möglich. Die Kostenvergleichsrechnung untersucht dabei die Kostensummen, die in Abhängigkeit von jeweiligen Leistungsniveaus entstehen und die sogenannte Gewinnvergleichsrechnung, die korrekt ausgedrückt eigentlich eine Betriebsergebnisvergleichsrechnung ist, betrachtet die Gewinne in Abhängigkeit von der Ausbringung. Beide Verfahren erlauben nicht nur eine Auswahlentscheidung bei Investitionen oder der Maschineneinsatzplanung, sondern erbringen auch eine grundsätzliche Erkenntnis. Die Kostenvergleichsrechnung wird häufiger angewandt, weil sie auch anwendbar ist, wenn keine Produkte oder sonstigen Verkaufserlöse einer Maschine zugerechnet werden können, was in der Wirklichkeit häufig ist.

Im vorliegenden Beispiel müssen die bestehenden Maschinendaten um die Zahlen für eine zweite Anlage ergänzt werden (vgl. nachfolgend, in Abbildung 6.12). Die Mindestrentabilität, d.h. der Kalkulationszinsfuß, betrage weiterhin 12 % pro Jahr. Dies betrifft immer beide Anlagen, denn in einem Betrieb gibt es stets nur einen Kalkulationszinsfuß.

Beispiel für eine einfache Maschinenrechnung

Ausgangsdaten für die Vergleichsrechnung

Anlage	A	B
Zielverkaufspreis des Lieferers	148.000 Euro	205.000 Euro
Skonto bei Zahlung der Anlage	3 %	3 %
Anlieferung des Spediteurs	1.200 Euro	1.600 Euro
Elektroanschluß (notwendig) 8 kW	3.000 Euro	3.000 Euro
Wiederbeschaffungswert, Schätzung	160.000 Euro	232.000 Euro
Nutzungsdauer, technisch	6 Jahre	8 Jahre
Nutzungsdauer, steuerliche AfA-Tabelle	8 Jahre	9 Jahre
Restwert nach Nutzungsende	7.000 Euro	8.000 Euro
Unfallversicherung pro Jahr	12.000 Euro	14.000 Euro
Leistungsaufnahme bei Betrieb	8 kW	10 kW
Energiekosten des Versorgungsbetriebes	0,20 Euro/kWh	0,20 Euro/kWh
Produktionsleistung	4 Stück/Std.	10 Stück/Std.
Rohstoffverbrauch	1,20 kg/Stück	1,10 kg/Stück
Rohstoffkosten	6 Euro/kg	6 Euro/kg
Lohnkosten	12 Euro/Std.	12 Euro/Std.
Verkaufspreis Produkte	48 Euro/Stück	48 Euro/Stück

Abbildung 6.12: Ausgangsdaten für die Vergleichsrechnung

6.3.1. Grundmodell des Kosten- und Gewinnvergleiches

Werden aufgrund der vorstehenden Daten und einer Mindestrentabilität von 12 % die Berechnungen aus dem vorigen Kapitel für beide Anlagen durchgeführt, und wird das dann entstehende Betriebsergebnis berechnet, so zeigt sich folgendes Bild:

Kosten- und Gewinnvergleichsrechnung für X = 2.000 Stück

	A	B
Umsatz	96.000 Euro	96.000 Euro
– Gesamtkosten	67.985,60 Euro 33,99 Euro/St	70.687,00 Euro 35,34 Euro/St
= Betriebsergebnis (»Gewinn«)	28.014,40 Euro 14,01 Euro/St	25.313,00 Euro 12,66 Euro/St

Abbildung 6.13: Kosten- und Gewinnvergleichsrechnung für X = 2.000 Stück

Bei einem Leistungsniveau i.H.v. 2.000 Stück wäre Anlage A offensichtlich vorzuziehen. Die Gesamt- und die Stückkosten sind niedriger und das Betriebsergebnis ist höher. Steigt die Leistung aber auf 5.000 Stück pro Jahr, so ergibt sich ein ganz anderes Bild:

Kosten- und Gewinnvergleichsrechnung für X = 5.000 Stück

	A	B
Umsatz	240.000 Euro	240.000 Euro
– Gesamtkosten	99.785,60 Euro 19,96 Euro/St	94.687,00 Euro 18,94 Euro/St
= Betriebsergebnis (»Gewinn«)	140.214,40 Euro 28,04 Euro/St	145.313,00 Euro 29,06 Euro/St

Abbildung 6.14: Kosten- und Gewinnvergleichsrechnung für X = 5.000 Stück

Nunmehr sind plötzlich die Gesamt- und die Stückkosten der Anlage B günstiger als die der Anlage A, und entsprechend ist das von Anlage B vermittelte Ergebnis besser.

Diese Ergebnisse kann man folgendermaßen zusammenfassen: Zunächst verhalten sich bei wachsender Ausbringung die Gesamtkosten progressiv, aber die Stückkosten degressiv. Dies entspricht den allgemeinen Kostenverläufen, die oben hinsichtlich der Teilkostenrechnung bereits festgestellt wurden. Beide Anlagen haben für sich genommen einen eigenen Break Even Punkt, nämlich Anlage A bei X_{min} = 1.250,95 Stück und bei Anlage B bei X_{min} = 1.367,18 Stück. Werden also mindestens 1.251 bzw. 1.368 Stück produziert und verkauft, so sind die Anlagen jeweils für sich genommen in der Gewinnzone. Diese Zahlen erlauben aber noch keinen wirklichen Vergleich, wenn beispielsweise für einen Kundenauftrag eine der beiden Anlagen ausgewählt werden muß oder wenn bei einer Investitionsentscheidung eines von zwei Angeboten angenommen werden soll.

Hier ist eine andere Beobachtung relevant. Insgesamt kreuzen sich nämlich die Kostenverläufe der beiden Maschinen. Die Fixkosten der Anlage A sind niedriger als die der Anlage B, aber dafür sind die variablen Stückkosten der Anlage B niedriger als die der Anlage A:

Variable- und Fixkosten der beiden Anlagen

Anlage	A	B
Fixkosten pro Jahr	46.785,60 Euro	54.687,00 Euro
Variable Kosten pro Stück	10,60 Euro	8,00 Euro

Abbildung 6.15: Variable- und Fixkosten der beiden Anlagen

Dies bewirkt, daß die beiden Kostengeraden einander irgendwo begegnen. Dieser Kreuzungspunkt ist die kritische Leistung.

Kosten- und
Gewinnvergleichs-
rechnung

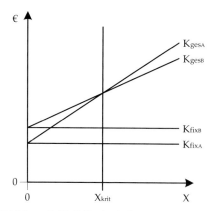

Abbildung 6.16: Kritische Leistung zwischen zwei Anlagen

6.3.2. Bestimmung der kritischen Leistung

Allgemein ist die kritische Leistung als diejenige Ausbringung definiert, an der die Gesamtkosten zweier Anlagen A und B gleich sind. Es gilt also

$$K_{ges_A} = K_{ges_B}$$
F 6.14

Es muß also gelten:

$$K_{fix_A} + X \cdot K_{var_A} = K_{fix_B} + X \cdot K_{var_B}$$
F 6.15

Löst man diesen Ausdruck nach X hin auf, so muß die Differenz der Fixkosten durch die Differenz der variablen Kosten dividiert werden. Für das vorstehenden Beispiel ergibt sich:

$$X_{krit} = \frac{K_{fix_B} - K_{fix_A}}{K_{var_A} - K_{var_B}} = \frac{7.901,40}{2,60} = 3.039 \; St\ddot{u}ck$$
F 6.16

Eine Kostenvergleichsrechnung für diese Ausbringungsmenge pro Jahr stellt dieses Ergebnis unter Beweis:

Kostenvergleichsrechnung für X = 3.039 Stück

	A	B
Gesamtkosten	78.999,00 Euro 26,00 Euro/St	78.999,00 Euro 26,00 Euro/St

Abbildung 6.17: Kostenvergleichsrechnung für X = 3.039 Stück

Die Rechnung setzt aber im Beispiel voraus:

$$K_{fix_B} > K_{fix_A} \quad und \quad K_{var_A} > K_{var_B} \qquad \text{F 6.17}$$

Die Fixkosten in *einer* der beiden Anlagen müssen größer als die der anderen Anlage sein, aber die variablen Stückkosten der *anderen* Anlage müssen größer als die der einen Anlage sein. Das Verhältnis muß gleichsam »über kreuz« liegen. Eine kritische Leistung wäre nämlich auch definiert, wenn

$$K_{fix_A} > K_{fix_B} \quad und \quad K_{var_B} > K_{var_A} \qquad \text{F 6.18}$$

Dies ist ja schließlich nichts als das Gegenteil aus F 6.17 und ließe sich herbeiführen, indem man einfach die Vergleichsreihenfolge austauscht, also die ursprüngliche Anlage B jetzt als Anlage A bezeichnet wird und umgekehrt. Es ist also von vorneherein nicht erkennbar, welche der beiden Bedingungen in einem konkreten Fall eintritt. Rechnet man aber »falsch herum«, entstehen negative Werte in F 6.16 und damit ein falsches Ergebnis, denn dann wird das größere Zwischenergebnis vom kleineren subtrahiert. Das kann man mit Betragstrichen umgehen.

Die allgemeine Definition der kritischen Leistung ist damit

$$X_{krit} = \left| \frac{K_{fix_B} - K_{fix_A}}{K_{var_A} - K_{var_B}} \right| \qquad \text{F 6.19}$$

aber nur unter der allgemeinen Bedingung

$$(K_{fix_A} > K_{fix_B} \; und \; K_{var_B} > K_{var_A}) \; oder \; (K_{fix_B} > K_{fix_A} \; und \; K_{var_A} > K_{var_B})$$
$$\text{F 6.20}$$

Diese Rechenmethode hat viele praktische Anwendungen, weil größere Anlagen, die kleinere ersetzen, häufig über höhere Fixkosten verfügen, zugleich aber auch produktiver oder sonst besser arbeiten und daher geringere variable Stückkosten aufweisen. Dann ist jeweils eine kritische Leistung definiert.

Ein weithin bekanntes Beispiel war einst die sogenannte Diesel-Rechnung: Dieseltreibstoff war lange nicht ganz so teuer wie Superbenzin, aber dafür ist die Kfz-Steuer für Dieselfahrzeuge höher. Selbst wenn die sonstigen Daten eines Benzin- und eines Diesel-Autos vergleichbar sind, bewirkt das beim Dieselfahrzeug höhere Fixkosten und beim Benziner höhere Kilometerkosten. Es konnte also mit der Methode der kritischen Leistung berechnet werden, ab wieviel km pro Jahr sich der Diesel »lohnt«, also kostengünstiger ist. Da der Autofahrer aber bekanntlich die Melkkuh der Nation ist, ist das inzwischen obsolet, denn die Preisexplosion bei Treibstoffen hat Diesel inzwischen ebenso teuer wie Benzin gemacht.

Bestimmung der
kritischen Leistung

6.4. Spezielle Kostenverläufe der variablen Kosten

Die bisherigen Beispiele haben vorausgesetzt, daß die variablen Stückkosten einer Maschine konstant sind. Die variablen Stückkosten setzen sich im wesentlichen aus dem Materialverbrauch, dem Energieverbrauch und Produktivlöhnen zusammen. Diese sind in Wirklichkeit aber nur dann konstant, wenn man die Stückzahl pro Zeitperiode bei gleichbleibender Einstellung der Maschine variiert. Läuft die Anlage also länger oder kürzer, und produziert sie dabei pro Zeiteinheit die gleiche Anzahl an Produkten, dann sind die variablen Kosten pro Produkt meist in der Wirklichkeit auch konstant.

Das stimmt nicht mehr, wenn man die Zahl der Produkte pro Stunde variiert, zum Beispiel durch eine veränderte Drehzahl, Maschinenarbeitsgeschwindigkeit oder einer ähnlichen Einstellung. Dann ändern sich die variablen Stückkosten nicht nur pro Zeitperiode, sondern auch pro Produkt. Und das ist nicht dasselbe.

Es ist erst wichtig zu verstehen, was genau damit gemeint ist. Da die hier beschriebene Gesetzmäßigkeit i.d.R. für Maschinen gilt, die einen Treibstoff verbrauchen, kann es am Beispiel eines Autos gut demonstriert werden. Würde die Motordrehzahl stets konstant sein, also das Auto immer im gleichen Gang und immer mit der gleichen Geschwindigkeit fahren, wäre der Benzinverbrauch pro Kilometer *und* pro Stunde konstant. Das ist nur für Straßenfahrzeuge unrealistisch: Viele Industriemaschinen aber z.B. auch manche Flugmotoren (bei Propellermaschinen) laufen tatsächlich stets mit konstanter Drehzahl.

Variiert man die Drehzahl, aber nicht die Geschwindigkeit, schaltet man beispielsweise beim Auto einen Gang herauf oder herunter, fährt aber die gleiche Zahl von Kilometern pro Stunde, dann ändert sich nicht nur der Benzinverbrauch pro Zeiteinheit, sondern auch pro Kilometer. Das ist für Autofahrer eigentlich nichts Neues: mit einer mittleren Drehzahl und Motorleistung fährt das Auto sparsamer als mit Vollast. Wer bis zum Anschlag aufs Gaspedal tritt, kommt nicht nur schneller an, sondern verbraucht auch mehr Benzin – und zwar nicht nur pro Zeiteinheit, sondern *auch* pro Kilometer.

Zwar mag beim schnellen Autofahren noch der Fahrspaß überwiegen, doch spielt dies bei Industriemaschinen schon eine ganz andere Rolle. Hier kann durch die richtige Einstellung der Drehzahl viel Treibstoff gespart werden. Es macht also Sinn, über die Verbrauchsfunktion von Motoren nachzudenken.

Diese Verbrauchsfunktion ist meistens quadratisch vom Typ

$$Y = A + B \cdot X + C \cdot X^2 \qquad\qquad \text{F 6.21}$$

Y beschreibt hier einen Verbrauch *V* einer Ressource, also einen Faktoreinsatz. Primäres Anwendungsgebiet ist die Planung des Energieverbrauches, aber eine solche Funktion gilt oft auch für den Rohstoffverbrauch einer Anlage oder sogar für die Lohnkosten der daran beschäftigten Arbeitnehmer:

- Wird das System bis an die Grenze seiner Leistungsfähigkeit belastet, steigt der Verbrauch pro Produkt;
- ebenso steigt der stückbezogene Verbrauch, wenn die Leistung zu gering eingestellt wird.
- Bei einem mittleren Leistungsiveau stellt sich ein minimaler, also optimaler Stückverbrauch ein.

Man spricht auch von der sogenannten »Badewannenkurve«:

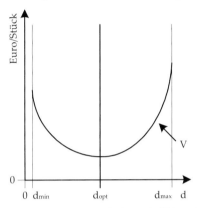

Abbildung 6.18: Verbrauchskurve in Abhängigkeit von der Drehzahl d eines Aggregates

Zwischen einer minimalen Drehzahl d_{min}, unterhalb derer die Anlage nicht betrieben werden kann, und einer Maximaldrehzahl d_{max}, die die obere technische Leistungsgrenze darstellt, wird der Verbrauch einer Maschine an einem Einsatzfaktor pro Ausbringungseinheit (nicht pro Zeiteinheit!) gemessen. Der Verbrauch hat bei d_{opt} ein Minimum, das ein Optimum ist. Die Anlage sollte also mit der Drehzahl d_{opt} betrieben werden.

Ein Beispiel illustriert, was das bedeutet. Der Treibstoffverbrauch einer Produktionsanlage an einem Einsatzfaktor sei in Abhängigkeit von der Drehzahl d der Motorachse der Maschine definiert als

$$V = 18 - 3d + \tfrac{1}{5}d^2 \qquad\qquad \text{F 6.22}$$

Der Einsatzfaktor habe einen Wert i.H.v. 4 Euro pro Einheit. Die Kostenfunktion des Verbrauches in Abhängigkeit von der Drehzahl d ist ist also

$$K = 72 - 12d + \tfrac{4}{5}d^2 \qquad\qquad \text{F 6.23}$$

Die optimale Drehzahl und damit der minimale Verbrauch sollen bestimmt werden.

Spezielle Kostenverläufe der variablen Kosten

Das Minimum in der Kurve in Abbildung 6.18 hat eine Steigung i.H.v. null. Es kann also gefunden werden, indem man die erste Ableitung der Verbrauchsfunktion bildet und zu null setzt:

$$V' = -3 + \tfrac{2}{5} d \qquad \qquad \text{F 6.24}$$

Dieses zu null setzen und ausrechnen:

$$V' = -3 + \tfrac{2}{5} d = 0 \qquad \qquad \text{F 6.25}$$

$$\tfrac{2}{5} d = 3 \qquad \qquad \text{F 6.26}$$

$$d_{opt} = 7\tfrac{1}{2} \qquad \qquad \text{F 6.27}$$

Der optimale, d.h. minimale Verbrauch stellt sich also bei einer Drehzahl von d_{opt} = 7,5 ein. Er beträgt damit

$$V_{opt} = 18 - 3 \times 7\tfrac{1}{2} + \tfrac{1}{5} \times (7\tfrac{1}{2})^2 = 6\tfrac{3}{4} \qquad \qquad \text{F 6.28}$$

Die minimalen Kosten sind daher vier mal $6^3/_4$ oder 27 Euro. Bei jeder anderen Drehzahl entstehen höhere Kosten.

Das Beispiel setzt stillschweigend voraus, daß die Anlage nur eine Achse und kein Getriebe besitzt. Für jeden Automotor muß es also angepaßt werden, denn da wird bekanntlich die Drehzahl des Motors durch das Getriebe auf die Drehzahl der Räder übersetzt. Das ist jedoch unproblematisch: Es werden einfach mehrere Verbrauchsfunktionen bestimmt, für jeden Gang eine eigene.

Manche Industriemaschinen haben mehrere Verbräuche parallel. Sie verbrauchen Rohstoff, Betriebsstoff und einen Treibstoff gleichermaßen. Diese verschiedenen Verbräuche dürfen nicht addiert werden. Sie sind zunächst in Geld zu bewerten und können dann als gemeinsame Kostenfunktion zusammengefaßt werden. Diese gemeinsame Kostenfunktion kann abgeleitet und ausgerechnet werden.

In der betrieblichen Wirklichkeit ist die eigentliche Rechnung zunächst meist unproblematisch. Das praktische Problem ist, an die Verbrauchsfunktion überhaupt erst heranzukommen. Die Maschinenhersteller kennen die Verbrauchsfunktionen ihrer Anlagen meistens, geben sie aber oft nicht bekannt. Man muß sie also selbst herausfinden. Das ist nicht so schwierig wie es scheinen mag.

Zunächst wird eine Meßreihe durchgeführt, in der für verschiedene Drehzahlen tatsächliche Verbräuche ermittelt werden. Meist ist eine hohe Zahl von solchen Ausgangswerten erforderlich. Oft kann es sinnvoll sein, diese nicht in einer Testreihe zu ermitteln, bei der die Anlage für den eigentlichen Betrieb nicht zur Verfügung steht, sondern im normalen Wirkbetrieb. Das kann den Vorteil haben, daß realistischere Werte erhoben werden. Es muß lediglich vorausgesetzt werden, daß zuverlässige Messungen möglich sind.

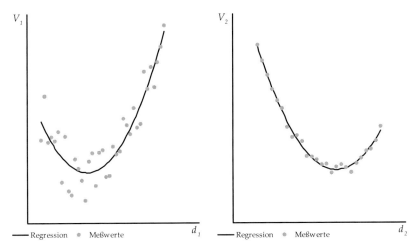

Abbildung 6.19: Zwei Beispiele für Verbrauchsmessungen an Industriemaschinen

Die Ergebnisse sind in den beiden vorstehenden Skizzen die grauen Punkte.

Aus dieser Punkteschar wird mit Hilfe der Regressionsrechnung die Kleinste-Quadrate-Regressionsfunktion Y^* ermittelt, die den prognostizierten Verbrauch V^* für jeden möglichen Drehzahlwert darstellt. Die Regressionsrechnung ermittelt eine Prognosefunktion, die die wahrscheinlichsten Werte beschreibt. Sie erklärt zwar keine bestehenden Punkte, zeigt aber, wo das Auftreten neuer Punkte, d.h. neuer Drehzahl/Verbrauch-Kombinantionen, am wahrscheinlichsten ist. Legt man beide Grafiken übereinander, so muß sich deshalb zeigen, daß die Prognoselinie V^* genau »innerhalb« der Punkteschar verläuft. Mathematisch gesprochen ist die Summe der Quadrate der vertikalen Entfernungen zwischen Linie und jedem einzelnen Punkt minimal.

Die Grafiken verraten zugleich ein Maß für die Qualität der zugrundeliegenden Messung. Streuen sich die Punkte teils weit von der Regressionskurve V^* ab, wie es links bei d_1 und V_1 zu sehen ist, dann ist das ein Indiz für eine schlechte Messung. Die Schwankungen sind groß und die Regressionsgerade ist zwar mathematisch richtig aber wenig aussagekräftig. Liegen die Punkte alle sehr nahe der Regressionslinie, wie es oben bei d_2 und V_2 gezeigt wird, so war die Messung gut, d.h. die Regressionsergebnisse sind zuverlässig.

Aufgrund der Regressionsrechnung kann die vorstehende Optimierungsrechnung durchgeführt werden.

Die Rechnung ist zwar vergleichsweise aufwendig, kann aber zu erheblichen Einsparungen führen. Das gilt um so mehr als die Rohstoff- und Energiepreise seit Jahren nur eine Richtung kennen, die Bewegung nach oben. Für viele große Maschinen wird diese Optimierung schon herstellerseitig durchgeführt.

6.5. Sprungfixe Kostenpotentiale

Zu sprungfixen Kostenpotentialen kommt es, wenn zusätzliche Maschinen beschafft oder bereitgestellt werden. Mit jeder weiteren Maschine tritt ein neues Fixkostenpotential hinzu, das meistens remanent ist, d.h. nicht abgebaut wird, wenn die zusätzlich bereitgestellte Maschine nach einem Rückgang des Beschäftigungsgrades wieder stillsteht. Dies führt zu Problemen, die als Sonderfall der Break Even Rechnung betrachtet werden können. Ein Beispiel zeigt dies. Folgende Daten liegen über eine Produktionsmaschine der Kunststoffindustrie vor:

Ausgangsdaten – Produktionsanlage Kunststoffindustrie

Anschaffungskosten	1.270.000,00 Euro
Technische Nutzungsdauer	5 Jahre
Erwarteter Schrottwert	–20.000,00 Euro
Erwartete Wiederbeschaffung	1.500.000,00 Euro
Platzkosten (anteilige Hallenmiete)	1.000,00 Euro
Kalkulationszinsfuß	12 %
Energieaufnahme	21,00 kW
Kosten pro kWh	0,18 €/kWh
Arbeitskosten	8,00 Euro/Stunde
Granulat-Rohstoff	12,50 Euro/kg
Verbrauch an Granulat	0,75 kg/Stück
Leistung	20,00 Stück/Stunde
Gesamt-Arbeitszeit	1.920,00 Stunden/Jahr

Abbildung 6.20: Ausgangsdaten – Produktionsanlage Kunststoffindustrie

Diese Ausgangsdaten sind zunächst nicht sehr auffällig. Der Rest- oder Schrottwert der Anlage ist jedoch negativ, was bedeutet, daß am Ende der Nutzungszeit anstatt einen Verkaufserlös zum Restwert zu vereinnahmen noch Geld zu zahlen ist, um die Altanlage loszuwerden. Das ändert nichts an der Rechenmethode zur Bestimmung der kalkulatorischen Kosten, aber für den Schrottwert muß jetzt eine negative Zahl eingesetzt werden. Für die kalkulatorischen Zinsen bedeutet das im Effekt eine Subtraktion:

$$Kalk.\ Zins = \frac{1{,}27\ Mio. + (-20.000)}{2} \times 0{,}12 = 75.000\ Euro \quad \text{F 6.29}$$

Die 20.000 Euro negativer Restwert verzinsen sich nicht über die Laufzeit. Sie sind nicht gebunden. Sie stellen keine Bemessungsgrundlage der Rechnung dar.

Sie erhöhen jedoch die kalkulatorische Abschreibung. Hier ändert sich auch nichts an der Formel; jedoch ist der Schrottwert faktisch zu addieren, weil minus mal minus plus ergibt:

$$Kalk.\ Abschrb. = \frac{1{,}5\ Mio. - (-20.000)}{5} = 304.000\ Euro \qquad \text{F 6.30}$$

Das ergibt das folgende Fixkostenpotential für diese Anlage:

Sprungfixes Fixkostenpotential der vorstehenden Anlage

	Kalkulatorischer Zins pro Jahr	75.000 Euro
+	Kalkulatorische Abschreibung pro Jahr	304.000 Euro
+	Zahlungsgleiche Fixkosten (Hallenmiete)	1.000 Euro
=	Fixkosten (Vorhaltekosten) pro Jahr	380.000 Euro

Abbildung 6.21: Sprungfixes Fixkostenpotential der vorstehenden Anlage

Dieses Kostenpotential wird mit jeder Maschine dieses Typs dem Kostenapparat hinzugefügt. Es ist, wie jede Fixkostensumme, sprungfix.

Die variablen Kosten bestehen im Beispiel aus 0,189 Euro pro Stück Energiekosten, 0,40 Euro pro Stück Lohnkosten sowie 9,375 Euro pro Stück Rohstoffkosten und betragen 9,964 Euro pro Stück (vgl. Abbildung 6.20). Da 1.920 Stunden pro Jahr zur Verfügung stehen, kann eine Maschine maximal 38.400 Stück pro Jahr fertigen. Werden mehr Exemplare des Produktes benötigt, so muß eine zusätzliche Maschine bereitgestellt werden. Dann entsteht ein weiteres sprungfixes Kostenpotential.

Der Unternehmer kann dies aber vermeiden, indem er das Produkt am Markt als Halbfabrikat einkauft. Dann muß er es nicht selbst produzieren und hat keine sprungfixen Kostenpotentiale. Der Marktpreis beträgt 24,90 Euro pro Stück und mit Versorgungsengpässen ist nicht zu rechnen.

Benötigt der Unternehmer nur eine kleine Zahl solcher Produkte, so wird er kaum 1,27 Mio. Euro für eine solche Maschine investieren. Schließlich kauft ja auch keiner die ganze Kuh, wenn er nur ein Glas Milch haben will. Interessant ist die Frage, ab einem Bedarf von wieviel Stück die Produkte nicht mehr eingekauft, sondern produziert werden sollen. Und was das mit den sprungfixen Kostenpotentialen zu tun hat.

Allgemein ist also ein Schwellenwert gesucht. Das ähnelt einem Break Even Punkt. Dieser setzt aber

$$DB = P_{vk} - K_{var} \qquad \text{F 6.31}$$

voraus. Die Fixkosten müssen dann durch den Deckungsbeitrag geteilt werden. Das scheint hier nicht zu funktionieren, weil ja kein Verkaufspreis bekannt ist. Es geht in diesem Beispiel gerade nicht um den Absatzmarkt, sondern um den Beschaffungsmarkt.

Es liegt aber nahe, die Deckungsbeitragsformel hier an die Situation anzupassen. Hierzu muß eine kleine Änderung vorgenommen werden. Man erhält den Einkaufs-Deckungsbeitrag DB_E:

$$DB_E = P_{ek} - K_{var} \qquad\qquad \text{F 6.32}$$

Im Beispiel ergibt das:

$$DB_E = P_{ek} - K_{var} = 24{,}9 - 9{,}964 = 14{,}936 \; Euro/Stück \qquad \text{F 6.33}$$

Während der Deckungsbeitrag eigentlich besagt, wieviel Euro Fixkosten durch jedes verkaufte Produkt gedeckt werden, sagt diese Variante der Kennzahl, wieviel Euro der Fixkosten der Anlage durch jedes produzierte Produkt gedeckt werden.

Der Break Even kann jetzt auf die übliche Art bestimmt werden:

$$X_{min_P} = \frac{K_{fix}}{DB_E} = \frac{334.000}{14{,}936} = 22.362{,}08 \; St/Jahr \qquad \text{F 6.34}$$

Dies ist ein Produktions-Break Even. Er besagt, daß ab 22.363 Stück die Produktion des Artikels günstiger ist als der Einkauf. Eine Gesamtkostenrechnung stellt das unter Beweis:

Gesamtkostenvergleich für eine Maschine

Bedarf pro Jahr	Kauf	Produktion
1 Stück	24,90 Euro	380.009,96 Euro
25.441 Stück	633.480,90 Euro	633.494,12 Euro
25.442 Stück	633.505,80 Euro	633.504,09 Euro
38.400 Stück	956.160,00 Euro	762.617,60 Euro

Abbildung 6.22: Gesamtkostenvergleich für eine Maschine

Wird nur ein einziges Stück benötigt, so kann dieses für 24,90 Euro eingekauft werden. Würde dieses eine Exemplar selbst produziert, so käme das zwar nur auf 9,964 Euro, aber die Fixkosten i.H.v. 334.000 Euro müßten hinzugerechnet werden.

Für 25.441,89 Stück pro Jahr wurde ein Break Even Punkt vorausgesagt. Die Rechnung bestätigt das: Bei 25.441 Stück pro Jahr ist der Einkauf noch geringfügig günstiger und bei 25.442 Stück ist die Eigenproduktion etwas kostengünstiger. Die Break Even Rechnung leistet im Zusammenhang mit sprungfixen Kostenpotentialen also eine Make or Buy Entscheidung, gibt also Antwort auf die Frage, ob ein Produkt gekauft oder selbst hergestellt werden soll. Diese Aussage gilt bis zur maximalen Kapazitätsauslastung der Maschine.

Was aber ist, wenn der Bedarf 38.400 Stück pro Jahr überschreitet?

Erst bei Bereitstellung einer zweiten Maschine entsteht nämlich wirklich ein sprungfixes Kostenpotential. Weitere 380.000 Euro Fixkosten kommen hinzu. Am DB_E ändert sich jedoch nichts. Es kann also ein neuer Break Even Punkt berechnet werden:

$$X_{min_P} = \frac{K_{fix}}{DB_E} = \frac{760.000}{14,936} = 50.883,77 \; St/Jahr \qquad \text{F 6.35}$$

Natürlich hat sich der Break Even Punkt einfach nur verdoppelt, weil ja im Zähler des Bruches eine Fixkosteneinheit i.H.v. 380.000 Euro hinzugekommen ist, aber im Nenner nichts verändert wurde. Der Verdopplung des Break Even Punktes steht aber auch eine Verdopplung der Kapazität von bisher 38.400 Stück pro Jahr auf dann 76.800 Stück pro Jahr gegenüber.

Die wirkliche Bedeutung der Rechnung wird aber erst offensichtlich, wenn man die ersten beiden Break Even Punkte, und die folgenden, in eine Tabelle mit dem Leistungsbereich der jeweiligen Anzahl von Maschinen darstellt:

Übersicht über die ersten Break Even Punkte

Nr.	Break Even	Kapazität von	Kapazität bis
1	25.441,89 Stück/Jahr	1 Stück/Jahr	38.400 Stück/Jahr
2	50.883,77 Stück/Jahr	38.401 Stück/Jahr	76.800 Stück/Jahr
3	76.325,66 Stück/Jahr	76.801 Stück/Jahr	115.200 Stück/Jahr
4	101.767,54 Stück/Jahr	115.201 Stück/Jahr	153.600 Stück/Jahr

Abbildung 6.23: Zahlenbeispiel für die leistungsabhängige kalkulatorische Abschreibung

Hier fällt auf, daß der erste und der zweite Break Even Punkt für ein oder zwei Maschinen innerhalb der jeweils gültigen Kapazitätsgrenze liegen, die weiteren Break Even Punkte das aber nicht tun.

Das bedeutet, daß der Unternehmer bis zu einem Bedarf von 25.441 Stück/Jahr kaufen, von 25.442 bis 38.400 Stück selbst prodzieren, ab 38.401 Stück/Jahr kaufen und schließlich ab 50.885 kaufen sollte:

Auswertung: Make or Buy aufgrund sprungfixer Kosten

Nr.	Bedarf von	Bedarf bis	Verhaltensweise
1	1 Stück/Jahr	25.441 Stück/Jahr	Kaufen
2	25.442 Stück/Jahr	38.400 Stück/Jahr	Produktion
3	38.401 Stück/Jahr	50.883 Stück/Jahr	Kaufen
4	50.884 Stück/Jahr	∞	Produktion

Abbildung 6.24: Auswertung: Make or Buy aufgrund sprungfixer Kosten

Die sprungfixen Kostenpotentiale bestimmen also über das Verhalten hinsichtlich der Entscheidung über Kauf oder Eigenproduktion. Die Ableitung der Verhaltensempfehlung wird oft als schwierig empfunden. Sie wird aber wesentlich übersichtlicher, wenn man sie skizziert:

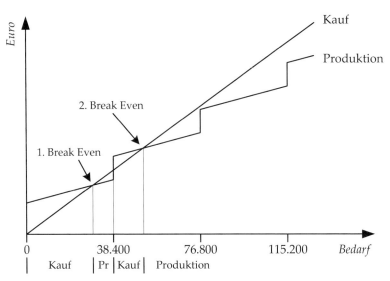

Abbildung 6.25: Auswertung: Make or Buy aufgrund sprungfixer Kosten

Zwei Break Even Punkte befinden sich innerhalb des Bereiches der jeweiligen Kapazität. Sie wirken damit als Entscheidungsschwelle zwischen Einkauf der Bedarfsobjekte und Eigenproduktion. Erst wenn drei Maschinen installiert sind, liegt der Break Even Punkt gerade außerhalb des entsprechenden Kapazitätsbereiches: Es wird immer selbst hergestellt und gar nicht mehr eingekauft.

Diese Methode ist, wie alle kostenrechnerischen Verfahren, ein rein taktisches Modell. Ergebniskennzahlen werden durch Kosteneinsparungen optimiert. Das ist natürlich nur die halbe Wahrheit, denn strategische Überlegungen stehen immer über den taktischen Erbsenzählereien: Produziert man selbst, kann das auch am guten Image des eigenen Standortes (»Made in Germany«) liegen oder die Versorgungssicherheit und Unabhängigkeit vom Beschaffungsmarkt sicherstellen. Diese Sachverhalte kann man jedoch nicht rechnen. Sie sind qualitativer Art.

6.6. Aufgaben zu Kapitel 6

In den folgenden Aufgaben werden die Grundlagen aus Kapitel 2 sowie die Ausführungen zur Teilkostenrechnung in Kapitel 5 vorausgesetzt. Sie werden auf die Maschinenrechnung angewandt. Es wird empfohlen, rechnerische Lösungen mit einem Tabellenkalkulationsprogramm zu erarbeiten, denn dies ist die in der betrieblichen Wirklichkeit übliche Methode. Es geht jedoch auch mit dem Taschenrechner.

Die Lösungen zu allen folgenden Aufgaben befinden sich in Kapitel 9 im Anhang am Ende dieses Buches.

6.6.1. Aufgabe 16 – Grundlagen der Maschinenrechnung

Die Husumer Strandbahn AG, ein norddeutsches Museumsbahnunternehmen als Teil des Freizeitparkes Wattenmeer, hat einen wunderschönen Dieseltriebwagen MBxd2 rumänischer Herkunft erworben. Das Fahrzeug soll Touristen in St. Peter Ording zum kilometerweit entfernten Strand bringen. Eine Fahrpreiskalkulation soll vorbereitet werden. Hierfür werden die Maschinenkosten des Triebwagens benötigt.

Das fast fünfzig Jahre alte Fahrzeug war zuletzt in Oberschlesien auf 1.000 mm Schmalspurstrecken unterwegs und stand seit 1990 still. Es ist also in schlechtem Zustand, konnte dafür aber auch für nur 6.200 Euro von einem Berliner Schrotthändler erworben werden. Die mustergültige Instandsetzung im Look der 1940er Jahre durch verschiedene Handwerksbetriebe vor Ort verursachte insgesamt Aufwendungen i.H.v. 61.800 Euro. Zudem ist eine TÜV-Abnahme noch fällig. Hierfür werden Kosten in Höhe von 3.500 Euro veranschlagt. Diese TÜV-Prüfung wird im laufenden Betrieb dann jeweils alle zwei Jahre erneut fällig. Die gewerberechtliche Betriebsgenehmigung schließlich kostet einmalig 600 Euro. Zum tatsächlichen Betrieb ist zudem eine Unfall- und Haftpflichtversicherung vorgeschrieben, die jährlich 4.500 Euro kostet.

Wenn alles planmäßig läuft, wird mit einer technischen Lebenszeit von 15 Jahren gerechnet. Dann muß der Triebwagen außer Dienst gestellt und ordnungsgemäß verschrottet werden, wofür mit Kosten i.H.v. 10.000 Euro gerechnet wird. Die Husumer Strandbahn AG möchte den Betrieb danach aber mit einer neuen, ähnlichen Bahn fortsetzen. Es wird damit gerechnet, daß die Anschaffungskosten in 15 Jahren im Vergleich zu heute effektiv konstant bleiben, d.h. sich nur um die Inflation von 3 % pro Jahr erhöhen.

Motorisiert ist der Dieseltriebwagen mit einem Viertakt Sechszylinder Reihenmotor vom Typ D2156HM6U, der im ehemaligen Ostblock in Lizenz von MAN gebaut wurde. Die Maschine entwickelt bei einer Leistung von nur 192 PS (141 kW) eine Geschwindigkeit von 40 km/h, was für die spezielle Anwendung als Museumsbahn als ausreichend gilt. Der Treibstoffverbrauch liegt bei 224 g/kWh Dieselöl. Der Preis dieses Treibstoffes liegt derzeit bei günstigen 1,12 Euro pro kg.

Der Dieseltriebwagen soll eine insgesamt 50 km lange Rundstrecke zu mehreren Ausflugszielen und Strandbahnhöfen drei Mal am Tag befahren. Insgesamt sind 350 Tage pro Jahr vorgesehen (zwischen Weihnachten und Neujahr sind Betriebsferien). Zum Betrieb ist nur ein Fahrer erforderlich, der einen festen Monatslohn i.H.v. 2.200 Euro erhält.

Zur Aufrechterhaltung der Betriebsbereitschaft muß ferner vierteljährlich eine Kontrolle der Radreifen durchgeführt werden (maximal zulässige Abnutzung 30/130 mm). Zudem müssen bei diesen vierteljährlichen Durchsichten die Drehgestelle nachgeschmiert werden. Die Kosten einer solchen Durchsicht werden mit 600 Euro veranschlagt.

Da die Husumer Strandbahn AG sich im Mehrheitsbesitz des Landes Schleswig-Holstein befindet, also nur ein geringes Insolvenzrisiko berücksichtigen muß, rechnet sie nur mit einer Mindestrentabilität in Höhe von gerade mal 10 %.

Aufgaben:

1. Ermitteln Sie aus den vorstehenden Daten die Gesamtkosten pro Jahr und die Gesamtkosten pro Kilometer.
2. Es wird überlegt, die Anzahl der Fahrten von zunächst drei Fahrten pro Tag auf vier Fahrten am Tag zu erhöhen. Welchen Einfluß hätte dies auf die Kosten, wenn die Entgelte des Fahrpersonals analog steigen?
3. Bei welcher jährlichen Fahrleistung betragen die Kilometerkosten genau 1,60 Euro?
4. Nehmen Sie kritisch zu der in diesem Fall beobachteten Kostenstruktur Stellung.

6.6.2. Aufgabe 17 – Retrograde Maschinenrechnung

Für zwei Produktionsmaschinen gelten die folgenden Ausgangsdaten:

Ausgangsdaten für Aufgabe 17

Anlage	A	B
Anschaffungskosten	32.000 Euro	38.000 Euro
Schrottwert nach Nutzungsende	3.000 Euro	–2.000 Euro
Technische Nutzungsdauer	4 Jahre	4 Jahre
Wiederbeschaffungswert	37.000 Euro	43.000 Euro
Zahlungsgleiche Fixkosten	2.000 Euro	3.000 Euro
Lohnkosten	0,90 Euro/St	0,70 Euro/St
Materialkosten	2,20 Euro/St	2,10 Euro/St
Energiekosten	0,30 Euro/St	0,20 Euro/St

Abbildung 6.26: Ausgangsdaten für Aufgabe 17

Beide Maschinen stellen das gleiche Produkt her, das am Markt für einen Preis von 4,75 Euro pro Exemplar abzusetzen ist. Beide Anlagen produzieren pro Stunde jeweils fünf Stück. Der Anlagebetreiber rechnet mit einer maximalen Auslastung von 20 Arbeitstagen zu je acht Stunden pro Monat. Es gibt keine Werksferien (12 volle Monate). Der Kalkulationszinsfuß beträgt 12 % p.a.

Aufgaben:

1. Ermitteln Sie das maximal mögliche Betriebsergebnis für beide Maschinen pro Periode und pro Stück. Kommentieren Sie mögliche Auffälligkeiten oder Besonderheiten in den Ergebnissen.
2. Stellen Sie fest, ob eine kritische Leistung zwischen diesen beiden Anlagen besteht. Falls das der Fall ist, berechnen Sie den Wert; falls das nicht der Fall sein sollte, begründen Sie, weshalb es nicht der Fall ist.
3. Der Anbieter der im Kostenvergleich ungünstigeren Maschine will dennoch den Auftrag. Er ist bereit, Rabatte zu gewähren. Finden Sie mit Hilfe einer geeigneten Methode heraus, zu welchem Preis der Anbieter der ungünstigeren Anlage Ihnen seine Maschine anbieten müßte, damit bei maximaler Auslastung seine Anlage im Kostenvergleich besser abschneidet.

7.
Plankostenrechnung

Planung ist die aktive, gestaltende Vorwegnahme der Zukunft. Plankostenrechnung ist daher die gestaltende Vorwegnahme von Produktionsfaktoreinsatzzahlen. Das hat etwas mit Mengen, Abweichungen, Verbräuchen und Perioden zu tun. Hierzu eignet sich im Prinzip aber auch die Teilkostenrechnung. Sie teilt die Kosten in Fixkosten und in variable Kosten auf und es wird in Mengenbegriffen gerechnet. Sie ist die Grundlage für Sortimentsplanungen, Produktionsreihenfolgepläne, Make or Buy Entscheidungen, Investitionsplanungen und eine Vielzahl anderer Methoden. Sie ist eigentlich für betriebliche Planungszwecke vollkommen ausreichend.

In »der« Plankostenrechnung, die in diesem Kapitel dargestellt wird, gelten die kostentheoretischen Grundlagen und das Kostenportfolio uneingeschränkt fort. Die darzustellenden Methoden umfassen jedoch (u.a. mit der starren Plankostenrechnung) eine Reihe alter Verfahren, die traditionell noch vorhanden sind, aber nirgendwo mehr wirklich genutzt werden. Sie sind daher veraltet. Wer also dieses Buch liest, um ein Kostenrechnungssystem in einem Betrieb einzuführen, oder an seiner Gestaltung mitzuwirken, blättert bitte entweder vorwärts in das Kapitel über die Prozeßkostenrechnung oder rückwärts in die vorigen Kapitel. Hier gibt es nichts zu holen. Wer aber plant, eine Prüfung insbesondere vor der Industrie- und Handelskammer zu absolvieren, lernt dieses Kapitel bitte bis hinunter zur Interpunktion, denn die Aufgabenautoren der Industrie- und Handelskammern lieben die Plankostenrechnung und stellen ihren Teilnehmern mit unfehlbarer Sicherheit die prächtigsten Prüfungsfallen.

7.1. Starre Plankostenrechnung

Die starre Plankostenrechnung prognostiziert die Kosten einer Planperiode. Sie tut damit, was auch die Teilkostenrechnung tut. Anders als diese ignoriert die starre Plankostenrechnung jedoch die Unterteilung in fixe und variable Kosten. Sie interpoliert einfach linear ohne auf die grundlegenden Kostenkategorien Rücksicht zu nehmen. Das führt zu beträchtlichen Abweichungen.

Die starre Plankostenrechnung besteht aus drei Arbeitsschritten:

1. Ermittlung des Plankostenverrechnungssatzes (PKVS),
2. Ermittlung der verrechneten Plankosten bei Ist-Beschäftigung,
3. Ermittlung der Gesamtabweichung.

Der Plankostenverrechnungssatz ist allgemein definiert:

$$PKVS = \frac{Kosten_{Plan}}{X_{Plan}} \qquad \text{F 7.1}$$

Die Plankosten $Kosten_{Plan}$ sind die Gesamtkosten, die für eine geplante Periode vorhergesehen werden. Eine Unterteilung in Fixkosten und variable Kosten unterbleibt. Die Planausbringung X_{Plan} ist die für die Planperiode geplante Ausbringung in den jeweils maßgeblichen Einheiten, z.B. in Stück. Der PKVS sagt aus, wieviel Euro pro Ausbringungseinheit verrechnet werden müssen, um die Plankosten zu decken.

Beispiel: Die Plankosten $Kosten_{Plan}$ einer Planperiode seien 48.000 Euro. Die Planbeschäftigung, bei der mit diesen Gesamtkosten gerechnet wird, sei 6.000 Stück. Der PKVS beträgt also:

$$PKVS = \frac{48.000}{6.000} = 8 \ Euro/St \qquad \text{F 7.2}$$

Anschließend werden die verrechneten Plankosten bei Ist-Beschäftigung ermittelt. Der Wert sagt aus, wie hohe Plankosten aufgrund der Planrechnung in der Planbeschäftigung bei Ist-Beschäftigung tatsächlich verrechnet wurden. Hierzu wird der PKVS einfach mit der Istbeschäftigung X_{Ist} multipliziert:

$$VerrPlankosten_{X_{Ist}} = PKVS \times X_{Ist} \qquad \text{F 7.3}$$

Beispiel: Oben wurden Plankosten i.H.v. 8 Euro pro Stück bei einer Planbeschäftigung i.H.v. 6.000 Stück ermittelt. Nach Abschluß der Planperiode betrug die Beschäftigung aber nur X_{Ist} = 5.500 Stück. Die verrechneten Plankosten bei Istbeschäftigung sind also:

$$VerrPlankosten_{X_{Ist}} = 8 \times 5.500 = 44.000 \ Euro \qquad \text{F 7.4}$$

Dieser Betrag würde der geplanten Einheit zugerechnet, wenn der PKVS richtig ist. Es dürfen am Ort der Planung bei einer Istbeschäftigung i.H.v. 5.500 Stück nur 44.000 Euro Kosten entstehen. Der Wert ist von den Plankosten i.H.v. 48.000 Euro interpoliert.

Schließlich wird die Gesamtabweichung Δ_{ges} berechnet. Es gilt:

$$\Delta_{ges} = VerrPlankosten_{X_{Ist}} - Kosten_{Ist} \qquad \text{F 7.5}$$

Das Ergebnis sagt aus, wieviele Kosten hätten verrechnet werden müssen, um bei der Istbeschäftigung kostendeckend zu sein.

Beispiel: die Istkosten $Kosten_{Ist}$ der Planperiode betrugen tatsächlich nur 42.000 Euro. Der Bereich der »erlaubten« 44.000 Euro wurde also um 2.000 Euro unterschritten. Diese Differenz ist die Gesamtabweichung:

$$\Delta_{ges} = 44.000 - 42.000 = 2.000 \; Euro \qquad\qquad \text{F 7.6}$$

Das Ergebnis der vorstehenden Rechnung wird anschaulicher, wenn man es visualisiert:

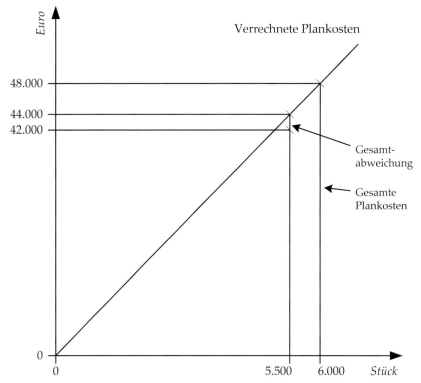

Abbildung 7.1: Beispiel für die starre Plankostenrechnung

Die Skizze zeigt, daß bei einer Planausbringung i.H.v. 6.000 Euro Kosten i.H.v. 48.000 Euro erwartet worden sind. Tatsächlich betrug die Leistung aber nur 5.500 Stück. Die Kosten hätten damit bei 44.000 Euro liegen müssen. Sie lagen aber bei 42.000 Euro, also 2.000 Euro niedriger. Diese Differenz ist die Gesamtabweichung.

Wie genau zu rechnen ist, ist oft unklar. Man findet oft auch:

$$\Delta_{ges} = Kosten_{Ist} - VerrPlankosten_{X_{Ist}} \qquad\qquad \text{F 7.7}$$

Der Unterschied manifestiert sich hier nur im Vorzeichen. Die Prüfer bei den Industrie- und Handelskammern, die solche Aufgaben oft in Prüfungen wie »Geprüfter Betriebswirt« oder »Geprüfter Technischer Betriebswirt« zu korrigieren haben, sind i.d.R. angewiesen, Rechnungen nach F 7.5 und nach F 7.7 gleichermaßen als richtig zu werten. Schließlich kann man die hier dargestellte Kostenunterschreitung ja gleichermaßen als sachlich positiv oder eben auch betragsmäßig negativ betrachten.

Die Gesamtabweichung ist stets nur eine Kostenabweichung. Sie kann durch die Differenz zwischen Plan- und Istbeschäftigung verursacht sein oder auch nicht; das Verfahren liefert hierzu keine Erkenntnisse. Dies ist einer der größten Nachteile dieser Methode. Daß keine vorherige Kostenauflösung in fixe und variable Kosten notwendig ist, bezeichnen die Verfechter und Nutzer dieser Methode als Vorteil; wer jedoch überhaupt kostenrechnerische Methoden anwenden will, kommt an einer Auflösung der Kosten in die vier wesentlichen Grundkategorien meist ohnehin nicht vorbei.

7.2. Flexible Plankostenrechnung

Die Plankostenrechnung ist eigentlich als Anschlußrechenverfahren zum Betriebsabrechnungsbogen entstanden. Dort gibt es normalerweise ja keine Aufteilung in fixe und variable Kosten, sondern nur in Einzel- und Gemeinkosten. Per Zuschlagssatz kann man eine Gesamtkostensumme berechnen, die für die Zukunft vorweggenommen eine Plangröße ist.

Inzwischen haben aber die Plankostenrechner wie auch die Hüter des Betriebsabrechnungsbogens die fixen und variablen Kosten entdeckt. Der Hauptvorteil der Teilkostenanalyse ist ja, Beschäftigungsänderungen akkurater abbilden und damit beschäftigungsabhängige künftige Entwicklungen besser prognostizieren zu können. Das geht bei der Maschinenrechnung, die ja auch im Betriebsabrechnungsbogen ihren Platz gefunden hat, und es geht auch in der Plankostenrechnung. Die heißt dann flexibel, wenn sie fixe und variable Kosten getrennt berücksichtigt.

Wie die starre Methode hat auch die flexible Plankostenrechnung eine mehr oder weniger feststehende Reihe von Schritten:

1. Bestimmung der Planbeschäftigung,
2. Planung der sich unter Planbedingungen ergebenden fixen und variablen Kosten,
3. Ermittlung des Plankostenverrechnungssatzes wie schon bei der starren Methode,
4. Ermittlung der verrechneten Plankosten bei Istbeschäftigung,
5. Ermittlung der Sollkosten,
6. Ermittlung der Verbrauchsabweichung aus einem Soll-Ist-Vergleich,

7. Ermittlung der Beschäftigungsabweichung und daraus
8. Ermittlung der Gesamtabweichung.

Wie schon bei der starren Methode ist die anfangs eingebrachte Plan-beschäftigung eine nichtkostenrechnerische Schätzung, in die Kapazitäts-daten, Mitarbeiterverfügbarkeiten, materielle und maschinelle Ressour-cen und vieles mehr eingehen. Wesentlicher Unterschied ist, daß die An-nahmen jetzt aber eine Aussage über variable und fixe Kosten enthalten müssen. Im einführenden Beispiel im vorigen Kapitel wurde für eine Plan-beschäftigung i.H.v. 6.000 Stück eine Kostensumme von 48.000 Euro an-genommen. Die flexible Plankostenrechnung wird flexibel, indem sie dies in Fixkosten und in variable Kosten aufteilt. Im Beispiel nehmen wir an, daß die 48.000 Euro $Kosten_{Plan}$ zu 15.000 Euro Fixkosten sind. Die restlichen 33.000 Euro sind Materialeinsatz, Energieverbrauch und Produktivlöhne, also variabel.

Der Plankostenverrechnungssatz ermittelt sich jetzt wie gewohnt:

$$PKVS = \frac{Kosten_{Plan}}{X_{Plan}} = \frac{15.000 + 33.000}{6.000} = 8,00 \; Euro/St \qquad \text{F 7.8}$$

Die Bestimmung der verrechneten Plankosten bei Istbeschäftigung gleicht der Rechenmethode bei der starren Plankostenrechnung:

$$VerrPlankosten_{X_{Ist}} = 8 \times 5.500 = 44.000 \; Euro \qquad \text{F 7.9}$$

Bis hierher unterscheidet sich die Methode eigentlich nicht wirklich von der starren Methode. Die anfangs eingeführte Unterscheidung in fixe und variable Kosten wird erst jetzt angewandt. Bei der Ermittlung der Sollkosten K_{Soll} werden nur die variablen Kosten anteilig im Verhältnis der Istbeschäftigung zur Planbeschäftigung gewichtet:

$$K_{Soll} = \frac{Kosten_{Plan_{var}} \times X_{Ist}}{X_{Soll}} + K_{fix} \qquad \text{F 7.10}$$

Die variablen Plankosten entsprechen den 33.000 Euro aus F 7.8 und wurden bei der Planung vorausgeschätzt. Die Fixkosten K_{fix} entsprechen den 15.000 Euro aus dem Plankostenverrechnungssatz, benötigen in die-ser Gleichung aber keine neue Variable: Schließlich sind Fixkosten ja ge-rade von der Ausbringung unabhängig, also auch von der Planung einer Ausbringungsmenge nicht beeinflußt.

Im Beispiel bedeutet dies:

$$K_{Soll} = \frac{33.000 \times 5.500}{6.000} + 15.000 = 45.250 \; Euro \qquad \text{F 7.11}$$

267

Flexible Plankosten-
rechnung

Während die starre Plankostenrechnung lediglich verrechnete Plankosten bei Istbeschäftigung kennt, werden hier nur die variablen Kosten interpoliert und die Fixkosten addiert. Das entspricht eher den wirklichen Verhältnissen. Die Sollkosten sind damit diejenige Kostensumme, die bei einer Ausbringungsmenge i.H.v. 5.500 Stück (statt eigentlich wie geplant 6.000 Stück) zustandekommen müßte.

Die Verbrauchsabweichung Δ_V ist nunmehr definiert als:

$$\Delta_V = K_{Soll} - K_{Ist} \qquad\qquad\qquad \text{F 7.12}$$

Im Beispiel bedeutet das:

$$\Delta_V = 45.250 - 42.000 = 3.250 \; Euro \qquad\qquad \text{F 7.13}$$

Es ist relevant, sich zu verdeutlichen, daß die Sollkosten ja bei der flexiblen Plankostenrechnung aufgrund der Abgrenzung der fixen und variablen Kosten entstanden sind. Die Fixkosten werden hierbei einfach addiert, denn sie haben nichts mit der Ausbringungsmenge zu tun. Die Abweichung zwischen Soll- und Istkosten ist also durch Veränderungen bei den variablen Kosten entstanden. Diese sind in der Regel Produktivlöhne, Wareneinsätze, Material- und Energieverbräuche. Eine Abweichung zwischen Soll und Ist ist also auf variable Kosten, also auf Verbrauchsgrößen zurückzuführen.

Bei negativem Vorzeichen zeigt die Verbrauchsabweichung Δ_V einen Mehrverbrauch einer Ressource und bei positivem Vorzeichen einen Minderverbrauch des Einsatzfaktors an. Dies gilt nur bei der obigen Definition; leider werden die Posten oft vertauscht, so daß hier oft Verwirrungen entstehen.

Schließlich wird die Beschäftigungsabweichung Δ_B berechnet:

$$\Delta_B = VerrPlankosten_{X_{Ist}} - K_{Soll} \qquad\qquad \text{F 7.14}$$

Im Beispiel bedeutet das:

$$\Delta_B = 44.000 - 45.250 = -1.250 \; Euro \qquad\qquad \text{F 7.15}$$

Die Beschäftigungsabweichung Δ_B ist ein Maß für die richtige Einschätzung der Beschäftigung durch die Planung. Bei negativem Vorzeichen wurden zu wenig Fixkosten verrechnet, bei positivem Vorzeichen zu hohe. Bei negativem Vorzeichen besteht Unterbeschäftigung, bei positivem Überbeschäftigung.

Schließlich wird die Gesamtabweichung Δ_{ges} berechnet. Es gilt wie schon zuvor bei der starren Plankostenrechnung:

$$\Delta_{ges} = VerrPlankosten_{X_{Ist}} - Kosten_{Ist} \qquad\qquad \text{F 7.16}$$

Im Beispiel bedeutet dies:

$$\Delta_{ges} = 44.000 - 42.000 = 2.000 \; Euro \qquad\qquad \text{F 7.17}$$

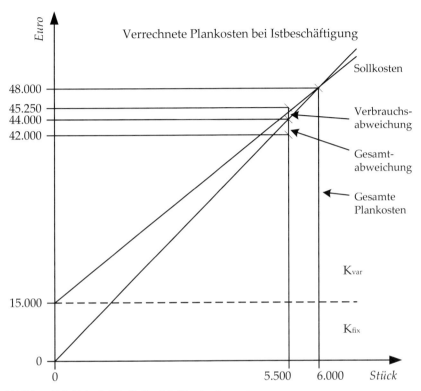

Abbildung 7.2: Beispiel für die flexible Plankostenrechnung

Schließlich kann der Variator berechnet werden. Der Variator ist der Anteil der variablen Kosten an den Gesamtkosten bei Planbeschäftigung. Die allgemeine Definition ist:

$$Variator = \frac{variable \; Plankosten}{Gesamte \; Plankosten} \qquad\qquad \text{F 7.18}$$

Im Beispiel bedeutet das:

$$Variator = \frac{33.000}{48.000} = 68,75\% \qquad\qquad \text{F 7.19}$$

Die Zahl besagt, daß mit jedem weiteren Euro Plankosten im Durchschnitt 68,75 % variable Kosten entstehen. Ein Variator von null besagt, daß es nur Fixkosten gibt und ein Variator von 100 % besagt, daß die Plankosten vollständig variabel sind.

Es bestehen in der Literatur verschiedene Definitionen. Anstatt den Variator als Prozentwert auszudrücken, wird er beispielsweise in allen IHK-Lehrmaterialien in Zehnerschritten dargestellt:

$$Variator = \frac{variable\ Plankosten}{Gesamte\ Plankosten} \times 10 \qquad \text{F 7.20}$$

In diesem Fall wäre der Variator für das vorstehende Zahlenbeispiel 6,875. Die Sachaussage wäre aber dieselbe.

Der Wert ist aber nicht nur ein Maß für die Steigung der Sollkostenkurve, sondern auch ein Maß für die strategische Wettbewerbsfähigkeit, denn je geringer der Variator, je kleiner also der Anteil der variablen Kosten, desto steiler ist die Stückkostendegression und desto früher ist der Break Even Punkt erreicht.

Die Plankostenrechnung soll der Kostenkontrolle dienen. Die flexible Plankostenrechnung kann das besser als die starre Plankostenrechnung, aber die Teilkostenrechnung kann es auch. Wozu man dann noch ein neues Verfahren mit eigenen Definitionen und Rechenmethoden benötigt, ist unklar.

7.3. Aufgaben zu Kapitel 7

Die folgenden Aufgaben betreffen ausschließlich die in Kapitel 7 dargestellten Verfahren, die jedoch ihrerseits die Grundlagen der Teilkostenrechnung voraussetzen. Es wird empfohlen, rechnerische Lösungen mit einem Tabellenkalkulationsprogramm zu erarbeiten, denn dies ist die in der betrieblichen Wirklichkeit übliche Methode. Es geht jedoch auch mit dem Taschenrechner.

Die Lösungen zu allen folgenden Aufgaben befinden sich in Kapitel 9 im Anhang am Ende dieses Buches.

7.3.1. Aufgabe 18 – Plankosten- und Variatorrechnung

In einer Rechnungsperiode beträgt die Planbeschäftigung 400 Stunden. In der Kostenstelle gibt es vier kleine Maschinenarbeitsplätze, die aus Vereinfachungsgründen zu einer Kostenstelle zusammengefaßt worden sind. Das erschien dem Controller sinnvoll, da stets nur alle vier

Anlagen gleichzeitig betrieben werden, niemals aber nur einzelne dieser Maschinen alleine laufen können. Die Controller haben die folgenden Kostenfunktionen für die vier Anlagen festgestellt:

$$K_1 = 24.000 + 4x \hspace{6cm} \text{F 7.21}$$

$$K_2 = 48.000 \hspace{6.5cm} \text{F 7.22}$$

$$K_3 = 16.000 + 10x \hspace{5.7cm} \text{F 7.23}$$

$$K_4 = 6.000 + 15x \hspace{5.8cm} \text{F 7.24}$$

Aufgrund eines unvorhersehbaren Rückganges der Auftragslage lag die tatsächliche Beschäftigung in der Planperiode jedoch nur bei 75 %. Die Istkosten wurden für die Planperiode mit 112.000 Euro festgestellt.

Aufgaben:

1. Ermitteln Sie den Variator für die vier Anlagen.
2. Führen Sie eine Abweichungsanalyse durch.
3. Bestimmen Sie den Grenzkostensatz der betrachteten Kostenstelle.

7.3.2. Aufgabe 19 – Komplexe Plankostenrechnung

Teilnehmern einschlägiger Prüfungen ist wohl bewußt, daß die Plankostenrechnung kaum außerhalb der Lehr- und Prüfungsveranstaltung angewandt wird. Das ist auch den Aufgabenerstellern bekannt. Sie denken sich daher gerne komplexe Fallgestaltungen aus, die die Prüfungsteilnehmer aufs Glatteis führen. Hier ist ein Beispiel, wie das ausschauen kann:

Die Maximalauslastung einer Produktionsabteilung liegt bei acht Arbeitsstunden an durchschnittlich 20 Arbeitstagen pro Monat. Für zwei Rohstoffe werden die folgenden Verbrauchsmengen geplant:

Materialart	A	B
Planmenge	12.000,00 kg	480,00 kg
Wert pro kg	2,40 Euro/kg	14 Euro/kg

Abbildung 7.3: Planmengen von zwei Rohstoffen

Die Lohnkosten liegen ferner bei 21 Euro pro Stunde und sind durch Tarifvertrag festgelegt, also kurzfristig unveränderlich. Die Gemeinkosten betrugen in einem früheren Monat bei gleichen Rahmenbedingungen und einer Auslastung i.H.v. 100 % genau 36.800 Euro. In einem anderen Monat wurden bei einer Auslastung von nur 120 Stunden Gemeinkosten von 36.600 Euro festgestellt.

Leider entwickelt sich die Auftragslage der Unternehmung unvorteilhaft. Es wird nach Ende der Planperiode nur eine Auslastung von gerade mal 62,50 % festgestellt. In dieser Periode wurden von Rohstoff A genau 7.600 kg verbraucht. Der Wert des Materials A blieb unverändert bei 2,40 Euro pro kg. Von Rohstoff B wurden hingegen 310 kg verbraucht. Der Wert dieses Rohstoffes betrug jedoch einen Euro mehr pro kg als ursprünglich geplant. Die Gemeinkosten der Planperiode lagen bei 37.000 Euro. Die Löhne waren unverändert bei 21 Euro pro Stunde.

Ermitteln Sie die Fixkosten sowie die variablen Kosten pro Stück und pro Periode bei Planbeschäftigung und unter Planannahmen und führen Sie eine Abweichungsanlyse durch.

8.
Prozeßkostenrechnung

Ein Prozeß ist ein System von Tätigkeiten. Ein System ist, was zusammengehört, also gemeinsam einen Sinn ergibt. »Lenken«, »schalten«, »Gas geben« und »bremsen« beispielsweise sind in ihrer Summe der Prozeß »Autofahren«. Getrieben von neuen Management-Systemen wie dem Qualitätsmanagement oder dem Risikomanagement, die alle prozeßorientiert sind, versucht die Prozeßkostenrechnung neue Methoden der Kostenverrechnung und Kostenlenkung einzuführen. Kerngedanke ist, daß anstatt Kostenverhältnisse zu berechnen und Kostenauflösungen zugrundezulegen, jeder Prozeß mit einem Kostenwert versehen werden könnte. Das ist unbestreitbar ein eleganter Ansatz der dazu führen könnte, so meinen die Prozeßkostenrechner, daß bisher übliche Unterscheidungen ganz fallen gelassen werden könnten. Die Prozeßkostenrechnung hat damit erstmals die traditionellen Definitionen der Voll- und Teilkostenrechnung mindestens erweitert und um neue Sichtweisen ergänzt. Ein gesamtbetriebliches System der Prozeßkostenrechnung gibt es allerdings noch nicht, obwohl das aus dem angelsächsischen Raum kommend seit den 1970er Jahren versucht wird.

8.1. Neues Konzept der Kostenverrechnung

Ein Betrieb ist bis heute immer noch ein hierarchisches System. Es gibt Führungspositionen und ausführende Stellen und dazwischen eine Ebene leitender Angestellter. Auf verschiedenen Ebenen werden Arbeiten unterschiedlichen Ranges verrichtet. Alle gesellschaftspolitischen Experimente der letzten Jahrzehnte konnten daran nichts ändern. Diese grundlegende Gliederung spiegelt sich auch in der Kosten- und Leistungsrechnung wieder.

Traditionelle Systeme der Kostenrechnung sind daher abteilungsorientiert. Der Betrieb wird in Organisationseinheiten aufgeteilt, die Kostenstellen genannt werden, und für die Zuschlagssätze berechnet werden. Dies ist Grund zu Kritik von den Vertretern der bisherigen Modelle der Kostenrechnung, die insbesondere der Zuschlagssatzrechnung vorwerfen, nicht auf Beschäftigungsänderungen reagieren zu können. Dieser Einwand ist zwar im Prinzip berechtigt, aber auch die Teilkostenrechnung

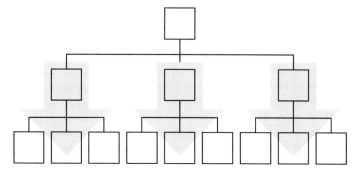

Abbildung 8.1: Traditionelles abteilungsorientiertes Modell der Kostenverrechnung

bietet oft keine Lösung für das Problem, denn sie berücksichtigt »nur« fixe und variable Kosten. Kostenverhältnisse, die zwar veränderlich sind aber keinen Bezug zur Ausbringungsleistung haben, werden ignoriert. Sie gelten als Fixkosten, können gleichwohl aber in der mehrstufigen Deckungsbeitragsrechnung auf verschiedene Art und Weise differenziert werden.

Die Prozeßkostenrechnung versucht eine grundlegende Neuorientierung. Sie führt eine grundlegend andere Sichtweise ein. Anstatt in Bereichen und Zuschlägen zu denken, denkt man hier in Prozessen:

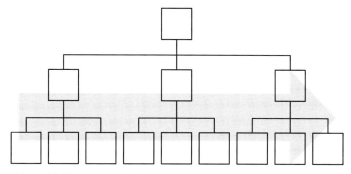

Abbildung 8.2: Neues prozeßorientiertes Modell der Kostenverrechnung

Betriebliche Prozesse sind jedoch ablauforientiert. Sie liegen entlang der Wertkette. Die Wertkette ist der Weg von der Natur zum Menschen, entlang dessen der Betrieb aus potentiell nützlichen Gütern, die der Natur abgerungen werden, tatsächlich nützliche Produkte erzeugt. Hierbei wird ein Wertfortschritt von den an sich wertlosen Gütern der Natur zu den wertvollen Werken menschlichen Handelns bewirkt. Die kleinste Einheit auf diesem Weg ist der Prozeß, durch den Produktionsfaktoren kombiniert und ein an menschlichen Bedürfnissen orientierter Wertfortschritt im Stoffwechsel mit der Natur erzielt wird. In diesem Gedanken steckt auch ein neues Leitbild der Kostenrechnung.

Anstatt in den einzelnen Bereichen nach Kostenverhältnissen zu forschen, wird der einzelne Prozeß untersucht. Das ist meist ohnehin schon geschehen, denn Managementsysteme wie das Qualitätsmanagement oder das Risikomanagement führen bereits Prozeßbeschreibungen für jeden einzelnen Arbeitsschritt. Dabei liegt es nahe, jeden Prozeßschritt einfach mit einem zusätzlichen Datenfeld zu versehen, das einen Kostenwert enthält. Der Wert eines Produktes wäre dann einfach die Summe der Werte der Prozesse, die das jeweilige Produkt durchlaufen hat. Dies ist geradezu bestechend einfach und man könnte auf die bisher dargestellten komplizierten Definitionen und theoretischen Konzepte verzichten.

Der Grundgedanke der Prozeßkostenrechnung ist dabei latent marxistisch, auch wenn viele Prozeßkostenrechner das entrüstet von sich weisen würden: Marx argumentierte bekanntlich, daß sich auf einer materiellen Basis ein geistiger Überbau befinde. Durch Arbeit könne der Mensch die Welt formen und sich selbst verwirklichen. Die Früchte der Arbeit haben dabei nach Karl Marx einen Wert, der mit der Menge der in das Objekt investierten Arbeit zusammenhängt. Das ist genau, was die Prozeßkostenrechner versuchen: Sie addieren Prozeßwerte zu einem Selbstkostenpreis und bilden damit die Investition an Arbeit in das Produkt ab.

Leider ist dieser Ansatz nicht ganz korrekt. Das zeigt das einfache Bild vom Glas Wasser: Für einen Gast deutscher Gemütlichkeit in einem dem Leser bestens bekannten Messehotel ist das Glas Wasser nämlich viel weniger wert als für einen Verdurstenden in der Wüste. Der in das Glas und das Wasser investierte Betrag an Arbeit spielt also offenbar für den Wert des Objektes keine Rolle. Einen objektiven Wert gibt es nicht, sondern nur eine subjektive Wertwahrnehmung auf Seiten des Beurteilers. Und wird ein- und dasselbe Glas von einem Mitarbeiter der unteren Hierarchiestufe immer wieder aufs neue abgewaschen, so steigert das seinen Wert nicht – im Gegenteil, es nutzt ab.

Basis der Prozeßkostenrechnung ist eine Prozeßanalyse. Diese muß alle betrieblichen Prozesse beschreiben. Zumeist kommen dabei sehr viele Einzelprozesse zusammen, bisweilen Tausende. Diese Arbeit machen aber nicht die Prozeßkostenrechner, oder jedenfalls nicht alleine, sondern meist schon die Qualitätsmanager, oft zusammen mit den Risikomanagern. Diese Prozeßanalyse ist Anlaß einer vielfach geäußerten Gegenkritik, denn wenn alles, was im Betrieb auch nur potentiell passieren könnte, in einer formalen Prozeßbeschreibung schriftlich niedergelegt wird, entsteht eine erhebliche Bürokratie – nicht nur bei jeder Prozeßdurchführung, sondern mehr noch bei jeder Änderung, die durch den Änderungsdienst auf allen Schreibtischen aktualisiert werden muß, und alle wechseln ständig Blätter in Ordnern aus.

Da die Vielzahl der Prozesse meist schwer handzuhaben ist, werden Teilprozesse zu Hauptprozessen zusammengefaßt. Beispielsweise gehören Arbeiten wie »Kundendaten erfassen«, »Bonität prüfen«, »Produkte

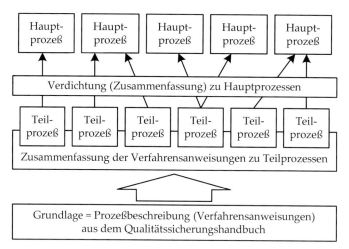

Abbildung 8.3: Modell der Bildung von Hauptprozessen aus der Prozeßbeschreibung

buchen« und »Rechnung schreiben« zum Hauptprozeß »Fakturierung«. Auf diese Weise wird die Anzahl der verwalteten Prozesse reduziert. Auch wenn Prozeßkostenrechnungen, wie alle anderen Kostenrechnungsverfahren heute mit Datenbanken und anderen elektronischen Mitteln durchgeführt werden, ist eine Verdichtung doch nützlich, denn sie macht die Berechnung und die Ergebnisse übersichtlicher.

Diesen Hauptprozessen können dann Wertgrößen zugewiesen werden. Der Produktwert ergibt sich aus der Summe dieser Einzelwerte. Allerdings sind hierbei neue Definitionen erforderlich, denn die Prozeßkostenrechnung unterscheidet sich von den traditionellen Begriffen des Kostenportfolios.

8.2. LMI und LMN: Neue Sicht auf variable Kosten

Variable Kosten sind diejenigen Kosten, deren Höhe direkt von einer Ausbringungmaßzahl abhängt. Veränderlichkeit alleine hat noch nichts mit Variabilität zu tun, und bei einer Vielzahl von Sonder- und Grenzfällen wie Rüstkosten oder Lagerkosten werden Fehler bei der Anwendung der Definition gemacht.

Hauptproblem dieser Definition ist, daß Kosten, die veränderlich, aber nicht variabel sind, durchaus direkt von einer Leistungsgröße abhängen können. Sie werden dennoch nicht als variable Kosten erfaßt, wenn sie nicht mit der betrieblichen Leistung zusammenhängen.

Beispiel: Die Verbrauchskosten der diversen Fotokopiergeräte auf den Fluren haben etwas mit der Leistung der Geräte zu tun, aber nicht mit den Leistungen des Betriebes. Sie steigen, wenn mehr kopiert wird, weil dann mehr Papier und mehr Toner verbraucht wird. Sie sind aber dennoch Fixkosten, wenn das Fotokopieren nicht selbst eine betriebliche Leistung ist, der Betrieb also kein Copyshop ist. Die Teilkostenrechnung kann dann den Leistungsbezug zwischen Anzahl der Kopien und Kosten der Kopien nicht erkennen und anwenden. Das ändert die Prozeßkostenrechnung.

8.2.1. Prozesse und Kostentreiber

Da der Prozeß im Mittelpunkt steht, werden auch die Kosten prozeßbezogen (und nicht betriebsbezogen) erfaßt. Das ist kein Widerspruch, weil Prozesse betriebliche Phänomene sind. Die Sichtweise ist aber gleichsam »genauer«, weil nicht mehr »nur« die betriebliche Leistung im Mittelpunkt steht, sondern die Prozeßleistung.

Die Maßzahl hierfür bezeichnet man als Kostentreiber (*Cost driver*, CD). Jede Größe, die ein Maß für die Leistung von Prozessen darstellt, kann Kostentreibergröße sein. Die geschickte Wahl der Kostentreibergröße ist ein wichtiger Arbeitsschritt beim Einrichten eines Prozeßkostenrechnungssystems. Einige Beispiele sind:

Beispiele für Prozesse und ihre Kostentreibergrößen

Produktion	Anzahl gefertigte Teile
Maschineneinrichtung	Anzahl der Fertigungslose
Qualitätskontrolle	Anzahl der Auslieferungen
Fakturierung	Anzahl der Rechnungen
Hotline-Callcenter	Anzahl der Kundenanrufe

Abbildung 8.4: Beispiele für Prozesse und ihre Kostentreibergrößen

An die richtige Wahl der Kostentreibergröße werden hohe Anforderungen gestellt.

Zunächst muß die Kostentreibergröße aussagekräftig für die Leistung sein. Sie muß eine Verursachergröße im Sinne des Kostenverursacherprinzipes sein. Die Kosten für den jeweiligen Prozeß müssen sich also proportional zur Kostentreibergröße verhalten. Beispielsweise muß die Qualitätskontrolle tatsächlich von der Anzahl der Auslieferungen abhängen.

Weiterhin müssen die Leistungseinheiten vergleichbar sein. Ist sie das nicht, so erhält man frustrierte Mitarbeiter und unzuverlässige Ergebnisse. Beispielsweise muß die Anzahl der Kundenanrufe aussagekräftig für die Leistung der Kundenhotline sein. Das ist sie nur, wenn die Anrufe untereinander vergleichbar, also ähnlich sind. Dagegen ließe sich einwen-

LMI und LMN:
Neue Sicht auf
variable Kosten

den, daß der Mitarbeiter mit einem Kunden lange, aber mit dem anderen nur kurz telefoniert. Sind diese Unterschiede groß, ist die Leistung pro Kunde nicht vergleichbar und die Anzahl der Anrufe ist kein gutes Maß. Die Dauer der Anrufe könnte dann ein besseres Maß sein. Oft ist zwischen mehreren möglichen Kostentreibergrößen auszuwählen.

Schließlich muß die Anzahl der Kostentreibereinheiten meßbar sein. Ist die Anzahl der Kopien ein Maß für einen Prozeß, so muß sie erfaßbar sein und auch erfaßt werden. Während die Teilkostenrechnung nur eine Leistung kennt, nämlich die betriebliche Ausbringung, gibt es in der Prozeßkostenrechnung eine große Zahl von Output-Größen.

Eine allgemeine Richtgröße ist, daß eine Kostentreibergröße meistens geeignet ist, wenn sie auch als Maßzahl für eine Akkord- oder Leistungsentlohnung geeignet wäre. Dort nämlich ist das Gespür für Ungerechtigkeiten am größten.

Die Kostentreibergröße ist in der späteren Kostenverrechnung die Basis für die Kostenzumessung.

Alle Kostenarten, die sich auf eine Kostentreibergröße beziehen lassen, heißen leistungsmengeninduzierte (LMI) Kosten. Alle Prozesse, für die eine Kostentreibergröße identifiziert worden ist heißen leistungsmengeninduzierte (LMI) Prozesse.

In einigen Fällen gibt es aber keine geeignete Kostentreibergröße. Kann kein geeignetes Maß für die Kostenverursachung gefunden werden, so spricht man von einer leistungsmengenneutralen (LMN) Kostenart. Prozesse ohne Kostentreibergröße sind leistungsmengenneutrale (LMN) Prozesse. Beispielsweise kann die Leistung des Ladendetektives zwar in der Anzahl der ertappten Diebe gemessen werden, aber er erhält vermutlich Zeitlohn (schon um »Übereifer« zu verhindern). Die Anzahl der Fahndungserfolge ist also keine Kostenbemessungsgröße.

Während die Teilkostenrechnung die Variabilität von Kosten nur an der gesamtbetrieblichen Ausbringung festmacht, ist im Rahmen der Prozeßkostenrechnung der Bezug auf die Kostentreibergröße ein vergleichbares Maß. Die Sichtweise ist also präziser. Die Prozeßkostenrechnung kann als eine Art verbesserte, genauere Teilkostenrechnung gesehen werden. LMI-Kosten sind aber nicht immer variable Kosten: Sie sind nur variabel, wenn die Kostentreibergröße zugleich die betriebliche Leistungsgröße sind. Ansonsten sind sie veränderliche Fixkosten. Beispielsweise kann die Kostentreibergröße für Montageprozesse der Verbrauch an Material oder Teilen sein. Diese Größe ist in traditioneller Sicht zumeist auch eine Einzelkostengröße und damit stets eine variable Kostenart. Die variablen Kosten und die Einzelkosten entsprechen in diesem Fall der LMI-Definition. Im Bereich des Einkaufes ist vermutlich die Anzahl der durchzuführenden Bestellungen eine gute Kostentreibergröße für den Prozeß »Einkaufsabwicklung«. Die Beschaffung wäre in traditioneller Sicht Teil der Verwaltungskostenstelle und würde im Betriebsabrechnungsbogen lediglich Gemeinkosten und aus Teilkostensicht lediglich Fixkosten enthalten.

8.2.2. Prozeßkostenartenrechnung und BAB

Im Betriebsabrechnungsbogen wird eine Differenzierung in Einzel- und in Gemeinkosten zugrundegelegt. Der Zuschlagssatz ist das Verhältnis der nicht direkt zurechenbaren Kosten zu einer Verursachergröße. Das eröffnet die Möglichkeit einer Zuschlagskalkulation, die jedoch ein vergleichsweise ungenaues Kalkulationsinstrument darstellt. Man kann zu einer viel genaueren Betrachtung kommen, wenn man Prozesse im Bereich der einzelnen Kostenstellen betrachtet und dabei jeweils deren Kostentreibergröße identifiziert. Die Kostenrechnung hängt dann nicht mehr von dem Gesamtprozeß des ganzen Bereiches ab, sondern von den einzelnen Prozeßläufen. Es geht nicht mehr um »Produktion« und ein undifferenziertes Verhältnis der Gemeinkosten zu den Einzelkosten, sondern um einzelne Prozesse wie »Maschinenbelegungsplanung«, »Roboter Teach-In«, »Entnehmen von Materialien« oder »Fertigungslauf mit ... Stück«:

Prozesse und Kostentreiber im Betriebsabrechnungsbogen

Kostenstelle	Teilprozeß	Vorschlag für Kostentreibergröße
Einkauf	Lieferantenauswahl Lieferantenrating Eingangsprüfung Reklamationsbearbeitung	Anzahl Bestellvorgänge Anzahl Rating-Vorgänge Anzahl Lieferungen (Produkte?) Anzahl Reklamationen
Lager	Materialeinlagerung Materialtransport Hochregallager Materialausgabe	Anzahl Colli Anzahl Fahrten mit Transportmittel Anzahl Zugriffsvorgänge Anzahl Colli
Produktion	Maschinenplanung Teilefertigung Maschinensteuerung Rüstvorgang Wartungsprozesse	Anzahl geplante Vorgänge Anzahl Teile Zeit (Stückzahl?) Anzahl Fertigungslose Größe des Fertigungsloses
Vertrieb	Anfragen beantworten Bestellungen bearbeiten Kundenreklamationen	Anzahl Anfragen Anzahl Bestellungen Anzahl Reklamationen
Verwaltung	Geschäftsfälle buchen Erfassung Kundendaten Personalbeschaffung	Anzahl Buchungssätze Anzahl Datensätze Anzahl Einstellungen

Abbildung 8.5: Prozesse und Kostentreiber im Betriebsabrechnungsbogen

Diese Liste muß von Fall zu Fall angepaßt und erweitert werden. Sie ist nicht als abschließende Aufzählung oder grundsätzliche Definition gemeint. Anders als traditionelle Verfahren, ist die Prozeßkostenrechnung flexibel. Sie muß an die jeweilige Anwendung angepaßt werden. Es gibt weniger allgemeingültige Festlegungen.

LMI und LMN:
Neue Sicht auf
variable Kosten

Für eine Vielzahl von meistens eher produktionsfernen Prozessen ist kein Kostentreiber identifizierbar. Diese Prozesse sind die LMN-Prozesse. Beispiele sind das Produktionscontrolling, Zwischenlagermanagement, Zeiterfassung beim Personal oder Qualitätsmanagement (im Gegensatz zur Qualitätskontrolle!) oder TQM-Prozesse. In Zweifelsfällen muß dabei sorgfältig geprüft werden, ob eine vorgeschlagene Kostentreibergröße geeignet ist: Beispielsweise kann die Zeiterfassung an die Anzahl der Mitarbeiter gekoppelt werden. Die »Anzahl der Mitarbeiter« ist zwar meßbar, aber nur vergleichbar und für die Leistung des Prozesses aussagekräftig, wenn die tatsächliche Tätigkeit in jedem Fall ähnlich oder gleich ist. Das ist sie aber nur, wenn z.B. sämtliche Mitarbeiter bis hin zum Direktor die Stechuhr betätigen, und wenn keine Ausnahmen zu berücksichtigen sind. Ob das der Fall ist, kann nur im Einzelfall entschieden werden.

8.2.3. Grundlegendes Abrechnungsmodell

Die LMI-Prozesse werden nunmehr nach Kostentreibergröße und die LMN-Prozesse traditionell per Zuschlag abgerechnet. Die entsprechenden Zuschläge werden aber nicht aus einem traditionellen Betriebsabrechnungsbogen entwickelt, sondern auf die LMI-Prozesse berechnet.

Prozesse, Kostentreiber und Prozeßmengen im Beispiel

Prozeß	Prozeßkosten	Kostentreiber	Menge
Angebotsprüfung	100.000 Euro	Anzahl Angebote	400 Einheiten
Bestellbearbeitung	240.000 Euro	Anzahl Bestellungen	120 Einheiten
Eingangsprüfung	300.000 Euro	Anzahl Anlieferungen	100 Einheiten
Einlagerung	40.000 Euro	Anzahl Anlieferungen	100 Einheiten
Summe	680.000 Euro		

Abbildung 8.6: Prozesse, Kostentreiber und Prozeßmengen im Beispiel

Der Prozeßkostensatz *PKS* eines Prozesses im vorstehenden Beispiel läßt sich aus einer einfachen Division bestimmen:

$$PKS = \frac{Prozeßkosten}{Prozeßmenge}$$

F 8.1

Im Beispiel im Bereich der Angebotsprüfung:

$$PKS_{Angebotsprüfung} = \frac{100.000\ Euro}{400\ Einheiten} = 250\ Euro/Einheit$$

F 8.2

Für jede Angebotsprüfung müßten jetzt 250 Euro verrechnet werden. Die Anzahl der Angebotsprüfungen muß ursächlich für die Kosten im Bereich dieses Prozesses sein und kann dann als Maß für die Kostenzurechnung zu einem Auftrag verwendet werden. Die Anzahl der Angebotsprüfungen muß bekannt sein, aber das ist sie ohnehin: Der Prozeß »Angebotsprüfung« ist im Qualitätsmanagementhandbuch als Verfahrensanweisung festgelegt, und jede einzelne Verfahrensdurchführung wird per Arbeitsanweisung angestoßen und protokolliert. Auf diese Weise greifen Qualitätsmanagement und Prozeßkostenrechnung ineinander. Sie stehen daher in wechselseitiger Synergie.

Leider gibt es aber Verwaltungsprozesse, die Kosten von 170.000 Euro verursacht haben, und für die keine Kostentreibergrößen identifiziert werden können. Diese sind die LMN-Prozesse bzw. LMN-Kosten. Für sie muß ein Zuschlagssatz berechnet werden. Das geht mit der Formel

$$LMN\text{-}Zuschlag = \frac{\sum LMN\text{-}Kosten}{\sum Proze\beta kosten} \qquad \text{F 8.3}$$

Im Beispiel wäre das:

$$LMN\text{-}Zuschlag = \frac{170.000}{680.000} = 25\% \qquad \text{F 8.4}$$

Da dieser Zuschlag auf die Summe der Prozeßkosten berechnet wird, muß er auch auf die Prozeßkosten angewandt werden. Das ergibt das folgende Abrechnungsschema:

Bestimmung der LMN-Umlage und der gesamten Prozeßkosten

Prozeß	Kosten	Menge	Prozeßkosten	Umlage	Gesamt
Angebotsprüfung	100.000 €	400 Einh	250 €/Einh	62,5 €/Einh	312,5 €/Einh
Bestellbearbeitung	240.000 €	120 Einh	2.000 €/Einh	500 €/Einh	2.500 €/Einh
Eingangsprüfung	300.000 €	100 Einh	3.000 €/Einh	750 €/Einh	3.750 €/Einh
Einlagerung	40.000 €	100 Einh	400 €/Einh	100 €/Einh	500 €/Einh

Abbildung 8.7: Bestimmung der LMN-Umlage und der gesamten Prozeßkosten

Auf diese Weise ist die Zuschlagsrechnung, die die Prozeßkostenrechner bisweilen in einem wahren Glaubenskrieg bekämpfen, eben doch nicht so tot wie immer behauptet wird. Sie wurde nur auf eine neue, sozusagen verfeinerte Grundlage gestellt: Anstatt einen Zuschlag auf eine Verursachergröße zu rechnen, werden jetzt Kosten den Kosten zugeschlagen. Eine Einlagerung beispielsweise kostet 400 Euro pro Lieferung, muß aber noch weitere 100 Euro pro Lieferung anteilig Verwaltungskosten tragen. So entsteht der Gesamtkostensatz.

LMI und LMN:
Neue Sicht auf
variable Kosten

Aufgrund dieser Kostendaten kann sehr einfach kalkuliert werden. So wie schon in der Zuschlagskalkulation der Zuschlagssatz auf den einzelnen Kostenträger angewandt wird, werden hier Beanspruchungskoeffizienten auf die Gesamt-Prozeßkosten angewandt. Das ähnelt stark der Kalkulation im Betriebsabrechnungsbogen mit Maschinenrechnung, wo der Maschinenstundensatz mit der Zahl der in Anspruch genommenen Maschinenstunden multipliziert wird. Ein Beispiel zeigt das:

Für einen bestimmten Auftrag seien fünf Angebotsvergleiche erforderlich gewesen. Die Prozeßkosten für die Angebotsprüfung i.H.v. 312,50 Euro sind als fünf mal zu verrechnen. Dann liefert der Lieferant in einer Lieferung per LKW. Es muß also nur eine Bestellbearbeitung, eine Wareneingangsprüfung und eine Einlagerung der gelieferten Bedarfsgegenstände erfolgen:

Posten	Beanspruchung	Summe
Angebotsprüfung	5 ×	1.562,50 €
+ Bestellbearbeitung	1 ×	2.500,00 €
+ Wareneingangsprüfung	1 ×	3.750,00 €
+ Einlagerung	1 ×	500,00 €
= Selbstkosten		8.312,50 €

Abbildung 8.8: Einkaufsprozeßkalkulation aufgrund der vorstehenden Prozeßkosten

Die Prozeßkostenrechnung kann die tatsächlichen Verhältnisse jetzt genauer abbilden als die Zuschlagsrechnung. Liefert der Lieferant in zwei Teilmengen, etwa wegen vorübergehenden Lieferengpässen auf seiner Seite oder aus praktischen Gründen wie unverfügbaren Transportmitteln oder dergleichen, fährt also der Lastzug des Lieferers zwei Mal bei uns vor, dann müssen auch zwei Wareneingangsprüfungen und zwei Einlagerungen vorgenommen werden. Das ändert die Kalkulation des Einkaufsprozesses:

Posten	Beanspruchung	Summe
Angebotsprüfung	5 ×	1.562,50 €
+ Bestellbearbeitung	1 ×	2.500,00 €
+ Wareneingangsprüfung	2 ×	7.500,00 €
+ Einlagerung	2 ×	1.000,00 €
= Selbstkosten		12.562,50 €

Abbildung 8.9: Einkaufsprozeßkalkulation aufgrund veränderter Ausgangsbedingungen

Es wundert daher nicht, daß die Lieferung in einer Gesamtmenge u.U. vertraglich mit dem Lieferanten vereinbart werden sollte, da durch Teillieferungen mit erheblichen Mehrkosten zu rechnen ist. Es zeigt aber zugleich auch die Grenzen der Prozeßkostenrechnung, denn der Beanspruchungskoeffizient ist im Beispiel möglicherweise schlecht gewählt: Es wird nämlich nicht berücksichtigt, ob die Lieferung in zwei Halbmengen wirklich doppelte Kosten für die Wareneingangsprüfung und die Einlagerung verursacht, oder ob nicht einfach nur zwei mal die halben Kosten anfallen – oder irgend ein anderer Betrag im Bereich dazwischen. Die richtige, d.h. verursachergerechte Wahl des Kostentreibers ist also ein zentrales Erfolgskriterium der Prozeßkostenrechnung. Und die primäre Schwäche der Methode, wie weiter unten gezeigt wird.

8.3. Beispiel für ein Prozeßkostensystem

Ein umfangreicheres Beispiel zeigt die Funktionsweise einer Prozeßkostenrechnung. Grundlegend ist ein Qualitätsmanagementsystem z.B. nach ISO DIN EN 9000 und ggf. ein darauf aufbauendes TQM-System z.B. im Rahmen des Business Excellence Modells des European Quality Award (EQUA). Dieses wird selbst hier nicht mehr betrachtet, aber vorausgesetzt. Insbesondere liegt jedem Qualitätsmanagementsystem stets eine detaillierte Prozeßbeschreibung zugrunde, denn spätestens seit der ISO 9000:2000 Normenrevision sind Qualitätsmanagementsysteme prozeßbasiert. Die Prozeßbeschreibung besteht in einer im Qualitätshandbuch festgelegten Verfahrensanweisung für jeden einzelnen Prozeß.

Für die Produktion und Montage eines technischen Produktes habe man für die folgenden Teilprozesse in einer Rechnungsperiode die folgenden Prozeßmengen und Prozeßkosten festgestellt:

Prozesse, Kostentreiber und Prozeßmengen im Beispiel

Prozeß	Kosten	Kostentreiber	Menge
Einkauf	60.000 €	Beschaffungsvorgänge	600 Einkäufe
Pressen	240.000 €	Halbteile	6.000 Stück
Hochdruckumformen	360.000 €	Halbteile	6.000 Stück
Druckguß	300.000 €	Halbteile	6.000 Stück
Maschineneinrichtung	100.000 €	Lose	200 Lose
Werkzeugbereitstellung	20.000 €	Lose	200 Lose
Montage Platine und Steuereinheit	800.000 €	Fertigprodukte	3.000 Stück
Kabelbaum montieren	200.000 €	Fertigprodukte	3.000 Stück
Gehäusemontage	400.000 €	Fertigprodukte	3.000 Stück
Außenbeschriftung anbringen	100.000 €	Fertigprodukte	3.000 Stück
Qualitätskontrolle	350.000 €	Auslieferungen	3.500 Stück
Einkaufsmanagement	80.000 €	(kein Kostentreiber)	
Produktionssteuerung	120.000 €	(kein Kostentreiber)	
Produktionscontrolling	80.000 €	(kein Kostentreiber)	
Zwischenlagermanagement	66.000 €	(kein Kostentreiber)	
Zeiterfassung/Personal	40.000 €	(kein Kostentreiber)	
Qualitätsmanagement und TQM	200.000 €	(kein Kostentreiber)	
Kostensumme LMI	2.930.000 €		
Kostensumme LMN	586.000 €		
Kostensumme insgesamt	3.516.000 €		

Abbildung 8.10: Prozesse, Kostentreiber und Prozeßmengen im Beispiel

Weitere Informationen zu der vorstehenden Übersicht: Die Losgröße der Produktion beträgt 30 Stück. Die in einem Beschaffungsvorgang eingekauften Artikel reichen für 100 Endprodukte. Die Abweichung der Anzahl der produzierten und der ausgelieferten Produkte erklärt sich aus einer Lagerbestandsminderung im Fertigproduktelager von 500 Stück. Im Zwischenproduktelager gab es keine Bestandsänderung.

Diese Teilprozesse sind zunächst zu einer überschaubareren Anzahl von Hauptprozessen zusammenzufassen. Die LMN-Umlage und die gesamten Prozeßkosten für jeden Hauptprozeß sind zu berechnen und die Produktion eines Exemplares des Produktes ist zu kalkulieren.

8.3.1. Zusammenfassung zu Hauptprozessen

Die Zusammenfassung von Teilprozessen zu Hauptprozessen ist notwendig, weil die meist sehr große Anzahl von Teilprozessen eine übersichtliche Prozeßkalkulation unmöglich macht. Einerseits sollte die Definition der Teilprozesse möglichst genau mit den Verfahrensanweisungen des Qualitätsmanagementhandbuches deckungsgleich sein. Das hat den Vorteil, daß in der QM-Datenbank die Tabelle mit den Verfahrensanweisungen nur noch um die Felder »Kostentreiber« und »Prozeßkostensumme« ergänzt werden muß. Auf diese Weise ist die Einführung des Prozeßkostenrechnungssystems im Anschluß an das Qualitätsmanagement sehr einfach und kostengünstig. Andererseits gibt es aber schon in einem mittelständischen Produktionsbetrieb oft weit über Tausend Verfahrensanweisungen. Eine Kalkulation mit weit über Tausend Zeilen wäre sehr unhandlich und kaum noch verständlich.

Als allgemeine Richtschnur gilt, daß alle Teilprozesse, für die derselbe Kostentreiber identifiziert worden ist, zu einem Hauptprozeß zusammengefaßt werden sollten.

Einer der großen Vorteile der Prozeßkostenrechnung ist die Eleganz und Einfachheit, mit der das im Rahmen zeitgemäßer elektronischer Mittel möglich ist. Das Mittel der Wahl ist die sogenannte 1:n-Beziehung, die in Datenbanksystemen angelegt werden kann. Hierunter versteht man die Zuordnung eines (1) Elementes einer Tabelle zu beliebig vielen (n) Elementen einer anderen Tabelle. Im Beispiel werden zwei Tabellen geführt, eine mit Verfahrensanweisungen VA und eine mit Kostentreibern KT. Die Tabellen enthalten Datensätze, die nummeriert sind: die Verfahrensanweisungen VA0000001 bis VAnnnnnnn und die Kostentreiber KT001 bis KTnnn. Jeder Verfahrensanweisung VA kann genau ein Element der Kostentreibertabelle KT zugewiesen werden, aber jeder Kostentreiber KT kann beliebig vielen Verfahrensanweisungen gleichzeitig zugewiesen werden. In Abbildung 8.11 würde beispielsweise für VA0000001 und für VA0000002 gleichzeitig der Kostentreiber KT001 definiert sein. Diese beiden Verfahrensanweisungen stehen für Teilprozesse, die zu einem einzigen Hauptprozeß zusammengefaßt werden können. Die Verfahrensanweisungen VA0000004, VA0000005 und VA0000006 haben gleichermaßen den Kostentreiber KT002 und können daher zu einem zweiten Hauptprozeß zusammengefaßt werden. Schließlich gehören die Verfahrensanweisungen VA0000003 und VA0000007 zusammen, weil sie beide den Kostentreiber KT004 haben, undsoweiter:

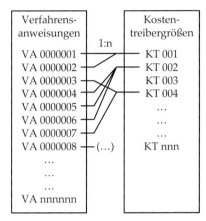

Abbildung 8.11: Zuordnung der Kostentreiber (KT) an die Verfahrensanweisungen (VA)

Das mag kompliziert erscheinen, ist innerhalb einer Datenbank aber schon vorgesehen und softwaretechnisch einfach zu bewältigen. Wird so vorgegangen, kann man die Liste der Hauptprozesse mit einem einzigen Datenbankbefehl SELECT DISTINCT erstellen. Das reduziert den Programmieraufwand erheblich.

Im Beispiel sieht die zusammengefaßte Liste der Hauptprozesse folgendermaßen aus:

Liste der LMI-Hauptprozesse

Hauptprozeß	Kosten	Outputmenge	Kosten
Einkauf	60.000 €	600 Einkäufe	100 €/Eink
Teilefertigung	900.000 €	6.000 Stück	150 €/Stück
Arbeitsvorbereitung	120.000 €	200 Lose	600 €/Los
Endmontage	1.500.000 €	3.000 Stück	500 €/Stück
Qualitätskontrolle	350.000 €	3.500 Auslieferungen	100 €/Auslief
Kostensumme LMI	2.930.000 €		

Abbildung 8.12: Liste der LMI-Hauptprozesse

Da nur leistungsmengeninduzierte Prozesse Kostentreiber haben, können auch nur LMI-Teilprozesse zu Hauptprozessen zusammengefaßt werden. Die Summe der LMI-Kosten i.H.v. 2.930.000 Euro stimmt mit der

LMI-Kostensumme aus der ursprünglichen Tabelle in Abbildung 8.10 überein. Das zeigt, daß die Zusammenfassung der Teilprozesse zu Hauptprozessen vollständig ist.

8.3.2. Ermittlung der gesamten Prozeßkosten

Alle LMN-Prozesse werden ebenfalls zu einer LMN-Summe zusammengefaßt. Sie sind mit folgendem Zuschlag zu verrechnen:

$$LMN\text{-}Zuschlag = \frac{586.000}{2.930.000} = 20\%$$ F 8.5

Auf jeden LMI-Prozeß sind also noch 20 % LMN-Kosten zusätzlich zu verrechnen. Das führt zu der folgenden Kostentabelle:

Bestimmung der LMN-Umlage und der gesamten Prozeßkosten

Prozeß	Kosten €	Menge	Prozeßkosten	Umlage	Gesamt
Einkauf	60.000	600 Einkf	100 €/Einkf	20 €/Einkf	120 €/Einkf
Teilefertigung	900.000	6.000 St	150 €/St	30 €/St	180 €/St
Arbeitsvorbereit.	120.000	200 Lose	600 €/Los	120 €/Los	720 €/Los
Endmontage	1.500.000	3.000 St	500 €/St	100 €/St	600 €/St
Qualitätskontrolle	350.000	3.500 Lfg	100 €/Lfg	20 €/Lfg	120 €/Lfg

Abbildung 8.13: Bestimmung der LMN-Umlage und der gesamten Prozeßkosten

Durch die Zusammenfassung wird auch eine sehr unübersichtliche und lange Liste mit Teilprozessen zu einer vergleichsweise leicht zu handhabenden kürzeren Liste mit Hauptprozessen verdichtet.

Die einzelnen Hauptprozesse ähneln systematisch den Kostenstellen der Zuschlagskalkulation und die Gesamtkosten der Hauptprozesse ähneln den Zuschlagssätzen in den Kostenstellen. Anders als in einem traditionellen Betriebsabrechnungsbogen ist dieses Modell jedoch prozeß- und nicht bereichsorientiert, d.h. die einzelnen Prozesse repräsentieren Wertfortschritte entlang der Wertkette von der Natur zum Menschen. Durch jeden Teilprozeß, und mehr noch durch jeden Hauptprozeß, werden nur potentiell nützliche natürliche Ressourcen, die im Rahmen der betrieblichen Abrechnung als Einsatzfaktoren in Erscheinung treten, ein bißchen mehr zu tatsächlich nützlichen Produkten, die das Ergebnis der betrieblichen Faktorkombination darstellen. Die Prozeßkostenrechnung eignet sich daher auch für die Planung von Wertkettenstrategien. Die Selbstkosten, die aufgrund der Prozeßkalkulation ermittelt werden, repräsentieren den betrieblichen Produktionsfaktoreinsatz, der für den erzielten Wertfortschritt im Rahmen der Produktion erforderlich war, und damit die langfristig zu erzielende Verkaufspreisuntergrenze.

8.3.3. Prozeßkalkulation

Ähnlich wie oben schon eingeführt wird in der Prozeßkalkulation der Gesamtkostensatz für jeden Hauptprozeß mit einem Beanspruchungsfaktor multipliziert. Dieser bildet ab, wie stark der jeweilige Hauptprozeß in einem Einzelfall in Anspruch genommen wurden ist. Das sieht im Beispiel folgendermaßen aus:

	Posten	Kosten	Beanspr.	Summe
	Einkaufsprozeß	120 €/Einkf	$^1/_{100}$	1,20 €
+	Teilefertigung	180 €/Stück	2	360,00 €
+	Arbeitsvorbereitung	720 €/Los	$^1/_{30}$	24,00 €
+	Endmontage	600 €/Stück	1	600,00 €
+	Qualitätskontrolle	120 €/Auslief	1	120,00 €
=	Summe			1.105,20 €

Abbildung 8.14: Prozeßkalkulation für ein Produkt

Die Inanspruchnahme ist die Anzahl der einzelnen Prozeßabläufe, die durch ein Produkt ausgelöst werden. Das Verfahren ähnelt insofern der Äquivalenzziffernkalkulation. Da pro Einkaufsvorgang Material für 100 Endprodukte erworben wird, ist die Inanspruchnahme beim Einkaufsprozeß nur $^1/_{100}$. Ein Prozeßlauf genügt für die Produktion von 100 Exemplaren des Erzeugnisses. Bei der Teilefertigung ist die Inanspruchnahme 2, weil 6.000 gefertigten Teilen 3.000 Produkte gegenüberstehen und die Bestandsänderung im Zwischenlager null ist. Wäre eine andere Bestandsänderung gegeben, dann wäre das Mengenverhältnis anders und es würde ein anderer Beanspruchungsfaktor entstehen. In der Arbeitsvorbereitung schließlich ist die Inanspruchnahme $^1/_{30}$, weil die Losgröße 30 Stück beträgt. Ein Prozeßlauf genügt daher für 30 Exemplare des produzierten Artikels.

8.4. Risiken und Nebenwirkungen

Leider ist dieses Verfahren, das anfangs mit großer Euphorie begrüßt wurde, nicht frei von Risiken und Nebenwirkungen. Das ist schon daran ersichtlich, daß es bis heute kaum Prozeßkostenrechnungen in der betrieblichen Realität gibt, und wenn, dann entweder nur als Insellösung oder im Rahmen planwirtschaftlicher Abrechnungssysteme zum Beispiel im Gesundheitsbereich. Es ist ebenso auffällig, daß die ersten Prozeßkostensysteme als »activity-based costing« gerade im Gesundheitsbereich entstanden. Warum gerade dort?

Auch Qualitätsmanagementsysteme sind ja nicht unumstritten, und das aus ähnlichen Gründen. Die erkennt, wer dem Volk aufs sprichwörtliche Maul schaut. Dieses spottet über Qualitätsmanagementsysteme deren Einführung in den Betrieben oft große Unruhe und viel Widerstand verursacht. Der Hauptkritikpunkt am Qualitätsmanagement ist, daß es nicht der Qualität diene, sondern den Betrieb versteinere und Innovationen hemme anstatt sie zu fördern. Abweichungen vom Qualitätshandbuch, die der Markt erfordert, werden ausgeschlossen. Kreativität bei der Schaffung neuer Produkte und Leistungen ebenso wie die notwendige Aggressivität in der Auseinandersetzung mit dem Konkurrenten werden unterdrückt. In der Tat steckt da ein gutes Stück Wahrheit drin wie jeder weiß, der die Hotline eines weithin bekannten Telekommunikationskonzernes anrufen muß und Stunden damit verbringt, endlich einen gewiß hochkompetenten Callcenter-Mitarbeiter zu erreichen. Es kommt der Verdacht auf, daß das zertifizierte Qualitätsmanagementsystem dieses Telekommunikationsanbieters in Wirklichkeit nicht der Qualität, sondern nur der Haftungsabwehr dient, denn die bürokratisch dokumentierte Einhaltung der Verfahrensanweisungen kann als Anscheinsbeweis gegen eventuelle Haftungsansprüche Geschädigter gelten.

Ähnliche Probleme gibt es gleichwohl mit der Prozeßkostenrechnung:

8.4.1. Komplexitätseffekt

So wie Qualitätsmanagementhandbüchern der Vorwurf der Bürokratie und Unflexibilität gemacht wird, hören auch die Prozeßkostenrechner diese Kritik. Schon das anscheinend einfache Beispiel aus dem vorstehenden Kapitel hatte eine beträchtliche Liste aus Teilprozessen. Und die ist noch für Zwecke der vorliegenden Demonstration bewußt einfach gefaßt: Die Prozeßliste eines dem Autoren bekannten Thüringer Produktionsbetriebes enthält alleine im reinen Fertigungsbereich über 4.000 (Viertausend!) Zeilen. Hier manifestiert sich die Tendenz der Techniker, alles möglichst genau zu machen – was aber für wirtschaftliche Probleme oft unangemessen ist. Kein Wunder, daß manche Prozeßkalkulation kaum noch zu handhaben ist.

Die Befürworter der Prozeßkostenrechnung halten dagegen, daß dies in Zeiten der Datenbanken und Tabellenkalkulationsprogramme kein Problem mehr darstelle. Die Zuschlagskalkulation verrechne die durch das Vorliegen von Komplexität verursachten Gemeinkosten proportional zu den verursachten Einzelkosten. Produkte mit einer hohen tatsächlichen Komplexität, z.B. durch viele komplexe Fertigungsprozesse, führen somit zu eigentlich zu geringen Selbstkosten, weil die tatsächlich hohe Komplexität falsch abgebildet werde, während einfache Produkte mit niedriger Komplexität zu hohe Selbstkosten zugerechnet bekommen. Im System der Prozesskostenrechnung, so die Befürworter der Methode, werde der Komplexität durch das Mengengerüst der durchlaufenen Prozesse besser Rechnung getragen. Die Komplexitätswirkungen werden somit plausibel abgebildet. Kalkulationen mit hunderten von Zeilen seien gerade kein Desaster, sondern der technischen Realität angemessene Kalkulationsinstrumente.

8.4.2. Fehlallokation in der Prozeßkostenrechnung

Unter Allokation versteht man die Zurechnung von Produktionsfaktoren. Die ganze Kostenrechnung kann als Allokationsrechnung bezeichnet werden, weil sie dazu dient, betrieblich kombinierte Faktoren den Kostenträgern (Produkten, Ausbringungsergebnissen) zuzurechnen und zu optimieren. Das tut auch die Prozeßkostenrechnung. Sie vertieft sich aber in immer kompliziertere Kalkulationsmodelle, für die typisch ist, daß die Kostentreibergrößen für jeden Hauptprozeß eine andere ist. Das scheint auf den ersten Blick angemessen, ist es aber nicht: Nirgendwo ist nämlich sichergestellt, daß die Kostentreibergröße etwas mit dem betrieblichen Faktoreinsatz zu tun hat. Es ist ohne weiteres möglich, Kostentreibergrößen darzustellen, die nichts mit einem Faktoreinsatz zu tun haben. Sie bilden daher auch keine Wertkette mehr ab, sondern Nebenziele, die möglicherweise dem Betrieb sogar schaden: Es entsteht eine Fehlallokation, also eine »falsche« Verwendung von Produktionsfaktoren. Das wird dadurch deutlich, daß eine Sortimentsplanung wie beispielsweise durch die Engpaßrechnung im Rahmen der Teilkostenrechnung durch die Prozeßkostenrechnung kaum möglich ist. Die Befürworter der Methode wenden jedoch ein, daß dies nur geschehen könne, wenn die Wahl der Kostentreiber unzureichend sei. Jeder Kostentreiber müsse anhand des gesamtbetrieblichen Nutzens gerechtfertigt werden. Andererseits sind die Selbstkosten und die auf dieser Basis ermittelten Gewinne, wie oben gezeigt wurde, eben kein Maß für die Sortimentsentscheidung. Nahezu alle Betriebe, die es mit der Prozeßkostenrechnung versucht haben, führen also nebenher dennoch eine Teilkostenrechnung, die z.B. den diversen Optimierungsrechnungen dient. Die »Verfeinerung« des Begriffes der variablen Kosten in der LMI-Definition ist also möglicherweise doch nicht so nutzbringend, wie es zunächst den Anschein hatte.

8.4.3. Prozeßkostenrechnung und Planwirtschaft

Der größte Vorwurf, der Qualitätsmanagementsystemen gemacht wird, ist, daß sie bürokratisch und versteinert seien und daher gerade die Begeisterungsanforderung, also die Übererfüllung von Kundenerwartungen, nicht realisieren könnten. In der Tat dienen die meisten Qualitäts-

Risiken und
Nebenwirkungen

managementsysteme nicht der Qualität, sondern der Dokumentation für Zwecke der Haftungsabwehr. Die Prozeßkostenrechnung befindet sich aber in enger Symbiose zum Qualitätsmanagement. Sie nutzt dieselbe Dokumentenbasis und die gleichen Verfahrensanweisungen. Sie kann eigentlich als eine Art kostenrechnerische Fortsetzung des Qualitätsmanagements gesehen werden. Die Kritiken, die dem Qualitätsmanagement vorgehalten werden, gelten daher auch für die Prozeßkostenrechnung. Sie sei, so die Kritiker, starr, unflexibel und planwirtschaftlich. Sie könne nicht auf die Anforderungen des Marktes reagieren, weil für neue Kundenwünsche Verfahrensanweisungen erst zu schreiben seien. Die als zu einfach und zu wenig verursachergerecht kritisierte Zuschlagsrechnung könne gerade wegen ihrer vereinfachenden Abbildung unternehmerischer Sachverhalte im Konkurrenzkampf bestehen, weil sie zu »unsichtbaren« Quersubventionen zwischen Produkten und Kunden führe. In der Tat kann beobachtet werden, daß die einzigen Betriebe, die die Prozeßkostenrechnung weitgehend und als erstes eingeführt haben, marktferne Staatsbetriebe wie zwangsfinanzierte Krankenhäuser oder öffentliche Verwaltungen sind.

8.4.4. Keine Darstellung der Stückkostendegression

Das schließlich begründet auch, daß die Prozeßkostenrechnung nicht die Stückkostendegression bei wachsender Ausbringung (oder die Stückkostenprogression bei zurückgehender Auslastung) abbilden kann. Sie kann daher nicht Basis für Deckungsbeitrags- und Break Even Rechnungen sein, weil sie keine variablen Kosten im traditionellen Sinne kennt. Die Prozeßkostenrechnung teilt diese Schwäche gerade mit der Zuschlagskalkulation, die die Prozeßkostenrechner immer so kritisieren. Es wundert daher nicht, daß die Prozeßkostenrechnung in der Wirklichkeit meist nur als Insellösung existiert. Das war auch in diesem Kapitel so: Es wurden Beispiele für den Einkauf oder für die Produktion betrachtet. Gesamtbetriebliche Prozeßkostenmodelle sind nach wie vor kaum eingeführt worden.

8.5. Aufgaben zu Kapitel 8

Die folgenden Aufgaben betreffen ausschließlich die in Kapitel 8 dargestellten Verfahren der Prozeßkostenrechnung, die jedoch ihrerseits die Grundlagen der Voll- und Teilkostenrechnung voraussetzen. Es wird empfohlen, rechnerische Lösungen mit einem Tabellenkalkulationsprogramm zu erarbeiten, denn dies ist die in der betrieblichen Wirklichkeit übliche Methode. Es geht jedoch auch mit dem Taschenrechner.

Die Lösungen zu allen folgenden Aufgaben befinden sich in Kapitel 9 im Anhang am Ende dieses Buches.

8.5.1. Aufgabe 20 – Grundlegendes Prozeßkostenmodell

Ein Unternehmen weist in einer Rechnungsperiode im Bereich »Verkauf/Marketing« die Prozesse »Werbung«, »Verkaufsförderung«, »Kundenakquise«, »Verkauf«, »Fakturierung« und »Auslieferung« aus. Insgesamt sind hierfür Kosten i.H.v. 1,075 Mio. Euro entstanden. Hinzu kommen 215.000 Euro für die allgemeine Verwaltung des Marketingbereiches. Die Werbung hat in der gleichen Periode für 300.000 Euro genau 300 Werbeeinheiten (z.B. Inserate) betreut und die Verkaufsförderung hat 200 Live-Events durchgeführt (z.B. Verkaufs- und Promotion-Shows). Das hat in der Summe 400.000 Euro gekostet. Die Kundenakquise hat 250 Kunden persönlich angesprochen (z.B. 250 Verkaufsbesuche), von denen aber am Ende nur 160 Kunden auch wirklich gekauft, d.h. eine Rechnung erhalten haben. Die Kosten der Kundenakquise betrugen 200.000 Euro und der Verkauf verursachte Kosten i.H.v. 60.000 Euro und gewährte Nachlässe und andere Vergünstigungen im Wert von 40.000 Euro. Von diesen 160 Kunden haben zehn die erworbene Ware selbst abgeholt. Der Rest hat die Waren per Spedition oder Post geschickt bekommen. Die Sondereinzelkosten des Vertriebes (z.B. Ausgangsfrachten, Transportkosten usw.) betrugen in der Rechnungsperiode 75.000 Euro.

Aufgaben:

1. Ermitteln Sie, welche Prozesse leistungsmengeninduziert (LMI) und welche leistungsmengenneutral (LMN) sind.
2. Was ist allgemein der Unterschied zwischen leistungsmengeninduzierten und variablen Kosten sowie zwischen leistungsmengenneutralen- und Fixkosten?
3. Ermitteln Sie die Prozeßkostensätze der LMI-Kosten.
4. Wie hoch ist die Umlage für die LMN-Kosten?
5. Wie hoch sind die Prozeßkostensätze der einzelnen Prozeßbereiche einschließlich anteiliger LMN-Kosten?

8.5.2. Aufgabe 21 – Komplexe Prozeßkostenfallstudie

Ein Hersteller von kleinen tragbaren MP3-Abspielgeräten möchte die Prozeßkostenrechnung einführen. Das bietet sich an, da die Geräte in Deutschland nur endmontiert werden, um EU-Subventionen für den ostdeutschen Standort erhalten zu können. Die Schaltkreise und Komponenten kommen durchweg aus China.

Insbesondere besteht ein solches Gerät aus zwei Platinen, einer mit dem Display und dem Tastenfeld, die andere mit dem Massenspeicher und dem Prozessor. Die Platinen werden in Deutschland mit einer automatischen Anlage mit den jeweiligen Komponenten bestückt und maschinell in einem Gehäuse montiert. Alle fertigen Geräte unterliegen einer individuellen Qualitätskontrolle.

Der Hersteller liefert ausschließlich an den Handel und nur in Paletten zu jeweils 100 Stück.

In einer Rechnungsperiode werden die nachfolgenden Daten festgestellt:

Ausgangsdaten zu Aufgabe 20

Prozeß	Kosten	Kostentreiber	Menge
Platine bestücken	144.000 €	Anzahl Platinen	1800 St
Gehäuse montieren	22.500 €	Anzahl Geräte	900 St
Qualitätskontrolle	10.800 €	Anzahl Geräte	900 St
Reparaturvorgänge	2.700 €	Anzahl Reklamationen	45 St
Verpackungsvorgänge	5.000 €	Anzahl Geräte	1000 St
Qualitätsmanagement	9.060 €	kein Kostentreiber	
Allg. Verwaltung	2.020 €	kein Kostentreiber	
Auslieferung an Handel	3.000 €	Anzahl Auslief	10 St
Werbung	36.000 €	Inserate	5 St
Allg. Vertrieb	6.840 €	kein Kostentreiber	

Abbildung 8.15: Ausgangsdaten zu Aufgabe 20

Die Unternehmung führt außerdem ein Ausgangslager. Dort wurde im gleichen Zeitraum eine Bestandsminderung i.H.v. 85 Stück festgestellt. Außerdem sind insgesamt 30 Geräte wegen Funktionsmängeln durch die Qualitätskontrolle gefallen und wurden nicht ausgeliefert.

Im Verkauf sollen zudem 10 % Plangewinn erzielt werden. Den Kunden wird ein Skonto i.H.v. 3 % bei Zahlung binnen 14 Tagen gewährt.

Erstellen Sie eine Hauptprozeßliste. Ermitteln Sie die Prozeßkosten, die LMN-Umlage und die Gesamtkosten pro Prozeß. Führen Sie anschließend eine Angebotskalkulation für einen MP3-Spieler durch.

9.
Anhang

9.1. Lösungen zu den Aufgaben in diesem Buch

In diesem Kapitel finden sich die Lösungen zu den Aufgaben, die am Schluß der Kapitel 2 bis 8 gestellt wurden. Es wird jedoch empfohlen, erst selbst eine Lösung zu versuchen und dann nachzusehen.

9.1.1. Lösung 1 – Kostentheorie I

1. Ausgabe.
2. Auszahlung.
3. Auszahlung, Aufwand, Kosten (Verbrauchsfiktion!).
4. Auszahlung, Aufwand, Kosten (Verbrauchsfiktion!).
5. Keiner der Fälle: wurde schon beim Kauf als Auszahlung, Aufwand und Kosten verbucht!
6. Ausgabe, Aufwand, Kosten.
7. Auszahlung (wenn Bankkonto ein Guthaben aufweist), Ausgabe (wenn dies nicht der Fall ist).
8. Ausgabe, Aufwand, Kosten.
9. Auszahlung (wenn Bankkonto ein Guthaben aufweist), Ausgabe (wenn dies nicht der Fall ist).
10. Ausgabe.
11. Aufwand, Kosten.
12. Aufwand, Kosten.
13. Aufwand.
14. Kosten.
15. Aufwand.
16. Kosten.
17. Aufwand.
18. Kosten (kalkulatorische Zinskosten auf das eingesetzte Kapital!)
19. Kosten.
20. Kosten.
21. Aufwand.
22. Aufwand.
23. Kosten.

9.1.2. Lösung 2 – Kostentheorie II

1. Gar nicht – dieser Sachverhalt ändert nur die Struktur der Aus-zahlungen.
2. Gar nicht – die Umsatzsteuer ist ein Durchlaufposten. Sie hat mit den Kosten nichts zu tun. Hiervon gibt es nur zwei Ausnahmen: der Kleinunternehmer i.S.d. § 19 Abs. 1 UStG und die Fälle der Unternehmer, die die Umsatzsteuer nicht voll erstattet bekommen. Sie erhalten auch keine vollumfängliche Erstattung der Vorsteuer.
3. Gar nicht – hierdurch steigen nur die Aufwendungen aber nicht die Kosten.
4. Die Kosten steigen, weil die kalkulatorische Verzinsung ansteigt. Grund ist die Zunahme der Mindestrentabilität, die den Guthabenzins enthält.
5. Gar nicht – hierdurch sinken nur die Aufwendungen; danach ist jedoch nicht gefragt.

9.1.3. Lösung 3 – Kostenartentheorie

1. Die Darlehenszinsen werden hierfür überhaupt nicht benötigt, weil sie keine Kosten sind (Ja, das ist eine eine Falle!). Vielmehr braucht man das betriebsnotwendige Kapital (i.d.R. aus der Bilanzsumme abzuleiten) und die Mindestrentabilität. Für das betriebsnotwendige Kapital ist neben der Bilanzsumme der Wert nicht benötigter und daher von der Bilanzsumme zu subtrahierender Vermögensgegenstände erforderlich; die Mindestrentabilität besteht aus Anlagezins und allgemeiner Risikoquote.
2. Der Wiederbeschaffungswert (WBW) beträgt 2.090.170,63 Euro. Die kalkulatorische Abschreibung ist 256.271,33 Euro und der kalkulatorische Zins ist 152.100,00 Euro. Die Vorhaltekosten sind damit die Summe aus diesen beiden Werten i.H.v. 408.371,33 Euro pro Jahr.
Die steuerliche AfA ist bei der Aufgabe irrelevant, weil sie nichts mit den Kosten zu tun hat!
3. Der Wiederbeschaffungswert ist 2.090.170,63 Euro (unverändert); die kalkulatorische Abschreibung ist aber jetzt 270.021,33 Euro und der kalkulatorische Zins = 142.200,00 Euro. Die Vorhaltekosten sind damit jetzt 412.221,33 Euro p.a.
Die Differenz der Vorhaltekosten der vorherigen Aufgabe zu dieser sind die Kosten des »Umweltschutzes«. Die Ökonomen sprechen von der Internalisierung externer Effekte. Das Beispiel eignet sich gut dafür zu zeigen, daß die externen Kosten in keiner Weise objektiv bewertbar sind. Sie sind also ein ordnungspolitisch frag-

würdiger Begriff. Sie durch Steuern, Abgaben und Auflagen zu »internalisieren«, kann externe Effekte abbilden, oder auch nicht.

4. Wenn der Schrottwert gleich hoch wie der Neuwert ist, also kein Wertverlust eintritt. Beispiele: Grundstücke, Kunstwerke, manche immaterielle Vermögensgegenstände. In den IFRS ist beispielsweise die planmäßige Abschreibung eines Geschäfts- oder Firmenwertes untersagt – nicht ohne guten Grund. Er wäre damit auch ein Anwendungsbeispiel für diesen Fall!

5. Wie vorstehend, wenn kein Wertverlust eintritt.

6. Nein, keineswegs – nur die Zinsaufwendungen sind gleich Null. Die Zinskosten entsprechen der Mindestrentabilität auf die durchschnittliche Kapitalbindung, weil die Verzinsung auf das in der Anlage gebundene Kapital, die nicht mehr vom Kapitalmarkt erlangt werden kann, über die Verkaufspreise vom Kunden erlangt werden soll. Zinskosten haben etwas mit dem Vermögensgegenstand, nicht aber mit seiner Finanzierung zu tun!

7. Nein, keineswegs – die Zinskosten sind Kosten, die durch Kapitalbindung entstehen, also dadurch, daß überhaupt Kapital im Unternehmen vorliegt (und für Zwecke der Leistungserstellung genutzt wird). Die geschenkte Anlage verursacht also ebenfalls Zinskosten, sofern sie für betriebliche Zwecke genutzt wird.

8. Wir haben die Zinskosten folgendermaßen definiert:

$$Kalk.\ Zins = \frac{AK + SW}{2} \times R_{min} \qquad\qquad \text{F 9.1}$$

Muß Geld bezahlt werden, um eine Altanlage loszuwerden, so manifestiert sich dies als negativer Schrottwert. Betragen die Entsorgungskosten genausoviel wie der Neuwert, geht die Verzinsung der Anlage gegen null, weil die Kapitalbindung gegen null geht. Das ist zwar keine sehr realistische Situation, aber im vorliegenden Fall gut geeignet, grundsätzlich das Verständnis für die kalkulatorische Zinsrechnung zu fördern bzw. zu prüfen.

Eine weitere mögliche, ebenfalls aber sehr theoretische Antwort wäre, daß es keine Verzinsung gibt, wenn die Anlage keine Kapitalbindung verursacht. Das ließe sich jedoch höchstens bei Vermögensgegenständen konstruieren, die einem Bilanzierungsverbot unterliegen.

9. Er wird bei Verbesserung der Auftragslage fallen, bei Verschlechterung aber steigen.

10. Weil das Großunternehmen ein geringeres Insolvenzrisiko hat, denn es wird bei drohender Pleite von der Politik viel besser unterstützt als der Kleinbetrieb.

11. Die Selbstkosten (Gesamtkosten), die mit der Vollkostenrechnung ermittelt werden.

12. Die variablen Kosten, die mit der Teilkostenrechnung bestimmt werden.

Lösungen zu
den Aufgaben
in diesem Buch

13. Mögliche Antworten: Anlagenwagnisse (z.B. Beschädigung oder Zerstörung von Anlagen durch Feuer- oder Wasserschaden), Entwicklungswagnisse (fehlgeschlagene Forschungs- und Entwikklungsprojekte), Beständewagnisse (Verluste an Vorräten z.B. durch Schwund, Diebstahl, technisches Veraltern), Fertigungswagnisse (Verluste z.B. infolge außergewöhnlicher Ausschußquoten), Gewährleistungswagnis (Kosten für z.B. Nachbesserung, für Schadensersatz, Preisnachlässe), Vertriebswagnisse (Kosten für z.B. Ausfälle, Währungsverluste).

14. Der Erwartungswert der Versicherung muß positiv sein, was in der Wirklichkeit in den seltensten Fällen so ist.

15. Diese Aussage ist in dieser einfachen Form falsch, weil ein Anstieg der Kosten auch mit einem Rückgang der Stückkosten einhergehen kann: Mehr Kosten pro Zeiteinheit sind nicht immer auch mehr Kosten pro Leistungseinheit. Das heißt, daß trotz Kostenanstieg Produkte günstiger und damit konkurrenzfähiger angeboten werden können.

17. Sparsamkeit kann zum Anstieg der Stückkosten und damit zu einer Verschlechterung der Wettbewerbsfähigkeit führen; das steht im Zielwiderspruch zum Oberziel der Gewinnerwirtschaftung (taktische Rechnung) und zum Oberziel des Überlebens (strategische Betrachtung). Das eignet sich auch gut, auch die volkswirtschaftlichen Nachteile des »Sparwahnes« darzustellen: Wird überall gespart und reduziert, steigen auf breiter Front die Stückkosten, was sich in einem Anstieg der Preise artikuliert, was gesamtwirtschaftlich eine Inflation bedeuten kann. Auch gesamtwirtschaftlich ist »Verschwendung« also oberzielkonform, weil der Einzelne durch erhöhten Verbrauch die Wirtschaft in Gang bringt und anderen eine Chance bietet, auch ihre persönlichen Ziele zu realisieren.

9.1.4. Lösung 4 – Leistungsrechnung

1. Einnahme. Dieser Tatbestand erzeugt im Rahmen des kaufmännischen Vorsichtsprinzips keine Buchung, aber dennoch eine rechtlich durchsetzbare Forderung.
2. Einzahlung. Einnahmen, wenn Konto überzogen.
3. Leistung (wenn wir ein Handelsbetrieb sind).
4. Einzahlung.
5. Einzahlung. Einnahmen, wenn Konto überzogen.
6. Leistung, Ertrag.
7. Leistung, kein Ertrag.
8. Einzahlung, Ertrag.

9. Einzahlung. Durch den Verkauf unter Buchwert entsteht ein Aufwand, aber kein Ertrag. Das ist nur nicht gefragt. Eine Einzahlung liegt dennoch vor.
10. Einnahme. Da genau zum Buchwert verkauft wird, liegt weder ein Ertrag noch ein Aufwand vor!
11. Einnahmen, Ertrag.
12. Ertrag; bei Fälligstellung Einnahme und bei Zahlung des Mieters Einzahlung.
13. Ertrag; bei Fälligstellung Einnahme und bei Zahlung der Mieter Einzahlung.
14. Ertrag und Leistung; bei Fälligstellung Einnahme und bei Zahlung des Mieters Einzahlung.

9.1.5. Lösung 5 – Grundlagen des Betriebsabrechnungsbogens

Zunächst die Lösungen zu den allgemeinen Fragen:

1. Die Verrechnung der Einzel- und Gemeinkosten auf den Ort der Kostenentstehung.
2. Der Ort der Kostenentstehung.
3. Gemeinkosten, die eigentlich wie Einzelkosten einem Kostenträger zugerechnet werden könnten, die man jedoch nicht zurechnet, weil dies zu aufwendig wäre, etwa Kleinmaterial, Hilfsstoffe, Betriebsstoffe.
4. Die Zuschlagsgrundlage muß eine kostenverursachende Größe sein.
5. Die Gemeinkosten und die Gesamtkosten wurden verwechselt. Das ist ein sehr häufiger Fehler. Es kann daher bedeutsam sein, darauf hinzuweisen.
6. So sieht die Gemeinkostenverteilung aus:

Kostenstelle	Wert
Lager:	10.440,00 Euro
Produktion:	61.987,50 Euro
Verwaltung:	4.567,50 Euro
Vertrieb:	14.355,00 Euro

7. Die Bestandsänderungen der Fertigprodukte und der unfertigen Produkte.
8. Die Bestandsänderungen der Eingangslagerung sind bereits in der Position »FM« (für Einzelkosten, also Rohstoffe) und »MGK« (für Gemeinkosten, also Hilfs- und Betriebsstoffe) berücksichtigt.
9. Wenn keine Ausgangslagerung besteht (HKP und HKU sind dann identisch).

10. Diese Kostenstelle hat keinen Gemeinkostenzuschlagssatz, weil es hier keine Einzelkosten gibt.

Diese Lösung ist bedeutsam und wurde oft kritisiert. Einwendungen sind u.a., daß die Minibar oder die Telefongebühren doch Einzelkosten seien. Hinsichtlich der Minibar mag das zwar zutreffen, aber das ist eine eigene Handelskostenstelle. Zudem taugen diese nicht als Kalkulationsmaß, denn wie wollte man dann einen Gast kalkulieren, der nichts aus der Minibar konsumiert? Gleiches gilt für einen Gast, der das Hoteltelefon nicht benutzt.

Die Lösung zu Aufgabe 11 (Betriebsabrechnungsbogen) sieht folgendermaßen aus:

Lösung zum Betriebsabrechnungsbogen aus Aufgabe 5

Kostenarten	Summe	Schlüssel				Kostenstellen			
		L	F	V	V	Lager	Fertigg.	Verwalt.	Vertrieb
Fertigungsmaterial	40.000,00					40.000,00			
Produktivlohn	30.000,00						30.000,00		
Lohn-GK	80.000,00	5	60	15	20	1.000,00	12.000,00	3.000,00	4.000,00
Sonstige GK	120.000,00	25	175	25	25	2.500,00	17.500,00	2.500,00	2.500,00
Kalulatorische GK	90.000,00	2	6	1	1	3.000,00	9.000,00	1.500,00	1.500,00
Summe GK	60.000,00					6.500,00	38.500,00	7.000,00	8.000,00
Selbstkosten	130.000,00					46.500,00	68.500,00	7.000,00	8.000,00
Ist-Zuschläge						16,250 %	128,333 %	5,600 %	6,400 %
Norm-Zuschläge						15,000 %	130,000 %	5,000 %	10,000 %
Norm-GK	63.750,00					6.000,00	39.000,00	6.250,00	12.500,00
Über-/Unterdeckg.	+3.750,00					−500,00	+500,00	−750,00	+4.500,00

Abbildung 9.1: Lösung zum betriebsabrechnungsbogen aus Aufgabe 5

Hierzu folgende Erläuterung: Diese Lösung wurde dutzende Male als falsch gerügt. Insbesondere wurde eingewandt, die Ist-Zuschläge in der Verwaltung und im Vertrieb seien verkehrt. Sie sind es nicht!

Herstellkostenrechnung des Umsatzes zu Aufgabe 5

Rechenschema	Summe
Fertigungsmaterial	40.000,00 Euro
+ Materialgemeinkosten	6.500,00 Euro
+ Fertigungslöhne	30.000,00 Euro
+ Fertigungsgemeinkosten	38.500,00 Euro
= Herstellkosten der Produktion (HKP)	115.000,00 Euro
+ Bestandsminderungen (FE)	15.000,00 Euro
− Bestandsmehrungen (UFE)	5.000,00 Euro
= Herstellkosten des Umsatzes (HKU)	125.000,00 Euro

Abbildung 9.2: Herstellkostenrechnung des Umsatzes zu Aufgabe 5

Die vorstehende Herstellkostenrenchung ist fundamental. Die Bemessungsgrundlage der Ist-Zuschläge der Verwaltungs- und der Vertriebskostenstelle ist nicht die HKP-Größe i.H.v. 115.000 Euro, sondern die HKU-Große i.H.v. 125.000 Euro. Die Gemeinkosten der Verwaltung beispielsweise i.H.v. 7.000 Euro müssen also durch 125.000 Euro (und nicht etwa durch 115.000 Euro) dividiert werden.

9.1.6. Lösung 6 – Leistungsverrechnung im Betriebsabrechnungsbogen

Die Skizze dient im wesentlichen dazu, sich die Sache zunächst zu verdeutlichen. Die Skizze aus Aufgabe 1 ist:

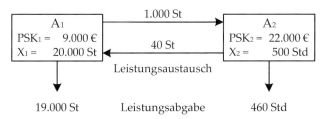

Abbildung 9.3: Allgemeine Skizze der Leistungsverrechnung mit Mengenangaben

Die Lösung ist über das Gleichungsverfahren oder per Matrizeninversion möglich. Die Matrizeninversion ist die bessere Methode, aber die Rechnung mit Gleichungen ist anschaulicher.
Zunächst der Ansatz:

$$20.000q_1 = 9.000 + 40q_2 \qquad\qquad \text{F 9.1}$$

$$500q_2 = 22.000 + 1.000q_1 \qquad\qquad \text{F 9.2}$$

Umstellen, so daß die Konstanten auf einer Seite stehen und gleiche Variablen unter gleichen Variablen erscheinen:

$$9.000 = 20.000q_1 - 40q_2 \qquad\qquad \text{F 9.3}$$

$$22.000 = -1.000q_1 + 500q_2 \qquad\qquad \text{F 9.4}$$

Im Rahmen des Gleichungsverfahrens sind zwei Lösungen möglich, eine mit Eliminierung von q_1 und eine andere durch Eliminierung von q_2. Hierzu sind die Multiplikatoren zu bestimmen. Der Multiplikator für q_1 ist 20 und der Multiplikator für q_2 ist 12,5 jeweils aus der Division der in F 9.3 und F 9.4 übereinander stehenden Koeffizienten.

Lösung mit Multiplikator für q_1 i.H.v. 20:

$$440.000 = -20.000q_1 + 10.000q_2 \qquad \text{F 9.5}$$

$$449.000 = 0q_1 + 9.960q_2 \qquad \text{F 9.6}$$

$$q_2 = 45{,}08032129 \ Euro/St \qquad \text{F 9.7}$$

$$q_1 = 0{,}54016064 \ Euro/St \qquad \text{F 9.8}$$

Lösung mit Multiplikator für q_2 i.H.v. 12,5:

$$112.500 = 250.000q_1 - 500q_2 \qquad \text{F 9.9}$$

$$134.500 = 249.000q_1 - 0q_2 \qquad \text{F 9.10}$$

$$q_1 = 0{,}54016064 \ Euro/St \qquad \text{F 9.11}$$

$$q_2 = 45{,}08032129 \ Euro/St \qquad \text{F 9.12}$$

Lösung per Matrizeninversion:

20.000	−40	9.000
−1.000	500	22.000

Abbildung 9.4: Ausgangssituation mit den Konstanten am rechten Rand

Die Ausgangslösung setzt den Ansatz aus F 9.3 und F 9.4 voraus. Dies zeigt, daß die Berechnung per Faktoreliminierung zwar an sich überflüssig ist und nur didaktische Zwecke verfolgt, der zugehörige Ansatz aber durchaus relevant bleibt.

Dann wird die Basislösung aufgestellt:

20.000	−40	1	0
−1.000	500	0	1

Abbildung 9.5: Neben die Anfangssituation wurde eine Einheitsmatrix geschrieben

Die Matrizeninversion benötigt bei zwei Unbekannten auch stets nur zwei Schritte:

1	−0,002	0,00005	0
0	498	0,05	1

Abbildung 9.6: Erster Lösungsschritt

1	0	0,0000502008	0,0000040161
0	1	0,0001004016	0,0020080321

Abbildung 9.7: Zweiter Lösungsschritt; die Inverse wurde erreicht.

Rechnet man diese Inverse aus, so kommt man wiederum zu den gleichen Ergebnissen, die oben schon erzielt wurden. Auf dieser Basis kann die Skizze erweitert werden:

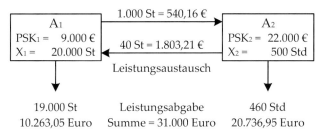

Abbildung 9.8: Bewertung der Leistungsverrechnung aus Abbildung 9.3

Die Richtigkeit dieser Lösung kann hier dadurch demonstriert werden, daß die Weiterverrechnung an den Restbetrieb 31.000 Euro beträgt. Dies ist genau die Summe der Primärgemeinkosten der beiden allgemeinen Kostenstellen. Diese haben also die gesamten auf sie verrechneten Kosten weitergegeben. Genau so soll es sein.

Oft wird hier eingewandt, die wechselseitige Verrechnung falle unter den Tisch. Genau das tut sie ja nicht, wenn der gesamte Betrag der Primärgemeinkosten i.H.v. 31.000 Euro weitergegeben wird. Die gegenseitige Leistungsverrechnung wird zwar oben in der Skizze dargestellt, ist aber ansonsten irrelevant, weil eine allgemeine Kostenstelle ja keinen Zuschlagssatz mehr hat.

9.1.7. Lösung 7 – Grundlagen der Kalkulation

1. 15,97 Euro
2. 1.454,99 Euro
3. 37,81 Euro
4. 1.628,42 Euro
5. 1,24
6. 6,5
7. 200 %
8. 50 Euro
9.1. 19.071 Euro
9.2. Die Selbstkosten dürfen dann nur 20 % von 120 % SK sein, also 63.570 Euro.
9.3. Wir kennen bereits die Herstellkosten i.H.v. 381.420 dividiert durch 1,2 = 317.850 Euro. Die Materialkosten sollen 104.640 Euro betragen, was die MEK und die MGK einschließt. Also dürfen nur noch maximal 213.210 Euro für die Lohnkosten angesetzt werden. Wenn die Fertigungsgemeinkosten 80 % betragen sollen, dann sind die maximalen Lohneinzelkosten 213.210 durch 1,8 = 118.450 Euro.

9.4. Die Materialkosten kennen wir ja schon von oben (104.640 Euro). Wenn die Rohstoffe 98.100 Euro wert sind, dann betragen die Materialgemeinkosten 6.540 Euro und der Materialzuschlagssatz beträgt 6,6667 %.

9.1.8. Lösung 8 – Äquivalenzziffernkalkulation

Lösung zu Aufgabe 8 – Äquivalenzziffernkalkulation

Sorte	Menge	kg	UmrechZahl	SK/Periode	SK/Stück
A	3.000 St	0,6	1.800	14.400 Euro	4,80 Euro
B	10.000 St	0,8	8.000	64.000 Euro	6,40 Euro
C	4.500 St	1,4	6.300	50.400 Euro	11,20 Euro
Summen			16.100	128.800,00 €	

Abbildung 9.9: Lösung zu Aufgabe 8 – Äquivalenzziffernkalkulation

Zu dieser Lösung ist anzumerken, daß eine Sorte mit Faktor 1 (also im Gewicht von 1 kg) nicht erforderlich ist, die Sache zu rechnen. Die Selbstkosten der »Hauptsorte« wären 8 Euro/kg.

9.1.9. Lösung 9 – Zuschlagskalkulation

Lösung zu Frage 1:

Herstellkostenrechnung des Umsatzes zu Aufgabe 9

Rechenschema	Summe
Fertigungsmaterial	100.000,00 Euro
+ Materialgemeinkosten	8.000,00 Euro
+ Fertigungslöhne	40.000,00 Euro
+ Fertigungsgemeinkosten	34.000,00 Euro
= Herstellkosten der Produktion (HKP)	182.000,00 Euro
+ Bestandsminderungen (FE)	20.000,00 Euro
– Bestandsmehrungen (UFE)	2.000,00 Euro
= Herstellkosten des Umsatzes (HKU)	200.000,00 Euro

Abbildung 9.10: Herstellkostenrechnung des Umsatzes zu Aufgabe 9

Wesentlicher Zweck von Frage 1 ist, sich über den Betriebsabrechnungsbogen Klarheit zu verschaffen. Erfahrungsgemäß gibt es besonders viele Mißverständnisse hinsichtlich der Rechenweise bei den Herstellkosten des Umsatzes. Diese Probleme sollen zunächst ausgeräumt werden.

Lösung zu Frage 2:

Nr.		Posten	Norm-Zuschlag	Summe
1		Materialeinzelkosten		600,00 €
2	+	Materialgemeinkosten	5,00 %	30,00 €
3	=	Materialkosten		630,00 €
4		Lohneinzelkosten		400,00 €
5	+	Lohngemeinkosten	100,00 %	400,00 €
6	=	Lohnkosten		800,00 €
7	Σ	Herstellkosten		1.430,00 €
8	+	VwGK	3,00 %	42,90 €
9	+	VtGK	6,50 %	92,95 €
10	=	Selbstkosten		1.565,85 €
11	+	Gewinn	12,00 %	187,90 €
12	=	Barverkaufspreis		1.753,75 €
13	+	Kundenskonto	2,75 %	49,59 €
14	=	Zielverkaufspreis		1.803,34 €
15	+	Kundenrabatt	4,50 %	84,97 €
16	=	Listenpreis netto		1.888,32 €

Abbildung 9.11: Lösung zu Frage 2, Vorkalkulation

Es ist zu berücksichtigen, daß beim Aufschlag des Kundenskontos und des Kundenrabattes im-Hundert zu rechnen ist. Die übrigen Rechenschritte erfolgen vom-Hundert. Die Vorkalkulation erfolgt natürlich mit Norm-Zuschlagssätzen.

Lösung zu Frage 3:

Nr.		Posten	Ist-Zuschlag	Summe
1		Ist-Materialeinzelkosten		600,00 €
2	+	Ist-Materialgemeinkosten	8,00 %	48,00 €
3	=	Ist-Materialkosten		648,00 €
4		Ist-Lohneinzelkosten		450,00 €
5	+	Ist-Lohngemeinkosten	85,00 %	385,50 €
6	=	Ist-Lohnkosten		832,50 €
7	Σ	Ist-Herstellkosten		1.480,50 €
8	+	Ist-VwGK	3,50 %	51,82 €
9	+	Ist-VtGK	8,00 %	118,44 €
10	=	Ist-Selbstkosten		1.650,76 €
11	./.	Tatsächliche Zahlung	12,00 %	1.753,75 €
12	=	Ist-Gewinn		102,99 €
13				6,24 %

Abbildung 9.12: Lösung zu Frage 3, Nachkalkulation

Hierbei ist zu beachten, daß diese Rechnung mit den Istzuschlagssätzen des Abrechnungszeitraumes stattfindet, denn der Auftrag wur-

Lösungen zu
den Aufgaben
in diesem Buch

de ja laut Aufgabe in der Periode des Betriebsabrechnungsbogens ausgeführt. Sie weicht also schon deshalb von der Vorkalkulation ab. Bei den Personalkosten sind die zusätzlichen 50 Euro ungeplante Lohnkosten separat berücksichtigt. Die Nachkalkulation wird nur bis zu den Ist-Selbstkosten geführt. Auf dieser Basis kann der tatsächliche Gewinn berechnet werden.

9.1.10. Aufgabe 10 – Grundlagen der Teilkostenrechnung

Skizze mit Kosten- und Umsatzverläufen pro Rechnungsperiode (links) sowie pro Stück (rechts):

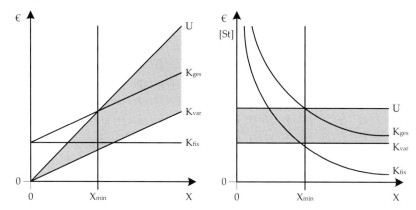

Abbildung 9.13: Lösung zu Frage 10, Kosten pro Periode (links) und pro Stück (rechts)

Erfahrungsgemäß ist es oft ein Hindernis zu verstehen, daß die variablen Kosten in der Skizze pro Periode (links) ansteigen, pro Stück aber konstant bleiben (rechts). Sie werden daher oft mit den Fixkosten verwechselt.

Die Zeichnung links ist oft in Prüfungen zu beobachten und muß dort bisweilen auf Millimeterpapier exakt ausgeführt werden. Sie ist vergleichsweise einfach fair durch einen Prüfer zu bewerten. Die Darstellung rechts kommt niemals in schriftlichen Prüfungen vor, weil die nichtlinearen Kostenverläufe schwer zu bewerten sind. Es kommt zu leicht zu Mißverständnissen. Sie ist dafür aber in mündlichen Prüfungen häufig, wo die Prüfer nachfragen können, wenn sie nicht sicher sind, ob der Kandidat das Richtige meint. Sich mit diesen beiden Grundtatbeständen vertieft vertraut zu machen, ist also absolut prüfungsrelevant.

Diese Aufgabe ist zugleich die Grundlage für die folgenden Aufgabengestaltungen.

9.1.11. Lösung 11 – Break Even Grundlagen

Diese Aufgabe ist eine Fortsetzung zu Aufgabe 10. Die zuvor allgemein dargestellten Kostenverläufe sollen hier zahlenmäßig berechnet werden. Dabei kommt es auf das grundsätzliche Verständnis der zugrundeliegenden Definitionen an. Aufgabe 11 enthält dabei noch keine nennenswerten Fallen; sie ist jedoch die Voraussetzung für Aufgabe 12.

1. Allgemein muß bekannt sein:

$$K_{ges} = K_{fix} + X \cdot K_{var} \qquad \text{F 9.13}$$

   Hier ist aber nach den Fixkosten gefragt. Also muß die Gleichung zu den Fixkosten hin umgestellt werden. Dann kann man die Zahlen aus der Aufgabe einsetzen:

$$K_{fix} = K_{ges} - X \cdot K_{var} = 173.000 - 24.000 \cdot 5,25 = 47.000 \quad \text{F 9.14}$$

2. Für den Umsatz gilt:

$$U = P \cdot X = 8,25 \cdot 24.000 = 198.000 \qquad \text{F 9.15}$$

   Für das Betriebsergebnis gilt also:

$$G = U - K_{ges} = 198.000 - 173.000 = 25.000 \qquad \text{F 9.16}$$

   Die Gesamtkosten müssen in diesem Fall nicht mehr wie aus F 9.13 ersichtlich berechnet werden, weil sie ja schon aus der Aufgabe bekannt sind.

3. Hierfür muß zunächst die maximale Auslastung X_{max} bestimmt werden. Die aktuelle Ausbringung i.H.v. 24.000 Stück pro Periode entspricht ja einer Auslastung i.H.v. 75 %. Also gilt:

$$X_{max} = \frac{X_{aktuell}}{X_{Prozent}} = \frac{24.000}{0,75} = 32.000 \; St \qquad \text{F 9.17}$$

   Für diese Auslastung werden die Kosten und der Umsatz berechnet. Daraus kann das Betriebsergebnis bestimmt werden:

$$U = 8,25 \cdot 32.000 = 264.000 \qquad \text{F 9.18}$$

$$K_{ges} = 35.000 + 32.000 \cdot 5,75 = 219.000 \qquad \text{F 9.19}$$

$$G = 264.000 - 219.000 = 45.000 \qquad \text{F 9.20}$$

4. Lösung für den Kostenverlauf pro Rechnungsperiode:

Kostenverlauf pro Rechnungsperiode (Aufgabe 11 Frage 4)

X/Jahr	K_{fix}	K_{var}	K_{ges}	U	BE
2.000	35.000	11.500	46.500	16.500	−30.000
4.000	35.000	23.000	58.000	33.000	−25.000
6.000	35.000	34.500	69.500	49.500	−20.000
8.000	35.000	46.000	81.000	66.000	−15.000
10.000	35.000	57.500	92.500	82.500	−10.000
12.000	35.000	69.000	104.000	99.000	−5.000
14.000	**35.000**	**80.500**	**115.500**	**115.500**	**0**
16.000	35.000	92.000	127.000	132.000	5.000
18.000	35.000	103.500	138.500	148.500	10.000
20.000	35.000	115.000	150.000	165.000	15.000
22.000	35.000	126.500	161.500	181.500	20.000
24.000	35.000	138.000	173.000	198.000	25.000
26.000	35.000	149.500	184.500	214.500	30.000
28.000	35.000	161.000	196.000	231.000	35.000
30.000	35.000	172.500	207.500	247.500	40.000
32.000	35.000	184.000	219.000	264.000	45.000

Abbildung 9.14: Teilkostenrechnung pro Rechnungsperiode in Euro pro Periode

Lösung für den Kostenverlauf pro Stück:

Kostenverlauf pro Stück (Aufgabe 11 Frage 4)

X/Jahr	K_{fix}/Stück	K_{var}/Stück	K_{ges}/Stück	U/Stück	BE/Stück
2.000	17,50	5,75	23,25	8,25	−15,00
4.000	8,75	5,75	14,50	8,25	−6,25
6.000	5,83	5,75	11,58	8,25	−3,33
8.000	4,38	5,75	10,13	8,25	−1,88
10.000	3,50	5,75	9,25	8,25	−1,00
12.000	2,92	5,75	8,67	8,25	−0,42
14.000	**2,50**	**5,75**	**8,25**	**8,25**	**0,00**
16.000	2,19	5,75	7,94	8,25	0,31
18.000	1,94	5,75	7,69	8,25	0,56
20.000	1,75	5,75	7,50	8,25	0,75
22.000	1,59	5,75	7,34	8,25	0,91
24.000	1,46	5,75	7,21	8,25	1,04
26.000	1,35	5,75	7,10	8,25	1,15
28.000	1,25	5,75	7,00	8,25	1,25
30.000	1,17	5,75	6,92	8,25	1,33
32.000	1,09	5,75	6,84	8,25	1,41

Abbildung 9.15: Teilkostenrechnung pro Stück in Euro pro Stück

In beiden Tabellen ist der Break Even Punkt gut zu sehen. Die Tabellen entsprechen dem Ausgangsmaterial für die Zeichnungen aus Aufgabe 10. Wird mit dem Computer gearbeitet, so kann eine entsprechende Skizze mit der Diagrammfunktion der verwendeten Software erstellt werden.

5. Zunächst ist der Deckungsbeitrag zu bestimmen:

$$DB = P_{vk} - K_{var} = 8{,}25 - 5{,}75 = 2{,}50 \; Euro/St \qquad \text{F 9.21}$$

Daraus kann der Break Even Punkt berechnet werden:

$$X_{min} = \frac{K_{fix}}{DB} = \frac{35.000}{2{,}5} = 14.000 \; St \qquad \text{F 9.22}$$

9.1.12. Lösung 12 – Break Even, etwas schwieriger

Die Sache ist zunächst schwierig, weil die Daten, die nach den vorstehenden Formeln erforderlich sind, fehlen. Es kann aber beobachtet werden, daß die Stückzahl um 80 Stück von 300 Stück auf 380 Stück ansteigt. Hierfür steigen die Kosten von 7.600 Euro auf 8.560 Euro. Der Anstieg i.H.v. 960 Euro kann, wenn Produktionsmittel und Marktverhältnisse sich nicht verändert haben, nur auf eine variable Kostenart zurückzuführen sein. Diese Erkenntnis ist für die ganze Aufgabe fundamental.

1. Zunächst werden die variablen Kosten pro Stück berechnet:

$$K_{var} = \frac{\Delta K_{ges}}{\Delta X} = \frac{960}{80} = 12 \; Euro/St \qquad \text{F 9.23}$$

Jetzt können die Fixkosten bestimmt werden, indem die variablen Kosten von den Gesamtkosten abgezogen werden. Das muß mit beiden Teilperioden funktionieren oder die Aufgabe ist falsch gestellt:

$$K_{fix_{Jan}} = 7.600 - 300 \cdot 12 = 4.000 \; Euro \qquad \text{F 9.24}$$

$$K_{fix_{Feb}} = 8.560 - 380 \cdot 12 = 4.000 \; Euro \qquad \text{F 9.25}$$

Es ist eine zusätzliche Hürde, daß der Umsatz für Januar nicht genannt wurde, aber der Verlust steht da. Den muß man natürlich von den Kosten abziehen, um zum Januar-Umsatz i.H.v. 6.000 Euro zu gelangen. Auf dieser Basis kann der Verkaufspreis pro Stück bestimmt werden:

$$P_{vk} = \frac{6.000}{300} = \frac{7.600}{380} = 20 \; Euro/St \qquad \text{F 9.26}$$

Jetzt ist das gesamte benötigte Material beisammen.

Der Break Even Punkt ist:

$$DB = 20 - 12 = 8 \ Euro/St$$ F 9.27

Daraus kann der Break Even Punkt berechnet werden:

$$X_{min} = \frac{4.000}{8} = 500 \ St$$ F 9.28

2. Beträgt die Kapazität nur 450 Stück, so wird der break Even Punkt nie erreicht. Dies bedeutet, daß das Unternehmen mit diesem Produkt niemals in die Gewinnzone gelangen wird.

Werden andere Produkte hergestellt, so sollte dieses zunächst weiter gefertigt werden. Es wurde gezeigt, daß die variablen Kosten (i.H.v. 12 Euro/Stück) und nicht etwa die Selbstkosten die absolute Verkaufspreisuntergrenze sind. Bestehen mehrere Geschäftsbereiche, so wird es dem ganzen Unternehmen schlechter gehen, wenn dieses Produkt abgeschafft wird, *obwohl* dieses Produkt verlustbringend ist. Es gibt keine Produkte mit Gewinnen, sondern nur Produkte mit Deckungsbeiträgen. Der Deckungsbeitrag (und nicht etwa der Verlust) würde verloren gehen!

Nur, und ausschließlich nur, wenn es kein weiteres Produkt gibt, und die hier geschilderten Rahmenbedingungen nicht verändert werden können, ist über eine Einstellung der gesamten Produktion nachzudenken.

Diese Aufgabe ist für die folgenden Fallstudien zur Teilkostenrechnung bedeutsam. Sie zielt auf das grundlegende Verständnis der elementaren Definitionen, die auswendig zu lernen eben nicht ausreicht.

9.1.13. Lösung 13 – Der Deckungsbeitragsumsatzfaktor

Diese Sache ist etwas schwieriger, weil traditionelle Konzepte zu versagen scheinen. Die Aufgabe ist aber lösbar, wenn man, wie ja schon der Titel zeigt, den Deckungsbeitragsumsatzfaktor berechnet und für diesen individuellen Fall anwendet.

Zunächst ist festzustellen, daß der Deckungsbeitrag der drei Produkte 42 Euro, 22 Euro und 24 Euro beträgt. Das sagt in diesem Zusammenhang nur, daß keines der drei Produkte eingestellt werden sollte. Auch wenn das nicht gefragt ist, kann diese Information bedeutsam sein.

Für jedes der drei Produkte kann der Deckungsbeitragsumsatzfaktor (DBU) ermittelt werden, indem man den Deckungsbeitrag durch den Umsatz dividiert. Das Ergebnis sagt, wieviel Prozent vom Umsatz als Deckungsbeitrag übrig bleiben. Das Ergebnis genügt für diesen Aufgabentyp aber nicht, denn es sind ja drei Produkte in festem Verhältnis zu ermitteln. Im nächsten Schritt sind daher die DBU der einzelnen Produkte mit dem Prozentfaktor zu gewichten. Die Summe dieser drei gewichteten DBU betrifft alle Produkte:

Lösungsverfahren zu Aufgabe 13

Produkt	A	B	C
DBU pro Stück	0,494117647	0,305555556	0,444444444
Gewichtungsfaktor	0,18	0,54	0,28
Gewichteter DBU pro Stück	0,088941176	0,165000000	0,124444444
Summe DBU alle Produkte	0,378385621		

Abbildung 9.16: Lösungsverfahren zu Aufgabe 13

Aus dieser Summe kann der Break Even Umsatz berechnet werden:

$$X_{min_{Umsatz}} = \frac{850.000}{0,378385621} = 2.246.385,57 \ Euro \qquad \text{F 9.29}$$

9.1.14. Lösung 14 – Branchenbezogene Teilkostenrechnung

1. Zunächst sind einige Vorarbeiten erforderlich. Insbesondere müssen die Fixkosten und die variablen Kosten ermittelt werden. Das ist hier mit einigen Hürden verbunden.
    Die Baukosten sind ein Anschaffungskostenwert im Sinne der kalk. Zinsrechnung und der Wiederverkaufserlös der alten Baumaterialien in 15 Jahren ist ein Schrottwert. Der kalkulatorische Zins ist ja genannt. Es gilt also, in Mio. Euro:

$$Kalk. \ Zins = \frac{19 + 0,76}{2} \times 0,12 = 1,1856 \ Mio. Euro \qquad \text{F 9.30}$$

Weiterhin ist ein Wiederbeschaffungswert schon genannt. Die kalk. Abschreibung kann also folgendermaßen bestimmt werden, wiederum in Mio. Euro:

$$Kalk. \ Abschr = \frac{22 - 0,76}{15} = 1,416 \ Mio. Euro \qquad \text{F 9.31}$$

Das führt zu Fixkosten in Höhe von 2.601.600 Euro pro Jahr.

Problematisch ist die Rolle der nicht umlegbaren Betriebskosten. Sie müssen im Rahmen dieser Aufgabe als variable Kosten erkannt werden. Die variable Eigenschaft ergibt sich schon aus dem Umstand, daß es sich um quadratmeterbezogene Kosten handelt. Sie sind hier aber nicht in »üblicher« Weise zu behandeln. Für die Mietpreisberechnung genügt es, diesen Wert zu den Fixkosten zu addieren. Bei 44.000 m² des Objektes ergeben sich Betriebskosten i.H.v. 369.600 Euro pro Jahr. Die Gesamtkostensumme der fixen und der variablen Kosten beträgt also 2.971.200 Euro pro Jahr. Soweit die Vorarbeiten.

Der zu berechnende Mietpreis p soll bei einer vermietbaren Fläche von 40.000 m² nicht nur die Gesamtkosten einbringen, sondern auch noch eine Umsatzrentabilität i.H.v. 14 % vermitteln. Man kann also auch sagen

$$p \times 40.000 m^2 \times 0,14 = 5.600 \times p \qquad \text{F 9.32}$$

Die 40.000 Quadratmeter Fläche sind in diesem Fall der Umsatzträger. Von dem über den Preis zu erzielenden Umsatz werden die Gesamtkosten subtrahiert:

$$5.600 \times p = 40.000 \times p - K_{ges} \qquad \text{F 9.33}$$

Die Differenz aus dem Umsatz, der durch 40.000 m² vermittelt wird, und den Gesamtkosten, soll genau 14 % oder eben 5.600 p betragen. Setzt man die Kosten ein, so erhält man:

$$5.600 \times p = 40.000 \times p - 2.601.600 - 369.600 \qquad \text{F 9.34}$$

Eine Besondersheit ist hier, daß die variablen Kosten, die in den nicht umlagefähigen Gebäudebetriebskosten bestehen, hier im Grunde wie Fixkosten behandelt und als Konstante eingesetzt werden können. Da es hier nur eine einzige Variable gibt, ist das unschwer auszurechnen:

$$p = 86,372093023 \; Euro/m^2 \qquad \text{F 9.35}$$

2. Der vorstehende Wert ist die Basis zur Berechnung des Break Even Punktes. Auch hier versteckt sich aber eine kleine Falle. Die oben als variabel identifizierten nicht umlagefähigen Betriebskosten des Investors betragen ja 8,40 Euro pro Quadratmeter des ganzen Gebäudes im Umfang von 44.000 m². Es können aber nur 40.000 m² vermietet werden. Es entfallen also 9,24 Euro auf jeden vermietbaren Quadratmeter, wie die folgende Dreisatzrechnung zeigt:

$$K_{var_{m^2}} = \frac{8,4}{40} \times 44 = 9,24 \; Euro/m^2 \qquad \text{F 9.36}$$

Erst auf dieser Basis kann der Deckungsbeitrag berechnet werden:

$$DB = 86,372093 - 9,24 = 77,13209 \ Euro/m^2 \qquad \text{F 9.37}$$

Jetzt ist der Break Even Punkt auch kein Problem mehr:

$$X_{min} = \frac{2.601.600}{77,13209} = 33.729,15 \ m^2 \qquad \text{F 9.38}$$

Die Aufgabe demonstriert die Anwendung der Deckungsbeitrags- und Break Even Rechnung im Dienstleistungsbereich. Sie zeigt die Flexibilität des Verfahrens, andererseits aber auch die Schwierigkeiten der Anwendung. Eine generelle Darstellung, die in allen Branchen anwendbar wäre, gibt es nicht. Es müssen von Fall zu Fall individuelle Lösungen entworfen werden. Das macht die Teilkostenrechnung kompliziert, aber auch so vielseitig.

9.1.15. Lösung 15 – Sortimentsplanung

1. Es bestehen insgesamt fünf Beschränkungen, drei singuläre Restriktionen und zwei interdependente Beschränkungen.

Allgemeine Hinweise und Erläuterungen: Eine Beschränkung ist eine Kapazitätsgrenze, die nicht überschritten werden kann.

Als singulär bezeichnet man Kapazitätsgrenzen, die jeweils nur auf ein Produkt wirken. Im Beispiel sind dies die drei Höchststückzahlen von 40, 100 und 400 Stück der drei Produkte. Interdependent sind Beschränkungen, die sich auf mehrere Produkte zugleich auswirken. Im Beispiel sind das die Zeit (8 Stunden = 480 Minuten pro Tag) und die Verarbeitungskapazität des Rohstoffes i.H.v. 2.900 kg am Tag. Für interdependente Restriktionen ist es typisch, daß die Menge, die für ein Produkt verbraucht wird, einem anderen Produkt fehlt. Die Arbeitszeit beispielsweise, die für ein Produkt eingesetzt wird, ist dadurch verbraucht und kann nicht mehr für andere Produkte verwendet werden. Das ist der allgemeine Grund, weshalb die interdependenten (und nicht die singulären) Restriktionen das primäre Merkmal bei der Planung der Sortimentsreihenfolge und der Ermittlung der relativen Deckungsbeiträge sind. Singuläre Restriktionen haben diese grundlegende Eigenschaft nicht: Ob die maximal möglichen 40 Stück des Typs A hergestellt und verkauft werden, hat keinen Einfluß darauf, wie viele Produkte von den Typen B und C hergestellt und verkauft werden können. Die Grenze von maximal 40 Stück betrifft nur das Produkt A (so wie die Grenzen von 100 und 400 Stück nur die Produkte B und C betreffen). Diese Beschränkungen sind daher singulär, d.h. untereinander nicht verbunden.

Bevor die Fragen 2 und 3 beantwortet werden können, müssen die Daten untersucht werden. Insbesondere müssen die absoluten und die relativen Deckungsbeiträge bestimmt werden. Das sieht dann so aus:

Deckungsbeitragsauswertung zu Aufgabe 15

	Produkt A	Produkt B	Produkt C
Deckungsbeitrag absolut	60,00 Euro/St	20,00 Euro/St	10,00 Euro/St
Deckungsbeitrag pro Minute	7,50 Euro/Min	5,00 Euro/Min	10,00 Euro/Min
Deckungsbeitrag pro kg	15,00 Euro/kg	20 Euro/kg	1,67 Euro/kg

Abbildung 9.17: Deckungsbeitragsauswertung zu Aufgabe 15

Der absolute Deckungsbeitrag DB_{abs} ist allgemein definiert als

$$DB_{abs} = P_{vk} - K_{var}$$ F 9.40

Der relative Deckungsbeitrag DB_{rel} hingegen entsteht, wenn der absolute Deckungsbeitrag durch einen Ressourceneinsatz V dividiert wird:

$$DB_{rel} = \frac{DB_{abs}}{V} = \frac{P_{vk} - K_{var}}{V}$$ F 9.41

Der Grundgedanke der Engpaß-Methode besteht darin, nach der Reihenfolge des relativen Deckungsbeitrages zu planen. Da aber liegt das Problem dieser Aufgabe, denn es gibt zwei Verbräuche, nämlich Zeit und Rohstoff. Also gibt es auch zwei relative Deckungsbeiträge. Was kann man da machen? Es scheint, daß diese Aufgabe in sich widersprüchlich wäre? Ein einfacher Ansatz besteht darin, auszurechnen, wie hoch der Verbrauch der jeweiligen Ressource wäre, wenn jeweils die maximal mögliche Stückzahl gefertigt wird. Das führt zu einer Entdeckung:

Ermittlung des aktiven Engpasses

Produkt	A	B	C	Summe
Maximale Menge	40 Stück	100 Stück	400 Stück	
Verbrauch Zeit	320 Min	400 Min	400 Min	**1.120 Min**
Verbrauch Rohstoff	160 kg	100 kg	2.400 kg	2.660 kg

Abbildung 9.18: Ermittlung des aktiven Engpasses

Würde die nach den drei singulären Restriktionen maximal mögliche Anzahl von Produkten hergestellt, so würde dies insgesamt 1.120 Minuten Arbeitszeit und 2.660 kg Rohstoff verbrauchen. Pro Tag stehen aber nur acht Arbeitsstunden mit insgesamt 480 Minuten sowie 2.900 kg Rohstoff zur Verfügung. Die Zeitbeschränkung ist also knapp, die Rohstoffbeschränkung ist es nicht. Man sagt, die Zeitbeschränkung ist aktiv (wirksam) und die Rohstoffbeschränkung ist passiv (nicht wirksam). Dies wäre eine zusätzliche Antwort auf die Frage nach der Art der vorliegenden Beschränkungen. Diese Vorarbeiten sind die Ausgangsbasis für die Lösung der Fragen 2. und 3.:

2. Bei der Planung nach absolutem Deckungsbeitrag ist die Reihenfolge der Produktion nach der 1. Zeile in Abbildung 9.17 zu bestimmen. Lösung:

Engpaßplanung nach absolutem Deckungsbeitrag

	Produktion	Verbrauch	DB	Rest
1. Produkt A	40 Stück	320 Min	2.400 Euro	160 Min
2. Produkt B	40 Stück	160 Min	800 Euro	0 Min
3. Produkt C	0 Stück	0 Min	0 Euro	0 Min
Summe		480 Min	3.200 Euro	

Abbildung 9.19: Engpaßplanung nach absolutem Deckungsbeitrag

Auf diese Weise entsteht die folgende Betriebsergebnisrechnung:

Posten	Summe
Verkaufserlös gesamt	10.400,00 Euro
− variable Kosten gesamt	7.200,00 Euro
= Deckungsbeitrag gesamt	3.200,00 Euro
− Fixkosten	4.000,00 Euro
= Betriebsergebnis	−800,00 Euro

Abbildung 9.20: Betriebsergebnisrechnung zur vorstehenden Engpaßplanung

3. Bei der Planung nach relativem Deckungsbeitrag ist die Reihenfolge der Produktion nach der aktiven interdependenten Restriktion zu richten, d.h. nach der knappen Ressource zu planen. Hierzu ist Abbildung 9.18 zu konsultieren. Dort wurde gezeigt, daß die Zeit die knappe Ressource (die aktive Beschränkung, der Engpaß) ist. Es muß daher nach der 2. Zeile in Abbildung 9.17 gerechnet werden. Lösung:

Engpaßplanung nach relativem Deckungsbeitrag

	Produktion	Verbrauch	DB	Rest
1. Produkt C	400 Stück	400 Min	4.000 Euro	80 Min
2. Produkt A	10 Stück	80 Min	600 Euro	0 Min
3. Produkt B	0 Stück	0 Min	0 Euro	0 Min
Summe		480 Min	4.600 Euro	

Abbildung 9.21: Engpaßplanung nach relativem Deckungsbeitrag pro Minute

Während in absoluter Rechnung Produkt A mit 60 Euro pro Stück den höchsten Deckungsbeitrag hat, wird pro Minute durch Produkt C mit 10 Euro der höchste relative Deckungsbeitrag vermittelt. Das ändert das zugrundeliegende Bild vollkommen. Es entsteht damit auch eine neue Betriebsergebnisrechnung:

Posten	Summe
Verkaufserlös gesamt	37.100,00 Euro
– variable Kosten gesamt	32.500,00 Euro
= Deckungsbeitrag gesamt	4.600,00 Euro
– Fixkosten	4.000,00 Euro
= Betriebsergebnis	+600,00 Euro

Abbildung 9.22: Betriebsergebnisrechnung zur vorstehenden Engpaßplanung

»Nur« die Wahl der richtigen Sortimentsreihenfolge macht also den Unterschied zwischen einem positiven und einem negativen Betriebsergebnis.

4. Allgemein kann das Betriebsergebnis über den hier maximal erreichbaren Wert hinaus erhöht werden, indem man die verfügbaren Ressourcen und einsetzbaren Produktionsmittel erweitert, d.h. investiert. Die Daten geben einen Hinweis, wo das passieren sollte. Die optimale Sortimentsreihenfolge enthält die Maximalzahl von 400 Stück Typ C, aber nur 10 von maximal 40 möglichen Produkten Typ A. Jedes Produkt Typ A vermittelt 60 Euro Deckungsbeitrag oder 7,50 Euro pro Minute. Da der Rohstoff »ohnehin« ausreicht, d.h. die Beschränkung von maximal 2.900 kg pro Tag »passiv« (nicht wirksam) ist, muß zuerst die Arbeitszeit pro Tag ausgeweitet werden. Jede zusätzliche Arbeitsminute bringt einen zusätzlichen Deckungsbeitrag i.H.v. 7,50 Euro. Die Frage, welche interdependenten Beschänkungen »aktiv« und welche »passiv« sind, ergibt also auch einen Hinweis darauf, wo als nächstes investiert werden sollte.

9.1.16. Lösung 16 – Grundlagen der Maschinenrechnung

Trotz der aufwendigen Schilderung gleicht die Rechnung im Rahmen der Aufgabe dem üblichen Rechenverfahren in der Teilkostenrechnung. Es sind zunächst die Fixkosten zu bestimmen. Diese bestehen mindestens aus den kalkulatorischen Abschreibungen und den kalkulatorischen Zinsen; im Beispiel kommt die vorgeschriebene Versicherung hinzu.

Um dies berechnen zu können, sind die Anschaffungskosten und der Wiederbeschaffungswert zu bestimmen. Hierbei kann es schwierig sein, die in der Aufgabe verwendete »umgangssprachliche« Terminologie in exakte betriebswirtschaftliche Phänomene zu übersetzen.

Zu den Anschaffungskosten i.S.d. § 255 Abs. 1 HGB gehören der Wert der Sache selbst und alle nachträglichen- und Nebenkosten, die dem

Objekt einzeln zugerechnet werden können. Im Beispiel hat das Objekt selbst nur einen Wert von 6.200 Euro. Hinzu kommen aber

- die Restauration der Anlage im Wert von 61.800 Euro,
- die TÜV-Abnahme im Wert von 3.500 Euro sowie
- die gewerberechtliche Genehmigung (600 Euro).

Alle diese Dinge sind der Anlage einzeln zurechenbar und zu ihrem technischen, marktüblichen und rechtlichen Betrieb erforderlich. Sie zählen also zu den Anschaffungskosten von insgesamt 72.100 Euro. Entgegen dem üblichen und sogar dem vom Gesetzgeber gepflegten Sprachgebrauch ist dies eben keine Kostengröße, sondern der anfänglich zu aktivierende Wert des Gegenstandes. Aus Sicht der Kostenrechnung ist dies eine Kapitalbindungsgröße.

Die Versicherung zählt nicht zu den Anschaffungskosten, sondern ist eine laufende Kostenart.

Die 10.000 Euro, die die Verschrottung nach 15 Jahren Betrieb voraussichtlich kosten wird, sind ebensowenig eine Kostenart, sondern ein negativer Restwert. Die Größe geht als –10.000 Euro in die Berechnung der kalkulatorischen Kosten ein.

Die kalkulatorischen Zinsen sind damit unter Zugrundelegung der in der Aufgabe genannten (sehr niedrigen) Kalkulationsverzinsung:

$$Kalk.Zins = \frac{72.100 + (-10.000)}{2} \times 0,1 = 3.105,00 \; Euro \qquad \text{F 9.42}$$

Weiterhin wird der Wiederbeschaffungswert benötigt. Eine ähnliche Anlage sei zu konstanten Realpreisen zu haben. Es sind also nur die 3 % Inflation pro Jahr zu kalkulieren. Hierfür kann die Zinseszinsrechnung verwendet werden:

$$WBW = AK \times 1,03^{15} = 112.329,45 \; Euro \qquad \text{F 9.43}$$

Hieraus kann die kalkulatorische Abschreibung berechnet werden:

$$Kalk.Abschr = \frac{112.329,45 - (-10.000)}{15} = 8.155,30 \; Euro \qquad \text{F 9.44}$$

Hinzu kommen noch zwei weitere Fixkostenposten:

- die Versicherung mit 4.500 Euro jährlich sowie
- die jeweils alle zwei Jahre wiederholte TÜV-Abnahme mit 3.500 Euro für zwei Jahre oder anteilig 1.750 Euro pro Jahr.

Die Summe der Fixkosten beträgt damit 17.510,30 Euro pro Jahr.

Die Aufgabe demonstriert die Unabhängigkeit der Kosten von den Zahlungen. Die TÜV-Abnahme muß anteilig in die Fixkosten eingerechnet werden, auch wenn sie im ersten Betriebsjahr nicht auszahlungs-

Lösungen zu den Aufgaben in diesem Buch

wirksam anfällt. Die Kostenrechnung bewertet den periodisierten betrieblichen Faktoreinsatz und nicht die Zahlungsvorgänge.

Nunmehr müssen die variablen Kosten bestimmt werden. Es liegt auf der Hand, daß diese pro Kilometer Fahrtstrecke festgelegt werden sollen. Die eisenbahntypische Angabe der Verbrauchsdaten in Gramm pro Kilowattstunde (g/kWh) erschwert dies. Angegeben sind 224 g/kWh. Die Motorleistung beträgt 141 kW (die PS-Angabe ist überflüssig). Es werden also pro Stunde 31,584 kg Dieselöl verbraucht. Bei einer Geschwindigkeit von 40 km/h entspricht das 0,7896 kg pro Kilometer. Diese Ergebnisse müssen noch mit dem Treibstoffpreis i.H.v. 1,12 Euro pro kg multipliziert werden, so daß man auf 35,37408 Euro pro Stunde oder 0,884352 Euro pro Kilometer Treibstoffkosten kommt.

Sollen pro Jahr an 350 Tagen die 50 km jeweils drei Mal durchfahren werden, so werden pro Jahr im Durchschnitt 52.500 km zurückgelegt. Die Treibstoffkosten betragen also pro Jahr 46.428,48 Euro.

Dieser Rechenweg mag als Umweg erscheinen, aber die Kosten für den Fahrer und die vier Durchsichten sind jeweils pro Jahr angegeben. Sie müssen mit den Treibstoffkosten vergleichbar sein. Insgesamt ergibt sich daher für die variablen Maschinenkosten:

Übersicht über die variablen Kosten pro Jahr

Posten	Summe
Treibstoff (52.500 km/Jahr, 0,8844 Euro/km)	46.428,48 Euro/Jahr
Fahrpersonal (12 mal 2.200 Euro/Monat)	26.400 Euro/Jahr
Vier Durchsichten zu je 600 Euro	2.400 Euro/Jahr
Summe = variable Kosten pro Jahr	75.228,48 Euro/Jahr
Variable Kosten pro Kilometer	1,432923429 Euro/km

Abbildung 9.23: Übersicht über die variablen Kosten pro Jahr

Diese Daten sind die Grundlage für die Aufgabenlösungen:

1. Die Gesamtkosten betragen pro Jahr 92.738,78 Euro (Summe der fixen und variablen Kosten) sowie pro Kilometer 1,766453 Euro/km.

2. Bei vier (statt bisher drei) Fahrten pro Tag erhöht sich die jährlich zurückgelegte Kilometerzahl von bisher 52.500 auf dann 70.000 km pro Jahr. Unter der (möglicherweise vereinfachenden) Annahme der proportionalen Steigerung der Personalkosten wäre hier nur zu den Fixkosten i.H.v. 17.510,30 Euro pro Jahr der variable Kostensatz i.H.v. 1,432923429 Euro/km 70.000 mal (statt bisher nur 52.500 mal) zu addieren. Die Gesamtkosten pro Jahr sind damit 90.704,64 Euro oder 1,29578 Euro pro Kilometer.

3. Hier ist aus den in der Frage genannten 1,60 Euro pro km und den variablen Kosten i.H.v. 1,432923429 Euro/km ein Deckungsbeitrag von 0,304219429 Euro pro km zu berechnen. Um diesen Betrag

werden die Fixkosten i.H.v. 17.510,30 Euro mit jedem zurückgelegten Kilometer gedeckt. Dividiert man die Fixkosten durch den Deckungsbeitrag, so kommt man auf eine jährliche Gesamtleistung i.H.v. 57.588,11 Kilometer. Bei diesem Wert werden die Kilometerkosten genau 1,60 Euro/km betragen.

4. Die Kostenstruktur ist das Verhältnis der einzelnen Kostenarten zueinander. Im Beispiel kann natürlich nur das Verhältnis der Fixkosten zu den variablen Kosten betrachtet werden. Hierbei fällt auf, daß die variablen Kosten beim normalen Gebrauch der Anlage (drei Fahrten am Tag) einen weitaus höheren Kostenanteil pro Jahr als die Fixkosten ausmachen. Das hängt im wesentlichen mit den Treibstoffkosten zusammen, die schon alleine 46.428,48 Euro und damit ziemlich genau die halben jährlichen Gesamtkosten ausmachen.

Die Untersuchung der Kostenstruktur ergibt, daß wegen der hohen variablen Kosten die Stückkostendegression sehr flach ist. Mit einer Erhöhung der Leistung (z.B. mehr Fahrten pro Jahr) sind die Gesamtkosten pro km nur noch unwesentlich zu senken (im Beispiel von 1,4329 Euro/km bei drei Fahrten am Tag auf dann nur 1,29578 Euro pro km bei vier Fahrten am Tag). Der Betreiber hat also kaum Möglichkeiten, Konkurrenzkämpfe über den Preis auszutragen, Rabatte und Nachlässe zu geben oder Kostensteigerungen durch Leistungserhöhungen aufzufangen. Diese Situation ist sehr ungut und schränkt die Marktfähigkeit des Unternehmers ein. Eine solche Kostenstruktur ist ein Standortnachteil, der durch hohen Steueranteil an Treibstoffen und künstliche Energieverteuerung z.B. im Rahmen des Emissionshandels und diverser Steuerlasten erst künstlich geschaffen wurde[1]. Es wundert daher nicht, daß Unternehmer dieser Situation durch Abwanderung ins Ausland mit u.a. niedrigeren Lohnkosten und geringeren Energiekosten ausweichen.

Hinweis: Während die »Husumer Strandbahn AG« natürlich eine Fiktion ist, haben Eisenbahnfans vielleicht bemerkt, daß das hier beschriebene Fahrzeug tatsächlich existiert. Die technischen Daten sind real.

---

[1] Das für die Kontrolle der verbotenen oder nur bedingt verkehrsfähigen Waren zuständige Bundesamt für Wirtschaft und Ausfuhrkontrolle (BAFA) erstellt monatliche Marktstatistiken. Aus diesen ging im Jahre 2007 hervor, daß Energieimporte im Vergleich zu 2006 pro Einheit (Tonne, Megawattstunde) billiger (!) geworden sind. Beispielzitat aus der am 17.12.2007 veröffentlichten Statistik für Oktober 2007: »Der durchschnittliche Grenzübergangspreis ist im betrachteten zwölfmonatigen Zeitraum im Vergleich zur Referenzperiode um 2,9 % von 5.774,61 Euro auf 5.604,71 Euro pro Terajoule Erdgas gesunken«, http://www.bafa.de/bafa/de/energie/erdgas/energieinfo/2007/oktober.html. Wer davon an der Tankstelle nichts bemerkt hat, sollte den freundlichen Finanzminister der die noch freundlicheren Terminspekulanten an den Börsen um Rat fragen.

Lösungen zu
den Aufgaben
in diesem Buch

9.1.17. Lösung 17 – Retrograde Maschinenrechnung

1. Zunächst ist festzustellen, daß bei zwölf Monaten zu je 20 Tagen mit jeweils acht Stunden und einer Produktionsleistung von fünf Stück pro Stunde die maximale Ausbringung X = 9.600 Stück pro Jahr beträgt. Unter diesen Rahmenbedingungen ist die folgende Auswertung möglich:

Betriebsergebnis pro Jahr und pro Stück

Anlage	A	B
Fixkosten pro Jahr:		
Kalkulatorische Abschreibung	8.500 Euro	11.250 Euro
Kalkulatorische Zinsen	2.100 Euro	2.160 Euro
Sonstige Fixkosten	2.000 Euro	3.000 Euro
Summe	**12.600 Euro**	**16.410 Euro**
Variable Kosten pro Stück:		
Summe direkt aus der Aufgabe	**3,40 Euro**	**3,00 Euro**
Gesamtkosten bei X = 9.600 Stück:		
pro Jahr	45.240 Euro	45.210 Euro
pro Stück	4,71250 Euro	4,70938 Euro
Verkaufswert pro Stück (Aufgabe):	4,75 Euro	4,75 Euro
Betriebsergebnisrechnung:		
Umsatz pro Jahr	45.600 Euro	45.600 Euro
− Gesamtkosten pro Jahr	45.240 Euro	45.210 Euro
= Betriebsergebnis pro Jahr	**360 Euro**	**390 Euro**
= Betriebsergebnis pro Stück	0,0375 Euro	0,0406 Euro

Abbildung 9.24: Betriebsergebnis pro Jahr und pro Stück

Auffällig ist hier, daß die Gewinnschwelle offenbar erst kurz vor der Maximalleistung pro Jahr erreicht wird. Das bestätigt sich bei einer Deckungsbeitrags- und Break Even Rechnung:

Deckungsbeitrags- und Break Even Rechnung

Anlage	A	B
Verkaufspreis des Produktes	4,75 Euro/St	4,75 Euro/St
− Variable Kosten	3,40 Euro/St	3,00 Euro/St
= Deckungsbeitrag	3,35 Euro/St	1,75 Euro/St
Break Even Menge	9.333,33 St	9.377,14 St

Abbildung 9.25: Deckungsbeitrags- und Break Even Rechnung

Es kann also argumentiert werden, daß das mit dieser Investition verbundene Risiko vergleichsweise groß ist. Wird die maximal mögliche Leistung nicht fast ganz ausgelastet, drohen Verluste.

Das ist aber für sich genommen kein Grund, die Investition zu unterlassen oder die Produktion einzustellen, weil die Deckungsbeiträge positiv sind.

2. Eine kritische Leistung setzt voraus, daß die Fixkosten pro Jahr einer Anlage und die variablen Kosten pro Stück der jeweils anderen Anlage höher sind (»Überkreuz«-Verhältnis). Das ist hier gegeben: Die Fixkosten von B sind höher als die von A, aber die variablen Stückkosten von A sind höher als die von B. Eine kritische Leistung kann damit wie folgt berechnet werden:

$$X_{krit} = \frac{16.410 - 12.600}{3,40 - 3,00} = 9.525 \ Stück \qquad \text{F 9.45}$$

3. Allgemein kann man sagen:

$$G = U - K_{ges} \qquad \text{F 9.46}$$

Setzt man die Formeln für den Umsatz und die Gesamtkosten ein, so erhält man:

$$G = P \cdot X - (K_{fix} + X \cdot K_{var}) \qquad \text{F 9.47}$$

Das für sich genommen bringt noch nicht viel. Es ist zunächst wichtig, sich darüber Klarheit zu verschaffen, daß die Fixkosten sich folgendermaßen zusammensetzen:

$$K_{fix} = \frac{WBW - SW}{n_{techn}} + \frac{AK + SW}{2} \times R_{min} + K_{fix_{Sonst}} \qquad \text{F 9.48}$$

Die ungünstigere Anlage, die höhere Kosten verursacht, ist Anlage A. Anlage A verursacht bei der gegebenen Maximalauslastung Kosten i.H.v. 45.240 Euro, während Anlage B »nur« 45.210 Euro Gesamtkosten verursacht. Dieser geringfügige Unterschied ist in dem Beispiel mit Bedacht gewählt und nicht zufällig.

Der Anbieter von Anlage A müßte also ggf. einen Rabatt gewähren. Wie hoch muß dieser Rabatt sein? Das kann berechnet werden, indem man die Gewinnfunktion mit dem Gewinn von B und den Kostenwerten von A aufstellt. Dabei können alle einzelnen Werte schon gleich zu Anfang als Konstanten eingesetzt werden, nur nicht die kalkulatorischen Zinsen. Diese enthalten nämlich als einzige die Anschaffungskosten:

$$390 = 45.600 - \frac{AK + 3.000}{2} \times 0,12 - 8.500 - 2.000 - 32.640$$

F 9.49

Lösungen zu den Aufgaben in diesem Buch

Der Gewinn i.H.v. 390 Euro ist hier der von Anlage A zu ermittelnde Gewinn, der bisher nur bei Anlage B entsteht. Vom Umsatz i.H.v. 45.600 Euro werden die Fixkosten subtrahiert, die aus den als Formel angegebenen kalkulatorischen Zinsen, den kalkulatorischen Abschreibungen von 8.500 Euro und den sonstige Fixkosten von 2.000 Euro bestehen. ferner muß die Summe der variablen Kosten i.H.v. 32.640 Euro subtrahiert werden. Alle diese Werte entstammen der Rechnung zu Anlage B. Die Anschaffungskosten in F 9.49 sind aber die, die Anlage A maximal kosten darf.

Zunächst macht es Sinn, die Gleichung durch Addition der diversen Konstanten zu vereinfachen:

$$390 = 45.600 - \frac{AK + 3.000}{2} \times 0{,}12 - 43.140 \qquad \text{F 9.50}$$

Dann werden die beiden hier noch übrigen Konstanten subtrahiert:

$$390 = 2.260 - \frac{AK + 3.000}{2} \times 0{,}12 \qquad \text{F 9.51}$$

Über beide Seiten werden die Konstanten saldiert:

$$2.070 = \frac{AK + 3.000}{2} \times 0{,}12 \qquad \text{F 9.52}$$

Mit einer Division durch 0,12 wird der Zinssatz aus der Gleichung entfernt:

$$17.250 = \frac{AK + 3.000}{2} \qquad \text{F 9.53}$$

Schließlich wird die Gleichung mit 2 multipliziert:

$$34.500 = AK + 3.000 \qquad \text{F 9.54}$$

Und das Ergebnis:

$$AK = 31.500 \qquad \text{F 9.55}$$

Die Aufgaben wurde mit Bedacht gewählt. Sie zeigen, daß Rabattschlachten meistens nichts bringen: Obwohl der Kostenunterschied zwischen den beiden Anlagen nur ganze 30 Euro (!) betrug, muß der Anbieter von Anlage A schon 500 Euro Nachlaß gewähren. Wäre der Kostenunterschied aber größer, wäre auch der Nachlaß proportional größer – und der Verkauf entsprechend nicht mehr lohnend.

9.1.18. Lösung 18 – Plankosten- und Variatorrechnung

1. Zahlenwerk zur ersten Frage:

Kostenanalyse und Bestimmung des Variators

Maschine	K_{fix}	K_{var}	K_{ges}	Variator
Nr. 1	24.000,00 €	1.600,00 €	25.600,00 €	6,25 %
Nr. 2	48.000,00 €	0,00 €	48.000,00 €	0,00 %
Nr. 3	16.000,00 €	4.000,00 €	20.000,00 €	20,00 %
Nr. 4	6.000,00 €	6.000,00 €	12.000,00 €	50,00 %
Summe	94.000,00 €	11.600,00 €	105.600,00 €	

Abbildung 9.26: Kostenanalyse und Bestimmung des Variators

Hier kann angemerkt werden, daß der Variator in diesem Buch stets im Prozentformat angegeben wird. Andere Werke verwenden das Dezimalformat. Dieses ist ebenso richtig. Die Lösung wäre dann 0,625, 0, 2 und 5.

2. Grundlage der Abweichungsanalyse ist die tatsächliche Beschäftigung i.H.v. 75 % der Planbeschäftigung oder 300 (statt eigentlich geplant 400) Stunden. Zunächst werden die Sollkosten bestimmt:

$$K_{Soll} = \frac{11.600 \times 300}{400} + 94.000 = 102.700 \; Euro \qquad \text{F 9.56}$$

Die verrechneten Plankosten bei Istbeschäftigung sind:

$$PKVS = \frac{105.600}{400} \times 300 = 79.200 \; Euro \qquad \text{F 9.57}$$

Die Verbrauchsabweichung ist:

$$\Delta_V = 102.000 - 112.000 = -9.300 \; Euro \qquad \text{F 9.58}$$

Die Beschäftigungsabweichung ist:

$$\Delta_B = 79.200 - 102.700 = -23.500 \; Euro \qquad \text{F 9.59}$$

Die Gesamtabweichung ist:

$$\Delta_{ges} = 79.200 - 112.000 = -32.800 \; Euro \qquad \text{F 9.60}$$

3. Grenzkosten sind die Kosten, die für die nächste produzierte Einheit entstehen. Sie ergeben sich aus der Summe der variablen Kosten in den vier Kostenformeln F 7.21 bis F 7.24 und betragen 29 Euro.

9.1.19. Lösung 19 – Komplexe Plankostenrechnung

Diese Sache ist besonders schwierig, weil die für die geforderte Abweichungsanalyse erforderlichen Daten nicht ohne weiteres vorliegen. Sie müssen erst berechnet werden. Hierfür werden Konzepte aus der Teilkostenrechnung und, wie so oft, die zugrundeliegenden Definitionen vorausgesetzt. Die eigentliche Abweichungsanalyse ist mit auswendig gelernten Formeln zu schaffen; die Vorbereitungen sind jedoch umfangreich, und wer die Grundlagen nicht verinnerlicht hat, hat kaum eine Chance, mit der Abweichungsanalyse überhaupt nur zu beginnen.

Die Plankostenrechnung ist eine Weiterentwicklung der Teilkostenrechnung. Es müssen also Konzepte der Teilkostenrechnung auf die Plankostenrechnung übertragen werden. Zunächst muß also klar sein, daß die Kosten in Fixkosten und in variable Kosten aufgeteilt werden sollen. Die Fixkosten sind aber in der Aufgabe gar nicht genannt.

Einige variable Kostendaten liegen jedoch vor. Das ist der Einstieg in die Lösung. Die Lohnkosten sind mit 21 Euro/Stunde genannt. Das ist unproblematisch. Die Materialkosten können multipliziert werden. Dann findet man, daß für Material A bei 160 Stunden Kosten i.H.v. 28.800 Euro oder 180 Euro/Stunde geplant sind, und bei Material B insgesamt 6.720 Euro/Monat oder 42 Euro/Stunde.

Ferner sind in der Aufgabe die Gemeinkosten genannt. Aus den zugrundeliegenden Definitionen muß bekannt sein, daß Gemeinkosten fix oder variabel sein können (während Einzelkosten stets variabel sind). In der Aufgabe sind zwei Beschäftigungswerte und zwei Gemeinkosten genannt. Das ist verdächtig. Wenn die Gemeinkosten bei 120 Stunden pro Monat einen anderen Betrag ausmachen als bei 160 Stunden/Monat, dann ist die Differenz gerade der variable Kostenanteil:

$$K_{var} = \frac{\Delta K}{\Delta X} = \frac{200}{40} = 5 \; Euro/Std \qquad \text{F 9.61}$$

Summiert man diese einzelnen Kostenanteile auf, so erhält man die variablen Kosten i.H.v. 248 Euro pro Stunde.

Das erlaubt aber auch die Berechnung der Fixkosten. Allgemein gilt:

$$K_{fix} = K_{ges} - X \cdot K_{var} \qquad \text{F 9.62}$$

Die Gesamtkosten sind aber bekannt, nämlich 36.800 Euro bei 160 Stunden und 36.600 Euro bei 120 Stunden. Es gilt also:

$$K_{fix} = 36.800 - 160 \cdot 5 = 36.600 - 120 \cdot 5 = 36.000 \; Euro \qquad \text{F 9.63}$$

Dies ähnelt dem Grundkonzept, das in verschiedenen Aufgaben im Bereich der Break Even Rechnung angewandt wird. Es ist im Zusammenhang mit der Plankostenrechnung möglicherweise überraschend, aber ganz sicher nicht fehlplaziert.

Auf dieser Basis kann jetzt für die Planbeschäftigung i.H.v. 160 Stunden der Plankostenverrechnungssatz gefunden werden. Die Fixkosten sind ja jetzt bekannt. Die variablen Kosten der Periode betragen 160 mal die oben berechneten 248 Euro, also 39.680 Euro. Die gesamten Plankosten liegen damit bei 75,680 Euro. Der Plankostenverrechnungssatz ist:

$$PKVS = \frac{75.680}{160} = 473 \; Euro/Std \hspace{3cm} \text{F 9.64}$$

Die Istbeschäftigung beträgt aber nur 62,50 % der Planbeschäftigung, oder 100 Stunden pro Periode. Hierfür sind zunächst die Istkosten zu bestimmen. Die Löhne bleiben gemäß Aufgabe ja unverändert bei 21 Euro/ Stunde oder 2.100 Euro pro Monat. Bei Material A sind es 7.600 kg oder 18.240 Euro; bei Material B hingegen 310 kg zu je 15 Euro/kg, also 4.650 kg. Bei den Gemeinkosten schließlich sind 37.000 Euro angefallen. Da die Fixkosten 36.000 Euro betragen und das ist gemäß der bekannten Definition von der Auslastung unabhängig liegen die variablen Gemeinkosten bei 1.000 Euro. Die Ist-Gesamtkosten sind daher bei 61.990 Euro. Die verrechneten Plankosten bei Istbeschäftigung betragen aber 47.300 Euro.

Jetzt erst kann eine Abweichungsanalyse durchgeführt werden. Zunächst werden die Sollkosten bestimmt:

$$K_{Soll} = \frac{39.680 \times 100}{160} + 36.000 = 60.800 \; Euro \hspace{2cm} \text{F 9.65}$$

Die Verbrauchsabweichung ist die Differenz aus Soll- und Istkosten. Hier gilt:

$$\Delta V = 61.990 - 60.800 = 1.190 \; Euro \hspace{3cm} \text{F 9.66}$$

Die Beschäftigungsabweichung ist die Differenz aus den verrechneten Plankosten bei Istbeschäftigung und den Sollkosten. Es gilt:

$$\Delta B = 47.300 - 60.800 = -13.500 \; Euro \hspace{3cm} \text{F 9.67}$$

Die Gesamtabweichung ist schließlich die Differenz aus den verrechneten Plankosten bei Istbeschäftigung und den Istkosten. Es gilt:

$$\Delta_{ges} = 47.300 - 61.990 = -14.690 \; Euro \hspace{3cm} \text{F 9.68}$$

Dieses Ergebnis kann übrigens unter Beweis gestellt werden, indem man die Beschäftigungs- und die Verbrauchsabweichung addiert. Das Ergebnis muß genau der Gesamtabweichung entsprechen – was es tut.

9.1.20. Lösung 20 – Grundlegendes Prozeßkostenmodell

1. Alle genannten Prozesse, außer der allgemeinen Verwaltung, sind leistungsmengeninduziert, weil sie alle einen meßbare Leistungsoutput haben.
2. Variable Kosten sind ausbringungsmengenabhängig in Bezug auf das Gesamtsystem, während LMI-Kosten variabel in Bezug auf den einzelnen Prozeß, nicht aber notwendig das Gesamtsystem sind. Die LMI-Definition ist also eine Verfeinerung der Definition der variablen Kosten.
   Die LMN-Kosten sind stets Fixkosten.
3. Zahlenwerk zu zu Aufgabe 3:

Bestimmung der Prozeßkostensätze der LMI-Kosten

Prozeß	Prozeßkosten	Prozeßmenge	Kostensatz
Werbung	300.000,00 €	300,00 Einh.	1.000,00 €/Einh
Verkaufsförderg.	400.000,00 €	200,00 Einh.	2.000,00 €/Einh
Kundenakquise	200.000,00 €	250,00 Einh.	800,00 €/Einh
Verkauf	100.000,00 €	160,00 Einh.	625,00 €/Einh
Auslieferung	75.000,00 €	150,00 Einh.	500,00 €/Einh
Summe	1.075.000,00 €		

Abbildung 9.27: Bestimmung der Prozeßkostensätze der LMI-Kosten

Hierbei ist zu beachten, daß bei Werbung, Verkaufsförderung und Kundenakquise die Daten aus der Aufgabe direkt übernommen werden können. Beim Verkauf ist nur die Zahl der Kunden, die wirklich gekauft haben, die Prozeßmenge. Der Verkauf darf daher nicht mit der Kundenakquise zusammengefaßt werden. In ähnlicher Weise darf die Auslieferung nicht mit dem Verkauf zusammengefaßt werden, weil einige Kunden Selbstabholer sind. »Sondereinzelkosten des Vertriebes« sind natürlich die Kosten des Warenausganges.
Beim Verkauf müssen die 60.000 Euro »eigentliche« Kosten und die 40.000 Euro Nachlässe und Vergünstigungen zusammengerechnet werden. Dies ist ein einfacher Fall einer Prozeßaggregation.

4. Die Summe der LMI-Kosten muß zuvor festgestellt worden sein. Dann ist einfach die Summe der Kosten der Verwaltung i.H.v. 215.000 Euro durch die Summe der LMI-Kosten zu dividieren

$$LMN\text{-}Zuschlag = \frac{215.000}{1.075.000} = 20\%$$

F 9.69

5. Auf die Kostensätze der LMI-Kosten werden die LMN-Kosten per Prozentsatz aufgeschlagen. Die Rechnung entspricht einer Zuschlagsrechnung, denn die LMN-Kosten haben keinen Kosten-

treiber und können daher nicht durch eine Verursachergröße geschlüsselt werden. Das Zahlenwerk zur Lösung ist:

Bestimmung der Gesamtkosten

Prozeß	Prozeßkosten	Prozeßmenge	Kostensatz	Gesamtkosten
Werbung	300.000 €	300 Einh.	1.000 €/Einh	1.200 €/Einh
Verkaufsfrdrg.	400.000 €	200 Einh.	2.000 €/Einh	2.400 €/Einh
Kundenakquise	200.000 €	250 Einh.	800 €/Einh	960 €/Einh
Verkauf	100.000 €	160 Einh.	625 €/Einh	750 €/Einh
Auslieferung	75.000 €	150 Einh.	500 €/Einh	600 €/Einh
Summe	1.075.000 €			

Abbildung 9.28: Bestimmung der Gesamtkosten

Auf den Kostensatz jedes Prozesses sind jeweils 20 % LMN-Umlage aufgeschlagen worden.

9.1.21. Lösung 21 – Komplexe Prozeßkostenfallstudie

Zunächst sind alle LMI-Teilprozesse mit gleichem Kostentreiber und
(!) mit gleicher Prozeßmenge zu Hauptprozessen zu aggregieren. Das wird
in der Aufgabe in nicht zu ausladendem Rahmen präsentiert, ist in der
Realität aber oft eine umfangreiche Aufgabe, die kaum ohne Datenbank-
system zu bewältigen ist. LMN-Prozesse sind abzutrennen. Sie sind
daran zu erkennen, daß sie keinen Kostentreiber haben. Im Beispiel ist
die Liste der LMI-Hauptprozesse:

Liste der LMI-Hauptprozesse

Hauptprozeß	Kosten	Outputmenge	Kosten
Teilefertigung	144.000 €	1.800 Platinen	80,00 €/St
Endfertigung	33.300 €	900 Geräte	37,00 €/St
Reparaturen	2.700 €	45 Reklamationen	60,00 €/St
Verpackungen	5.000 €	1.000 Geräte	5,00 €/St
Auslieferungen	3.000 €	10 Auslief	300,00 €/St
Werbung	36.000 €	5 Inserate	7.200,00 €/St
Summe LMI-Kosten	224.000 €		

Abbildung 9.29: Liste der LMI-Hauptprozesse

Die Prozesse »Endfertigung« und »Verpackungen« können im Beispiel
nicht zusammengefaßt werden, weil die Prozeßmenge nicht übereinstimmt. Prozeßmenge und Kostentreiber müssen beide identisch sein,
um Teilprozesse zu Hauptprozessen zu aggregieren.

Im Beispiel ist ferner relevant, daß 1.800 Platinen zu 900 Geräten zusammengebaut wurden; es wurden aber 1.000 Geräte verschickt. In dieser Zahl sind die 45 Reparaturen und die Bestandsminderung i.H.v. 85 Stück aus dem Ausgangslager mehrend sowie die 30 nicht ausgelieferten fehlerhaften Geräte mindernd berücksichtigt.

Im nächsten Schritt ist der LMN-Zuschlag zu berechnen. In der Aufgabe sind drei LMN-Prozesse »Qualitätsmanagement« (im Gegensatz zur »Qualitätskontrolle«!), die allgemeine Verwaltung und der allgemeine Vertrieb mit insgesamt 17.920 Euro Kosten gegeben. Wird dieser Wert durch die Summe der LMI-Kosten i.H.v. 224.000 Euro dividiert, so erhält man eine LMN-Umlage von 8 %.

Auf dieser Basis können die gesamten Prozeßkosten berechnet werden:

Bestimmung der LMN-Umlage und der gesamten Prozeßkosten

Prozeß	Kosten	Menge	Prozeßkosten	Umlage	Gesamt
Teilefertigung	144.000 €	1.800 St	80,00 €/St	6,40 €/St	86,40 €/St
Endfertigung	33.300 €	900 St	37,00 €/St	2,96 €/St	39,96 €/St
Reparaturen	2.700 €	45 St	60,00 €/St	4,80 €/St	64,80 €/St
Verpackungen	5.000 €	1.000 St	5,00 €/St	0,40 €/St	5,40 €/St
Auslieferungen	3.000 €	10 St	300,00 €/St	24,00 €/St	324,00 €/St
Werbung	36.000 €	5 St	7.200,00 €/St	576,00 €/St	7.776,00 €/St

Abbildung 9.30: Bestimmung der LMN-Umlage und der gesamten Prozeßkosten

Aufgrund dieser Gesamtkostenermittlung kann die folgende Vorkalkulation durchgeführt werden:

	Posten	Kosten	Faktor	Summe
	Teilefertigung	86,40 €/St	2	172,80 €/St
+	Endfertigung	39,96 €/St	1	39,96 €/St
+	Reparaturen	64,80 €/St	0,05	3,24 €/St
+	Verpackungen	5,40 €/St	1	5,40 €/St
+	Auslieferungen	324,00 €/St	0,01	3,24 €/St
+	Werbung	7.776,00 €/St	0,005	38,88 €/St
=	Selbstkosten			263,52 €/St
+	Plangewinn		10%	26,35 €/St
=	Barverkaufspreis			289,87 €/St
+	Kundenskonto		3%	8,97 €/St
=	Zielverkaufspreis			298,84 €/St

Abbildung 9.31: Prozeßkalkulation für einen MP3-Player

Zunächst werden hier die ein Gerät betreffenden Kosten addiert. Da ein Gerät zwei Platinen enthält, ist der Beanspruchungsfaktor bei der Teilefertigung 2. Bei der Endfertigung beträgt der Faktor 1 (jedes Gerät wird ein Mal endgefertigt). Gleiches gilt für die Verpackung.

Bei den Reparaturen ist der Faktor 0,05. Das bedeutet, daß bei 900 produzierten (nicht etwa 1.000 verpackten und verschickten!) Geräten 45 fehlerhafte Einheiten dabei waren. Die Fehlerrate beträgt damit 5 % (oder ein Gerät in 20 funktioniert nicht). Der Faktor 0,01 oder 1 % bei den Auslieferungen bedeutet, daß auf je 100 Geräte eine Verschickung kommt. In der Aufgabe hieß es, daß der Handel jeweils Paletten zu 100 Stück erhält. Die Beanspruchung der Verschickungskosten für ein Gerät ist damit 1 % der Kosten einer Versendung. Schließlich beträgt der Beanspruchungsfaktor bei der Werbung nur 0,005 oder ein halbes Prozent: Wenn bei 1.000 verschickten (also nachgefragten) Geräten fünf Inserate veröffentlicht wurden, bedeutet dies, daß jedes Inserat im Durchschnitt 200 Verkäufe bedingt (oder auf jedes Gerät 0,5 % der Kosten eines Inserates i.H.v. 7.776 Euro zugerechnet werden müssen).

Die Prozeßkalkulation wird durch eine Zuschlagskalkulation ergänzt, denn die Prozeßkostenrechnung enthält keine Elemente der Verkaufskalkulation. Das muß also auf traditionelle Art erledigt werden. Hierzu wird ein Plangewinn im Wege der vom-Hundert-Rechnung aufgeschlagen und das Kundenskonto im Wege der im-Hundert-Rechnung.

9.2. Kleines Glossar wichtiger Definitionen

Dieser Abschnitt bietet einen knappen Überblick über die wichtigsten zugrundeliegenden Definitionen:

Allgemeine Kostenstelle	Eine → Kostenstelle, die eine Leistung an alle anderen Kostenstellen verrechnet, aber nicht an das Produkt. Die allgemeine Kostenstelle hat damit keinen Zuschlagssatz. Beispiele: Wache, Kantine, Kraftwerk, Werksarzt. Ähnlich: → Hilfskostenstelle. Gegenteil: Hauptkostenstelle.
Arbeitsanweisung	Instruktion, in einem einzelnen, konkreten Fall eine bestimmte → Verfahrensanweisung konkret durchzuführen. Wichtig in der → Prozeßkostenrechnung.
Aufwand	Verbrauch an Gütern und Leistungen.
Ausbringung	Anzahl der Leistungseinheiten, die insgesamt in einer Rechnungsperiode erstellt oder marktreif gemacht werden. → Leistung.
Ausgabe	Mehrung der Verbindlichkeiten (Regelfall) oder Minderung der Forderungen (seltener).
Auszahlung	Abfluß → liquider Zahlungsmittel.
Auszahlungsausgabe	Eine → Auszahlung, die zugleich auch eine → Ausgabe ist. Beispiel: Zahlung einer Rechnung (→ Auszahlung) durch Überweisung von einem überzogenen Girokonto (→ Ausgabe).

Bargeld	Alle → liquiden Zahlungsmittel in Gestalt von Geldzeichen, also Münzen oder Scheine.
Basisanforderung	Grundlegende Eignung für einen bestimmten Zweck. → Qualität, → Leistungsanforderung, → Begeisterungsanforderung.
Begeisterungsanforderung	Maximale Eignung für einen bestimmten Zweck; »Best in Class«. → Qualität, → Basisanforderung, → Leistungsanforderung.
Betriebsabrechnungsbogen	Rechenverfahren, durch das die → Kosten eines Betriebs auf die → Kostenstellen verteilt werden.
Betriebsergebnis	Leistungen minus Kosten. → Gewinn, → Neutrales Ergebnis.
Buchgeld	Alle → liquiden Zahlungsmittel auf → Sichtkonten.
Budget	In wertmäßigen Größen formulierter → Plan, der einer entscheidenden oder leitenden Person oder Stelle mit einer bestimmten Verbindlichkeit vorgegeben wird.
Controlling	Es gibt keine universell anerkannte Definition. Wir haben in diesem Werk das Controlling als »Interne Unternehmenssteuerung« definiert; → taktisch und → strategisch.
Controlling-Gesamtkonzept	Aufeinander bezügliche Summe von Instrumenten und Methoden des Controllings.
Deckungsbeitrag	Differenz zwischen Verkaufspreis und variablen Kosten.
Einnahme	Mehrung der Forderungen (Regelfall) oder Minderung der Verbindlichkeiten (seltener).
Einzahlung	Zufluß → liquider Zahlungsmittel.
Einzahlungseinnahme	Eine → Einzahlung, die zugleich auch eine → Einnahme ist. Beispiel: Unbarer Zahlungseingang einer Rechnung auf Girokonto im Guthaben.
Erlös	Verwertung von Gütern und Leistungen. → Gut.
Ertrag	Verwertung von Gütern und Leistungen. → Gut.
Externer Kunde	Wer die Produkte oder Leistungen der Unternehmung nutzt oder kauft; → Kunde.
Fixkosten	Diejenigen → Kosten, die in ihrer Höhe vom Umsatz (oder der → Ausbringung) unabhängig sind. Sie können dennoch veränderlich sein; → variable Kosten.
Gewinn	Umsatz minus Aufwendungen; andere Definitionen möglich. → Betriebsergebnis, → Neutrales Ergebnis.
Grundkosten	Eine Kostenart (→ Kosten), die zugleich auch ein → Aufwand ist. Beispiel: Lohnkosten. Der Begriff ist deckungsgleich mit dem Begriff → Zweckaufwand.

Grundleistung	Eine → Leistung, die zugleich auch ein → Ertrag ist. Beispiel: Abrechnung eines Warenverkaufes. Der Begriff ist deckungsgleich mit dem Begriff → Zweckertrag.
Gut	Alles, was der (menschlichen) Bedürfnisbefriedigung dient oder auch nur dienen könnte.
Hauptkostenstelle	Eine → Kostenstelle, die eine Leistung direkt am Produkt erbringt. Die Hauptkostenstelle kann ein Lager- oder ein Produktionsbereich sein oder auch eine Maschine. Der Vertrieb ist regelmäßig eine Hauptkostenstelle, bei der Verwaltung ist dies umstritten. Die Hauptkostenstelle hat einen Zuschlagssatz, der ein Prozentsatz oder ein Stücksatz sein kann. Gegenteil: → allgemeine Kostenstelle, → Hilfskostenstelle.
Hilfskostenstelle	Eine → Kostenstelle, die eine Leistung nur an eine einzige → Hauptkostenstelle (oder eine sehr kleine Gruppe ähnlicher Hauptkostenstellen) verrechnet, aber nicht an das Produkt. Die allgemeine Kostenstelle hat damit keinen Zuschlagssatz. Beispiel: Arbeitsvorbereitung. Ähnlich: → allgemeine Kostenstelle. Gegenteil: Hauptkostenstelle.
Interner Kunde	Mitarbeiter; → Kunde.
Investition	Ausweis der unternehmerischen Mittelverwendung; → Vermögen.
Istkosten	Die in einer Periode wirklich entstandenen Kosten. Gegenteil: → Plankosten.
Kalkulation	Der Prozeß der Zurechnung der → Kosten an die → Kostenträger.
Kalkulatorische Ausgabe	Eine → Ausgabe, die keine → Auszahlung ist. Beispiel: Rechnungseingang über Verbrauchsfiktionsgrenze des § 6 Abs. 2 Satz 1 EStG.
Kalkulatorische Einnahme	Eine → Einnahme, die keine → Einzahlung ist. Beispiel: Ausgangsrechnung an einen Kunden.
Kalkulatorische Kosten	Alle → Kosten, die keine → Aufwendungen sind. Man unterscheidet kalkulatorische Abschreibungen, kalkulatorische Zinsen, kalkulatorische Wagnisse, kalkulatorische Mieten und kalkulatorische Unternehmerlöhne. Kalkulatorische Qualitätskosten sind zwar kalkulatorische Kosten, aber in der Regel nicht zu bewerten oder zu buchen.
Kalkulatorische Leistung	Alle → Leistungen, die keine → Erträge sind. Beispiel: noch nicht aktivierte innerbetriebliche Leistung (z.B. wegen eines Bilanzierungsverbotes wie etwa in § 248 Abs. 2 HGB bei Eigenerstellung von Software oder anderen immateriellen Wirtschaftsgütern).

Kalkulatorischer Aufwand	Ein → Aufwand, der keine → Ausgabe oder → Auszahlung ist. Beispiel: Entnahme von Material aus dem Lager für Produktion.
Kalkulatorischer Ertrag	Ein → Ertrag, der keine → Einnahme oder → Einzahlung ist. Beispiel: Bestandserhöhung an Fertig- oder Unfertigprodukten.
Kapital	Ausweis der unternehmerischen Mittelherkunft.
Kosten	Bewerteter und periodisierter Güter- und Leistungsverzehr für Zwecke der betrieblichen Leistungserstellung oder Erhaltung der Leistungsbereitschaft.
Kostenauflösung	Die Aufteilung (»Auflösung«) einer Kostensumme in ihre Komponenten. Kostenauflösungen können in → Fixkosten und in → variable Kosten stattfinden, aber auch in → Einzelkosten und in → Gemeinkosten. Ein Beispiel ist die Kostenauflösung bei den → Mischkosten.
Kostenstelle	Der Ort der Kostenentstehung im Betrieb, vgl. → Hauptkostenstelle, → allgemeine Kostenstelle und → Hilfskostenstelle.
Kostenträger	Die Produkte oder Leistungen, durch deren Verkauf die → Kosten des Betriebes wieder hereingeholt werden sollen.
Kostentreiber	Kostenverursachergröße in der → Prozeßkostenrechnung.
Kostenträgerstückrechnung	Rechenverfahren, das die → Kosten pro Stück auf den → Kostenträger bezieht.
Kostenträgerzeitrechnung	Rechenverfahren, das die → Kosten pro Zeiteinheit auf den → Kostenträger bezieht.
Kunde	→ externer Kunde, → interner Kunde, → Stakeholder.
Leistung	Bewertete, periodisierte Güter- und Leistungsentstehung aus betrieblicher Tätigkeit.
Leistungsanforderung	Besser sein als andere Produkte. → Qualität, → Basisanforderung, → Begeisterungsanforderung.
Linienfixkosten	Diejenigen → Kosten, die vom Bestehen einer Gruppe ähnlicher Produkte (Produktlinie) abhängen, aber dennoch ausbringungsmengenunabhängig sind. Sie entfallen nur, wenn die Produktlinie insgesamt abgeschafft wird. → Fixkosten.
Liquide Zahlungsmittel	→ Bargeld oder → Buchgeld.
Management	Oberzielkonforme, interpersonelle Verhaltensbeeinflussung oder oberzielkonforme Lenkung von Sachmitteln.
Management-Instrument	Alle Mittel und Methoden der interpersonellen Verhaltensbeeinflussung oder oberzielkonformen Lenkung von Sachmitteln.

Managementsystem	Gesamtheit aller aufeinander bezüglicher Erscheinungsformen des Managements. Man unterscheidet heute im wesentlichen drei Managementsysteme: das Qualitäts-, das Risiko- und das Umweltmanagement. Eine → Balanced Scorecard ist kein Managementsystem im eigentlichen Sinne, obwohl sie in Synergie zu den Managementsystemen steht, sondern eher ein → Management-Instrument.
Mindestrentabilität	Die Verzinsung, die eine wirtschaftliche Tätigkeit mindestens erbringen muß, um absolut rentabel zu sein. Die Mindestrentabilität besteht aus einem allgemeinen Kapitalmarktguthabenzins plus einer allgemeinen Risikozulage. → Risiko.
Mischkosten:	Alle → Kosten, denen mehrere Eigenschaften zugleich zukommen, die beispielsweise → Einzelkosten und → Gemeinkosten gleichzeitig sind. Ein gutes Beispiel sind die Lohnkosten gewerblicher Arbeitnehmer. Sie sind Einzelkosten, wenn direkt am Werkstück gearbeitet wird, und Gemeinkosten, wenn andere Arbeiten erledigt werden. Mischkosten müssen in die jeweiligen Komponenten aufgeteilt werden. Der Vorgang wird als → Kostenauflösung bezeichnet.
Neutrale Ausgabe	Eine → Ausgabe, die kein → Aufwand ist. Beispiel: Ein Rechnungseingang in einem Wert, der nicht mehr der Verbrauchsfiktion der § 6 Abs. 2a EStG unterliegt.
Neutrale Auszahlung	Eine → Auszahlung, die keine → Ausgabe ist. Beispiel: Barzahlung bestehender Verbindlichkeit.
Neutrale Einnahme	Eine → Einnahme, die kein → Ertrag ist. Beispiel: Ausgangsrechnung an Kunden über Vorauszahlung.
Neutrale Einzahlung	Eine → Einzahlung, die keine → Einnahme ist. Beispiel: Barzahlung bestehender Forderung.
Neutraler Aufwand	Ein → Aufwand, der keine Kostenart ist. Beispiele: Zahlung von Schuldzinsen oder steuerliche Abschreibung.
Neutraler Ertrag	Ein → Ertrag, der keine → Leistung ist. Beispiel: Erträge aus Verkauf von Altanlagen.
Neutrales Ergebnis	Neutrale Erträge minus neutrale Aufwendungen. → Gewinn, → Betriebsergebnis.
Normkosten	Die in einer Periode normalerweise entstehenden Kosten.
Plan, Planung	Aktive, gestaltende Vorausschau.
Plankosten	Die für eine Periode vorhergesehenen Kosten. Gegenteil: → Istkosten.
Plankostenrechnung	Auf der → Teilkostenrechnung basierende Methode der kostenrechnerischen Vorausschau.

Kleines Glossar
wichtiger
Definitionen

Produkt	Was einen konkreten (tatsächlichen) Nutzen vermittelt.
Produktfixkosten	Diejenigen → Kosten, die vom Bestehen eines Produktes abhängen, aber ausbringungsmengenunabhängig sind. Sie entfallen nur, wenn das Produkt insgesamt abgeschafft wird. → Fixkosten.
Produktlinienfixkosten	Diejenigen → Kosten, die vom Bestehen einer Produktgruppe (»Produktlinie«) abhängen, aber ausbringungsmengenunabhängig sind. Sie entfallen nur, wenn die Produktlinie insgesamt abgeschafft wird. → Fixkosten.
Produktionsfaktor	Was aus einem → Gut ein → Produkt macht. Traditionell unterscheidet man Boden, Kapital, Arbeit und Information.
Prozeß	Ein System von Tätigkeiten.
Prozeßbank	Datenbank mit Informationen über Prozesse, meist im Rahmen des Qualitätsmanagements.
Prozeßfähigkeit	Beherrschung der Lage und Streuung relevanter Merkmalsausprägungen eines Prozesses, also vorher wissen, was nachher herauskommt. → Prozeß.
Prozeßkosten	Die in der Prozeßkostenrechnung einem einzelnen Prozeßlauf oder auch der Gesamtheit aller Prozeßläufe in einer Rechnungsperiode zuzuweisenden Kosten.
Prozeßkostenrechnung	Kostenrechnungssystem, das eine Zurechnung von Kosten auf Prozesse versucht.
Qualität	Eignung für einen bestimmten Zweck; auch: Erfüllen von Kundenanforderungen.
Qualitätsfähigkeit	Prozeßbeherrschung, die zu einem Ergebnis führt, das Qualitätsanforderungen genügt. → Qualität, → Prozeß.
Risiko	Künftiges ungewisses Ereignis, für dessen Eintreten eine Wahrscheinlichkeitsfunktion besteht. → Unsicherheit.
Sichtkonto	Ein Konto, das ohne Frist fällig ist. Der Kontoinhaber kann also jederzeit an sein Geld heran, ohne eine Kündigungsfrist einhalten oder einen Vorfälligkeitszins zahlen zu müssen. Gegenteil: → Terminkonto.
Stakeholder	Wer in irgendeiner Beziehung zum Unternehmen steht, also potentiell jeder; → Kunde.
Teilkostenrechnung	Alle Verfahren der Kostenrechnung, die auf der begrifflichen Unterscheidung in → Fixkosten und in → variable Kosten beruhen. Gegenteil: → Vollkostenrechnung.
Terminkonto	Ein Konto, das erst auf Termin fällig ist, also nach einer Kündigungsfrist. Will der Kontoinhaber vorher an sein Geld heran, muß er einen Vorfälligkeitszins zahlen.

Umsatz	Stückzahl mal Menge.
Ungewißheit	Künftiges ungewisses Ereignis, über dessen Art des Eintretens keine Erkenntnisse bestehen. → Unsicherheit.
Unsicherheit	Künftiges ungewisses Ereignis, für dessen Art des Eintretens es zwar mehrere bekannte Möglichkeiten, aber keine Wahrscheinlichkeitsfunktion gibt. → Risiko.
Unternehmensfixkosten	Diejenigen → Kosten, die nicht vom Bestehen eines Produktes oder einer Produktgruppe abhängen, also gänzlich ausbringungsmengenunabhängig und gar nicht eliminierbar sind. → Fixkosten.
variable Kosten	Diejenigen → Kosten, die sich umsatzproportional oder proportional zur → Ausbringung verhalten. → Fixkosten.
Verbrauch	Verbraucht ist allgemein alles, was nicht mehr vorhanden ist, ungeachtet der Ursache. Ein Verbrauch liegt also vor, wenn der Kunde eine erworbene Ware mitnimmt, aber auch, wenn eine Ware durch zu lange Lagerung verdirbt oder wenn sie gestohlen wird. Der Verbrauch ist die Definitionsgrundlage für den → Aufwand.
Verfahrensanweisung	Abstrakte, vorformulierte Durchführungsvorschrift für einen → Prozeß. → Arbeitsanweisung. Wichtig in der → Prozeßkostenrechnung.
Vermögen	Eine von der Unternehmung aufgrund von Ereignissen der Vergangenheit beherrschte wirtschaftliche Ressource, aus der in Zukunft ein wirtschaftlicher Nutzen gezogen werden kann. Das Controlling verwendet eher die »breite« Vermögensdefinition aus den IFRS (F.49), da die Bilanzierungsvorschriften für die interne Unternehmenssteuerung nur von nachrangigem Interesse sind.
Vollkostenrechnung	Alle Verfahren der Kostenrechnung, die auf der begrifflichen Unterscheidung in → Einzelkosten und in → Gemeinkosten beruhen. Gegenteil: → Teilkostenrechnung.
Zweckaufwand	Ein → Aufwand, der zugleich eine Kostenart ist (→ Kosten). Beispiel: Lohnkosten. Der Begriff ist deckungsgleich mit dem Begriff der → Grundkosten.
Zweckertrag	Ein → Ertrag, der zugleich eine → Leistung ist. Beispiel: Abrechnung eines Warenverkaufes. Der Begriff ist deckungsgleich mit dem Begriff der → Grundleistung.

9.3. Übersicht über die Grundbegriffe

Auf den folgenden beiden Seiten folgt eine grafische Übersicht über die wichtigsten Zusammenhänge der grundlegenden Begriffe.

Auszahlungen
Abfluß liquider Zahlungsmittel

Auszahlung = Ausgabe: Auszahlungsausgabe.

Auszahlung ≠ Ausgabe
Neutrale Auszhlg.

Beispiele:

Zahlung von bestehenden Verbindlichkeiten, z.B. von Rechnungen aller Art; Zahlung von Steuern oder SV-Beiträgen nach Veranlagung bzw. Abrechnung; Überweisung zuvor abgerechneter Nettolöhne und Gehälter; Gewährung von Darlehen oder Krediten; Schenkungen.

Geldbewegungen auf Girokonten zählen zu den Auszahlungen, wenn die beteiligten Girokonten Aktivkosten sind, und zu den Ausgaben, wenn aber nicht zu den Auszahlungen, wenn die beteiligten Konten Passivkonten sind (d.h. überzogen sind, im »Minus« stehen).

Beispiele:

Buchung Bruttolöhne, LSt. und AG-SV; Indossament eines Besitzwechsels.

Ausgaben
Mehrung der Verbindlichkeiten oder Minderung der Forderungen

Ausgabe = Aufwand: Aufwandsausgabe.

Ausgabe ≠ Auszahlung
Kalk. Ausgabe

Ausgabe ≠ Aufwand
Neutrale Ausgabe

Beispiele:

Rechnungseingang im Wert von > 150 € ohne USt. und Selbstverbrauch (§ 6 Abs. 2a EStG), z.B. Anlagegüter; Rechnungseingang Roh-, Hilfs- und Betriebsstoffe.

Beispiele:

Entnahme von Roh-, Hilfs- oder Betriebsstoffen aus dem Lager.

Aufwand
Verbrauch an Gütern und Leistungen

Aufwand = Kosten: Zweckaufwand.

Aufwand ≠ Ausgabe
Kalk. Aufwand

Aufwand ≠ Kosten
Neutr. Aufwand

Beispiele:

Steuerliche AfA (auf den Neuwert, §§ 7 ff EStG) und außerordnt. AfA; Schuldzinsen (z.B. für Darlehen); Schadensfälle und alle Verluste; Barentnahmen (der Vollhafter in oHG oder KG).

Beispiele:

Kalk. AfA (auf Wiederbeschaffungswert!); kalk. Zins (R_{min} auf betriebsnotw. Kapital); kalk. Wagnisse (unversichert, lt. Quote); kalk. Unternehmerlohn (bei oHG, KG); kalk. Miete (bei Eigennutzung).

Kosten
Bewerteter, periodisierter Güter- und Leistungsverzehr zur Leistungserstellung oder Bereitschaftserhaltung

Summe aller Kosten: Selbstkosten, Gesamtkosten. Grundlage für KLR.

Kosten = Aufwand: Grundkosten.

Kosten ≠ Aufwand
Kalk. Kosten

Beispiele:

Barkauf Kleinmaterial für Eigennutzung (< 150 €, § 6 Abs. 2a EStG).

Beispiele:

Zu diesen Fällen vgl. die Beispiele am oberen Rand des Schemas!

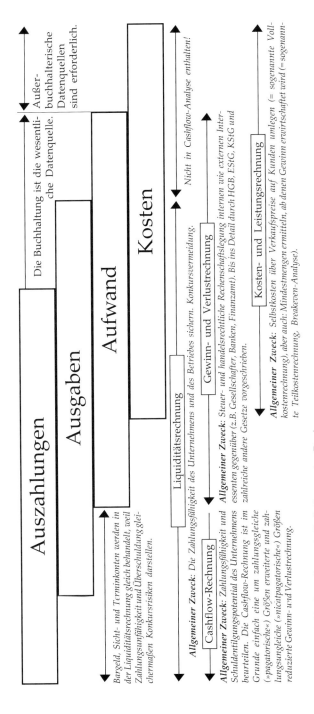

Abbildung 9.32: Grundlegende Definitionen des Rechnungswesens

9.4. Abkürzungen

9.4.1. Verzeichnis der mathematischen Symbole

<u>Allgemeine Abkürzungen:</u>

AK	Anschaffungskosten
AKSt	Allgemeine Kostenstelle
BE	Betriebsergebnis
C_0	Anfangskapital
C_n	Endkapital
d	Drehzahl
d_{min}	Minimale Drehzahl
d_{max}	Maximale Drehzahl
d_{opt}	Optimale Drehzahl
DB	Deckungsbeitrag
DB_{abs}	Absoluter Deckungsbeitrag
DB_E	Deckungsbeitrag in Einkaufsberechnungen (Make or Buy)
DB_{rel}	Relativer Deckungsbeitrag
DBU	Deckungsbeitragsumsatzfaktor
DBUF	Deckungsbeitragsumsatzfaktor
E	Erwartungswert
EK	Einzelkosten
EKP	EInkaufspreis
F	Formel
FE	Fertigerzeugnisse
FGK	Fertigungsgemeinkosten
FK	Fertigungskosten
FKSt	Fertigungskostenstelle
FL	Fertigungslöhne
FM	Fertigungsmaterial
G	Gewinn
GK	Gemeinkosten
HKL	Herstellkosten
HKP	Herstellkosten der Produktion
HKSt	Hilfskostenstelle
HKU	Herstellkosten des Umsatzes
i	Zähler (allgemein in Formeln, die mehrere Objekte summieren oder sonst berechnen)
i	Zins (bei der Zinseszinsrechnung)
K	Kosten
KF	Kalkulationsfaktor
K_{fix}	Fixkosten
K_{ges}	Gesamtkosten
K_{Ist}	Istkosten
K_{Soll}	Sollkosten
KSt	Kostenstelle
K_{var}	Variable Kosten
LMI	Leistungsmengeninduziert
LMN	Leistungsmengenneutral
M	Multiplikator

MGK	Materialgemeinkosten
MK	Materialkosten
n	Nutzungszeit
NormGK	Normalgemeinkosten
NormZS	Normalzuschlagsatz
P	Probability (Wahrscheinlichkeit)
PGK	Primäre Gemeinkosten
PKVS	Plankostenverrechnungssatz
PSK	Primäre Stellenkosten
Pvk	Verkaufspreis
p.a.	per annum, pro Jahr
q	Preis, Wert eines Gutes
R_{min}	Mindestrentabilität, Kalkulationszinsfuß
R	Rentabilität
REK	Resteinzelkosten
RGK	Restgemeinkosten
SGK	Sekundäre Gemeinkosten
SK	Selbstkosten
SSK	Sekundäre Stellenkosten
St	Stück
Std.	Stunde
SW	Schrottwert
U	Umsatz
UFE	Unfertigerzeugnisse
UZ	Umrechnungszahl
V	Verbrauch
V_{opt}	Optimaler Verbrauch
VKP	Verkaufspreis
VtGK	Vertriebsgemeinkosten
VwGK	Verwaltungsgemeinkosten
WBW	Wiederbeschaffungswert
X	Menge, Stückzahl, Ausbringung
X_{Ist}	Istbeschäftigung
X_{krit}	Kritische Leistung
X_{min}	Break Even Punkt
X_{max}	Höchste mögliche Stückzahl
X_{Soll}	Sollbeschäftigung
Y	Allgemein Funktionswert
Y*	Regressionswert KQ-Regression
ZS	Zuschlagsatz

Abkürzungen mit griechischen Buchstaben:

Δ_B	Beschäftigungsabweichung
Δ_{ges}	Gesamtabweichung
ΔK	Kostenänderung
ΔK_{fix}	Fixkostenänderung
ΔK_{ges}	Gesamtkostenänderung
ΔK_{ges}	Änderung der variablen Kosten
Δ_V	Verbrauchsabweichung
ΔX	Mengenänderung
μ	Arithmetischer Mittelwert
σ	Standardabweichung

9.4.2. Sonstige Abkürzungen

A	Aktiv
AA	Arbeitsabweisung
AfA	Absetzung für Abnutzung (=Abschreibung)
AG	Aktiengesellschaft
AG	Arbeitgeber
ALV	Arbeitslosenversicherung
AN	Arbeitnehmer
AO	Abgabenordnung
BAB	Betriebsabrechnungsbogen
BEK	Betriebsergebniskonto
BilMoG	Bilanzrechtsmodernisierungsgesetz
CD	Cost Driver
DIN	Deutsches Institut für Normung
EN	Europäische Norm
EStG	Einkommensteuergesetz
EStR	Einkommensteuerrichtlinien
EURIBOR	European Interbank Offered Rate
EZB	Europäische Zentralbank
f.	Folgende (Seite)
ff.	Fortfolgende (Seiten)
F	Framwork (Rahmenkonzept) der IFRS
FIFO	First In First Out
GewStG	Gewerbesteuergesetz
GKR	Gemeinschaftskontenrahmen der Industrie
GmbH	Gesellschaft mit beschränkter Haftung
GuV	Gewinn- und Verlustrechnung
H	Haben (in Kontierungen)
HGB	Handelsgesetzbuch
HIFO	Highest In First Out
IAS	International Accounting Standard
IFRS	International Financial Reporting Standards
IKR	Industriekontenrahmen
ISO	International Standardization Organization
Kalk.	Kalkulatorisch
KG	Kommanditgesellschaft
KiSt	Kirchensteuer
KKosten	Kalkulatorische Kosten
KStG	Körperschaftsteuergesetz
KT	Kostentreiber
KV	Krankenversicherung
kW	Kilowatt
kWh	Kilowattstunde
LIBOR	London Interbank Offered Rate
LIFO	Last In First Out
LOFO	Lowest In First Out
LSt	Lohnsteuer
mWh	Megawattstunde
MWSt	Mehrwertsteuer
NEK	Neutrales Ergebniskonto
oHG	Offene Handelsgesellschaft

P	Passiv
PV	Pflegeversicherung
QM	Qualitätsmanagement
QMH	Qualitätsmanagementhandbuch
QSH	Qualitätssicherungshandbuch
KLR	Kosten- und Leistungsrechnung
R	Richtlinie
RV	Rentenversicherung
S	Soll (in Kontierungen)
SQL	Structured Query Language
SV	Sozialversicherung
SZ	Solidaritätszuschlag
TCO	Total Cost of Ownershop
TQM	Total Quality Management
TÜV	Technischer Überwachungsverein
USt	Umsatzsteuer
UStG	Umsatzsteuergesetz
VA	Verfahrensanweisung
VerrKK	Verrechnete kalkulatorische KOsten

9.5. Literatur

9.5.1. Bücher und Zeitschriften

Andress, A.: »Deckungsbeitragsrechnung im operativen Geschäft«, Saarbrücken 2007

Berger, Axel; **Ellrott, Helmut**; **Förschle, Gerhart**; **Hoyos, Martin** und **Sarx, Manfred** (Hrsg.): »Beck'scher Bilanz-Kommentar«, 6. Auflage, München 2005

Coenenberg, Adolf G.; **Fischer, Thomas M.**; **Günther, T.**: »Kostenrechnung und Kostenanalyse«, Stuttgart 2007

Coenenberg, Adolf G.; **Haller, A.**; **Mattner, G.**; **Schultze, W.**: »Einführung in das Rechnungswesen«, Stuttgart 2007

Coenenberg, Adolf G.; **Salfeld, R.**: »Wertorientierte Unternehmensführung«, München 2007

Bleis, C.: »Kostenrechnung und Kostenrelevanz«, München 2007

Bosch, K.: »Mathematik für Wirtschaftswissenschaftler. Einführung«, München 2003

Domschkc, W.; **Drexl, A.**: »Einführung in Operations Research«, Heidelberg 2007

Domschke, W.; **Drexl, A.**, **Klein, R.**; **Scholl, A.**; **Voss, S.**: »Übungen und Fallbeispiele zum Operations Research«, Heidelberg 2007

Dyckhoff, H.; **Spengler, T.**: »Produktionswirtschaft«, Heidelberg 2004

Eisele, Wolfgang: »Technik des betrieblichen Rechnungswesens. Buchführung – Kostenrechnung – Sonderbilanzen«, München 1980

Erdmann, A.: »Prozeßkostenrechnung – Theoretische Grundlagen und Einsatzmöglichkeiten«, München und Ravensburg 2007

Fischer, Thomas M.: »Kostencontrolling«, München 1999

Friedl, B.: »Kostenrechnung. Grundlagen, Teilrechnungen und Systeme der Kostenrechnung«, München 2004

Götze, U.; Bosse, C.: »Kostenrechnung und Kostenmanagement«, Berlin 2004

Grob, H.L.; Bensberg, F.: »Kosten- und Leistungsrechnung – Theorie und SAP-Praxis«, München 2005

Haberstock, L.; Breithecker, V.: »Kostenrechnung 1«, Berlin 2004

Haberstock, L.; Breithecker, V.: »Kostenrechnung 2«, Berlin 2008

Heinhold, M.: »Kosten- und Erfolgsrechnung in Fallbeispielen«, Stuttgart 2004

Hoitsch, H.-J.; Lingnau, V.: »Kosten- und Erlösrechnung. Eine controllingorientierte Einführung«, 5. Auflage, Berlin 2004

Horváth, Péter und **Reichmann, Thomas** (Hrsg.): »Vahlens Großes Controlling-Lexikon«, München 2002.

Hungenberg, H.; Kaufmann, L.: »Kostenmanagement«, München 2001

Jandt, J.: »Trainingsfälle Kostenrechnung«, München 2005

Jandt, J.; Michel, R.; Torspecken, H.-D.: »Neuere Formen der Kostenrechnung mit Prozeßkostenrechnung«, München 2004

Jaschinski, C.: »BWL-Klausurentraining. Das Kompendium«, Rinteln 2008

Jossé, G.: »Basiswissen Kostenrechnung«, München 2007

Keidat, K.: »Mehrstufige Deckungsbeitragsrechnung«, München und Ravensburg 2008

Kothe-Zimmermann, »Prozeßkostenrechnung und Prozeßoptimierung im Krankenhaus«, Stuttgart 2006

Küpper, H.-U.; Friedk, G.; Hofmann, C.; Pedell, B.: »Übungsbuch zur Kosten- und Erlösrechnung«, München 2007

Olfert, K.: »Kostenrechnung«, 14. Auflage, Ludwigshafen/Rhein 2005

Olfert, K.: »Kompakt Training Kostenrechnung«, 4. Auflage, Ludwigshafen/Rhein 2005

Opitz, O.: »Mathematik Übungsbuch für Ökonomen«, München 2005

Plinke, W.; Rese, M.: »Industrielle Kostenrechnung«, Heidelberg 2006

Rieger, W.: »Über geldwertschwankungen«, Stuttgart 1938

Schmidt, A: »Kostenrechnung«, Stuttgart 2005

Schwarze, J.: »Mathematik für Wirtschaftswissenschaftler«, 7. Auflage, Herne 2003

Schwarze, J.: »Mathematik für Wirtschaftswissenschaftler 1. Grundlagen«, 12. Aufl., Herne 2004

Schwarze, J.: »Mathematik für Wirtschaftswissenschaftler 2. Differential- und Integralrechnung«, 12. Auflage, Herne 2005

Schwarze, J.: »Mathematik für Wirtschaftswissenschaftler 3. Lineare Algebra, Lineare Optimierung und Graphentheorie«, 12. Auflage, Herne 2005

Seicht, G.: »Moderne Kosten- und Leistungsrechnung«, 8. Auflage, Wien 1997

Steger, J.: »Kosten- und Leistungsrechnung«, München 2006

Wöhe, G.: »Einführung in die Allgemeine Betriebswirtschaft«, 23. Auflage, München 2008

Wöhe, G.; **Kußmaul, H.:** »Grundzüge der Buchführung und Bilanztechnik«, 6. Aufl., München 2007

Zimmermann, G.: »Grundzüge der Kostenrechnung«, München 2001

Zimmermann, G.: »Grundzüge der Kostenrechnung. Arbeitsbuch«, München 1999

Zingel, H.: »Bilanzanalyse nach HGB«, Weinheim 2006

Zingel, H.: »Budgetplanung«, Weinheim 2007

Zingel, H.: »BWL-Formelsammlung«, Weinheim 2006

Zingel, H.: »IFRS-Formelsammlung«, Weinheim 2005

9.5.2. Internet

Die Web-Quellen sind oft aktueller als Bücher und geben Auskunft über neuste Entwicklungen:

- Baldrige National Quality Program (MBNQA)
  http://www.quality.nist.gov/

- Controller-Spielwiese
  http://www.controllerspielwiese.de/

- Controlling-Portal
  http://www.controllingportal.de/

- Controlling-Netzwerk
  http://www.controlling.de/

- European Foundation for Quality Management (u.a. European Quality Award)
  http://www.efqm.org/

- Horváth & Partners Management Consultants
  http://www.horvath-partners.com/

- Initiative Ludwig Erhard Preis
  http://www.ilep.de/

- Microsoft® Dynamics® Community
  http://www.dynamicscommunity.de/

- SAP
  http://www.sap.com/

- W. Bertelsmann-Verlag
  http://www.wbv.de/

- Webseite des Autors:
  http://www.zingel.de

- Forum für Betriebswirtschaft:
  http://forum.zingel.de

- Aktuelle Beiträge zu Rechnungswesen, Controlling und Betriebswirtschaft:
  http://www.bwl-bote.de

9.6. Index

A

Abfluß von Mitteln 16
Abgabenlast 65
Abschreibung 24, 36, 37, 38
Abschreibungsmethode 37, 39
Abschreibungswahlrecht 23
absoluter Deckungsbeitrag 213, 313
Abweichungsanalyse 271, 321 ff.
Abzugskapital 56, 57
AfA-Tabelle 24, 246
Aktionsrabatte 208
aktivierte Eigenleistungen 36, 99
Aktivierungsverbot 96
allgemeine Kostenstelle 129, 133
allgemeine Risiken 58, 60
Allokation 289
Andler, Verfahren nach 236
anerkannter Künstler 54
Angebotserstellung 209
Angebotskalkulation 184
Anlagebuchhaltung 37
Anlagenwagnis 61, 296
Anlagevermögen 47
Annahme von Zusatzaufträgen 223
Ansatzfähigkeit von Kosten 33
Anschaffungskosten 15, 28, 43, 52 f., 241, 261,
    314f.
Anstieg der Stückkosten 296
Anteil der variablen Kosten an den Gesamtkosten
    269
Äquivalenzziffern 155
Äquivalenzziffernkalkulation 153, 157, 159, 161,
    176, 302
Arbeit 12
Arbeitgeberverband 179
Arbeitnehmer-SV 65
Arbeitskosten 65, 255
Arbeitsloser 66
Arbeitslosigkeit 29, 65
Arbeitsmarkt 30
Arbeitsstudie 88
Arbeitsverdichtung 179
Arbeitsverhältnis 65
Arbeitsvertrag 65
Asset-Begriff 56
Aufwand 16, 22 f., 25, 29, 31, 33, 36, 67, 91, 293,
    334 f.
Aufwendung 15, 20, 26, 35, 65, 94
Ausbringungseinheit 251
Ausbringungsmenge 194
Ausgabe 15 ff., 19, 22, 25 f., 35, 91, 94, 293, 334 f.
Ausgangslager 292
Ausgangslagerung 146
Ausgangsrechnung 96
Auslastung 195
Außerordentlichkeit 98

Auszahlung 15 f., 19, 22, 25, 26, 35, 65, 91, 94, 293,
    334, 335

B

BAB 105 f., 111, 114 f., 117, 120 f., 124, 150, 153,
    232, 279
Badewannenkurve 251
Balanced Scorecard 181
Bankkonto 18, 293
Bar-Einkaufspreis 166, 171, 173
Bargeld 16
Barverkaufspreis 166 f., 171, 173, 177 f., 183, 224,
    303, 327
Barwertmethode 232
Barzahlung 22
Bauhandwerk 77, 84
Baukosten 228
Beanspruchung 283
Bedienmannschaft 233
beratende Berufe 66
Beraterverträge 65
Bereichsfixkosten 205, 207
Berufsgenossenschaft 65
Beschäftigungsabweichung 267, 268, 321, 323
Beschwerde 34
Besitzwechsel 17
Beständewagnis 61, 296
Bestandsänderung 148, 297
Bestandsmehrungen 115, 119, 127, 149, 298, 302
Bestandsmehrungen an Fertig- und Unfertiger-
    zeugnis 96
Bestandsminderungen 113, 115, 119, 127, 298, 302
Bestandsveränderungen 112
Bestechungsgeld 27
Betrieb 12, 20
Betriebliche Leistungserstellung 27
betrieblicher Leistungsprozeß 148
Betriebsabrechnungsbogen 91, 105, 107, 110, 112,
    115 f., 122, 124 ff., 129 f., 133, 135, 138, 146,
    148, 150, 153 f., 157 f., 169, 183 f., 232, 266,
    279, 297 f.
Betriebsaufgabe 56
betriebsbezogene Rechnung 10
Betriebsergebnis 92 f., 193, 207, 213, 219, 220 f.,
    227, 229, 246 f., 305, 314, 319
Betriebsergebniskonto 70
Betriebsergebnisrechnung 219
Betriebsergebnisvergleichsrechnung 245
Betriebskosten des Gebäudes 228
betriebsnotwendiges Anlagevermögen 56, 58
betriebsnotwendiges Kapital 55, 56, 58
betriebsnotwendiges Umlaufvermögen 56, 58
betriebsnotwendiges Vermögen 56, 58
betriebsübliche Nutzungsdauer 40
Bewertung 10
Bezugskalkulation 164, 174

Bezugskosten 170 f., 173
Bilanzierungsverbot 295
Bilanzrechtsmodernisierungsgesetz 97
Bilanzsumme 55
Bildung innerbetrieblicher Verrechnungspreise 149
Billiglohn 66
Boden 12
Break Even 91
Break Even Punkt 187, 190, 195, 198 f., 226f., 245, 257 f.
Break Even Rechnung 91
Break Even Rechnung der Immobilien-gesellschaften 228
Bruttoentgelt 65
Bruttolohnkosten 78
Bruttoumsatz 209
Buchführung 10 f., 35
Buchführungspflicht 11, 21, 35
Buchgeld 16, 18
Buchungsmethodik 68
Budgetüberschreitung 66
Bundesamt für Wirtschaft und Ausfuhrkontrolle 317
Bürokratie 288

C

Cashflow-Rechnung 335
Chargenproduktion 235
Controlling 19
Cost driver 277

D

Datenbank 285
Datenbankdesign 9
DBU-Faktor 202 ff.
DDR-Regierung 29
Deckungsbeitrag 10, 91, 95, 188, 190, 193, 195, 197, 205, 209 ff., 213, 219, 222 f., 226, 255 f., 307, 312
Deckungsbeitrag pro Stück 212
Deckungsbeitragsplanung 229
Deckungsbeitragsrechnung 91, 193, 201, 225, 236, 245
Deckungsbeitragsumsatzfaktor 203 f., 308
Deckungsbeitragsumsatzverhältnis 201
Definition der kritischen Leistung 249
degressive variable Kosten 88
demeritorisches Gut 30
Diebstahl 30, 61
Dienstleistungsunternehmen 173, 174
Diesel-Rechnung 249
Differenz der variablen Kosten 248
Direktmarketing 87
Divisionskalkulation 153 ff.
Drehzahl 250, 252
Durchlaufposten 294

E

Eigenkapital 47
Eigenverbrauch 22
Ein-Euro-Jobber 65
Eingangs- oder Zwischenlagerung 25
Einheitlichkeit der Leistung 99
Einheitsmatrix 141, 143, 144
Einkaufs-Deckungsbeitrag 256
Einkaufspreis 83
Einnahme 15, 16, 94, 95, 96, 296, 297
Einschränkung 181
Einstandspreis 164, 171, 173
Einzahlung 15 f., 94 ff., 296 f.
Einzahlungseinnahme 95
Einzelanlage 52
Einzelkosten 76 ff., 81, 84, 91 f., 106 ff., 111, 121, 129, 153, 155, 163, 175, 191, 209, 220
elektrischer Strom 25
Emissionshandel 21, 28
Emissions»markt« 13
Emissionszertifikat 28
Emittentenrisiko 49
Endkundengeschäft 168
Energieaufnahme 255
Energiekosten 191, 243, 245, 261
Energierationierung 13
Energierestriktionen 192
Energieverbrauch einer Produktionsanlage 185
Engpaß 218, 312
Engpaßplanung 219, 315
Engpaßrechnung 210 f., 214 f., 217, 226
Entnahme 21
Entsorgung 54
Entsorgungskosten 46
Entwicklungswagnis 61, 296
Erlaß von Schulden 96
Erlösschmälerung 208 f.
Ersatzwirtschaftsgut 42
Ersatzzeitpunkt 43
Ertrag 15 f., 94, 96 f., 99, 296 f.
Erwartungswert 61, 296
EU-Subventionen 291
EURIBOR 49
Excel 9
existenzbedrohende Nachzahlungen 65
externes Rechnungswesen 11

F

Faktorbewertung 233
Faktoreinsatz 37, 211
Faktoreliminierung 135 f.
Faktorkombination 11 f., 27
Faktorrechnung 163, 168, 172, 175
Fehlallokation 289
Fernwärme 25
Fertigerzeugnisse 113, 119, 127, 146, 150, 183, 184

Fertigungsgemeinkosten 109, 112, 115, 127, 223, 298, 302
Fertigungskosten 93, 95, 224, 225
Fertigungskostenstelle 218
Fertigungslöhne 92, 93, 95, 109, 112, 115, 183, 215, 223, 298, 302
Fertigungsmaterial 93, 95, 107 ff., 111 f., 115 f., 119, 122, 127, 149, 215, 223, 298, 302
Fertigungswagnis 61, 296
feste Kosten 84
Finance Leasing 53
Finanzierungsleasing 53, 231
Finanzierungszinsen 146
fixe Einzelkosten 84
Fixkosten 83 f., 91, 93, 123, 185 f., 205, 212 f., 219, 226 f., 229, 234 ff., 239, 247, 249, 255 f., 261, 274, 277, 305, 307, 319 f., 322
Fixkostenpotential 237
flexible Plankostenrechnung 266, 269
Fluggesellschaft 41
freie Fertigungskapazität 226
Fremdkapital 47
Frequenz 161
Funktionsprüfungen 234
Funktionsträger 11

G

Gaststätte 77, 84
Gates, Bill 192
Gebäudebetriebskosten 310
gebrochene Abschreibung 236
Gebührenrechnung 18
Gebührentabelle 66
Geld 20
Gemeinkosten 76 ff., 81, 83 f., 91, 95, 107 f., 109, 111, 121, 123, 133, 153, 158, 162 f., 175, 191, 220 f., 322
Gemeinkostenverteilung 297
Gemeinschaftskontenrahmen der Industrie 68
Generation Praktikum 66
Geprüfter Technischer Betriebswirt 53
geringwertige Wirtschaftsgüter 23
Gesamt-Deckungsbeitrag 209, 213
Gesamtabweichung 264 ff., 321, 323
Gesamtkosten 10, 158, 226 f., 246 ff., 260, 295, 305, 307, 316, 319, 325
Gesamtkostenkurve 189
Gesamtkostenübersicht 227
Gesamtkostenvergleich 257
Geschwindigkeit 250
Gewährleistung 209
Gewährleistungswagnis 61, 296
Gewinn 166, 171, 173, 175, 177 f., 224, 246 f., 303
Gewinn- und Verlustrechnung 20, 26 f., 36 f., 71, 80, 83, 96, 99, 335
Gewinnformel 200
Gewinnfunktion 319
Gewinnpotential 125
Gewinnvergleichsrechnung 245 ff.

Gewinnzone 90, 228
Girokonto 16, 18
GKR 68
Gleichungsmethode 143
Gleichungssystem 133
Gleichungsverfahren 135, 299
Grenzkosten 271, 321
Grenznutzen 87
Groff, Verfahren nach 236
Grundbegriffe 16
Grundkosten 28 f., 58, 62, 67 f.
Grundleistung 97, 99
Grundsatz der Periodenabgrenzung 100
Grundstück 54
Güter- und Leistungsverzehr 26
Guthabenverzinsung 49
Guthabenzins 50

H

Haftpflichtversicherung 62
Hallenmiete 255
Handel 77, 84
Handelskalkulation 163
Hauptdiagonale 140
Hauptkostenstelle 129
Hauptprozeß 286, 325
Hauptrefinanzierung der EZB 51
Hauptrefinanzierungsverzinsung 49
Hauptrefinanzierungszins 51
Herstellkosten 92 f., 95, 177 f., 224 f., 301, 303
Herstellkosten der Produktion 109, 112 ff., 118, 127, 145 f., 298, 302
Herstellkosten des Umsatzes 114, 118, 133, 145 f., 148, 184, 298, 302
Herstellkostenrechnung 109, 115, 298
Herstellungsbereich 148
Herstellungskosten 146
Hilfskostenstelle 129
Hilfsstoff 77
HKP 109, 112 ff., 118, 129, 149, 298, 302
HKU 114, 118, 129, 149, 184, 298, 302
Höchstpreisvorschrift 33
Honorar 77
Hotel-Betriebsabrechnungsbogen 174
Hotelgewerbe 77, 84
Humankapital 27, 97

I

IFRS 27, 55 f., 97 f., 100
IKR 68
im-Hundert-Rechnung 167, 200
Inanspruchnahme 287
Industriekontenrahmen 71
Inflation 43
Inflationsschätzung 43
Information 12
Inklusivpreis brutto 175
Inklusivpreis netto 175

Insolvenzquote 50, 51
Installation von Software 235
Installation von Werkzeugen 235
Instandhaltungskosten 233, 234, 235
interdependente Restriktion 210, 211
International Financial Reporting Standards 40
interne Unternehmenssteuerung 19
interne Zinsfußrechnung 232
internes Rechnungswesen 35
intervallfix 85
Inversionsmethode 135, 140 f.
Investitionsrechnung 231
Istbeschäftigung 265, 267

J

Jahresfehlbetrag 36
Jahresüberschuß 36
Just-in-Time-Verfahren 24

K

Kalibrierung 235
Kalkulation 91, 153, 232
Kalkulation in Produktionsbetrieben 175
Kalkulationsfaktor 163, 167
Kalkulationstreppe 164
Kalkulationsverzinsung 315
Kalkulationszins 51
Kalkulationszinsfuß 49, 245, 255
kalkulatorische Abschreibung 31 f., 37 f., 44, 47,
    236, 294, 315, 319
kalkulatorische Ausgabe 19
kalkulatorische Eigenkapitalzinsen 48
kalkulatorische Kosten 28, 31, 33, 71, 86, 191
kalkulatorische Leistungen 100
kalkulatorische Lohnkostenrechnung 66
kalkulatorische Miete 31 f., 62 f., 236
kalkulatorische Qualitätskosten 34
kalkulatorische Verzinsung 50, 55
kalkulatorische Wagnisprämie 234
kalkulatorische Wagnisse 31, 37, 58, 67, 236
kalkulatorische Zinsen 31 f., 47, 58, 67, 236, 294,
    319
kalkulatorischen Abschreibung 45
kalkulatorischer Aufwand 25
kalkulatorischer Unternehmerlohn 31 f., 63 f.
kalkulatorisches Wagnis 58
kalkulierter Preis 175
Kapazität 85
Kapazitätsgrenze 311
Kapital 12
Kapitalbindung 240
Kapitalfreisetzung 95
Kapitalmarkttransaktionen 49
Kauf oder Eigenproduktion 258
KG-Komplementär 65
Kleinste-Quadrate-Regressionsfunktion 253
Kleinunternehmer 169
Klimaschutz-Einschränkungen 28

Know-how 27
Komplexitätswirkung 289
Konkurrenzkampf 89
Kontrolle der Radreifen 260
Kosten 15 f., 26, 29, 33, 36, 58, 65, 67, 91, 94, 293,
    334 f.
Kosten- und Leistungsrechnung 10, 12 f., 15 f., 20,
    40, 146, 273, 335
Kostenabweichung 266
Kostenartenrechnung 81, 111, 231
Kostenbegriff 12
Kostenfunktion 198, 251 f.
Kostenportfolio 90 ff., 215, 220
Kostenrechnung 35, 37
Kostenremanenz 237
Kostenstelle 106, 129, 271
Kostenstelleneinzelkosten 111
Kostenstellengemeinkosten 110 f.
Kostenstellenrechnung 81, 83
Kostenstellensumme 129
Kostenstrategie 191
Kostenstruktur 317
Kostenträgerrechnung 81 f.
Kostentreiber 277 f., 281, 283 ff.
Kostenunterschied 320
Kostenvergleich 261
Kostenvergleichsrechnung 232, 245, 248
Kostenverhältnis 81
Kostenverlauf der Gesamtkosten 226
Kostenverlauf der Stückkosten 226
Kostenverlauf pro Rechnungsperiode 306
Kostenverlauf pro Stück 306
Kostenverrechnung 123
Kostenverteilung im BAB 111
Kostenverursachergröße 81, 108, 145
Kostenverursacherprinzip 145
Kraftfahrzeughaftpflicht 62
Kreditvertrag 49
kritische Leistung 232, 247 f., 261
Kulanz 209
Kunden-Bruttoerlös 209
Kunden-Deckungsbeitrag 209
Kunden-Nettoerlös 209
Kunden-Rest-Deckungsbetrag 209
Kundenakquisition 209
Kundenanzahlung 57
Kundenbetreuung 209
Kundeneinzahlung 17
Kundenrabatt 166 f., 171, 173, 177 f., 223 f., 303
Kundenskonto 166 f., 171, 173, 177 f., 223 f., 303,
    327
Kundenzufriedenheit 33

L

Lagerkosten 86
Lastmessung 197
Leasingsache 53
Leasingvertrag 53
Leistung 15 f., 36, 94, 97 f., 296 f.

leistungsabhängige Abschreibung 45
leistungsabhängige kalkulatorische Abschreibung 46
Leistungsabschreibung 46, 237
Leistungsaufnahme 243, 246
Leistungsbereitschaft 27
Leistungsbereitschaftserhaltung 29
Leistungsentstehung 97
Leistungserstellung 26, 29, 295
Leistungsfähigkeit 251
Leistungsgrenze 251
leistungsmengeninduzierte Kosten 278
leistungsmengenneutrale Kosten 278
Leistungsverbot 29
Leistungsverrechnung 133, 298, 301
Lernkurve 88
Lieferantenrabatt 166, 171, 173
Lieferantenskonto 166, 171, 173
Lieferantenverbindlichkeit 57
linearer Verlauf 88
lineares Gleichungssystem 217
Liquiditätsplanung 17, 95
Liquiditätsrechnung 335
Listen-Einkaufspreis 165 f., 171, 173
Listenpreis 177 f., 224, 303
Listenverkaufspreis 166 f., 171, 173
LMI 278, 280, 283, 285 f., 291, 324 f.
LMN 278, 280 f., 283 f., 286, 291 f., 325 f.
LMN-Umlage 325
Lobbyarbeit 27
Löhne im Produktivbereich 78
Löhne ohne Arbeit 78
Lohneinzelkosten 106, 109, 177 f., 224 f., 303
Lohngemeinkosten 177 f., 224 f., 303
Lohngemeinkostenzuschlag 216 f.
Lohnkosten 29, 77, 177 f., 215, 224 f., 233, 243, 245 f., 261, 303, 322
Los 235
Losfixkosten 235, 236
Loswechselkosten 235

M

Made in Germany 179, 258
Make or Buy 257
Make or Buy Entscheidung 256
Mängelrüge 208
MAPI-Methode 232
Markenrecht 54, 97
Markt 12
Marktforschung 180
Marktverhältnisse 227
Maschinenbelegungsplanung 279
Maschinenbereich 146
Maschinenbruch 60
Maschineneinrichtung 235
Maschineneinsatzplanung 245
Maschinenkosten 120, 148, 225, 233, 244
Maschinenkosten fix 127, 149
Maschinenkosten variabel 127, 149

Maschinenlaufzeit 145
Maschinenrechnung 88, 91, 120 ff., 126, 215, 231, 233, 237, 239, 314, 318
Maschinenstücksatz 124
Maschinenstundensatz 124, 223
Maschinenzeit 223 ff.
Materialaufwand 36
Materialeinzelkosten 106, 177 f., 224 f., 303
Materialentnahmeschein 22
Materialgemeinkosten 109, 112, 115, 119, 127, 149, 177 f., 223 f., 298, 302 f.
Materialgemeinkostenzuschlag 216 f.
Materialkosten 93, 95, 177 f., 224, 261, 303, 322
Matrix 144
Matrizeninversion 140, 143, 299
Matrizenrechnung 140
Maut 43
Maximalkapazität 218 f.
Maximalleistung 46
Maximalstückzahl 214
Mediengewerbe 78, 84
mehrstufige Deckungsbeitragsrechnung 206 ff.
Mehrungen von Verbindlichkeiten 17
Mietpreis 229
Minderungen von Forderungen 17
Mindesthaltbarkeitsdatum 30
Mindestrentabilität 51, 53, 55, 239, 245 f., 294
Mindestverzinsung 242
Mittelherkunft 47, 49
Mittelverwendung 47, 49
mittlere Kapitalbindung 53
Montagestraße 123
Multiplikator 136, 300
Mundpropaganda 33, 34
Münzen 16
Museumsbahnunternehmen 259

N

Nachkalkulation 169, 178, 179
negativer Schrottwert 295
Nettoentgelt 65
Nettoumsatz 209
Netzbetrieb 78
neutrale Aufwendungen 28, 30, 36
neutrale Ausgabe 25
neutrale Ergebnisrechnung 74
neutrale Erträge 36, 98
neutrales Ergebniskonto 70
nichtkonvertible Währung 16
Niedriglohnarbeiter 179
Niedriglohnempfänger 65
Niedriglohnsektor 65
Nischenstrategie 206
Norm-Gemeinkosten 150
Normalkosten 214, 219
Normgemeinkosten 119
Nutzungsdauer 39 ff., 47, 52, 236, 242, 246, 255, 261
Nutzungszeit 45

O

Oberkostenstelle 145
objektiver Wertbegriff 12
Öffentlichkeitsarbeit 27
OHG-Gesellschafter 65
Operate Leasing 53
Opportunitätslöhne 66
Opportunitätszins 49
optimale Drehzahl 251
Ort der Kostenentstehung 297

P

Passivkonto 18
Percentage-of-Completion-Method 100
periodenfremd 99
periodenfremde Aufwendungen 30
Periodisierung 26
Personalaufwand 36, 65
Personengesellschaft 20
Pflichtkontenrahmen von 1937 68
Pflichtleistungen 29
Photovoltaik 21
Planausbringung 265
Planbeschäftigung 266
Plangewinn 175, 327
Plankosten 270
Plankostenrechnung 263, 266, 268
Plankostenverrechnungssatz 264, 266 f.
Planwirtschaft 29, 33, 289
Potential zur Leistungserstellung 27
Praktikant 66
Praktiker 9
präventive Instandhaltungskosten 234
Preisnachlaßgestaltungen 172
Primärgemeinkosten 158
Primärgemeinkostensumme 158
Primärkosten 145
Primärkostenverrechnung 129
Primärkostenverteilung 146
Primärselbstkosten 158
Primärstellenkosten 134, 135
Privatkonto 63
Produkt 12, 20, 27
Produktfixkosten 205, 207
Produktionsfaktor 12, 20, 27
Produktionsfaktoreinsatz 26
Produktionsfaktorrechnung 231
Produktionsgewerbe 76, 84
Produktionsmenge 227
Produktionsmittel 227, 307
Produktionsreihenfolge 212
Produktivlohn 107, 111, 116, 122
Produktivlöhne 92
Prognosefunktion 253
progressive variable Kosten 88
Provision 177, 178
Prozentrechnung 14

Prozeß 273
Prozeßaggregation 324
Prozeßanalyse 275
Prozeßkalkulation 286, 287, 327
Prozeßkosten 209, 283, 287
Prozeßkostenrechnung 273 f., 283, 288 ff.
Prozeßkostensatz 280
Prüfer der Industrie- und Handelskammern 266
Prüfung 13
Prüfungserfahrung 9
Prüfungsvorbereitung 75

Q

QM-Datenbank 284
Qualitätsmanagement 33, 181, 290
Qualitätsmanagementhandbuch 281
Qualitätsmanagementsystem 130, 283
Quasi-Kostenstellen 146
Quersubvention 290

R

Rangfolge 213
Realguthabenzins 49
Realisationsprinzip 96
Rechnungsabgrenzung 26
Rechnungskreis I 74, 75
Rechnungskreis II 74, 75
Rechnungswesen 11
Rechtsträger 11
Refinanzierung 41
Regressionslinie 253
Reisekosten 209
relativer Deckungsbeitrag 213, 218 f., 313
Rentabilität 10
Rentabilitätsformel 196
Rentabilitätsrechnung 197
Rentenversicherungspflicht 65
Reparaturen 234
Restgemeinkosten 121, 223 ff.
Restlohneinzelkosten 223
Restlohnkosten 224 f.
Restriktionen 210
Restwert 45
Restwert nach Nutzungsende 246
richtige Planungsreihenfolge 213
Rieger 29
Risiko 58
Risikomanagement 37, 181, 273
Rohertrag 209
Rohstoff 21, 77
Rohstoffkosten 243, 245 f.
Rohstoffverbrauch 107, 246
Rücksendung 208
Rückstellung 57
Rückverrechnung 143
Rückwärtsrechnung 179 f.
Rüstkosten 85, 223 ff., 234 ff.
Rüstzeit 223

S

Scannerkasse 21
Schadensfall 22
Schätzfehler 41
Scheck 17
Scheine 16
Schema der Gewinn- und Verlustrechnung 36
Schlußbilanzkonto 80
Schlüsselung 81
Schlüsselungsmethode 107
Schlüsselungsverfahren 110
Schmiergeld 27
Schrottwert 39, 42, 45, 52, 54 f., 255, 261, 309
Schuldzinsen 47 ff., 240
Schwellenwert 255
Schwund 30, 60
Segmentberichterstattung 27, 55
Sekundärkostenumlage 158
Sekundärkostenverrechnung 129
Selbstkosten 10, 83, 92 f., 156, 161, 163, 165, 175,
     177 f., 220, 224 f., 288, 295, 303, 327
Selbstkosten des Umsatzes 119, 127, 146, 149
Selbstkostenpreis 90, 166, 171, 173
SELECT DISTINCT 285
Sicherheitsinspektionen 234
Sichtkonto 16
simultane Leistungsverrechnung 133, 138
Simultanverrechnung 144
singuläre Restriktion 210
Sofortverbrauch 23
Softwaregewerbe 77, 84
Sollkosten 266, 323
Sollsaldo 18
Sortenfertigung 155
Sortimentsplanung 91, 207, 213, 229, 311
Sortimentsreihenfolge 218
Sortimentsstrategie 206
Sovereign Ceiling Risk 49
Sozialleistung 66
Sozialversicherungsbeitrag 65
spezielle Risiken 58, 60
sprungfixe, abbaubare Kostenpotentiale 237
sprungfixe Kostenpotentiale 254 f.
sprungfixe, nicht abbaubare Kostenpotentiale 239
SQL 9
Staatseingriff 24
Standardsoftware 77, 84
starre Plankostenrechnung 263, 265
statische Amortisationsrechnung 232
statische Rentabilität 232
Steuerabführung 65
steuerliche Abschreibung 39, 146
stille Gesellschaft 63
stille Reserve 65 f.
strategische Schlußfolgerungen 227
strategisches Kostenmanagement 191
Stromausfälle 21
Stückkosten 10
Stückkostendegression 86, 189, 290, 317

Stückkostenübersicht 227
Stufenleitermethode 130, 132, 143
Stufenleiterverfahren 130
Subventionen für »erneuerbare« Energien 54
subventionierte Arbeitskräfte 179

T

Tabellenkalkulationsprogramm 14, 72, 288
Tanklager 30
Target costing 179 ff.
Tauschfunktion des Geldes 16
Teach-In von Robotern 235
technische Lebenszeit 40 f.
Teilkostenanalyse 266
Teilkostenrechnung 153, 185 ff., 189, 220, 221,
     223, 228, 233, 238, 243 f., 273, 277 f., 290, 304,
     306, 314
Tenderverfahren 49
Terminkonto 16
Theoretiker 9
Titelrisiko 49
Total Quality Management 130
TQM-System 283
Transferzahlung 66
Transportoptimierung 91
Transportrechnung 185
Treibstoffkosten 316
Treibstoffverbrauch 251
TÜV-Abnahme 315
TÜV-Prüfung 234

U

Umbewertung 36
Umlaufvermögen 47
Umrechnungszahl 156
Umsatz 305
Umsatzbeteiligung 175
Umsatzerlös 36
Umsatzkostenverfahren 37
Umsatzrentabilität 197, 199, 200, 229, 310
Umsatzsteuer 14
Umschüler 66
Unfallschaden 62
Unfallversicherung 246
Unfertigerzeugnisbereich 148
Unfertige Erzeugnisse 113, 119, 127, 146, 150,
     183 f.
Unflexibilität 288
ungeplanter Verlust 22
Unlösbarkeit 145
Unternehmen 11
Unternehmensfixkosten 205, 207
Unternehmensgründung 201
unternehmerisches Primärziel 12

V

variable Fertigungskosten 95
variable Gemeinkosten 95

variable Kosten 83 f., 91, 123, 185 f., 189, 191, 205, 207, 226 f., 228, 243, 245, 276, 307, 317, 319, 322, 324
variable Materialkosten 95
Variator 269 ff., 321
Verbindlichkeit 19
Verbrauch 21 ff., 29, 48
Verbrauch an Gütern und Leistungen 29
Verbrauch von Gütern 20
Verbrauchsabweichung 266, 268, 321, 323
Verbrauchsfiktion 22 f., 293
Verbrauchsfunktion 250, 252
Verbrauchsmessungen an Industriemaschinen 253
Verderb 30
Verfahrensanweisung 284 f.
Vergleichsreihenfolge 249
Verkäuferprovision 163, 173, 223
Verkaufserlöse 207
Verkaufskalkulation 164
Verkaufspreis 92, 189, 205
Verkaufspreis des Produktes 227
Verkaufspreisuntergrenze 10, 225
Verkaufsprovision 173
Verknappung 181
Verlust 30
Verlustquote 61
Vermögensverzinsung 49
verrechnete kalkulatorische Kosten 70
verrechnete Plankosten bei Ist-Beschäftigung 264, 266 f., 321
Verrechnungsmenge 137
Verrechnungspreis 137, 145
Verschleißreparaturen 123 f.
Verschwendung 21
Versendung 327
Vertreterbesuche 208
Vertrieb 223
Vertriebsgemeinkosten 119, 127, 149
Vertriebswagnis 61, 296
Verursacherprinzip 129
Verwaltung 93, 223
Verwaltungsgemeinkosten 119, 127, 149, 216
VisualBASIC 9
Voll- und der Teilkostenrechnung 219
Vollkostenauswertung 220
Vollkostenrechnung 89, 92, 121, 153, 216, 220 f., 223 f., 295
Vollkostensicht 222
vom-Hundert-Rechnung 200
Vorhaltekosten 54, 120
Vorkalkulation 169, 178, 225
VtGK 224
VwGK 224

W

Wagner-Whitin-Algorithmus 236
Wagnis 58
Wagniskosten 60
Waren 23

Warenaufwand 80
Warenaufwendung 79
Wareneinkauf 80
Wareneinsatz 77, 83, 133, 163, 175, 209
Warenentnahmeschein 21
Warengeschäft 21
Warenschulden 170
Warenverbrauch 80
Warenverkauf 80
Wechsel 17
Wechselindossament 19
wechselseitige Leistungsverrechnung 143
Wegeoptimierung 185
Wegerechnung 91
Weiterverrechnung 134, 138
Wertfortschritt 274
Wertkette 13, 274
Wertschöpfungskette 12, 20
Wertschöpfungsprozeß 148
Wettbewerbsfähigkeit des Unternehmens 191
Wettbewerbsvorteil für Großunternehmen 50
Wiederbeschaffung 255
Wiederbeschaffungswert 39, 42, 43, 44, 239, 246, 261, 294, 309, 314, 315
Wiederveräußerungswert 52
Wirtschaftlichkeit 10

Z

zahlungsgleiche Fixkosten 261
Zahlungsmittelzufluß 17
Zahlungsverhalten 165
Zeilenoperation 140
Ziel-Einkaufspreis 166, 171, 173
Zielkostenrechnung 180, 181
Zielverkaufspreis 166 f., 171, 173, 177 f., 224, 303, 327
Zinsaufwand 70
Zinsaufwendungen 295
Zinseszinsformel 43
Zinseszinsrechnung 43
Zinskosten 52, 295
Zufluß liquider Mittel 95
Zufluß von Geld 17, 96
Zufluß von Mitteln 16
Zusammensetzung des Strompreises 21
Zuschlagsatz 81, 89
Zuschlagsgrundlage 297
Zuschlagskalkulation 153, 161, 169, 184, 279, 302, 327
Zuschlagsrechnung 91, 162, 215, 216
Zuschlagsrechnung im Handel 164
Zuschlagssatz 83, 113, 191
Zuschlagssatz der Maschinenkostenstelle 124
Zweckaufwand 28
Zweckertrag 97, 99
Zweikreismodell 71
Zweikreissystem 74
Zwischen- oder Ausgangslagerung 216
Zwischenabrechnung 100
Zwischenlagerung 146

Betriebswirtschaftler müssen rechnen können!

HARRY ZINGEL
BWL Formelsammlung

2006. 208 Seiten, 112 Abbildungen, 1 Tabelle. Broschur.
ISBN: 978-3-527-50216-5
€ 19,95

Die Formelsammlung fasst die wichtigsten Rechenverfahren und mathematischen Methoden des Rechnungswesens, Controlling und Betriebswirtschaft zusammen. Neben den Grundlagen werden die verschiedenen Methoden zu Statistik, Steuerrecht und Bilanzanalyse übersichtlich dargestellt und anhand von Beispielen erläutert.

"Zwei neue Formelsammlungen machen das Leben der Menschen leichter, die regelmäßig mit Formeln und Rechenmethoden aus den Bereichen Betriebswirtschaft und Rechnungswesen konfrontiert werden. Die BWL- und IFRS-Formelkompendien sind praxisorientiert, benutzerfreundlich, umfassend...Die BWL-Formelsammlung wäre nichts Besonderes, wenn sie nicht eine außergewöhnliche Dichte an hilfreichen Diagrammen und Tabellen sowie eine hohe Benutzerfreundlichkeit aufweisen würde. Die geduldigen Erläuterungen des Autors erleichtern das Verständnis von Formeln und Konzepten in der BWL..." (Börsen-Zeitung, 28.03.07)

Wiley-VCH
Postfach 10 11 61 • D-69451 Weinheim
Fax: +49 (0)6201 606 184
e-Mail: service@wiley-vch.de • www.wiley-vch.de

Klar, praxisnah, kurz und prägnant

HARRY ZINGEL
Controlling Arbeitsbuch

2007. 205 Seiten. Broschur.
ISBN: 978-3-527-50252-3
€ 29,90

Das Controlling ist als Instrument der internen Unternehmenssteuerung in der betrieblichen Praxis unverzichtbar geworden. Ohne funktionierendes Controlling laufen Unternehmen Gefahr, existenzielle Risiken zu übersehen und vergeben die Chance, die eigene Wettbewerbsfähigkeit zu verbessern.
Der Autor erläutert mit Blick auf das Wesentliche die Aufgaben, Teilbereiche und Ziele des Controlling. Nach einer Einführung in die grundlegenden Definitionen werden die Methoden des Finanzcontrolling (z.B. Finanzplanung) und des Kostencontrolling (z.B. Kostenartenrechnung, Zuschlagsrechnungen, Kalkulationen, Deckungsbeitragsrechnungen, Break-even-Analyse) mit Hilfe von Beispielen dargestellt. Der Autor zeigt, wie die wichtigsten Controlling-Instrumente erfolgreich und effektiv eingesetzt werden.

Wiley-VCH
Postfach 10 11 61 • D-69451 Weinheim
Fax: +49 (0)6201 606 184
e-Mail: service@wiley-vch.de • www.wiley-vch.de